동물신학

세움북스 는 기독교 가치관으로 교회와 성도를 건강하게 세우는 바른 책을 만들어 갑니다.

내일을 위한 신학 시리즈 3

동물신학

전통적인 신학과 철학, 목회적 관점에서 동물 이해하기

초판 1쇄 인쇄 2024년 12월 25일
초판 1쇄 발행 2024년 12월 31일

지은이 I 가정호 송영목 홍석진
펴낸이 I 강인구

펴낸곳 I 세움북스
등　록 I 제2014-000144호
주　소 I 서울시 종로구 대학로 19 한국기독교회관 1010호
전　화 I 02-3144-3500
이메일 I holy-77@daum.net

디자인 I 참디자인

ISBN 979-11-93996-33-1 (03230)

동물
신학

전통적인 신학과 철학,
목회적 관점에서 동물 이해하기

정호
영목
석진
저

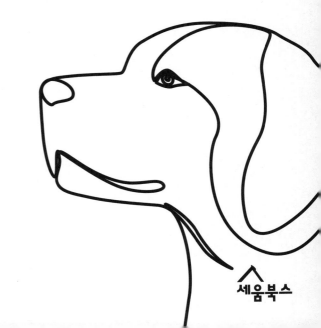

세움북스

추천사

동물 문제는 우리 시대 세계관 논의의 중심에 서 있습니다. 인간이 존귀함을 상실한 포스트모던 시대에 동물의 지위가 갑자기 높아져 철학적, 신학적 성찰이 요구될 뿐 아니라, 목회적 적용도 시급한 상황입니다. 이 이슈를 바로 이해하고 실천하기 위한 값진 지침으로서 『동물신학』이 딱 알맞은 때에 출간됨을 주께 감사드립니다.

이 책은 성경의 전통적 입장을 확고하게 붙들면서도 전대미문의 변화에 섬세하게 대응합니다. 하나님의 형상인 사람을 중심으로 하는 말씀의 참뜻을 갑자기 높아진 동물의 위상으로 왜곡하지 않으면서, 시대의 변화가 제기한 많은 도전을 말씀으로 빠짐없이 점검합니다. 다양한 목회적 이슈를 따뜻함으로 살피고 학술적인 여러 문제를 치밀하게 따질 때도 언제나 피조 세계를 향한 창조주의 뜻, 특히 인간에게 맡기신 책임을 기초로 함으로써 시대적 요구를 성경적 세계관으로 품는 길을 개척하고 있습니다.

이 책은 '오직 성경으로'라는 원리를 동물의 존재와 위상이라는 주제로 말씀 연구와 현장 실천에 균형 있게 적용하는 값진 연구입니다. 또한 삶의 전 영역을 말씀 위에 세우고 모든 자리에서 그리스도를 주님으로 모시고자 하는 치열한 노력입니다. 그리고 논의 중인 주제들에 대해서는 섣부른 결론을 내기보다 더욱 깊은 탐구로 나아가는 길을 제시하므로, 이후의 논의를 위한 소중한 방향타가 됩니다. 책 내용 전부에 모두가 동의할 필요는 없겠지만, 오늘도 성경대로 생각하고 살기 원하는 사람이라면 누구나 이 책이 제기하고 논의하는 질문과 답변에 깊이 빠져들 것입니다.

• **권수경** _ 일원동교회 담임목사, 전 고신대 신학대학원 초빙교수

❦

현대 과학 기술이 발전할수록 생태계의 파괴는 나날이 더 심해지고 있습니다. 그중에서도 동물이 겪는 고통은 무엇보다 심각합니다. 무분별한 자연 개발은 동물의 서식지를 빼앗고 환경을 교란시키고, 유행병으로 인한 동물 대량 살상, 공장식 축산과 도살, 끔찍한 동물실험은 동물을 단지 식용 또는 사용 도구의 대상으로 취급하고 있음을 그대로 보여 주고 있습니다. 이러한 방식으로 맺어온 인간과 동물과의 관계는 최근 Covid-19와 같은 인수 공통 감염병의 형태로 인류에게 엄청난 재앙을 초래했습니다. 다른 한편, 인간은 일부 동물에 대해 '반려동물'이라는 미명 아래 매우 친밀한 관계를 맺고 있습니다. 그러나 인간은 삶의 조건에 맞추어 동물을 인위적으로 개량하고 조작하는 행위에 대해서는 어떤 고민도 하지 않습니다.

이제 우리는 우주에서 인간과 동물이 어떤 위치에 있으며, 어떤 관계를 맺어야 하는지를 다시 물어야 하는 시대적 물음에 당면하고 있습니다. 그리스도교 신앙은 이러한 동물에 관한 시대적 물음과 무관하지 않습니다. 여기에는 창조론, 영혼론, 구원론, 내세론 등과 같은 신학적 문제가 속해 있을 뿐만이 아니라 그에 따른 동물 사용의 윤리적 책임 문제 또한 담겨있기 때문입니다. 특히 오늘날 신앙인들에게도 동물의 영혼 및 구원의 문제, 예배 의식 참여 및 장례 등이 현실적인 문제로 등장하면서 이에 대한 분명한 입장과 지침이 요구되고 있습니다.

이 책『동물신학』은 이러한 문제들을 복음주의 및 개혁주의의 입장에서 연

구하고 그 대안을 모색하고 있습니다. 신학자이자 목회자들이 저술한 이 책은 동물과 연관된 철학과 신학의 논의, 그리고 법적이고 윤리적인 주제를 목회적 차원에서 다루고 있습니다. 1부는 동물을 규정하는 철학의 자연 목적론과 이성 중심의 인간론의 한계와 이를 수용한 중세 신학과 교의학의 문제점을 성경신학적 관점에서 비판하고, 동물에 대한 성경적 이해로부터 하나님의 창조 질서를 따르는 '생태신학'과 청지기 정신의 책임 의식을 강조하고 있습니다. 2부는 동물 윤리와 관련하여 논의되는 철학, 신학, 법학 간의 '생태적 소통'에 참여하면서도 인간을 동물 차원으로 끌어내리는 방식의 동물권 주장과 동물해방론을 경계하고, 복음주의적 관점에서 '새로운 종(種) 공동체'가 회복될 수 있는 미래적 전망을 제시하고 있습니다. 3부는 신앙생활에서 접하는 구체적 사례를 통해 반려동물에 대한 유사 친밀감의 위험성, 동물 축복과 세례, 동물 주검과 장례, 펫로스 등의 문제를 다루고, 이에 대해 '동물 격'에 따르는 올바른 관계의 성경적 지침을 제시하는 목회적 접근을 시도하고 있습니다.

그동안 개혁주의 진영에서 논의된 동물신학은 거의 없었습니다. 그런 점에서 이 책은 오늘날 도처에서 울려오는 피조물의 탄식을 그치게 할 청지기로서의 신앙인이 가져야 할 책임 의식을 새롭게 일깨우고, 관련 분야의 연구자와 폭넓은 대화의 계기와 함께 소통의 문을 열어 주고 있습니다.

• **김재철** _ 경북대학교 철학과 교수

ﻙ

길거리를 가다 보면 예전에는 서구 사회에서나 보던 애호하는 동물들과 산책하는 사람들, 유모차에 강아지를 태워서 다니는 사람들을 쉽게 봅니다. 십수 년 전만 해도 낯선 모습들이 이제는 너무나도 익숙합니다. 심지어 강아지나 고양이를 자식이나 형제처럼 대하고 호칭도 그렇게 부르는 사람들이 많으니다. 애호하는 동물과 함께 거주하는 사람들은 대부분 그렇게 생각하는 것 같습니다. 이런 현상은 교회 안에도 예외가 아니어서 성도들도 개나 고양이와 함께 가족처럼 지내는 생활을 자연스럽게 받아들이고, 그들의 죽음 후에는 심각한 슬픔에 빠져 헤어나오지 못하는 펫로스 증후군도 발견됩니다.

지금껏 동물 신학은 린지(Andrew Linzey)를 비롯한 소위 자유주의나 진보주의 진영에서 주로 동물의 권리 보호나 복지를 위주로 다루어져 왔습니다. 그에 반해 개혁주의 진영에서 동물신학을 진지하게 고찰하여 교회와 성도들 앞에 성경적 원리로 제시한 경우는 거의 없다고 할 정도로 미미합니다. 애호하는 동물에 대한 폭발적인 관심만큼이나 인간 소외가 두드러지고 있는 요즈음에 참으로 시의적절하고 반가운 책이 나왔습니다.

동물의 목숨과 인간의 생명을 같은 선상에서 놓고서 동물신학을 펼쳐온 진보 진영과 달리 사람을 동물 수준으로 낮추지 않고, 동물을 사람 수준으로 격상하지 않도록 성경적, 목회적, 철학적, 법학적 관점을 제시해 준 세 분의 저자에게 심심한 감사의 말씀을 드립니다. 특별히 평소에 존경하고 애정하는 송영목 교수님과 가정호 목사님과 홍석진 목사님에 의해 이 책이 출간된 것은 한국 교회를 향한 하나님의 귀한 선물입니다. 한국 교회 안에 동물 신학의 독보적인 길라잡이가 될 줄로 믿고 일독을 권합니다.

• 박홍섭 _ 한우리교회 담임목사, 교회를위한신학포럼 대표

한국 교회 안에서 애완동물들에 관하여 다양한 이슈들이 발생하고 있는 시점에 개혁주의의 관점에서 올바른 방향을 제시하기 위해 출간된 책의 추천사를 쓰게 되어 기쁘고 영광스럽게 생각합니다. 명망이 있는 신학자들이며 목회자들로서 가르치고 섬기는 삶을 살아온 저자들은 먼저 성경의 신구약 말씀을 통

해 우리에게 동물의 진정한 의미는 무엇이며, 교회는 어떤 관점에서 동물을 대해야 하는지에 대하여 명료한 논리로 기술하고 있습니다. 깊은 신학적 성찰을 느끼게 하는 부분들이 끊임없이 전개되는 도중에 동물 기계론을 비롯하여 동물신학자 앤드류 린지 전후에 일어났던 신학적이자 철학적이며 과학사적인 다양한 논쟁들에 대한 소개가 숨은 보석처럼 나타나 책을 읽는 재미와 놀라움을 더해 줍니다.

하지만 이 책을 더욱 추천하고 싶은 이유는 앞에서 언급한 교회 속 동물의 의미나 동물의 종교성과 같이 형이상학적인 깊은 깨달음에 대한 가르침뿐만 아니라, 독자들이 마음에 품고 있을 많은 현실적인 질문들에 적용이 가능한 해결책들을 제시하고 있기 때문입니다. 이를 위한 주제들은 매우 다양하여 동물 문화, 동물의 영혼 문제, 동물의 성장, 노화, 질병, 죽음 및 장례와 비용에 관한 내용을 포함하며, 이에 더해서 백구와 봉자 이야기는 물론 법에 기술된 동물권에 관한 설명까지 포함됩니다. 따라서 동물과 신학, 동물과 신앙생활에 관해서 많은 궁금증을 품은 독자들은 이 책을 통해 원하는 해답을 찾을 수 있다고 확신하며, 읽어 보기를 강력히 추천합니다.

• **이병욱** _ 고신대학교 의생명과학과 교수

일상생활사역연구소의 연구지에 연재되는 글을 통해 「일상의 철학」을 발표한 강영안 교수는 일상의 철학 방법론으로 세 단계를 이야기합니다. 그냥 자세하게 현상을 들여다보는 "일상의 현상학"으로 시작하여, 두 번째 그 의미와 구조 등을 파악하려는 "일상의 해석학"의 단계를 거쳐, 마지막으로 어떻게 할 것인가 어떻게 살 것인가를 고민하는 "일상의 윤리학"으로 이어진다는 것입니다.

이 책은 동물에 대한 현상학적 접근, 법과 철학적 해석학적 접근, 그리고 윤리적인 접근을 두루 볼 수 있는 일종의 동물에 관한 신학적 성찰(a theological reflection)을 다루는 책입니다. 더 자세하게 말하자면 세 분의 장로교 신학자들과 목회자들의 신학적 성찰을 통해 동물에 관한 개혁주의 신학적 성찰을 들여다볼 수 있는 책입니다. 이 책을 읽는 분들은 각각의 견해를 통해 동물신학에 대한 개혁주의의 접근이 일률적이지 않고 다양하다는 것, 확장 가능하다는 것을 경험할 수 있을 것입니다. 각각의 글이 숙고하고 있는 자료들을 일별하는 것만으로도 유익을 얻을 수 있을 것입니다.

- **지성근** _ 목사, 일상생활사역연구소 소장

❧

부산의 기독교윤리실천운동 동역자들을 통해 이 시대의 교회와 신앙인들에게 꼭 필요한 책이 나오게 됨을 기쁘고 자랑스럽게 생각합니다. 화살처럼 빠른 속도로 변하는 현대 사회에서 이에 대한 올바른 윤리적인 지침이 그리스도인에게 얼마나 중요한지 모릅니다. 과연 이러한 사회적인 변화가 성경에 합당한 것인지에 대한 고심이 없다면, 그리스도인은 아무런 생각 없이 세상 풍습을 좇거나, 무조건 반대하면서 자기 아집에 사로잡히는 우를 범하게 될 것입니다.

교회는 계몽주의 이후 이성 중심의 사회로 전환되어 가는 과정에서 항상 새로운 윤리적 도전 앞에 서야 했습니다. 이에 우선은 기독교 전통을 앞세워 비판적인 반응을 보이면서 문화에서 스스로를 분리시키거나 반대로 문화전쟁에 몰두하기도 했습니다. 다른 한편으로 그런 도전은 교회로 하여금 지금까지의 기독교 전통들이 과연 성경적인가, 그런 전통 윤리의 근거가 되는 교리가 복음의 가르침과 일치하는가를 반추하게 해 주었습니다. 그러기에 다양한 차별 철폐와 평등, 자유와 인권, 정의와 민주주의로의 사회적인 변화는 기독교를 왜소하게 만드는 것이 아니라, 성경 속에 숨겨진 진리를 볼 수 있는 안목을 열어 주면서 새로운 단계로 올라서게 했습니다.

오늘날 교회는 동식물을 포함한 환경 문제와 4차 산업 혁명의 거센 도전 앞에 서 있습니다. 특별히 '반려동물' 가족이 빠른 속도로 증가하여 천만 명을 넘어가는 우리나라에서 교회는 논란이 되는 이슈가 무엇인지, 그것을 어떻게 신앙 안에서 소화하고 이해해야 하는지 돌아보아야 합니다.

이 책은 놀랍게도 이런 문제들에 대해서 폭 넓고 깊이 있는 내용을 전달합니다. 반려동물에 대한 현재와 미래의 사회적인 흐름은 어떤 것인지, 그리고 그런 것들이 성경의 가르침에 비추어 볼 때 올바른 것인지, 구체적으로 목회적인 관점에서 주목해야 할 것은 무엇인지, 나아가 보다 깊은 철학적 신학적 법률적 관점에서는 어떤 이해가 필요한지를 가르쳐 줍니다. 모쪼록 이 책을 통해 환경 문제 그리고 반려동물과 관련된 올바른 기독교 윤리가 한국 교회에 뿌리를 내릴 수 있기를 기대합니다.

• **최현범** _ 기독교통일학회회장, 총신대학교 기독교윤리 초빙교수, 전 부산 기윤실 공동대표

공저자 서문

　인간중심주의에 대한 도전 혹은 반대가 여기저기에서 일어난다. 이제 무게의 추가 강아지와 같은 '반려동물' 중심, 다시 말해, 인간의 지배에서 해방된 동물 중심으로 기운 듯하다. 이제 동물은 인간의 동료 피조물이자 '반려' 존재로 격상되었다. 그래서 '수제 펫 푸드', '반려동물 서비스산업', '반려동물학과', '반려동물 장례식장', '펫로스증후군', '애견 호텔', '반려동물 보유세'와 같은 표현이 쉽게 오간다. 여기서 더 나아가, 동물권을 강하게 지지하고 동물 해방을 주장하는 이들은 예수님의 성육신으로부터 종(種) 차별의 철폐를 주장한다. 이렇게 주장하는 사람들은 수많은 생물 종 가운데, 창조주 하나님께서 하나의 인간 종만 돌보시는 것은 말이 안 된다고 말한다. 하지만 인간은 여전히 자신의 필요를 위해 애완동물을 활용한다. 따라서 인간중심주의는 흔들림이 없다고 말해야 할 것이다.

　앤드류 린지(Andrew Linzey), 피터 싱어(Peter Singer) 그리고 톰 리건(Tom Reagan)으로 대변되는 동물권과 동물 해방을 옹호하는 이들은 채식주의를 고수한다. 이들은 동물도 쾌고감수성(快苦感受性)을 가지고 있다고 판단하여 동물이 당하는 고통에 민감하다. 심지어 미국 성공회는 개에게 성찬 참여를 허용한다. 또한 국내외에서 반려동물 축복식과 장례식도 전혀 낯설지가 않다.

　애완동물에 관하여 혼란스러운 주장과 행동이 확산하고 있는 시점에 '성경적 동물관', '목회적 관점에서 바라본 동물' 그리고 '법과 철학에서 본 동물'에 관하여 찬찬히 고찰하는 이 책은 매우 시의적절하다고 생각하며 소중한 통찰을 제시해 줄 것이다.

2024년 12월 부산에서,

공저자 일동

목차

PART 1
성경신학에서 본 동물신학
| 송영목 |

| 들어가며 |

인간의 탐욕이 초래한 기후 변화로 인해, 약 800만 종(種, species)의 동물과 식물 중에서 약 100만 종이 멸종 위기에 처해 있다. 성경에 언급된 식물의 종은 몇 개일까? 약 110-125개다. '나무신학'(tree theology)을 비롯해, 식물이 생물학적 종의 특성에 맞는 정상적이고 생명력이 넘치는 최적화된 생명 활동을 수행하도록 도와야 한다는 '식물윤리학'(ethics of plants)이 등장한 지도 오래되었다.[1] 구약 성경과 랍비 문헌은 사람을 식물에 비유하고, 식물을 사람에 비유하면서 윤리적 교훈을 제공했다(왕상 7:25; 시 1:3; 아 2:9; 사 7:2; 56:3; 렘 17:8; 겔 17:24; 단 4:22; 암 4:1

---

[1] 김남준, "식물윤리학의 원리: 식물윤리학의 근거 정립을 위한 시론적 연구," 『환경철학』 12 (2011), 23-27. '나무신학'과 관련하여, 카메룬 출신 Jean-Marc Éla가 글로벌 시장주의의 방향에 맞추어 현금 곡물(cash crops)이 생존을 위한 곡물(subsistence crops)을 대체함으로써, 농부가 당하는 고통과 식량 불안정을 심화하는 현상을 십자가와 연결하여 비판하는 '그늘-나무신학'(shade-tree theology, 1980, 1985)을 참고하라. Éla는 생존을 위한 식물과 십자가 그늘 아래에 거하기를 소망하는 예언 공동체인 교회가 해방신학과 토착화 신학을 결합하여 신자유주의에 맞설 것을 촉구한다. J. N. S. Adamah, "Food Insecurity, Eucharist, and Community: Reading Jean-Marc Éla's 'Shade-Tree' Theology in Light of Balthasar's Ecclesiology," *Review & Expositor* 117/4 (2020), 537-39. 동물처럼 식물도 쾌고감수성과 인지 능력을 가지고 있다는 논의는 E. Otto, "Sentience, Suffering, and Salvation: A Critique of Key Concepts in Animal Theology," *WTJ* 82/1 (2020), 157을 보라.

등).[2] 이런 현상은 고대와 중세 시대의 유대 문헌에도 나타난다. 성경에 식물과 동물이 함께 등장하는 본문도 많다(창 1:30; 3:1; 신 32:32–33; 사 11:7; 겔 17:3, 6; 단 4:25, 32; 합 3:17; 마 21:7–8; 계 7:9).

그레코–로마 제국에서 개와 코끼리와 같은 동물은 전쟁용으로 무기화되었으며, 동물의 왕국은 폭력과 죽음과 개체수의 감소를 겪기도 했다.[3] 로마 제국의 검투사들은 표범과 같은 야수와 싸우는 게임(venationes)으로 군중을 열광시켰는데, A.D. 108년에 트라얀 황제가 개최한 여러 대회에서 검투사 9,000명과 야생동물 11,000마리가 죽었다.[4] 그 결과 로마 제국의 여러 지역의 생태계는 조직적으로 파괴될 수밖에 없었다.

성경에서 식물 못지않게 동물도 다양하게 나타난다(참고. 1에녹 83–90장의 동물묵시록). 성경은 동물을 무려 3,000회 정도나 언급한다. 히브리어로 '동물'에 해당하는 두 명사는 주로 네 발 가진 동물을 의미하는 '베하마'(בְּהֵמָה, 190회; 창 34:23; 렘 7:33 등)와 모든 종류의 동물을 가리키는 '하야'(חַיָּה, 96회)이다(창 1:28 등). 그리고 그리스어로 동물은 '쎄리온'(θηρίον, 46회)이다(막 1:13; 계 13:1 등). 구약 성경의 그리스어 번역본인 70인역(LXX)은 '쎄리온'을 육상 동물로 국한하면서, 주로 야생동물을

---

2   A. O. Shemesh, "He passed away because of Cutting down a Fig Tree: The Similarity between People and Trees in Jewish Symbolism, Mysticism and Halakhic Practice," *HTS Teologiese Studies* 76/4 (2020), 2–5.

3   M. D. Kiel, *Apocalyptic Ecology: The Book of Revelation, the Earth, and the Future* (Collegeville: Liturgical Press, 2017), 38–40.

4   위의 책, 68–69.

지칭했다.[5]

알렉산드리아의 필로(Philo)는 『동물에 관하여』(*On Animals*, A.D. 50)에서 이성을 인간만의 특유성이라고 주장했고, 가이사랴의 바실(Basil)은 하나님께서 경이롭게 창조하신 동물에 관하여 연속으로 설교한 바 있다 (A.D. 378).[6] 13세기 프란시스코 수도사 파도바(Padova)의 안토니(Anthony)는 동물을 예로 들어 인간의 특질을 설교했다. 안토니는 포유류 50종, 새 24종, 해양 생물 4종, 곤충 14종, 파충류 8종, 그리고 신화적 동물 8종(예. 파우나, 유니콘)을 언급했다.[7]

토끼나 닭과 같은 애완동물을 활용한 (학습 장애와 정신) 치료에 관한 첫 기록은 1792년으로 거슬러 올라간다.[8] 20세기 후반 이래로 신학계에서 동물은 중요 이슈로 재부상했다.[9] 동물과 관련하여 떠오르거나

---

5   G. Kittel (ed), *TDNT*, Volume III (Grand Rapids: Eerdmans, 1974), 133.

6   D. Clough, "The Bible and Animal Theology," in *The Oxford Handbook of the Bible and Ecology*, ed. H. Marlow and M. Harris (Oxford: Oxford University Press, 2022), 402.

7   B. Hughes, "The Antonian Zoo: Use of Animal and Human Traits in Medieval Sermons," *Homiletic* (Online) 37/1 (2012), 4.

8   애완동물을 키우는 심장 마비 환자는 그렇지 않은 환자에 비해, 1년 안에 재발 확률이 20%에 그친다. R. Field, "Comforters and Friends," *The Way* 41/3 (2001), 237–39.

9   "대한예수교장로회 고신 제70회 총회(2020년)에 '반려동물에 대한 신학적인 입장 정리'를 요청하는 안건이 상정되었다. 당시 충청서부노회장 오병욱 목사는 '오늘날 교회 내에도 반려동물을 키우는 성도 수가 상당히 많다. 그로 인해 신앙 교육 자체가 어렵기도 하다. 이러한 상황에서 지금까지 교회 안에서의 반려동물에 관한 신앙 교육은 오롯이 목회자 개인에게 맡겨 두었다. 그러나 점점 늘어가는 반려동물을 키우는 인구(성도)를 생각할 때 교회 안에서도 반려동물에 대한 서로 다른 의견과 문화로 인해 목회자와 성도, 그리고 성도와 성도 사이의 갈등이 예상된다. 자칫 교회의 영적 성장에도 큰 장애가 될 수 있다'라고 상정 이유를 설명했다. 오 목사는 이러한 때에 '반려동물에 관한 고신총회의 통일된 바른 교육 지침을 통해 교회 내의 혼란과 갈등을 방지하고, 바른 가치관을 위해 바른 교육의 필요성이 대두되고 있다'라고 반려동물에 대한 신학적 정리를 요구했다. 그리고 2021년 9월에 열린 제71회 고신 총회에도 '애완동물에 대한 신학적인 입장 정리' 안건이 다시 올라왔다. 그런데 제71회 총회 신학위원회는 '애완동물에 대한 신학적인 입장 정리−직전 총회에서 기각된 건과 유사한 건으로 기각'이라고 결정했다." https://cafe.daum.net/koreaBibleLAb/hzGt/ (2023년 3월 19일 접속). 2024년 고신 총회에 신학대학원 교수회는 동물 장

유행하는 단어는 매우 많다. 동물 병원, 수의사, 동물원,[10] 동물의 왕국, 사파리, 동물 보건사, 동물 매개 심리치료, 사냥, 소싸움, 도박장의 투견, 상아 채취, 실험용 동물,[11] 유네스코의 '세계 동물권 선언문' 공표 (1978), 한국의 동물보호법(1991; 영국은 1822년),[12] 동물 복지, 세계 동물의 날(10월 4일), 불교의 살생 금지, 동물 장례,[13] 비건, 공장식 사육(factory farming), 성장 호르몬 주사, 배터리 닭장, 도축 라인, 유전자 조작 동물, 동물 공포증, 1인 가구와 반려동물(학과),[14] '반려동물' 전성시대, '반려동물'의 항공 여행,[15] 반려동물 장례지도사, 반려 종(companion species),

례에 관해 연구 보고서를 상정했다.

10 1977년부터 미국의 한 동물원의 좁은 공간에 갇혀 살다가 안락사된 (그리스도처럼 죄 없는) 암컷 코끼리 '해피'를 두고 사람이 사용 후 폐기하는(throwaway) 값싼 피조물(cheap creation)에 지나지 않았다고 보면서 인간중심주의를 비판한 경우는 A. Linzey and C. Linzey, "The Basis for an Amicus Brief for 'Happy' the Captive Elephant: Theology that drives One to Animal Rights," *Modern Believing* 64/3 (2023), 244-45, 252를 보라. 앤드류 린지(A. W. Linzey, b. 1952, Ph.D., D.D., Hon.D.D.)는 성공회 사제로서 옥스퍼드 대학교에서 윤리, 신학, 동물 복지를 가르치며 '동물 윤리를 위한 옥스퍼드센터'(2006)를 설립했고, 동물권 운동가이자 채식주의자이다. 그가 런던 킹스칼리지에서 군톤(Colin Gunton)의 지도로 취득한 박사 논문(1986) 주제는 "The Neglected Creature: The Doctrine of the Non-Human and Its Relationship with the Human in the Thought of Karl Barth"였다. 앤드류 린지의 딸 클레어 린지(Clair S. Linzey, Ph.D., 세인트 앤드류스 대학교)는 보프(Leonardo Boff)의 환경신학을 동물과 연결하여 박사 학위를 취득한 영국의 윤리 신학자인데, Graduate Theological Foundation에서 동물신학과 패미니즘신학 등을 가르치고 있다. 그녀는 아버지 앤드류 린지와 더불어 *Journal of Animal Ethics*의 편집자로 있다.

11 실험용 동물의 고통을 덜어 주는 방안은 C. C. Camosy and S. Kopp, "The Use of Non-Human Animals in Biomedical Research: Can Moral Theology fill the Gap?" *Journal of Moral Theology* 3/2 (2014), 64를 보라.

12 한국의 동물보호법은 '고통을 느낄 수 있는 신경 체계가 발달한 척추동물'로 한정하기에 쾌고감수성(快苦感受性)에 따른 공리주의(功利主義)를 반영한다.

13 많은 일본인은 동물 묘지를 슬픔에 빠진 사람과 미신을 따르는 사람을 이용하는 상술이라 비판하지만, 불교와 동물 장례업자는 협업 중이다. 고전적 불교는 동물이 죽으면 7주 안에 새로운 동물로 환생한다고 보지만, 현대 일본인들은 죽은 동물이 천국 간다고 본다. E. Kenney, "Pet Funerals and Animal Graves in Japan," *Mortality* 9/1 (2004), 44, 51, 58.

14 사람이 정서적으로 의지하기 위해 가까이 기르는 동물 즉 '반려동물' 관련 KCI급 논문은 555개이며(2024년 4월 23일 기준), DBpia에서 860개나 검색된다(2023년 3월 18일 기준).

15 2022년의 대한항공의 경우, 생후 8주 이상으로 운반 용기(cage) 포함하여 무게가 7kg 이하인 '반

반려 로봇, 반려동물 관리사, 반려동물 입양센터, 애완견 호텔, 반려동물 장묘, 반려동물 놀이터, 동물 등록제, 펫 동반 관광, 펫 페어, 프리미엄 펫 푸드, 펫 마사지, 펫 요가, 펫로스 증후군,[16] 펫로스 케어, 펫팸족, 펫코노미, 펫튜브, 펫티켓 캠페인, 펫시터, 펫 보험, 펫 휴머니제이션,[17] 펫셔리, 뷰니멀족, DxE, PETA, KARA, 유기견 수출(해외 입양) 1위 국가,[18] 군견,[19] 견(犬) 보유세,[20] 층견 소음, 동물 툰, 동물 매개 치료, 인류동물학(anthrozoology), 동물성애(zoophilia), 동물신학, 동물철학, 피조신학(creaturely theology), 동물 복지주일(성 프란시스코의 날 10월 4일 근처 주일), 그리고 동물보호센터.[21]

미국에서 애완동물을 키우는 가정 비율은 거의 70%이다. 전 세계에

려동물'의 국내선 기내 동반 탐승률은 2019년과 비교하면 26%가 증가했다. 동물의 용기는 창측 죄석 앞 밑에 두어야 한다. 김영진, "반려동물의 항공 여행에 관한 연구," 『한국과 세계』 6/1 (2024), 150, 154–56.

16 영국에서 전화나 이메일로 펫로스 증후군을 겪는 남녀노소를 후원하는데, 관련 단체로는 Blue Cross, Ralph Site, Animal Samaritans 등이 있다. 사회적 촉매제 역할도 담당한 동물의 '상실'은 '죽음'보다 더 큰 후유증을 남기기도 한다. E. Leonhardt-Parr and B. Rumble, "Coping with Animal Companion Loss: A Thematic Analysis of Pet Bereavement Counselling," *Journal of Death & Dying* 89/1 (2024), 365, 371.

17 "반려동물을 가족이나 친구의 역할을 수행할 수 있는 인간의 대리자로 인식하고, 인간과 같은 속성을 가진 인격체로 대우하는 현상"을 의미한다. 국은숙, "반려동물 장묘서비스 이용 실태조사," 『한국소비자원 조사보고서』 (2022), 1.

18 2021년 기준으로 국내에서 약 12만 마리가 유실 혹은 유기되었다.

19 1990년경, 미국 해군은 돌고래를 군사용으로 훈련하기 위해 300억 원 이상 지출했다. R. L. Shinn, "Jonah and the Animals of Nineveh," *Prism* 5/2 (1990), 21.

20 독일, 네덜란드, 미국, 오스트리아 등은 애완견 소유자에게 과세하여 변 청소와 같은 동물 복지에 투자하고 과도한 애완동물 소유를 억제한다(참고. 한국은 1951년에 축견세를 폐지함).

21 이성호, "동물 연구(Animal Studies) 시대에서 기독교 신학의 길 찾기," 『한국조직신학논총』 71 (2023), 154, 166; 박찬운, "동물보호와 동물 복지론: 유럽 상황을 중심으로," 『법조』 640 (2010), 327; 윤덕병, "반려동물 서비스산업에 관한 연구," 『혁신기업연구』 7/3 (2022), 166–67. 영국 성공회의 동물 복지를 위한 협회 홈페이지는 https://www.aswa.org.uk/이다.

서 미국, 브라질, 중국 순으로 애완견이 많다. 한국의 경우 약 24%의 가정에서 키우는 동물 중 개(Canis familiaris)가 제일 많은데, 고양이보다 약 5배 많다(2018년 기준). 언어는 현재 문화의 영향을 받기에, 이제 '똥 개', '황구탕', '보신탕'과 같은 단어는 거의 금기어가 되었다. 한국에서 동물이 등장하는 속담은 6,350개이며, 개, 소, 호랑이 순으로 많다. 영화계도 '종 차별주의'(speciesism)에 반대하면서 동물을 가족의 주체이자 일원으로 묘사하기도 한다.[22] 그러나 혹자는 돼지와 소와 닭은 식용이 되는데, 개는 안 되는 것을 두고 '새로운 종 차별주의'라고 본다[참고. 개 식용 금지법('김건희법')].[23] 나라나 종교에 따라 종 차별주의를 인식하는 방식은 다를 수 있다. 예를 들어, 인도는 인구 14억 명의 대국인데, 80%는 윤회를 믿는 힌두교도다. 인도 국민은 소를 신성화하고, 개도 전생에서 사람이었을 수 있다고 믿는다.

한국에서 애완동물 혹은 소위 '반려(伴侶)동물'을 키우는 인구는 약 1,500만 명에 달한다.[24] '반려동물'을 키우는 가구는 552만 호인데, 그

---

22 "동물을 인간보다 열등한 존재로 취급하거나 반려자(친구)로 이해해야 한다는 사고를 넘어서서 동물도 인간의 가족 체계 안에 들어와서 진짜 가족처럼 서로 정을 나누고 가족(오빠, 동생, 자식)의 지위를 부여받으면서 서로 소통하고 존재론적인 공존을 할 수 있다는 근거를 제시해 준다. 이러한 근거를 2000년대 이후의 한국 문학과 영화 작품에서 찾은 이유는, 우리 문화의 일부분에서는 이미 인간과 동물이 서로 가족으로서의 삶을 영위하고 있기 때문이다." 강지구, "펫팸족의 출현과 반려동물의 재인식: 2000년대 이후 한국문학과 영화 작품을 중심으로," 『세계문학비교학회』 54 (2016), 23.

23 참고. 김광연, "동물 생명의 가치와 인간과의 공존: 반려동물을 대하는 인간의 이중적 태도," 『순천향 인문과학논총』 38/3 (2019), 104.

24 유럽의 "귀족은 자기 가문의 혈통이 중요하듯이 점점 '가족'의 일원인 애완동물의 혈통에도 관심을 가졌고, 심지어 애완동물을 기르는 것 자체가 신분을 드러내는 증표로 인정되었다. 그러다가 점차 시민이 증가하고 이들이 정치적 권력을 장악하면서 시민 계층 사이에도 애완동물을 기르는 문화가 퍼졌다. 이들은 새로 제정된 '동물세'를 기꺼이 냈고, 애완동물과 친밀한 관계를 문학과

가운데 67%가 동물 양육에 만족하며 82%는 동물을 가족의 일원으로 간주한다(참고. KB금융지주 경영연구소의 '2023 한국 반려동물보고서'). 부산시의 애완동물은 약 76만 마리이며, 전체 가구의 33.8%가 보유하고 있고 (2021년 기준), 친환경 펫 용품 판매, 안락사 서비스, 그리고 돌봄 서비스가 확대되고 있다.[25] 국내 '반려동물' 장묘업의 효시는 1999년 7월에 김포시에 소재한 '페트나라'이다. 이런 차제에 성공회대학교에서 시행된 '반려동물 축복식'(2022년)과[26] 홍천군의 '동물과함께하는교회'(임소연 목사)는 논쟁을 일으켰다.[27] 특히 20-30대 젊은이들은 동물 윤리에 큰 관심을 보인다. 코로나19 시대에 애완동물이 증가했으며, 인공지능 센서가 장착된 '반려 로봇'이 외로운 노인들에게 긍정적 효과를 가져다주었다는 조사도 있다.

한국 그리스도인은 천국과 지옥에 관심이 많다. 그래서 "우리 집의 죽은 강아지를 천국에서 재회할 수 있을까?"와 같은 동물의 구원 가능성에 관한 질문이 종종 제기된다. 소위 '동물신학'(animal theology)을 두고

예술로 그려 냈다." 송충기, "동물보호운동과 반려동물 열풍의 역사적 기원," 『철학과 현실』 9월호 (2022), 68.

25 곽진숙, "부산지역 애완동물 시장 전망에 대한 연구 방안," 『인문사회21』 14/3 (2023), 1671-1673.

26 동물을 위한 축복 기도는 천주교 예배의식서(Rituale Romanum, 1614)에 소개되었다. 참고. 동물 축복식과 동물 장례식을 긍정하는 앤드류 린지, 『동물 신학의 탐구』, Creatures of the Same God, 장윤재 옮김 (대전: 대장간, 2014), 177; K. Brown, "Pastoral Concern in Relation to the psychological Stress caused by the Death of an Animal Companion," Mental Health, Religion & Culture 9/5 (2006), 416-18.

27 "숨탄것들(동물의 순수 우리말)의 교회" (https://blog.naver.com/disciplines321/222407668370; 2023년 3월 19일 접속)를 보라. 참고로 동물을 선교의 대상으로 보고 동물과 함께 하는 예배를 지지하는 경우는 금명진, "동물에 대한 선교적 돌봄과 신학적 고찰," (석사학위, 장로회신학대학교, 2023), 71을 보라.

성경신학자보다는 교의학자와 기독교윤리학자가 많은 관심을 보여 왔다.[28] 그리스도인이 동물에 대해 제기하는 질문에 성경적 해답을 제시하는 것은 시급하다. 그런데 복음주의나 개혁주의 진영에서 동물신학을 깊이 연구한 경우는 거의 없는 실정이다.[29]

이 글은 애완(愛玩)을 넘어 소위 '반려' 차원, 다시 말해, 정서적으로 의지하여 키우는 친구와 위로자 그리고 동반자로서의 동물 열풍이 거세게 일어나는 한국에서 성경(신학)적 동물신학을 간략히 정립하려는 시도이다.[30] '동물신학' 탐구가 성경에 철저히 기반을 두지 않는 경우가 자주 발생하고 있기에, 본 연구가 성경신학적 열매를 맺길 기대한다.[31]

---

28 신원하, "반려견과 사후 생명: 목사님, 우리 푸들을 천국에서 볼 수 있을까요?" (예장 고신 충청노회 강의안, 2022), 1–7; "애완견을 위한 기도, 성경적으로 신학적으로 가능한가?" (예장 고신 충청노회 강의안, 2022), 1–7.

29 참고. J. Hartog II, "Sin, Redemption, and the Animal Kingdom," (Th.D. Thesis, Grace Theological Seminary, 1978).

30 혹자는 '동물신학'이라는 표현을 모호하거나 경박하다고 여겨 사용하기를 반대하면서 "아테네와 동물원이 무슨 상관이 있는가?"라고 묻기도 한다. 하지만 성경과 신학의 빛에서 동물을 판단하는 연구는 오늘날 중요하고 시급하다. 그런데 앤드류 린지의 성경 사용은 본문이 원래 사회문화적 배경을 충분히 고려하지 못하고 페미니즘과 해방신학적 해석을 따른 문제가 있다. 참고. D. M. May, "A Review of Andrew Linzey's Animal Theology from a New Testament Perspective," *Review & Expositor* 102/1 (2005), 87, 89–90. 참고로 "생명이 있는 존재의 신학(creaturely theology)은 동물을 하나님의 형상(*imago Dei*)과 관계되는 존재로 다루며, 동물의 구원과 '깊은 성육신'(deep incarnation) 개념 등을 연구한다. 이 신학은 동물 권리, 동물 살육, 공장식 사육 등의 윤리적 이슈를 다룬다(D. Edward, 2009)." C. W. du Toit, "Pursuing an Understanding of Animal Consciousness: Implications for Animal Morality and a Creaturely Theology," *Verbum et Ecclesia* 36/3 (2015), 7.

31 앤드류 린지는 『동물 신학의 탐구』 제6장 '예수와 동물: 한 다른 관점'에서, 콥트교회 문서 조각, 야고보 위복음서, 도마의 유년기 복음서, 유사 마태복음서, 즉 비정경 문서의 가치를 높이 인정하면서 동물친화적 주장을 펼친다. 66권 정경의 충족성을 믿는다면, 이런 시도는 혼동을 초래한다. 정경에서 신학적 근거를 찾지 못한다면, 논지(論旨)는 허약할 뿐이다. 앤드류 린지, 『동물 신학의 탐구』, 135–53.

| 동물은 인간을 닮았을까? |

찰스 다윈(d. 1882)이 말년에 쓴 두 저서『인간의 유래』(*The Descent of Man, and Selection in Relation to Sex*, 1871)와『인간과 동물의 감정 표현에 대하여』(*The Expression of the Emotions in Man and Animals*, 1872)는 동물행동학(動物行動學, animal ethology)의 토대를 제공했다.[32] 1950년에 본격화한 동물행동학은 동물의 행동을 관찰하여 그런 행동의 원인을 학술적으로 분석하여 결론을 내린다. 이 학문에 따르면, 인간과 동물이 더 가까워져서 공통점은 늘어간다.[33] 다시 말해, 인간 안에 동물적 특성이 많고, 동물 안에 인간의 특징이 많다는 결론에 도달한다. 그렇다면 동물행동학자는 인간이 동물처럼 퇴화했다고 주장하지 않고, 동물이 인간의 수준으로 지성과 감성에서 발달했다고 본다. 그런데 포유류 중에서 생물학적으로 인간과 가까운 보노보, 침팬지, 고릴라, 오랑우탄 가운데 인간처럼 일평생 일부일처로 사는 동물은 거의 없다.[34] 참고로 동물행동학의 한 분야인 인류행동학은 인간의 선천적 행동을 연구한다.

동물은 태어날 때부터 가지고 있는 능력인 '본능'을 가지고 있다. 그래서 동물은 배운 바가 없지만 집을 짓고 먹잇감을 추적하고, 모성애

---

32 조대호, "동물의 자발적 행동과 숙고: 아리스토텔레스의 동물행동학에 대한 예비적 성찰," 『철학연구』 86 (2009), 89.

33 동물행동학은 찰스 다윈을 '동물행동학의 아버지'라 받아들이며, 그의 진화론을 대체로 수용한다. 노르베르트 작서, 『동물 안의 인간』, *Der Mensch im Tier*, 장윤경 옮김 (파주: 문학사상, 2019), 16, 30.

34 위의 책, 26.

에 따라 먹잇감을 새끼에게 제공한다. 그리고 고양이에게 귀소본능도 있는데, 이 때 해와 달과 별과 지구의 자장을 이용한다.[35] 회흑색티티 (Callicebus cinerascens) 원숭이는 소위 일부일처제를 따라서 평생 산다. 그런데 야생동물이 사육되면 본능에도 변화가 나타난다. 예를 들어, 동물원에 갇힌 동물은 다른 종(種)을 보고 성적 행동을 보인다.[36] 포유류 중에 사바나얼룩말처럼 일종의 일부다처제를 따르는 동물도 있다. 반대로 남아메리카의 작은 원숭이인 갈색망토타마린(Leontocebus fuscicollis) 은 일종의 일처다부제를 따른다.[37] 단혼(單婚)이 아니라 복혼(複婚)을 따르는 포유류로는 수컷 물개 한 마리가 암컷 40-50마리를 후궁으로 두는 경우를 들 수 있다.[38] 동물의 이런 일탈적 성적 행동은 아담의 타락 이후에 발생했다고 보아야 할 것이다. 왜냐하면 하나님께서 사람에게 일부일처를 의도하셨기에(창 2:24), 동물에게도 동일한 원칙을 의도하셨다고 보는 게 자연스럽기 때문이다.

야생동물의 가축화는 '선택적 번식'의 일환이다. 인간이 선호하는 특징만을 가진 야생동물이 길들여지고 번식됨으로써, 인간이 원하는 겉모습과 생리와 행동을 가진 동물들이 발생했다.[39] 이것은 인간이 "생

---

35 박시룡, 『박시룡 교수의 재미있는 동물 이야기』 (서울: 도서출판 지구촌, 1995), 71. 하지만 대부분 새들은 놓인 곳에서 멀리 벗어나면 원래 장소로 돌아오는 길을 찾지 못한다. 콘라드 로렌츠, 『동물이 인간으로 보인다』, *Er redete mit dem Vieh, den Vögeln und den Fischen*, 김대웅 옮김 (서울: 자작나무, 1995), 40.

36 박시룡, 『박시룡교수의 재미있는 동물이야기』, 33.

37 노르베르트 작서, 『동물 안의 인간』, 25.

38 동물 세계에서 상대를 바꾼 부부의 경우, 번식의 성공률이 현저히 떨어져 생식이 지연되었다. 미셸 퀴젱, 『동물행동학』, *Le Comportement Animal*, 이병훈 옮김 (서울: 아카데미서적, 1994), 138.

39 노르베르트 작서, 『동물 안의 인간』, 147. 참고로 유전학자들과 고고학자들은 빙하기 수렵 채취인

육하고 번성하며 땅에 충만하라"라는 문화명령(cultural mandate)을 수행하는 올바른 방식이라고 보기 어렵다(창 1:28). 오히려 이것은 하나님의 창조 질서를 교란하는 행위이다. 이런 교란 행위 때문에 다른 질문이 발생한다. 예를 들어, 인간의 방식에 길들어진 가축을 마치 야생동물처럼 자유롭게 살도록 만들 수 없는 형편이니, 우리는 가축의 특성을 고려하여 동물친화적 삶을 제공해야 할까?[40] 이른바 '동물해방'을 근본적으로 이루어 내려면, 인간은 동물의 길들여진 특성이 아니라 본성을 회복하도록 도와야 할 것이다.

동물의 지능과 학습 능력은 인간을 닮았을까? 보더콜리(양치기 개), 돌고래, 바다사자, 그리고 앵무새는 반복 학습을 통해 상당한 양의 '어휘들'을 다룰 수 있다.[41] 여기서 더 나아가, 동물은 생각하고 인식할 수 있을까요? 이 질문은 '동물인지학'의 관심사이다. 도널드 그리핀(Donald Griffin)과 볼프강 쾰러(Wolfgang Köhler)와 같은 동물인지학자들은 침팬지나 코끼리와 돌고래와 같이 지능이 발달된 동물들이 특정 상황을 통찰하고 인지 능력을 기반으로 문제를 해결할 수 있는지 실험한 바 있

들에 의해 야생 개가 가축 개가 된 시점을 35,000년 전으로 추정하기도 하고, 혹은 14,000년 전이라는 주장을 제시하기도 한다. 참고. 다윈의 진화론에 동의하는 앨리스 로버츠, 『세상을 바꾼 길들임의 역사』, Tamed: Ten Species that changed Our World, 김명주 옮김 (파주: 푸른숲, 2019), 35-54.

40 참고. 노르베르트 작서, 『동물 안의 인간』, 128. 참고로 인간이 애완동물을 키우는 이유가 실낙원 상태에서 복낙원을 동경하기 때문이라는 설명은 콘라드 로렌츠, 『동물이 인간으로 보인다』, 21, 39, 183을 보라. 나치에 동조하여 독일 군의관으로 근무한 바 있는 로렌츠는 1973년에 노벨 의학-생리학상을 수상했는데, 인류 역사상 신석기 시대에서 구석기 시대로 넘어갈 무렵 최초의 가축을 자칼의 피를 이어받은 '토르프스피치'라는 개라고 본다. 그리고 로렌츠는 나이팅게일이나 햄스터와 같이 지능이 낮은 동물은 갇혀 살아도 정신적 고통을 거의 느끼지 않는다고 주장한다.

41 작서, 『동물 안의 인간』, 183.

다.[42] 이런 실험을 통해, 몇몇 동물에게 인간과 비교해 낮은 지능이 있다는 사실은 부정하기 어렵다.

인간처럼 동물도 자신이 누구인지 깨닫는 자의식이 있을까? 그리고 동물은 자기와 같은 상황에 있는 타자를 인식할 수 있을까? 이런 연구 분야는 '인지동물행동학'(cognitive ethology)에 속한다.[43] 1973년에 노벨 생리학 및 의학상을 수상한 폰 프리쉬(Karl von Frisch, d. 1982)는 임종 직전에 수제자 마르틴 린다우어(Martin Lindauer)의 "동물은 생각할 수 있는가?"라는 질문에, "그것은 나도 알고 자네도 알고 있다"라고 답하면서, 동물행동학자들은 객관적이고 과학적인 방식으로 이것을 남에게 설명할 수 있어야 한다고 말했다.[44] 행동생물학자 도널드 그리핀(Donald Griffin)은 『동물의 생각』(Animal Thinking, 1984)을 출간했다. 혹자는 개코원숭이와 침팬지와 같이 극히 소수의 동물에게 자의식과 타자를 인지하는 능력이 있음이 소수의 실험으로 입증되었다고 본다.[45] 하지만 동물의 자의식과 타자를 인식하는 능력은 광범위한 실험으로써 검증되지

---

42 위의 책, 196–97.

43 프란스 드 발, 『동물의 생각에 관한 생각』, *Are We Smart Enough to know How Smart Animals are?*, 이충호 옮김 (서울: 세종서적, 2017), 48–49, 366. 동물에게도 의식이 있다고 보는 드 발(De Waal)은 동물을 고등 형태와 하등 형태로 나누는 것에 반대하고, 수백만의 동물 종들을 하나로 묶어 '비인간'이라고 부르지 말자고 주장한다. 도스토예프스키의 『카라마조프 가의 형제들』의 한 대목도 드 발의 입장과 유사하다. "동물을 사랑하십시오. 하나님께서는 그들에게 '사고의 기관과 흔들림 없는 기쁨'(the rudiments of thought and joy untroubled)을 주셨습니다. 그들의 기쁨을 방해하지 말고, 괴롭히지 말며, 그들의 행복을 빼앗지 말뿐더러, 하나님의 뜻에 어긋나게 일하지도 마십시오. 여러분, 동물보다 우월하다고 자랑하지 마십시오. 그들은 죄가 없고, 당신은 자신의 위대함으로 땅을 더럽혔습니다."

44 참고. 최재천, "동물의 인지능력과 인간 두뇌의 진화," 『인지과학』 15/4 (2004), 67, 74. 최재천은 영장류를 관찰함으로써, 인간의 두뇌가 진화적 도약을 이루었음을 알 수 있다고 본다.

45 작서, 『동물 안의 인간』, 204–206.

않았기에, 일반화하여 속단하기 어렵다.

하버드대학교 동물학 교수 에드워드 윌슨(Edward O. Wilson)이 1975년에 출간한 『사회생물학』은 이 분야에서 나름대로 의미가 있더라도 진화론에 기반을 둔다.[46] 사회생물학은 인간과 동물의 사회적 행동에 숨겨진 사회성과 사회적 삶을 폭 넓게 이해하는 것이다.[47] 동물은 이기적인 특성만 가지고 있지 않다. 학자들은 이것을 '동물의 사회성' 혹은 '동물의 도덕성'이라 부른다. 예를 들어, 여왕벌은 생식을 담당하고, 일벌은 여왕벌이 낳은 알을 돌보고, 병정 벌은 공동체 즉 자기 집단을 방어한다. 이런 역할 분담은 여왕개미, 일개미, 그리고 병정개미에게서도 볼 수 있다. 그리고 어미 쥐나 어미 사자는 자기 새끼는 물론, 다른 암컷이 낳은 새끼에게도 수유한다. 일정 분량의 신선한 피를 공급받아야 생존할 수 있는 흡혈박쥐는 다른 박쥐로부터 피를 공급받기도 한다.[48] 네덜란드 동물행동학자로서 영장류를 집중적으로 연구한 프란스 드 발(Frans de Waal)에 따르면, 원숭이하목에 속한 영장류인 "진원류(眞猿類)에 속한 상당한 종들은 공평함의 의미를 알고 있으며, 다른 개체들

---

46 모든 학문은 자연과학 중에서도 통섭(consilience) 학문인 생물학으로 풀어낼 수밖에 없다고 주장하는 윌슨(Wilson)은 '사회적 진화', '진화된 이타 행동', '진화 시간', '진화 속도', '진보된 사회성 곤충'과 같은 용어를 사용한다. 에드워드 윌슨, 『사회생물학 I: 사회적 진화와 메커니즘』, Sociobiology, 이병훈 · 박시룡 옮김 (서울: 민음사, 1992), 36, 49, 60, 156, 187, 267. 그리고 에드워드 윌슨의 제자인 최재천, 『최재천의 인간과 동물』(서울: 궁리, 2007), 18-19도 보라.

47 작서, 『동물 안의 인간』, 258.

48 위의 책, 『동물 안의 인간』, 279. 참고로 2009년 마크 베코프(Marc Bekoff)와 제시카 피어스(Jessica Pierce) 그리고 2014년 드 발(F. de Waal) 등이 긍정했던 인간의 수준에는 도달하지 못하더라도 유사한 동물(ex. 점박이 하이에나)의 도덕성에 대해서는 A. M. Willows and M. Baynes-Rock, "Two Perspectives on Animal Morality," Zygon 53/4 (2018), 962-69를 보라.

의 감정을 공유하면서 무리에 속한 일원을 위로하기도 한다."[49]

수컷 침팬지의 경우 사회성이 흥미롭다. 수컷 침팬지의 몸이 크고 힘이 세다고 해서 자동적으로 우두머리가 되지는 않는다. 몸집이 작은 침팬지라도 전략적 동맹을 맺어 우두머리의 지위를 유지할 수 있으며, 심지어 선호하는 침팬지에게 원숭이 고기를 나눠 줌으로써 자신의 지위를 유지하려는 일종의 뇌물 제도도 발전시켰다.[50] 이것은 일종의 '침팬지 정치학'인데, 혹자는 침팬지에게 목적이 수단을 정당화하는 소위 '마키아벨리 지능'보다 더 긍정적인 사회성 기술이 있다고 본다(참고. 고래의 동맹, 두더지의 정치).[51]

동물에게서 발견되는 비이기적인 특징이나 행동과 달리, 발굽이 있는 포유동물(유제류)과 진원류와 돌고래에게 성희롱이나 강압적 교미가 발견되었다. 신세계원숭이나 산악고릴라처럼 수명이 긴 포유동물에게는 끔찍하게도 '영아 살해'가 벌어지기도 한다.[52] 수릿과에 속하는 사나운 새들인 흰죽지참수리나 흰꼬리수리는 자기 동생을 죽인다. 수리는 물론이거니와 해오라기도 알에서 나온 후에 동생을 죽이기에 '가인의

49 참고. 프란스 드 발, 『동물의 생각에 관한 생각』, 217; 작서, 『동물 안의 인간』, 313.
50 프란스 드 발, 『동물의 생각에 관한 생각』, 272-73.
51 최재천, 『최재천의 인간과 동물』, 316-20; 드 발, 『동물의 생각에 관한 생각』, 279, 318-320. 드 발은 코끼리도 '정치적 동물'이라고 본다. 최재천은 인간이 사회적 동물이기는 하지만 사회성에서 가장 진화한 동물은 아니라고 본다. 그는 인간보다 더 발달되고 조직적인 사회성[진사회성(眞社會性)]을 동물의 세계에서 볼 수 있다고 주장한다(예. 벌, 진딧물, 총채벌레, 새우, 벌거숭이두더지, 딱정벌레). 최재천, 『최재천의 인간과 동물』, 313.
52 작서, 『동물 안의 인간』, 283. 유선형 곤충인 물망개의 유충은 길이가 6mm인데, 전광석화처럼 사냥감을 잡아먹어 '수족관의 살인범'이라 불린다. 로렌츠, 『동물이 인간으로 보인다』, 53-54.

후예'이다.[53] 동물행동학자들은 영장류 등에서 발견되는 동성애를 병적인 증후가 아니라 아부 행위와 같은 사회적 기능을 위해 '진화적 경로를 거친 행동'이라는 전제를 가지고 연구한다.[54] 인간의 범죄 이래로 하나님의 창조 질서가 깨어지다 보니, 동물 세계에서 영아 살해와 동성애가 어느덧 자리 잡고 있다(신 28:18; 호 4:2-3). 혹시 동물의 일탈이나 타락을 첫 사람 아담의 범죄와 연결하지 않고 설명할 길이 있을까요? 칼빈 대학교의 존 슈나이더(John R. Schneider)는 이를 흥미롭게 설명한다. 하나님을 우주와 그 안의 생명체를 그리는 화가라고 가정해 보자. 전능하시고 선하신 하나님의 그림 안에 악으로 인해 고통당하는 동물이 있을 것이다. 하나님의 화폭에서 공룡처럼 종(種)이 사라져 버릴 수도 있다. 하지만 동물이 당하는 고통과 악은 화가의 마지막 터치가 될 수 없다. 이사야와 바울이 간파한 것처럼, 예수님의 부활은 동물의 회복도 일으킬 것이기 때문이다(참고. 사 11:6; 65:25; 롬 8:18-23). 그리고 하나님은 자신의 예술 활동을 악과 고통으로 마치지 않으시고, '메시아적 예술'(messianic art)을 마침내 아름답게 성취하시기 때문이다.[55]

사람의 척추와 포유, 두뇌, 신경, 호르몬과 유사한 체계를 가진 동물일수록 그렇지 않은 동물보다 사람과 더 유사한 특징을 많이 가지고 있을 것이다.[56] 그러나 그 어떤 동물도 사람과 동일한 자의식과 깊은

53 과학세대 편, 『동물행동의 신세계』 (서울: 도서출판 벽호, 1993), 102.

54 참고. 최재천, 『최재천의 인간과 동물』, 175.

55 J. R. Schneider, "How can a Good God allow Animals to suffer?" *Christianity Today* (April 2023), 44-45.

56 작서, 『동물 안의 인간』, 306-307.

사고 혹은 교육을 할 수 없다. 인간과 동물 간의 뚜렷한 차이를 찾기란 어렵지 않다.[57]

인간처럼 동물도 의식(儀式, rite)을 치를까? 지중해와 메소포타미아의 종교에서 개는 신성시되었는데, 신전의 종 혹은 죽은 자의 동반자나 보호자로 간주되었다.[58] 고대 이집트에서 바스테트(Bastet) 신은 고양이 모양이었다. 따라서 '신성한 동물'과 '동물 신' 사이의 경계가 허물어지기도 했다.[59] A.D. 3-4세기의 은둔 수도사 아바드의 안토니(St. Anthony of Abad)는 '동물 세계의 후견 성인'이라 불렸고, 그는 동물을 축복했다고 알려진다.[60] 최근까지 스페인과 이탈리아처럼 천주교 국가는 물론 미국에서도 '성 안토니의 축일'(안토니가 사망한 1월17일 근처 주일)에 동물 축복식을 거행해 왔다. 그리고 5세기 웨일스의 드윈웬(Dwynwen)은 병든 동물을 축복했는데, 그녀는 '병든 동물의 후견 성인'이라 불렸다.[61] 이처럼 기독교인이 동물에게 복을 빎으로써 동물을 의식(rite)으로 초대하는 경우가 더러 있었다. 2012년에 미국 성공회(Episcopal Church)는 애완동물이 죽으면 위로 예배를 허용했다. 미국 성공회에서는 사제가 아니라, 애완동물의 주인이 동물에게 세례를 베풀기도 한다. 동물 애호가들은 동물에게 종교적 용어를 부여한다. 예를 들어, '동물 생츄어

---

57 위의 책, 318.
58 참고. 병든 동물에게 안수 기도하고 죽어가는 동물에게 기름을 바를 수 있다고 보는 A. A. Wilmer, "In the Sanctuary of Animals: Honoring God's Creatures through Ritual and Relationship," *Interpretation* 73/3 (2019), 272-73, 283.
59 위의 논문, 273.
60 위의 논문, 274.
61 위의 논문, 274.

리'(animal sanctuary)란 착취당하거나 부상당한 동물을 데려다가 보호하는 '성소'와 같은 시설이다. 그라프(G. R. Graf)에 따르면, 구약의 제물로 바쳐진 동물은 실제로 사람의 죄를 '짊어졌으며', 동물은 도덕적 존재이기에 하나님의 뜻에 순종할 수도 있지만 불순종하려는 '죄인'이므로 죽어야 한다(출 19:13; 34:3; 욥 38:41; 욜 1:20; 욘 2:10; 3:8; 4:7).[62] 그라프는 동물이 종교와 도덕적 존재로서 하나님의 뜻을 분별하고, 순종 여부에 관해 의지적 판단을 내린다고 본다. 결과적으로 그라프는 동물에게 도덕과 의지와 분별력 그리고 죄 의식과 죄 사함과 같은 종교성을 부여함으로써, 동물을 인간의 수준까지 격상한다. 그러나 죄인이 회개하듯이 동물이 자신의 불순종한 죄를 깨닫고 회개할 수 있는 것은 아니다.

어미 새와 새끼 새가 일상적으로 입맞춤을 하는 행위를 넘어, 새들은 다 자라서 생식력을 갖춘 성체(成體) 간에 서로 먹이를 나누어 먹기 위해 입을 맞추는데, 그것은 짝짓기를 위한 사랑의 신호이자 구애 행위이기도 하다.[63] 그런데 인간만의 영적인 종교 활동을 고려한다면, 이런 인간과 동물 간의 의식상 유사성은 곧바로 사라지고 말 것이다.[64] 아담과 하와가 하나님과 교제하며 명령과 언약에 순종하는 예배적 존

---

62   G. R. Graf, "Moral Dimensions of Animal Life in the Old Testament," (Ph.D. Thesis, Dallas Theological Seminary, 2010), 11–12, 117–20, 133.

63   최재천, 『최재천의 인간과 동물』, 172.

64   신창조론(Neo-Creationism)은 인간의 몸이 유인원에서 유래했더라도 마음은 그렇지 않다고 본다. 영국 빅토리아 시대에 찰스 다윈(Charles Robert Darwin) 당시의 박물학자 월리스(A. R. Wallace)는 종교를 갖고 있지 않았지만, 인간의 '잉여 뇌 능력'은 보이지 않는 영의 우주에서 비롯되었다고 보았다. 따라서 월리스는 인간만의 정신과 영의 독특성을 인정한다. 참고. 드 발, 『동물의 생각에 관한 생각』, 197–99.

재였다는 사실이야말로 그들의 존재에 큰 의미를 부여한다.[65] 그런데 2005년 제인 구달(Jane Goodall)의 침팬지 연구 등에 힘입어서, 최근 종교학과 (진화론에 기반을 둔) 동물학의 간학제적 연구는 인간을 닮은 동물의 (삶의 의미와 목적과 질을 향상함이라는 의미의) 영성과 동물에 나타난 종교성에 주목하기 시작했다.[66] 이런 시도의 경우에 영성을 어떻게 정의하느냐에 따라, 동물에게도 낮은 영성이 있다는 결론에 도달할 수 있을 것이다. 하지만 이런 차원의 동물의 영성과 영적 경험은 거듭난 그리스도인이 하나님을 중심으로 살아 내는 성경적 경건과 비교할 수 없다. 영국에서는 1650년 이래로 '종교적 인간' 혹은 '신적 동물'(divinum animal)이라는 표현이 본격화되었는데, 동물(인간)이 가지고 있는 이성의 작용(animal rationality)이 어떤 함의를 가지고 있는가를 이해하려는 차원이었다.[67] 17세기 청교도에게 '종교적 인간'이란, 인간을 이해할 때 하나님

---

[65] R. W. Jenson, "The Praying Animal," *Zygon* 18/3 (1983), 322. 젠슨(Jenson)은 호모 사피엔스 종의 진화에 있어서도 인간의 제의가 결정적인 역할을 한다고 본다.

[66] 참고. 뉴햄프셔 소재 리버르대학교의 P. F. Cunningham, "The Case for Animal Spirituality 1 Conceptual Challenges, Methodological Considerations, and the Question of Animal Consciousness," *Journal for the Study of Religion, Nature and Culture* 16/2 (2022), 187–91. 침팬지에게 종교성이 있는지 여부는 '종교'를 어떻게 정의하느냐에 달렸다. 종교를 '공동체성 혹은 도덕성의 강화'와 같이 넓게 정의할 경우, 침팬지가 동료의 죽음을 보면서 침묵하거나 혹은 울면서 소리를 내어 슬픔의 감정을 표현했다면, 학자들은 그것을 장례라는 종교적 행위로 간주할 것이다. 차에 치여 죽은 까치를 동료 까치들이 와서 풀로 덮어 주고 둘러서서 다른 짐승이 접근하지 못하게 하는 행동도 장례 의식이라고 해석한다. 그리고 학자들은 인간의 종교적 제의의 선구자와 같은 침팬지나 까치보다 더 고도화된 종교적 행위가 그들보다 더 진화된 인간에게 나타난다고 주장할 것이다. 참고. J. B. Harrod, "The Case for Chimpanzee Religion," *Journal for the Study of Religion, Nature and Culture* 8/1 (2014), 8–25; C. E. Deane-Drummond, "Are Animals Moral?: A Theological Appraisal of the Evolution of Vice and Virtue," *Zygon* 44/4 (2009), 933; M. Bekoff, "Reflections on Animal Emotions and Beastly Virtues: Appreciating, Honoring and Respecting the Public Passions of Animals," *Journal for the Study of Religion, Nature and Culture* 1/1 (2007), 7072.

[67] 18세기 초에 영국 신학에서 '종교적 인간'이라는 표현은 거의 사라져 버렸다. R. J. W. Mills,

과 예배의 빛에서 이해하려는 종교개혁의 신학을 반영한 것이다.[68] 연구자는 본인이 의도하고 원하는 결론에 도달하기 위해서 용어를 다시 정의할 수 있다. 하지만 '동물의 영성'이나 '동물의 영적 체험'과 같은 용어의 정의가 널리 인정을 받을 수 없거나 주관적이어서는 곤란하다. 따라서 인간과 관계를 맺으면서 상호 작용하는 동물이 '신적 실재'(divine reality)를 가지고 있으므로, 동물도 상상하거나 경이로움을 느낄 수 있다는 주장은 배격해야 한다.[69]

"짐승만도 못한 인간"이라는 표현은 인간과 짐승의 차이를 전제로 하지만, 동시에 이 둘의 유사성도 가정한다. 하지만 동물 지능과 감성을 과대평가하여 해석하는 것은 금물이다. 또한 동물 속에서 인간의 특성을 발견하려는 시도가 진화론을 수용하는 경향이 많다는 사실도 간과할 수 없다.[70] 인간의 영향 아래 야생동물이 가축이 된다고 하여 그것을 '진화'라 부를 수 없다. 동물행동학자들도 포유류와 같은 고등동물에게 인간의 감정과 사상을 부여하여, 동물과 인간을 동일시하는 현상인 '의인주의'(擬人主義, anthropomorphism)를 경계해야 한다고 본다.[71]

"Defining Man as Animal Religiosum in English Religious Writing ca. 1650–ca. 1700," *Church History* 88/4 (2019), 926, 929–30.

68 Mills, "Defining Man as Animal Religiosum in English Religious Writing ca. 1650–ca. 1700," 943.

69 참고. 과정신학자 J. B. McDaniel, "All Animals matter: Marc Bekoff's Contribution to Constructive Christian Theology," *Zygon* 41/1 (2006), 50.

70 예를 들어, 동물의 진화 인지를 지지하는 드 발, 『동물의 생각에 관한 생각』, 426. 천주교 윤리학자들은 동물의 인지력은 물론, 심지어 도덕적 주체로서의 권리도 지지한다. J. E. Helmer, "Speaking Theologically of Animal Rights," *Journal of Moral Theology* 3/2 (2014), 126.

71 Cuisin, 『동물행동학』, 21.

동물의 행동을 관찰하면 인간의 행동을 더 잘 이해할 수 있을까? 물론 전혀 도움이 되지 않는다고 말할 수 없을 것이다(신 32:11; 잠 6:6). 그러나 이 경우 '비교 대상의 오류'를 주의해야 한다.

최근 동물 연구의 경향은 간학제 방식이다. 예를 들어, 유전학자, 동물학자, 동물행동학자, 고생물학자, 인류학자, 수의학자, 윤리학자, 환경생태학자, 정치학자, 심리학자, 신학자, 철학자 등이 손을 잡고 있다. 그런데 이들의 사상적 기초가 창조론이 아니라 다윈의 진화론일 경우가 허다하다.[72] 실제로 대다수 동물행동학자들에게 다윈의 무신론적 진화론이 어른거린다. 그리고 이런 학자들은 관심사의 주제어를 다시 정의하면서, 자신이 원하는 결론을 도출하기 위해 인간과 동물 간의 유사성을 침소봉대한다.[73] 또한 이들은 인간중심적 동물행동학을

---

72 예를 들어, J. Berkman, "From Theological Speciesism to a Theological Ethology: Where Catholic Moral Theology needs to go," *Journal of Moral Theology* 3/2 (2014), 30. 참고. 김동규, "후기 하이데거 철학의 동물론: 아감벤, 데리다 비판의 맹점," 『철학탐구』 52 (2018), 179. 동물학과 생태학이 접맥될 때 탈식민주의(postcolonialism)의 그늘이 짙게 드리운다. "신탈식민주의 (Theodecolonialism)란 모든 형태의 억압과 약탈로부터 아프리카인(식민지인)과 환경을 해방하기 위하여, 과거의 문화를 주장하기보다 현재 아프리카(식민지) 실재 안에서 생명을 주는 아프리카(식민지)의 문화 요소를 재해석하고 재개념화하여 현재를 다시 디자인하는 것이다." C. J. Kaunda, "Reconstituting Ndembu Traditional Eco-Masculinities: An African Theodecolonial Perspective," *Verbum et Ecclesia* 37/1 (2016), 2–3, 6. '신탈식민주의'는 '탈식민주의'에 '하나님'(Theo)을 추가한 방식이지만, 하나님 중심이 아니라 식민지를 경험한 사람과 환경을 전면에 내세운다. 신탈식민주의는 '하나님'을 '지존자'(the supreme being)로 바꿔 표현하면서, 서구의 백인 선교사들이 인간과 자연의 연계를 강조하는 아프리카 종교를 미신적이고 비이성적인 이교주의라고 비판하고, 그들이 성경을 번역하고 가르치면서 인간을 피조계의 '정점'(apex)이라고 잘못 내세웠다고 비판한다. 신탈식민주의자들은 아프리카 문화에 내재된 남성성(masculinity)과 유대인 남자로 태어나신 예수님의 십자가 희생을 비교하면서, 예수님처럼 아프리카 남성이 여성을 위해 희생해야 '젠더 평등'을 실현할 수 있다고 주장한다. 이런 비교 연구는 비평적 상황화가 아니라 종교혼합주의에 빠질 수 있다.

73 예를 들어, Deane-Drummond, "Are Animals Moral?" 947. 공주교대 장동익은 "인간과 동물은 동일한 것보다는 차이점이 더 많다. 이런 차이점이 도덕을 구성하며, 이런 차이점을 동물이 가지지 못하였기 때문에, 인간과 동물을 동등하게 고려할 수 없는 근거가 될 수 있다"라고 종 차별

탈피하기 위해, 무신론적 방식에 호소한다.[74] 그리고 그리스도인이 사람과 동물 간의 '진화론적 연관성'을 반대하면 동물을 무시하게 된다고 보는 사람도 있다.[75]

인간 중심성이 과연 필연적으로 '종 차별'로 귀결되는지 의문이다. 왜냐하면 '종 차별'은 '종 차이'와 다르기 때문이다. 인간과 비인간 동물은 엄연히 다르고 '차이'가 난다. 그리고 '동물의 형상' 안에 나타난 인간 탐구와 '하나님의 형상'으로서의 인간 탐구는 목표와 방법에 있어 엄연히 다를 수밖에 없다. 고대 근동 세계는 토판이나 돌에 말과 사자와 독수리와 뱀과 개구리와 악어와 쇠똥구리와 같은 동물을 새겨서 그들이 섬긴 신이나 사람을 형상화했다.[76] 그래서 고고학자들은 동물 안에 담겨 있는 신과 인간을 향한 상징적 메시지를 찾으려 한다. 이것은 동물해방론자들이 동물을 통해 인간을 찾으려는 시도와 비슷하다.

주의를 옹호한다. 장동익, "피터 싱어의 동물해방론을 비판함: 종차별주의 옹호," 『윤리학』 12/1 (2023), 79.

74 Berkman, "From Theological Speciesism to a Theological Ethology," 33. 진화론자에게 악이란 사탄의 미혹에 넘어간 아담 부부의 타락이 빚어 낸 것이 아니라, 종(種)이 적응하며 발전하는 과정에서 발생하는 고통과 불편이라는 부산물에 지나지 않는다. 참고. J. M. Moritz, "Animal Suffering, Evolution, and the Origins of Evil: Toward a 'Free Creatures' Defense," *Zygon* 49/2 (2014), 348.

75 예를 들어, 사람은 '사촌'인 동물(유인원)과 도덕적 감정을 공유한다고 보는 N. H. Creegan, "Being an Animal and Being made in the Image of God," *Colloquium* 39/2 (2007), 187, 193.

76 T. Staubli, "Gott und Mensch im Bild der Tiere: Tiertheologie im 'Bildarchiv' Jerusalems," *Internationale Katholische Zeitschrift Communio* 51/5 (2022), 522-23.

| 동물 하대(下待) vs 동물 존중 |

오랫동안 인간은 자신의 유익을 위해 인간이 아닌(nonhuman) 동물을 이용할 수 있다는 주장을 해 왔다. 예를 들면, 알렉산드리아의 필로, 아리스토텔레스, 오리겐,[77] 아우구스티누스,[78] 데카르트, 말브랑슈, 토마스 아퀴나스[신학대전 64문 1항],[79] 교황 피우스 9세, 하이데거, 칸트, 자크 라캉, 조셉 릭카비 등이 그러한 주장을 해 온 인물이다.[80] A.D. 1세기 중순까지 활동한 유대인 필로는 유대교와 그레코-로마 철학 그리고 짐승 제사가 일상이었던 이집트 문화로부터 복합적으로 영향을 받았다. 따라서 필로는 인간이 초월적 실재를 인식할 수 없으므로, 이집트인과 (영혼의) 이성이 없는 동물은 하나님과 아무런 상관이 없고 감각

---

77 오리겐(d. 254)은 영적 부활(spiritual resurrection)을 이성적 영혼(rational souls)에 제한했기에, 비이성적 영혼을 가진 동물이 천국에 올라갈 수 있다는 주장에 반대했다. 그리고 인간의 영혼이 동물로, 혹은 그 역으로 다시 태어나는 것도 불가하다고 여겼다. 참고. J. H. Young, "Between Human and Animal Souls: The Resurrection of the Rational Soul and Origen's Transformation of Metensomatosis," (Paper read at the Eighteenth International Conference on Patristic Studies held in Oxford 2019, Leuven: Peeters, 2021), 137–50. 참고로 제롬은 오리겐이 *De Prmcipus*(제1원리에 관하여) 제1권에서 죄인의 영혼이 지옥 불에 던져지기보다는 짐승의 몸으로 태어나는 것이 낫다고 말했다고 보고했다. P. Cox, "Origen and the Bestial Soul: A Poetics of Nature," *Vigiliae Christianae* 36/2 (1982), 115.

78 "동물은 비합리적이고 이성이 부족합니다. 이성은 관찰과 분석을 통해 합리적인 결론을 내리는 인간의 논리적 능력인 반면, 동물에게는 자유의지가 없으므로 그러한 능력이 부여되지 않았습니다. 그러나 그들은 본능적으로 잘 반응합니다"(아우구스티누스, *The Magnitude of the Soul*, 제33장).

79 유대교, 기독교, 그리고 이슬람교는 인간과 동물 간의 존재론적이며 도덕적 간격을 강조한다. 참고. K. C. Patton, "He who sits in the Heavens laughs: Recovering Animal Theology in the Abrahamic Traditions," *Harvard Theological Review* 93/4 (2000), 406–407.

80 16세기 독일에서는 인간과 동물의 신체 일부가 손실될 경우 온전한 인간이나 동물로 볼 수 있는지 논란이 되었다. 그리고 동물에 대한 다양한 정의에 따라, 동물에게 영혼이 부여되기도 했다. 참고. P. A. Kärkkäinen, "On the Semantics of 'Human Being' and 'Animal' in Early 16th Century Erfurt," *Vivarium* 42/2 (2004), 230, 256.

적 인지와 감정만 가지고 있을 뿐이라고 생각했다.[81] 아리스토텔레스는 인간에게 있는 이성과 숙고(熟考)할 수 있는 능력이 동물에게는 없다고 보았기에, 그에게 있어 동물은 본능에 따라 살 뿐이었다(『동물지』 I 1, 488b24-26; 『니코마코스윤리학』 III 3, 1112b14-15). 르네상스의 인간중심주의자들이 볼 때, 동물이 숙고할 수 없는 이유는 주어진 목적에서 시작해서 그 목적을 실현하는 데 필요한 행동을 선택하는 추론과 사유 과정이 불가능하기 때문이었다(참고. 아우구스티누스, 『하나님의 도성』 1:2; 아퀴나스, 『신학대전』 2:64).[82] 아리스토텔레스가 볼 때, 인간만이 주어진 목적을 구체화함으로써 목적 설정에 관여하는 숙고 능력을 갖추고 있었다.

적어도 17세기까지 서구 세계를 지배해 온 인간중심주의(anthropocentrism)는 강한 입장과 유연한 입장으로 나뉜다. 강한 입장은 하나님의 형상을 가지고 있는 인간이 존재론적으로 동물과 다르다고 주장하는 반면, 유연한 입장은 동물과 달리 인간이 하나님과 맺은 언약에서 특유의 사명을 가지고 있다고 본다.[83] 강한 인간중심주의는 동물에 대한 무관심 혹은 적대감으로 발전하기 십상이었다.

이에 반해 동물친화 및 존중의 입장도 오래 전부터 있어 왔다. 예를 들면, 플루타르크, 크리소스톰, 성 바실, 시리아의 성 이삭, 피타고라

---

81   B. Wyss, "Philon aus Alexandreia und der Fünfte Tag der Schöpfung," *Early Christianity* 9/4 (2018), 379, 400-402.

82   참고. 조대호, "동물의 자발적 행동과 숙고: 아리스토텔레스의 동물행동학에 대한 예비적 성찰," 101-102, 111; D. J. Wiertel, "Classical Theism and the Problem of Animal Suffering," *Theological Studies* 78/3 (2017), 667.

83   참고. 유연한 인간중심주의를 지지하면서 인간은 동물의 소유권을 가지고 있지 않다고 보는 M. Williams, "Man and Beast," *Presbyterion* 34/1 (2008), 13, 16.

스, 고백자 막시무스, 아시시의 프란시스코,[84] 몽테뉴, 다빈치, 루소, 도스토예프스키, 헨리 솔트, 루이스 곰페르츠, 존 웨슬리, 키에르케고르, 알버트 슈바이처, 쇼펜하우어, 간디, 라인홀드 니버, 데스몬드 투투, 프란츠 알트, 피터 싱어, 앤드류 린지,[85] 클레어 린지, 톰 리건, 데이비드 클로우, 크리스 휘슬, 마르싸 누스바움, 케리 맥팔레인, 스티븐 클라크, 웨슬리 스미스, 제이스 레이첼스, 루스 해리슨, 마이클 폭스, 마크 베콥, 제이 맥다니엘, 자크 데리다, 도나 해러웨이, 마르사 누스바움, 킴벌리 패턴, 장윤재, 박찬운, 이종록, 노영상, 이승갑, 최훈 등이 그러한 입장이다.[86] B.C. 4세기의 중국 도교 철학자 장자(莊子)는 연민이 인간관계는 물론, 모든 감각적 존재의 관계에도 스며들어 있다고

---

84 1980년에 교황 요한 바오로 2세는 프란시스코를 '생태계의 후견 성인'(the patron saint of ecology)이라 명명했다. 프란시스코의 채식주의와 비인간 동물 존중 사상에 미쳤을 법한 마니교와 불교 그리고 조로아스터교의 영향은 J. A. P. Wilson, "The Life of the Saint and the Animal: Asian Religious Influence in the Medieval Christian West," *Journal for the Study of Religion, Nature and Culture* 3/2 (2009), 189–90을 보라.

85 참고. 예수님의 성육신으로부터 사람이 비인간 종(種, species)인 동물을 동정하고 섬겨야 할 것을 강조하는 앤드류 린지, 『동물 신학의 탐구』, 13, 74 그리고 G. Y. Kao, "Creaturely Solidarity: Rethinking Human–Nonhuman Relations," *Journal of Religious Ethics* 42/4 (2014), 764. 하지만 그리스도 안에서 사회적 구분은 철폐되었지만(갈 3:28; 엡 2:11–13), 종(species)의 구분이 철폐된 것은 아니다. 종의 구분을 지지하는 것은 종차별주의와 구분되어야 하며, 동물을 고통스러운 실험으로 내모는 것을 지지하지 않는다. 그리고 요한은 사람이 동물을 섬기라는 성육신적 메시지를 전달하지 않으며, 동물 세계가 아니라 인간 세상 가운데 하나님의 자녀에게 주어지는 영생을 강조한다(요 20:31). R. Otto, "Sentience, Suffering, and Salvation," 166; 임진수, "요한복음의 세상(κόσμος) 이해," 『신학과 세계』 47 (2003), 194; contra 절대 채식주의(vegan)와 동물 복지론을 주창하는 피터 싱어, 『동물해방』, *Animal Liberation*, 김성한 옮김 (고양: 인간사랑, 1999), 155. 참고로 싱어가 동물이 느끼는 고통을 과장하면서도 자의식이나 고통이 거의 없는 갑각류 등은 먹을 수 있다고 허용함으로써 자체 모순을 보인다고 비판한 경우는 문성학, "동물해방과 인간에 대한 존중 (Ⅲ): 피터 싱어의 윤리적 채식주의 비판," 『철학논총』 92/2 (2018), 29–31, 44를 보라.

86 이승갑은 "과정-관계적 관점으로부터 모든 존재들의 기본적 가치와 도덕적 가치, 모든 존재들의 상호의존적 관계, 인간중심주의의 극복, 비-인간 피조물의 가치와 생명권에 기초한 동물신학의 가능성과 그것의 윤리적 중요성을 강조하는 데까지 나아갔다." 이승갑, "과정사상의 관점에서 본 동물권(動物權): 린지의 동물신학과의 대화를 중심으로," 『기독교사회윤리』 28 (2014), 7–44.

보았다.[87] 불교는 모든 감각적 존재를 돌보는 것을 중심 윤리로 보았고, B.C. 3세기 인도의 아소카(Ashoka) 황제는 사냥을 스포츠로 삼는 것과 동물을 불필요하게 죽이거나 절단하는 행위를 법으로 금했으며, 동물 병원을 세웠다.[88] 17세기 일본의 도쿠가와 쓰나요시(德川康吉, d. 1709)는 개를 특별히 보호했기에, '개 쇼군'(Dog Shogun)이라는 별명을 얻었다.[89] 그렇게 인간이 동물의 복지에 보인 관심은 동물의 권리에 관한 논쟁으로 많이 대체되었다.[90] 제레미 벤텀(Jeremy Bentham, 1789)은 폭군의 손이 비인간 동물을 괴롭히고 있지만, 동물들이 '권리'를 얻을 날이 올 것이라고 말했다. 또한 그는 고통을 느낄 수 있는 감수성이 있다면 동물도 사람처럼 관심을 받아 마땅하다고 주장했는데, 이 주장은 그리스도인을 '인간 종차별주의자'(human speciesists)라고 비판한 피터 싱어에게 영향을 미쳤다.[91] 그리고 알버트 슈바이처는 『나의 생애와 사상』(Aus Meinem Leben und Denken, 1931)에서 윤리를 "모든 생명체에 대해 한없이 확장되는 책임"이라고 규정하면서 동물을 동정하는 것을 사고하는 사람들의 의무라고 보았다. 그러면서 그는 "인간은 인간의 생명이든 동식물의 생명이든 생명을 생명으로서 신성시하고 곤궁에 빠진 생명을 헌신적으로 도와줄 때만 윤리적이다. … 인간은 자신의 삶을 자기만을

---

87   M. Park and P. Singer, "The Globalization of Animal Welfare: More Food does not require More Suffering," *Foreign Affairs* 91/2 (2012), 122.

88   참고. 위의 논문, 122.

89   위의 논문, 123.

90   D. J. Atkinson (ed), *New Dictionary of Christian Ethics and Pastoral Theology* (Leicester: IVP, 1995), 745.

91   위의 책, 746.

위해 살지 않고 자기 영역에 들어오는 모든 생명과 하나라고 느낌으로써 세계에 대해 정신적 관계를 맺을 수 있다"라고 주장했다.[92]

1960년대 후반~70년대 초반부터 동물윤리와, 관심 분야가 더 넓은 환경윤리는 산업 문명에 반대하면서 함께 발전해 갔다.[93] 그런데 박성진은 진화론에 입각하여 동물행동학과 정치철학을 통섭해 가면서, "영장류들은 하나의 목적을 달성하기 위해 과거의 경험을 새롭게 조합시키는 추리력과 사고력을 가지고 있으며 이를 바탕으로 '사회적 지능'(Social Intelligence)을 보유하고 있는 것으로 드러났다"라고 대담하게 주장한다.[94]

이전에 기독교계가 대체로 동물친화적 입장을 견지하지 않았다면, 애완동물이 보급된 이래로 친동물적 경향은 점증한다.[95] 혹자는 인간이 동물을 관찰함으로써 자신이 어떻게 처신해야 할지를 배울 수 있고, 인간이 개인주의와 소유권을 내려놓고서 동물과 교감한다면 '영적 성장'을 이룰 수 있다고 주장한다.[96] 이렇게 '동물 존중적 입장'조차 등

---

92 참고. 신응철, "동물 철학이란 무엇인가?: 슈바이처의 '생명에 대한 외경'을 중심으로," 『기독교와 문화』 19 (2023), 137, 140-41.

93 김명식, "동물윤리와 환경윤리: 동물해방론과 생태중심주의 비교," 『환경철학』 15 (2013), 2, 8-9.

94 박성진에 따르면, 인간과 영장류의 사회적 행위에는 '자기의식', '공감 능력', 그리고 '사회적 본성'이라는 생물학적 본능이 작용되며, 이 셋이 결합하여 '정의'에 대한 사유가 시작된다. 박성진, "영장류의 사회적 행위를 통한 '정의'(justice)의 기원에 관한 연구," 『철학논총』 95 (2019), 88, 112.

95 1990년 성탄절에 이탈리아 우디네(Udine)의 대주교는 동물을 때리고 굶겨 죽이는 행위는 범죄가 아니라고 설교했고, 캐나다의 천주교와 성공회 사제는 물개 사냥을 지지했으며, 노르웨이 성직자는 포경선 어부를 축복했고, 아일랜드 천주교 사제는 토끼 사냥을 승인했으며, 영국 성공회 총회는 교회 소유지에서의 여우 사냥을 반대하지 않았다. 참고. A. Linzey, "A Christian Shield for Animals," *Spectator* 6 April (1996), 19.

96 J. Skeen, "Animal Lessons: Understanding the Gift of Creatureliness in the Company of All

장하는 형국이지만, 그렇다고 해서 동물의 생활 환경이 급격하게 개선되었다고 보기는 어렵다. 예를들어, 돌고래의 평균 수명은 약 40년이다. 그런데 국내 수족관에서 폐사한 돌고래 중에서 10년을 넘기지 못한 경우가 많은데, 조련사 등이 주는 스트레스가 단명을 초래하는 주요 원인으로 보인다. 이런 상황을 반성하는 동물친화적 격언들이 있다. "동물 학대는 인간 학대로 이어집니다"(칸트). "당신의 저녁 식사에 올려진 고기가 살아 있을 때 어떤 일을 겪었습니까?"[97] "한 국가의 위대함과 도덕적 진보는 그 나라의 동물이 받는 대우로 가늠할 수 있습니다"(간디). "동물을 대하는 태도에 관한 한 모든 인간은 나치입니다"(피터 싱어). 이 외에도 동물 관련 격언은 아니지만, 다음과 같은 강력한 주장도 있다. "우리는 완고한 성경 신봉자들(Bible basher), 곧 성경을 들어 동물들을 때리는 데 사용하는 사람들을 물리쳐야 한다."[98]

인간중심주의에서 친동물주의로의 전환은 한순간에 일어나기보다 점진적이었다. 예를 들어, 존재를 영적 존재와 물질적 존재라는 위계적 방식으로 구분한 데카르트(d. 1650)에게 동물이 고통을 느끼는 것은 그리 중요하지 않았다[참고. 천주교 교리문답(1992) 제2415항]. 하지만 라이프니츠(Gottfried Wilhelm Leibniz, 1646-1716)는 동물도 고통을 느끼겠지만 이성적 인간의 고통에 비할 바는 아니라고 보았다.[99] 친동물주의자는 동물

Creatures," *Review & Expositor* 119/3-4 (2022), 262-63, 268.

97 피터 싱어, 『동물해방』, 173.

98 앤드류 린지, 『동물 신학의 탐구』, 203.

99 Wiertel, "Classical Theism and the Problem of Animal Suffering," 686.

의 인지 능력이 사람과 비교할 때 종류가 아니라 정도의 차이이기에, 그리고 동물은 진화를 통해 인간의 인지와 유사하기에 '인지론적 루비콘강'을 건넜다고 말하고 싶어 한다. 그리고 친동물주의자에게 볼 수 있는 '우주적 그리스도'(cosmic Christ)라는 표현은 마치 예수 그리스도께서 자연이나 동물 등과 신비롭게 연합된 것처럼 조장할 수 있다.[100] 이와 맞물린 주제인 '우주적 화해'와 '우주적 구원'에 대한 주장의 성경적 근거가 무엇인지 논의가 더 필요하다.[101] 그러므로 오히려 '만유(萬有)이신 그리스도', 다시 말해 자신의 통치를 만유 안에 구현하시는 예수 그리스도라는 성경적 표현이 바람직하다(골 3:11).

동물의 권리는 사회복지학과 윤리학 그리고 생태학은 물론이고, 정치학과 법학의 관심 사항이기도 하다. 1993년에 피터 싱어(Peter A. D. Singer, b. 1946)와 파올라 카발리에리(Paola Cavalieri, b. 1950)를 필두로 한 학자 34명은 '대 유인원 프로젝트'(Great Ape Project)를 선언했다. 그들은 5만 년 전에 인간과 공통 조상을 둔 3대 유인원(고릴라, 침팬지, 오랑우탄)을 인격체로 대하기 위해, 생명 보호권, 개인 자유의 보호권, 그리고 고문의 금지를 요구했다.[102] 이 선언에 동참한 학자들은 대부분 진화론

---

100 참고. Linzey, 『동물 신학의 탐구』, 180; 장로회신학대 김은혜, "인간과 동물과의 관계에 대한 신학적 성찰과 동물에 대한 기독교 윤리적 책임," 『장신논단』 53/5 (2021), 158, 172. 김은혜는 예수님의 성육신은 다른 종(種)을 섬기는 종인 인간의 책무를 교훈한다고 본다. Linzey, 『동물 신학의 탐구』, 125. 그러나 인간은 다른 종을 섬기기보다 돌보아야 한다.

101 Otto, "Sentience, Suffering, and Salvation," 168.

102 참고. 김형민, "인간학에 도전하는 동물학: '대 유인원 프로젝트'에 대한 비판적 고찰," 『기독교사회윤리』 13 (2007), 91-93. 김형민은 '대 유인원 프로젝트'가 동물 종을 유인원을 중심으로 새롭게 서열화할 위험성이 있다고 비판한다. 그리고 톰 리건(Tom Regan)은 피터 싱어가 '동물 복지'를 강조하지만 '동물 권리'까지 나아가지 못했다고 비판한다. 그런 비판에 대해 피터 싱어를 변호

을 지지한다. 그리고 동방 정교회는 '정의'와 '권리'를 동물에게도 확대하여 동물이 당하는 고통의 문제를 해결하려고 애쓰는데, 동물 실험이나 공장식 축산으로 '악한 이익'을 추구하는 것은 사랑의 하나님을 거스르는 범죄로 규정한다.[103] 생명과학 분야에서는 시간과 경비가 많이 소요되며 동물의 고통을 초래하는 실험 방식을 지양하면서 동물을 대체하는 실험이 계속 개발되고 있다.[104] 특정 유전자가 결여된 쥐(knock-our mouse)와 같이 유전자 조작이 이루어진 동물을 활용하지 않고도 생명과학을 위한 실험을 할 수 있다는 확신이 연구자들에게 필요하다.

2017년의 대한민국 대통령 선거에서 동물 복지는 여러 후보의 공약 사항이었다. 그리고 그전에 "동물은 생명체로서 인간이 마음대로 지배할 수 있는 객체가 아니라 인간과 공존하도록 보호해야 할 대상으로 보아야 한다"라는 헌법재판소의 결정례가 있었다(헌법재판소 2013. 10. 24. 선고 2012헌바431 결정).[105] 또한 알버트 슈바이처(d. 1962)는 '동물을 위한

하는 경우는 류지한, "싱어의 동물해방론의 윤리적 쟁점," 『윤리연구』 136 (2022), 114-17을 보라.

103 참고. 세계총대주교 바르톨로메오스 1세(Ecumenical Patriarch Bartholomew)와 요한 지지울라스 (John Zizioulas)를 의존하는 C. Nellist, "Eastern Orthodox Christianity and Animal Suffering," *Greek Orthodox Theological Review* 61/3-4 (2016), 129-32.

104 T. Hartung, "Research and Testing without Animals: Where are We Now and Where are We heading?" in *Animal Experimentation: Working towards a Paradigm Change*, ed. K. Herrmann and K. Jayne (Leiden: Brill, 2019), 680-81.

105 "동물 보호에 관한 헌법 규정의 문헌상 '국가와 국민은 사람과 동물의 공존을 위한 동물 보호 의무를 진다' 또는 독일 기본법의 조항과 같이 '미래 세대를 위한 책임'이라는 점을 명시함으로써, 동물 보호 그 자체가 아닌 동물 보호를 통한 인간과 동물의 조화로운 공존 및 인간의 존엄과 가치의 실현이라는 점을 명시해야 한다고 본다." 김서영, "동물학대죄의 헌법적 정당성에 관한 논의: 동물의 지위에 관한 동물윤리학적 고찰과 헌법상 동물보호의무를 중심으로," 『강원법학』 63 (2021), 415-17.

기도'에서 삼위 하나님을 아래와 같이 거론했다.[106]

> 온 세상을 창조하신 하나님께서는 우리 인간만이 아니라 세상 만물의 주님이
> 십니다. 인간의 몸으로 태어나신 그리스도께서는 지상의 모든 피조물을 주님
> 과 깊이 이어 주시고, 사랑이신 당신의 성령께서는 세상 안에 현존하시며 우
> 리에게 생명을 주십니다. 어느 피조물도 당신 눈에 귀하지 않은 것이 없고, 함
> 부로 죽여도 되는 생명이란 없습니다.

그러나 슈바이처의 동물 과잉 친화적 기도와 달리, 삼위 하나님의
협동 사역을 통해 성도에게 주어진 영원한 생명(ζωή)은 동물에게 있는
일시적 목숨(ψυχή)과 다르다(참고. 벨직신앙고백서 35조의 성도에게 주어진 두 가
지 생명; 벧전 1:2). 그리고 슈바이처의 위의 기도에서, "예수님은 동물을
성부에게 깊이 연결하시는 분인가?"라는 의문이 제기될 수밖에 없다.
왜냐하면 예수님은 만유이시지만, 그분의 속죄와 구원이라는 주요 사
역은 아버지 하나님과 동물을 깊이 이어 주는 데 있지 않기 때문이다.
1824년에 영국에서 '동물을 잔인하게 대하는 것을 예방하기 위한 왕립
협회'(Royal Society for the Prevention of Cruelty to Animals)가 설립되었는데, 그
들은 동물 예배(animal worship)를 통해 동물을 학대한 죄를 회개하고, '반
려동물'에 감사하며, 개별 동물에게 연민을 표현하고 있다. 이 협회의
회원들은 '동물 예배' 동안 예수님 안에서 성령의 능력으로 사람과 동

---

106 알베르트 슈바이처, "동물을 위한 기도," 『가톨릭 평론』 10 (2017), 118.

물이 연합하게 해 달라는 기도를 드린다.[107] 그러나 예배는 '동물'에 초점을 둘 수 없으며, '그리스도 안'이라는 공간은 사람과 동물이 연합하는 장소가 아니다. 그리고 성령님은 성경에서 성도와 그리스도를 연합시키는 띠로 나타나지만, 그리스도인과 동물을 묶어 주는 사역에 대해서는 침묵하신다.

한일장신대 백상훈은 소위 '반려동물'을 인간화할 뿐 아니라 구원의 특별한 대상처럼 격상한다. "반려동물이 반려인에게 일반적으로 '자녀'의 위치에 놓인다는 점을 생각한다면, 반려동물과의 관계가 '모성적 성스러움'의 요소를 갖게 되는 것은 자연스럽다. … 반려동물과의 관계는 그리스도 예수의 고난에의 참여에 바탕을 둔 공감의 삶을 부추긴다."[108] 하지만 성경에서 소위 '반려동물'에게 '자녀', '모성', 그리고 '예수님의 고난'을 문자적으로 적용한 예는 찾아볼 수 없다(참고. 삼하 12:3; 마 23:37; 히 1:5).

성공회대 김기석은 그리스도인의 식사 기도에 인간을 위해 자신의 생명을 희생한 동식물을 기억하고 위로하는 기도를 포함하길 제안한다.[109] 그러나 식사 기도에서 식탁에 올라 식용이 된 식물과 동물을 기억하여 위로할 필요를 논하기보다는 일용할 양식을 주신 주님께 감사하는 것이 초점이어야 한다.

---

107 RSPCA, *A Service for Animal Welfare* (Horsham: RSPCA, Nd), 15–16. 2024년 1월 23일 목회데이터연구소에서 발표한 '반려동물 실태와 인식'에 관한 보고서에 따르면, 성도와 반려동물이 함께 예배드릴 수 있는 공간을 마련하는 것에 목회자 760명 중 27%가 찬성했다.

108 백상훈, "반려동물과의 관계를 통한 영성 형성에 관한 연구," 『장신논단』 53/2 (2021), 203–204.

109 김기석, "동물 사육과 살육에 관한 신학적 성찰," 『기독교사상』 2월호 (2011), 169.

1960년대부터 '반려동물' 중 개가 사람의 고혈압이나 스트레스 그리고 우울증을 완화하고, 사회적 지지망이 없는 독거노인의 정서 및 신체적 건강과 삶의 만족도를 향상하는데 유의미한 영향을 미친다는 연구는 적지 않다.[110] 하지만 이렇게 동물이 사람에게 미치는 긍정적 요소에 대하여, 더 정밀하고 포괄적이며 다차원적 연구가 요청된다. '반려인'과 '반려견'을 효율적으로 관리하기 위해 '애완견 사육 자격 검사 제도'를 마련해야 한다는 목소리도 있다.[111]

| 성경의 동물과 동물신학 |

요즘 '신학'의 홍수 시대가 가속화 중이다. 지구 가열화 시대에 맞추어 '생태신학', '땅신학', '식물신학', '나무신학', '동물신학', '생태페미니즘'과 같은 시대상을 반영하는 신학뿐만 아니라, 혹자는 심지어 하나님 나라를 이해하기 위하여 '뒷간신학'(theology of toilet)도 제안한다(신 23:12-14; 왕하 6:25; 겔 4:12, 15; 막 7:2, 15-16, 19; 눅 13:8).[112] 물론 학자가 새로운

---

110 이종화 · 손영은, "반려동물이 독거노인의 삶의 만족과 스트레스에 미치는 영향: 반려동물과 사회적 지지망의 상호작용 효과를 중심으로," 『보건사회연구』 42/4 (2022), 167-68; 윤덕병, "반려동물 서비스산업에 관한 연구," 158. 더 나아가, 단순하지 않은 존재인 반려인보다 반려동물을 친절하게 돌보고 상호 작용함으로써 성령의 열매와 성숙한 성품을 더 쉽게 맺을 수 있다는 주장도 있다. M. J. Steussy, "The Ethics of Pet-Keeping: Meditation on a Little Green Bird," *Encounter* 59/1-2 (1998), 180-82. Steussy는 진화이건 창조이건 인간 종은 다른 종과 더불어 사는 환경에 익숙하다는 진화론에 친화적 입장을 피력한다.

111 유가명 · 김덕환, "한중 반려동물 문화 비교 분석," 『유라시아연구』 20/3 (2023), 152.

112 혹자는 배변(排便)의 미학, 철학, 생태성과 문화를 연구한다. 그중에 소설가 김곰치는 똥구멍에

'신학'을 개발하여 제시하는 일은 자유다. 그런 신학이 성경에 기반을 두면서, 하나님의 영광을 드러내고, 교회와 세상을 섬길 수 있느냐가 중요하지 않겠는가. 그러니 이제 우리의 주의를 동물신학에 모아 보자.

성경에 나타나는 동물 가운데 적지 않은 종들이 멸종되어 왔다. 이런 현상에 이스라엘도 예외는 아니다. 이스라엘에서는 1965년 이래로 '하이 바르협회'(Hai Bar Society)를 중심으로 가젤(잠 6:5; 사 13:14)이나 오릭스(사 51:20)와 같이 주로 광야에 거주하는 동물들을 보존하는 운동을 전개해 왔다.[113] 이런 협회의 노력 덕분에 이스라엘에서 엄격한 사냥 규제법도 제정되었다. 이스라엘에서 발견되는 성경 동물 중에서 세 가지 예만 들어 보자. 첫째, 살무사를 비롯한 20종의 독사다(민 21:6; 신 32:33; 마 3:7; 12:34; 23:33; 행 28:3). 참고로 독사에 물린 사람은 30분 안에 사망한다.[114] 둘째, 악어다. A.D. 1세기의 로마 제국의 작가 플리니(Pliny)는 갈멜산 남쪽 지역을 '악어의 도시'(Crocodeilopolis)라 불렀다(겔 29:3).[115] 셋째, 개다. 성경 시대의 개는 짧고 뾰족한 귀와 코 그리고 긴 꼬리를 가진 저먼 셰퍼드(German shepherd)를 닮았다고 한다(잠 26:11; 벧후

습기 차도록 열심히 사역한 '똥습예수'라는 모욕적 표현을 사용했다. 예장 합신으로부터 이단성이 있다고 판명을 받은 바 있는 손원영은 똥이 부정하기보다는 거름으로서 에너지로 재생되어 생명을 살리며, 하나님의 피조물인 똥에게도 구원이 필요하고, 갈릴리에서 똥을 싸며 천국을 선포하신 '역사적 예수 탐구'가 중요하며, 수세식 화장실이 과도한 물 소비와 수질 오염의 주요 원인 중 하나라고 비판한다. 손원영, "뒷간신학의 조감도," 『종교교육학연구』 67 (2021), 23-41.

113 W. A. Elwell (ed), *Baker Encyclopedia of the Bible*, Volume 1 A-I (Grand Rapids: Baker, 1988), 91.
114 위의 책, 92-93.
115 위의 책, 99.

2:22).[116] 이제 구약 성경과 신약 성경이 동물에 관해 어떤 메시지와 교훈을 주는지 살펴보자.

구약 성경의 동물과 동물신학

모세오경

구약 성경은 약 200종이나 되는 동물을 자주 언급한다. 구약 성경에 동물이 언급되지 않은 성경은 룻기뿐이다.[117] 조금 과장해서 구약 성경의 매 장마다 동물이 언급된다. 흥미롭게도 구약 성경에는 약 40종의 동물이 인명이나 지명으로 활용된다. 몇 가지 예를 들면, 리브가(소), 레아(소), 라헬(암양), 갈렙(개),[118] 드보라(벌), 하몰(나귀), 요나(비둘기), 나하스(뱀), 그리고 게셈(메뚜기)이다.[119]

김지선에 따르면, 인간의 탐욕이 생태계를 파괴하여 기후 변화를 초래하면, 동물과 식물은 억울한 피해자가 되어 고통당하면서 한(恨)을 겪게 된다. 김지선은 하나님의 영이 지구를 뒤덮은 수면 위에 운행하

---

116 위의 책, 100.

117 신성자, "동물에 대한 인간의 책임에 관한 성경적 사고," 192.

118 '갈렙'은 'klb-el'의 약자인데, '하나님의 개'(dog of God)를 가리킨다. J. S. Crawford, "Caleb the Dog: How a Biblical Good Guy got a bad Name," *BR* 20/2 (2004), 29. 이와 달리, 갈렙을 에서의 후손으로 보면서, 붉은 피부와 다혈질로 인해 경멸적으로 '개'라 불렸다는 설명은 R. W. Dahlen, "The Savior and the Dog: An Exercise in Hearing," *Word & World* 17/3 (1997), 272를 보라. 그리고 '개'의 아랍어 어원 kalb는 다른 부정적인 단어와 연관이 있다. '광란의'(istaklaba), '과격한' 혹은 '탐욕스러운'(kalib), '흥분한'(takllb), '미친'(maklub). G. Archer, "The Hellhound of the Qur'an: A Dog at the Gate of the Underworld," *Journal of Qur'anic Studies* 18/3 (2016), 3.

119 Staubli, "Gott und Mensch im Bild der Tiere," 510; 이긍재, "구약 속 '동물윤리'에 관한 신학적 연구," 『기독교사회윤리』 56 (2023), 323.

신 사실로부터(창 1:2), 성령께서 지구의 청지기인 인간에게 감동을 주시면, 인간은 '생태 정의'를 구현함으로써 동물의 한을 풀어 줄 수 있다고 본다.[120] 그리고 여성-생태신학을 지지하기에 '어머니-자연'이나 '어머니-지구'와 같이 여성화된 이미지를 통해서 가부장적 생태신학을 파괴적인 신학으로 간주하여 거부한다.[121] 여기서 필자는 동물이 '한'을 느낄 수 있는지 의문이다(참고. 롬 8:22). 또한 지구를 '어머니'라 부를 수 있는지, 그리고 생태에 '정의'를 붙일 수 있을지도 추가로 논의가 필요하다고 본다.[122] 분명한 것은, 성령께서는 인간이 청지기로서 환경을 보존하도록 지혜와 용기와 절제력을 주신다는 사실이다. 따라서 인간이 청지기 역할을 잘 감당하는 것은 페미니즘과 환경신학을 결부시킬 때에만 가능한 것은 아니다.

하나님께서 자신의 형상을 따라 인간을 창조하시고, 그들이 모든 것

---

120 G. J-S. Kim, "Climate Change and the Personal Presence of God," *Quaker Religious Thought* 138 (2022), 8-9. 참고로 경제 성장이 맘몬 숭배나 맹목적 숭배물(petish)이 아니라 '녹색 경제'로 자리매김하려면, 성장에 대한 기존의 신념을 재평가하고, 새로운 신념과 가치는 생산과 소비에 대한 새로운 패턴과 방식을 수립해야 하며, 부를 더 공정하게 분배해야 하고, 환경에 부담을 주는 생산과 소비를 줄이고 제품과 자원을 재활용해야 한다. 참고. P. Simons, "A Green Economy?" *Koers* 79/1 (2014), 2-7; 인간은 하나님의 성육신이 아니라 하나님의 형상이므로 '창조의 면류관'이 아니라고 보는 A. G. Pasaribu, R. C. H. P. Sipahutar & E. H. Hutabarat, "*Imago Dei* and Ecology: Rereading Genesis 1:26-28 from the Perspective of Toba Batak in the Ecological Struggle in Tapanuli, Indonesia," *Verbum et Ecclesia* 43/1 (2022), 2-3.

121 Kim, "Climate Change and the Personal Presence of God," 10-11.

122 학자들이 심심찮게 사용하는 '생태 정의'(eco-justice)라는 용어도 재고되어야 한다. '정의'에 해당하는 히브리어 '미쉬파트', '체데크', 그리고 '체다카'는 왕과 같은 이스라엘의 지도자가 언약에 신실하게 행하도록 격려하는 명사이지만, 동물에게는 거의 해당하지 않기 때문이다. E. R. Hays, "Justice, Righteousness," in *Dictionary of the Old Testament Prophets*, ed. M. J. Boda and J. G. McConville (Downers Grove: IVP, 2012), 466-72. Contra 그리스도인은 예수님 안에서 성령을 통해 이루어지는 구원과 창조의 대상인 생태계를 향하여 정의와 자비와 진실을 행해야 한다고 보는 H. A. Snyder, "Salvation means Creation Healed: Creation, Cross, Kingdom, and Mission," *Asbury Journal* 62/1 (2007), 13.

을 다스리게 하셨다(창 1:26). 이탈리아의 종교개혁가 피터 버미글리(d. 1562)는 영혼과 육체의 '동시창조론'을 지지하면서, 인간에게 있는 하나님의 형상은 일차적으로 '피조물에 대한 통치권'에 있다고 주장했다.[123] 버미글리가 볼 때, 이 통치권은 하나님의 통치를 반영하는 인간의 통치인데, 이것이 인간과 다른 피조물을 구별하게 만든다.[124] 대왕이신 창조주 하나님은 인간 청지기로 하여금 피조물을 다스리는 '왕'의 자리에 앉히셨다(참고. 시 8:5; 벧전 2:9).[125] 창세기 1장 26절의 문화명령은 창세기 1장 28절에서 상술된다. "생육하고 번성하라"(창 1:28)라는 문화명령은 살인을 금하는 동시에, 동물을 무분별하게 죽여 과도하게 먹지 말라는 제한을 염두에 둔 것으로 볼 수 있다.[126] 하나님께서 세우신 창조 질서 안에서 아담은 청지기로서 하나님의 형상을 반영하여, 선물로 받은 에덴동산을 경작해야 하는 특권과 책임을 져야 했다(창 2:15). 하나님은 에덴동산과 지구의 오염 및 종(種)의 멸종을 기뻐하지 않으신다(참고. 롬 8:20). 마찬가지로 청지기인 사람도 이런 현상을 기뻐할 수 없다.

---

123 츠빙글리의 후계자인 스위스의 종교개혁자 하인리히 불링거(d. 1575)도 하나님의 형상을 인간이 선하고 정의롭고 거룩하게 피조물을 통치하는 것으로 보았다. 참고. 개혁주의학술원,『종교개혁과 인간』(부산: 고신대학교 개혁주의학술원, 2021), 61-62, 77, 112, 117, 147-48. 스트라스부르의 종교개혁자 마틴 부써(d. 1551)는 하나님의 형상을 사람은 영혼과 육체로 구성되는데, 이성적이고 지성적인 영혼으로 하나님에 대한 바른 지식을 가지고 순종한다는 사실로 이해했다.

124 위의 책, 117.

125 S. Richter, "A Biblical Theology of Creation Care," *Asbury Journal* 62/1 (2007), 69.

126 박유미, "레위기 음식법에 대한 생태학적 접근,"『성경과 신학』99 (2021), 13. 참고로 창 1:26-28을 포함하는 창 1장은 페르시아제국 당시에 만들어진 소위 '제사장 문서'(P)이므로, '형상', '정복하라', '다스리라'는 단어들은 바벨론 신전에서 신의 형상이 애니메이션으로 나타나고, 제국이 식민지를 정복하는 이미지를 반영하기에 비평적으로 읽어야 하며, 인간과 더불어 전체 피조물도 하나님의 형상이라는 주장은 Pasaribu, Sipahutar & Hutabarat, "*Imago Dei* and Ecology," 4, 6을 보라. 하지만 모세오경이 네 문서(JEDP)를 편집한 것이라는 주장은 가설에 지나지 않는다.

아담은 "뼈 중의 뼈요 살 중의 살"인 하와와 가지고 있던 특별한 관계를 동물과는 누릴 수 없었다(창 2:23). 에덴동산에서 동물은 사람의 '반려 존재'였을까? 아니다.[127] 하나님의 형상인 인간은 '하나님을 위하여' 자연을 다스려야 하지, '하나님을 대신하여' 다스려서는 안 되는 것일까? 아니다. '하나님을 위하여'와 '하나님을 대신하여', 이 두 표현을 상충하는 개념으로 볼 필요는 없다.[128] 인간은 하나님을 위하여 그리고 하나님을 대신하여, 자연을 책임감 있게 돌보면서 다스려야 한다.

성경을 보면, 에덴동산의 동물들이 아담에게 나아가 이름을 받기 전에 이미 길들여진 것(domestication)으로 보인다(창 2:19-20).[129]

동물권 옹호자들은 동물이 길들여지는 것을 노예화(enslavement)라고 봅니다. 그러나 분명히 그런 개념은 성경에 나타나지 않습니다. 성경 저자들은 야수와 다른 가축이 있었고, 그런 가축은 인간과 호혜적 관계를 맺어 살았다고 설명합니다. 야생동물의 가축화는 세상의 창조 질서에 속합니다. 인간은 그런 가축을 정복하지 않았고, 그들의 자연적 습성을 제거하지도 않았습니다.[130]

리처드 보컴(R. Bauckham)은 동물의 길들여짐은 사람과 동물이 상호 유익을 위해 관계를 발전시킨 '공동 진화'(co-evolution)의 과정이라고 간

---

127 Contra R. Bauckham, *The Bible and Ecology: Rediscovering the Community of Creation* (Waco: Baylor University Press, 2010), 23.

128 위의 책, 30.

129 위의 책, 134-35.

130 위의 책, 134-35.

주한다. 그리고 그는 개와 고양이 그리고 돼지와 같은 동물이 인간의 환경에 밀착하여 유익을 얻으려 했으며, 또한 인간도 그것들을 활용했다고 본다.[131] 그런데 보컴이 사용한 '공동 진화'라는 용어는 진화론을 지지하는 용어가 아닌가! 그리고 야생동물이 인간의 거주지에 들어와 공존하는 것을 '진화'라고 불러야 할까? 오히려 인간이 문화명령을 수행한 결과로 보는 것이 자연스럽다.

하나님은 타락한 아담과 하와에게 짐승을 죽여서 가죽으로 옷을 입히셨다(창 3:21). 그런데 칼뱅은 아담 부부가 동물을 죽여 직접 가죽옷을 만들어 입었으며, 동물은 원래 인간을 위해 이용되도록 운명지어졌다고 설명한다.[132] 그리고 그는 아담 부부가 가죽옷을 볼 때마다 자신의 범죄를 기억했을 것이며, 하나님은 가죽옷처럼 비싸지 않은 옷을 입도록 교훈하신다고 설명한다.[133] 하지만 에덴동산에서 하나님이 직접 동물을 죽이셔서 가죽으로 범죄한 인간을 위해 내놓는 것은 사치스러운 의복 착용을 금하는 윤리적 교훈을 주려는 의도가 아니다. 이는 어린양이신 예수님의 죽음을 통한 구속사적 의미를 가진다(참고. 롬 13:14; 갈 3:27; 골 3:10; 계 7:13-14; 22:14). 구약의 왕(삼상 17:38)과 제사장(출 28:41)이 옷을 차려입고 직무를 감당하듯이, 성소와 같은 에덴동산에서 하나님은 아담 부부에게 가죽옷을 입히셔서 왕 같은 제사장으

---

131 위의 책, 135.
132 존 칼빈, 『창세기 1』, *Genesis 1*, 성서교재간행사 옮김 (서울: 성서교재간행사, 1993), 151.
133 위의 책, 151.

로 회복하신다.[134] 동물이 죽어 가죽을 남김으로써 인간의 생명을 유지하도록 봉사하는 것은 하나님께서 의도하신 '최초의 복된 상태'에 장애를 초래하지 않는다.[135] 이 원칙은 아담 부부가 에덴동산 바깥에서 문화명령을 수행할 때도 적용된다. 이를 메레디스 클라인(M. G. Kline)은 다음과 같이 설명한다.

> 이 땅의 왕으로 의로움 가운데 행하는 인간, 그런 인간의 생명을 죽음의 희생으로 유지하는 동식물, 그런 동식물에게 양분을 주어 희생하는 흙, 이 모든 것이 최초 복의 상태를 구성하는 그림이다.[136]

창조주 하나님께서 아담 부부에게 주신 은혜는 인간의 복지를 위해 공급하시는 모든 것이 증거하는데, 그런 언약의 은혜는 인간 편에서 감사함으로 언약적 헌신과 봉사를 요구한다.[137]

임산부가 아기를 출산하는 것은 하나님의 창조 행위를 반영한다(창 4:1; 시 139:15; 렘 1:5). 그렇다고 해서 사람을 하나님의 '피조된 공동 창조자'(created co-creator)로 격상하면서 창조 사역을 주도하는 것처럼 말할 수 없다. 하갈은 여주인 사라를 위해 이스마엘을 출산했는데, 이는 대리 임신과 출산을 예고하는 듯하다(창 16). 그렇다면 유전공학의 도

---

134 G. J. Wenham, *Genesis 1-15* (Waco: Word, 1987), 84.
135 메리데스. G. 클라인, 『하나님 나라의 서막』, *Kingdom Prologue*, 김구원 옮김 (서울: 개혁주의신학사, 2007), 90.
136 위의 책, 90.
137 위의 책, 93.

움으로 가능한 출산도 성경적 출산이라 부를 수 있을까?(ex. 복제인간, 맞춤아기). 시험관 아기를 문제 삼는 사람은 거의 없다. 인간의 출산 행위는 하나님의 창조 행위와 상충하지 말아야 한다. 그리고 부부의 관계를 통한 출산은 세대와 계보를 계승하는 사회적 관계성을 귀하게 여긴다. 그런데 부부 관계를 벗어나서 출생한 인간이 상품화되는 경우, 그런 계보는 사라지고 아기의 몸은 재생산이 가능한 물질로 간주될 수도 있다.[138] 이 사실을 동물신학에 적용하면, 유전공학으로 복제된 동물이 하나님의 피조물로서 어떤 내재적 권리를 가지고 있다고 보기는 어렵다.

하나님은 홍수 이후에 노아의 가족을 비롯해 모든 육체를 가진 땅의 모든 생물과 언약을 맺으셨다(창 9:10, 16; 사 54:9). 무지개 언약은 동물도 포함한다. 창세기 1장의 세상 창조와 창세기 8-9장의 홍수 이후의 상황 사이에는 주제와 용어에 있어 유사한 점이 많다(예. 창 1:2와 8:1-2의 '땅'과 '깊음'; 창 1:24와 8:17의 '생물', '가축', '기는 것'). 하나님은 '새로운 아담'인 노아에게 생물을 보존하고 다스릴 임무를 주시면서(창 9:2), 그를 통해 모든 생물과 은혜로운 언약을 맺으신다.[139] 노아 언약이 셈과 그의 후손인 아브라함을 통해 성취된다는 구속사적 의미도 중요하다(창 9:26; 11:10-26).

하나님은 사람과 땅은 물론이고, 짐승에게도 '따뜻한 율법'을 제정

---

138 이 단락은 D. Erbele-Küster, "Geboorte als Schepping: Bijbelstheologische Kanttekeningen bij Gentechnologie," *NTT* 63/2 (2009), 151-52에서 요약함.
139 이희성, "구속사의 맥락에서 본 노아 언약: 성경신학적 접근," 『신학지남』 85/4 (2018), 11, 18.

하셨다. 하나님께서는 사람-땅-짐승, 이 셋이 함께 소리내는 '우주적 교향곡'을 연출하신다(출 20:17; 23:4-5, 11; 레 22:28; 25:7).[140] 이 사실을 잘 보여 주는 한 예는 안식년의 휴경(休耕) 제도다. 빈자뿐 아니라 야생동물도 안식년 동안 휴경할 때 발생하는 양식을 먹을 수 있었다(출 23:11). 따라서 율법에 따르면, 야생동물도 과부와 고아와 나그네처럼 보호가 필요한 약자였다.[141] 하지만 하나님의 형상은 오직 사람으로 국한된다.[142]

동물을 위한 따뜻한 율법을 담고 있는 출애굽기 23장 4-5절은 원수의 길 잃은 소나 나귀를 돌려보내며, 미워하는 사람의 나귀가 과도한 짐을 싣고 가다가 힘없이 쓰러지면 그 미워하는 사람을 도와주라고 명령한다. 여기서 출애굽기의 저자 모세는 동물이 사람들의 갈등을 관리하고 해소하여 온전한 사회 공동체로 '변혁의 주체'라고 교훈하는 것일까? 아니다.[143] 출애굽기 23장 1-9절은 약자들이 항상 존재하는 사회에서 공평과 정의를 구현하려면, 무엇보다 정의로운 재판이 중요하다고 설명한다. 이 단락의 중앙에 자리 잡은 4-5절에 따르면, 동물은 갈등하는 사람들의 관계를 변혁하는 주체가 아니라, 수단이자 매개체 역할을 한다. 덧붙여, 4-5절에서 '원수'와 '미워하는 자'라는 다소 "극단

---

140 참고. 김선종, "하나님과 사람과 땅의 교향악: 성결법전의 신학과 설교," 『Canon & Culture』 13/2 (2019), 190-93.

141 이긍재, "구약 속 '동물윤리'에 관한 신학적 연구," 333.

142 E. van Urk-Coster, "Created in the Image of God: Both Human and Non-Human Animals?" *Theology and Science* 19/4 (2021), 343-62.

143 Contra 사람과 자연계를 '생태 운명 공동체'라고 부르는 오민수, "동물, 사회생태계의 급진적 정황 변화의 주역(출 23:4-5)," 『구약논단』 28/1 (2022), 179-80.

적 상황을 설정함으로써 '동물 보호' 계명을 극대화하고 있음을 보게 된다. … 이러한 측면에서 동물 보호는 이웃과의 분쟁 해결에 결정적인 기여를 할 수 있다."[144] 공평한 재판법도 풀기 어려운 갈등과 문제는 동물 보호라는 상대적으로 쉽고 작은 선행을 통해 해결될 수 있다.

레위기 11장과 신명기 14장의 부정한 동물은 왜 정결한 동물과 구분되는가? 이방인들과 구별되는 하나님의 백성, 곧 성민의 거룩과 구별을 강조하기 위해 부정/정결한 동물과 식용/비식용을 나누었다.[145] 레위기 11장과 신명기 14장에서, 모세는 동물 자체에 다음과 같은 중요한 의미를 부여하는 것으로 보인다.

> 야생동물도 먹을 수 있는 종류가 제한되기 때문에 야생동물의 영역을 침범하고 야생동물을 남획하는 일은 상당히 억제될 수밖에 없다. 그러므로 부정한 동물의 지정은 고기를 먹고자 하는 인간의 욕망을 억제함으로 인간으로부터 동물들의 종을 보존하고 그들의 생활 영역을 보호하는 생명 존중의 의미를 내포하고 있다고 할 수 있다.[146]

---

144 오민수, "초사법적 화해의 장: 동물보호규례– 출애굽기 23장 4–5절과 그 맥락," 『구약논단』 23/2 (2017), 62–63.
145 강성열, "성서의 음식 규례와 오늘의 먹을거리," 『캐논 앤 컬처』 2/2 (2008), 23–24. 정결/부정한 짐승의 분류를 위생상 이유라고 본 경우는 임미영, "신약 시대 구약의 정결법 실천에 관한 고고학적 고찰," 『Canon & Culture』 13/2 (2019), 252, 255를 보라. 흥미롭게도 이스라엘인처럼 블레셋인들에게도 돼지고기를 식용으로 삼지 않으려는 경향이 있었다.
146 박유미, "레위기 음식법에 대한 생태학적 접근," 16.

사람은 짐승과 교합하지 말아야 한다(레 18:23).[147] 또한 가축을 다른 종끼리 교미시키지 말아야 했듯이, 식물의 다른 종자(種子)도 섞어 파종하지 말아야 했다(레 19:19). 하나님은 종이 다른 식물을 통해서도 이스라엘 백성의 거룩함에 관해 교훈하신다. 그럼에도 하나님은 부정한 까마귀와 들짐승조차 먹이신다(참고. 시 147:9).[148]

거짓 선지자 빌람을 꾸짖은 암나귀(אָתוֹן)는 실제 동물일까?(민 22:21-34). 성경의 영감성을 부정하는 역사 비평학자들은 민수기 22장 21-34절이 민수기의 원본에 없었지만, 어떤 교훈을 주기 위해 나중에 삽입되었다고 본다.[149] 그리고 그런 민수기의 이 단락을 고대 근동의 설화와 비교하기 좋아한다. 그래서 그들은 나귀가 개나 돌고래만큼 높은 지능을 가지고 있으면서 말했다는 증거를 대면서, 이 단락도 역사성이

---

147 민간 설화 '우렁각시'에 따르면, 우렁이가 여자로 변하여 남자와 혼인한다. 그리고 인간과 동물의 성적 결합은 해외 설화에도 나타난다(예. 성난 버팔로 아내). 우렁각시는 인간과 유사한 '문화적 동물'이라기보다, 토테미즘의 산물이다. "토테미즘은 혈연 및 지연(地緣) 집단의 기원이 동식물이나 자연물에 있다고 믿거나 상호 결합 관계에 있다고 믿고 토템을 숭배하는 것을 말한다." 최원호, "동물/인간의 경계와 욕망, 그리고 변신: 한국과 북미 원주민 구전설화에서의 동물신부를 중심으로," 『비교민속학』 53 (2010), 275, 282.

148 "욥기 38-39장을 보면 하나님께서 돌보시는 동물들의 명단이 나오는데 산 염소, 암사슴, 들나귀, 들소 등 정결한 동물과 함께 사자, 까마귀, 타조, 말, 매, 독수리 등 부정한 동물도 하나님의 돌봄의 대상이며 그들 각각의 특성도 하나님이 주셨다고 말한다." 박유미, "레위기 음식법에 대한 생태학적 접근," 23. 타조는 부정한 짐승이지만(레 11:16) 노아의 방주 안에서 보호를 받았을 것이다. 일부 유대문헌은 타조가 딱딱한 음식을 좋아해서 노아가 타조의 양식으로 유리(glass)를 방주 안에 준비했다고 전한다. A. O. Shemesh, "Ostrich is a Fowl for Any Matter: The Ostrich as a 'Strange' Fowl in Jewish Literature," HTS Teologiese Studies 74/1 (2018), 5-6.

149 예를 들어, H. Viviers, "The 'Wonderful' Donkey: Of Real and Fabled Donkeys," HTS Teologiese Studies 75/3 (2019), 3-4. 참고로 중세에 퍼진 성경해석에 따르면, 발람에게 구타당한 암나귀는 고난당하사 제물(carnem nostrum)이 되신 예수님을 가리키는 알레고리였다. 그런데 영국의 신비주의자 마저리 캠퍼(Margery Kempe, d. 1438)는 예수님을 암나귀와 비교하는 대신, 매맞는 암나귀를 그리스도와 비교함으로써, 무고한 동물을 학대하지 말라는 취지를 피력했다. L. J. Kiser, "Margery Kempe and the Animalization of Christ: Animal Cruelty in Late Medieval England," Studies in Philology 106/3 (2009), 309, 314.

부족한 일종의 우화(寓話)로 취급한다. 그래서 인간 중심이 아니라 동물 중심의 생태적 교훈을 찾아야 한다고 본다.[150] 하지만 민수기 22장 21-34절을 후대의 첨가로 볼 필요는 없으며, 무엇보다 인간과 동물의 창조주 하나님께서 실제 나귀를 자신의 메신저로 활용하실 수 있음을 기억해야 한다.[151] 외경 베드로복음 9-12장에는 베드로의 심부름꾼인 말할 수 있는 개가 마술사 시몬 마구스(Simon Magus)를 만나, 앞 다리를 들고 큰 소리로 그리스도께서 그를 바깥 어두운 데 던지는 심판을 외쳤다.[152]

부정한 개와 같은 자인 신전의 전문적인 창기(sacred prostitute)가 번 소득은 서원하는 데 사용할 수 없었고, 예루살렘 성소에 바칠 수도 없었다(신 23:17-18).[153] 이처럼, 간혹 부정하고 수치스러운 '개'와 '창기'가 함께 나타나기도 한다(왕상 22:38; 참고. 계 22:15).

---

150 예를 들어, Viviers, "The 'Wonderful' Donkey: Of Real and Fabled Donkeys," 7. 민수기 탈굼 네오피티(Targum Neofiti)는 발람의 나귀가 이 세상에서 죽어 아브라함의 자손이 가 있는 저 세상에는 들어가지 못했다고 설명한다. T. Callan, "Comparison of Humans to Animals in 2 Peter 2,10b-22," *Biblica* 90/1 (2009), 103.

151 창 1장과 겔 38:20은 바다와 공중과 들의 생물을 언급할 때 어휘에 있어 유사하다. 에스겔은 하나님의 통치를 받는 인간과 동물들이 서로 연관되기에, 둘 다 심판의 대상이 될 것을 예언한다(참고. 합 1:14-15). 퀘이커교도는 에스겔과 하박국 선지자가 하나님의 형상인 인간과 동물 사이에 이원론적인 창조 질서가 아니라 상호 연관성을 강조한다고 본다. 참고. R. S. Nam, "Intertextuality and the Relationship of Humankind among Fish, Birds and Creeping Things," *Quaker Religious Thought* 121 (2013), 27-28.

152 참고. Archer, "The Hellhound of the Qur'an: A Dog at the Gate of the Underworld," 5.

153 Contra '창기가 번 돈과 개 같은 자의 소득'(신 23:18)을 종교적 제의 성행위가 아니라 아내가 서원을 값싸게 지불하려던 방식을 비판하는 것(민 30:1-16)을 가리킨다고 보는 P. A. Bird, "Of Whores and Hounds: A New Interpretation of the Subject of Deuteronomy," *Vetus Testamentum* 65/3 (2015), 362.

역사서와 시가서

사사 입다는 암몬 자손과의 전쟁에서 승리한 후, 서원한 대로 자기 딸을 하나님께 바쳤다(삿 11:31, 39). 이것은 하나님께서 입다의 딸을 번제물로 받으신 인신(人身) 제사를 가리키는 것일까? 하나님은 인신 제사를 이방인의 악한 관습이라고 정죄하셨다(참고. 왕하 3:27; 16:3). 그리고 입다의 딸은 평생 처녀로 살다가 미혼 상태로 죽었다(삿 11:38). 따라서 그녀 대신에 짐승 제사를 통해 입다의 서원이 이행되었을 가능성이 크다.[154] 구약에서 서원이나 속죄를 위해 사람 대신에 짐승이 제물로 바쳐진 것은 흔했다.

전쟁 상황에서, 사람처럼 이성의 기능을 발휘하지 못하는 짐승만 목숨을 부지한 경우가 있었다(삼상 27:9). 그러나 이 사실을 통해 동물이 사람보다 더 귀하다는 결론을 도출하지 않도록 주의해야 한다. 도리어 이스라엘인들은 수치스럽고 비참한 상태에 있음을 '죽은 개'에 비유한다(삼상 24:14; 삼하 9:8).

선지자 나단은 다윗 왕이 우리야의 아내 밧세바를 빼앗은 악행(삼하 11:11; 12:4)에 대해 가난한 사람에게서 마치 '딸'(바트)과 같은 암양 새끼 한 마리를 빼앗은 것에 비유한다(삼하 11:4; 12:3).[155] 다윗의 시대에는 가축이 부의 지표였는데, 빈자에게는 암양 새끼 한 마리가 많은 양과 소

---

154 페미니스트들은 아브라함의 '아들' 이삭은 인신 제사의 희생 제물이 안 되었지만(창 22:13), 입다의 '딸'은 희생되었으므로, 여성이 희생 제물로 죽어간 동물처럼 되었다(animalization)고 주장한다(참고. 삿 19:25-27; 삼하 12:3). K. Stone, "Animal Difference, Sexual Difference, and the Daughter of Jephthah," *Biblical Interpretation* 24/2 (2016), 5.

155 존 매카이, 『사무엘하』, *2 Samuel*, 정옥배 옮김 (서울: 국제제자훈련원, 2024), 208.

에 버금갔다. 그렇다면, 합성 명사 '밧세바'의 첫 단어인 '바트'(딸)를 암양 새끼에 비유로 사용한다고 해서, 애완동물을 '딸'이라고 불러도 될까? 그렇게 부른다면, 간음한 다윗을 책망하여 돌이키려는 사무엘하 12장의 의도를 벗어난다.

욥은 다른 가축을 제외하더라도 양만 칠천 마리를 소유한 거부였다(욥 1:3).[156] 데만 사람 엘리바스는 고통당하는 욥을 향해 전능자의 징계를 업신여기지 않는다면(욥 5:17), "들짐승이 너와 화목하게 살 것이니라"라고 말했다(욥 5:23). 혹자는, 엘리바스의 이 진술은 욥이 나중에 가축의 복을 받은 것으로 성취되었지만(욥 42:10), 10-12세기에 자연과 조화를 이루며 살았던 이른 바 '성인들'에게서도 성취되었다고 본다[예. St. Godric(d. 1170)].[157] 이런 주장의 근거로 이사야 11장 6-9절과 다니엘 6장 17-25절 등을 욥기 5장 23절의 간본문으로 제시하면서, 중세 시대의 '성인들'이 이성적인 동물과 더불어 새로운 에덴동산의 회복을 꿈꾸었다고 보기도 한다(ex. 12세기 말라빌의 윌리엄).[158] 하지만 욥기의 저자

---

156 Contra 욥 1:3의 가축의 숫자를 허구로 보는 E. Firmage, "Zoology (Fauna)," in *Anchor Bible Dictionary*, Volume 6, ed. D. L. Freedman (New York: Doubleday, 1992), 1120. 구약 성경의 동물들의 히브리어 명칭을 고대 근동 언어들과 비교한 정보는 Firmage, "Zoology (Fauna)," 1152-1156을 보라.

157 W. J. Short, "Restoring Eden: Medieval Legends of Saints and Animals," *Continuum* 2/1 (1992), 44-45, 50; "Saints in the World of Nature: The Animal Story as Spiritual Parable in Medieval Hagiography (900-1200)," (S.T.D. Thesis, Pontificia Universitas Gregoriana, 1983).

158 위의 책, 46. 수도사들이 짐승과 평화롭게 지냈다는 전승으로부터 동물친화적 삶을 배워야 한다는 주장은 T. Vivian, "The Peaceable Kingdom: Animals as Parables in the Virtues of Saint Macarius," *Anglican Theological Review* 85/3 (2003), 479, 486-89를 보라. Vivian에 따르면, 알렉산드리아의 은둔 수도사 마카리우스(Macarius, d. 395)는 동물을 통해서 성도의 삶을 비유적으로 해석했는데, 모세를 대적했던 얀네와 얌브레(딤후 3:8)의 무덤을 방문하고 돌아오던 길에 영양(羚羊)의 젖을 먹고 소성함을 입었다고 전해지며, 동물의 고통을 그리스도의 고통처럼 이해했다.

가 중세 시대에 성취될 예언을 남긴 것은 아니다. 그리고 심지어 중세의 몇몇 '성인들'이 용과 평화롭게 살았다는 주장은 허구다.

"이제 모든 짐승에게 물어보라. 그것들이 네게 가르치리라"로 시작하는 욥기 12장 7-11절은 동물이 사람에게 지혜를 가르치는 교사라는 의미일까? 보다 구체적으로, 이 단락을 문자적으로 해석하여 동물은 인간에게 없는 영적 안목이 있어 하나님의 뜻을 볼 수 있다고 이해해야 할까? 아니다. 문맥상, 욥기 12장 1-6절은 강도처럼 악한 자가 형통하고 의인이 조롱거리가 되는 문제를 두고서 하나님의 정의로움이라는 신정론(神正論)을 다룬다. 곧바로 욥은 의인이건 악인이건 불의를 경험한다고 밝히는데, 그것은 세상의 모든 피조물(짐승, 새, 물고기)이 경험하는 바라고 설명한다.[159] 그러므로 동물이 사람을 가르친다는 주장은 욥의 취지에서 벗어난다.

하나님은 사람과 짐승을 모두 구하여 주신다(시 36:6). 그런데 개는 종종 부정적인 비유에 등장한다. 예를 들면, 개인 탄식시에서 시인은 사냥감을 죽이지 않고 산 채로 먹어 치우는 들개의 습성을 반영하여 악인의 행악을 고발한다(시 59:6-7, 11-14).[160]

---

159 많은 가축과 동물이 등장하는 욥기는 동물을 통해 욥이 당하는 고난과 심리 등을 묘사한다 (욥 7:5; 13:28; 20:16; 25:6). E. B. Smick, "Job," in *1 Chronicles-Job*, The Expositor's Bible Commentary (Grand Rapids: Zondervan, 2010), 762; P. van der Zwan, "The Possible Impact of Animals on Job's Body Image: A Psychoanalytical Perspective," *HTS Teologiese Studies* 77/4 (2021), 8; contra 김형민, "동물의 미래와 기독교 신앙," 「기독교사회윤리」 3 (2000), 145, 163. 호남신학대학교 김형민은 형제애를 인간 사이로 한정하는 것을 인간 종의 이기주의라고 비판한다.

160 B. Doyle, "Howling like Dogs: Metaphorical Language in Psalm lix," *Vetus Testamentum* 54/1 (2004), 77-78.

야웨를 방패와 피난처와 요새와 거처로 삼는 사람은 '사자와 독사' 즉 '젊은 사자와 뱀'을 발로 누른다(시 91:2, 4, 13). 여기서 시편 91편의 저자는 원시복음(protoevangelium)을 떠올리면서(창 3:15), 뱀과 같이 사자를 교회를 대적하는 악의 세력으로 간주한다(참고. 시 91:7; 사 35:9).

시편 104편은 인간과 다른 피조물이 마치 하나의 거대한 '살아 있는 유기체'를 형성하여 서로 의존하고 연결되어 있음을 밝히는 듯하다. 하지만 시편 104편에서 시인은 인간과 비인간 동식물 간의 이원론을 없앰으로써, 인간과 동식물이 존재론적으로 통합된 피조 세계를 제시하려고 시도하지 않는다.[161] 왜냐하면 이 시의 중심에 사람만큼이나 생태계가 도드라지지 않았기 때문이며, 생태에 민감하신 소위 '녹색 하나님'(green God)께서 모든 피조물 안에 거하신다는 점도 강조하지 않기 때문이다. 이렇게 볼 수 있는 근거는, 마지막 35절이 하나님의 구원과 새 창조 역사를 거역한 죄인과 악인을 멸하실 하나님의 사역을 송축함으로 마치기 때문이다.[162] 시편 104편의 문맥도 이 사실을 지지한다. 야웨께서는 왕으로서 만유를 다스리시며(시 103:19), 자기 백성을 구원하시고 돌보신다(시 105:44-45). 따라서 시편 104편을 통해 토테미즘이나 애니미즘 그리고 범신론을 슬쩍 제시하지 않도록 주의해야 한다.[163] "젊

---

161 Contra 인간과 다른 생물 간의 위계질서를 반대하고 비인간 생물에도 내재적 가치가 있다고 주장하는 H. Viviers, "Is Psalm 104 an Expression (also) of Dark Green Religion?" *HTS Teologiese Studies* 73/3 (2017), 5-7.

162 시 104-105편은 하나님께서 성취하시는 구원의 역사를 창조로부터 출애굽을 통해 추적한다. D. A. Carson (ed), *NIV Biblical Theology Study Bible* (Grand Rapids: Zondervan, 2018), 999-1001.

163 Contra 피조 세상을 '하나님의 몸'으로 보면서 영장류(靈長類)의 탁월함을 하나님의 급진적 내재성(radical immanence)과 범신론 그리고 '신학적 영장류학'(theological primatology)을 통해

은 사자들은 먹이를 쫓아 부르짖으며, 그들의 먹이를 하나님께 구하다 가"(시 104:21)는 시적 표현이므로, 동물도 하나님께 일용할 양식을 달라고 간구할 수 있다는 문자적 해석은 금물이다.[164]

개혁주의 진영에서는 '창조 시편'(creation psalms)을 주해함으로써, 그리스도인이 하나님의 아름다운 창조 사역을 파괴하지 말고 생태계를 보호하는 일에 앞장서도록 공적 예전 안에 반영하려는 시도가 있다(참고. 시 19; 104; 148).[165]

잠언 11장 22절에서 솔로몬은 지혜가 없고 절제하지 못하는 여자를 부정한 돼지에 비유하는 듯하다(참고. 잠 31:30). 뒤따르는 23-31절에서 솔로몬은 의인이라면 마땅히 구제와 선행에 힘써야 한다고 가르치는데, 더러운 곳을 뒹굴고 있는 돼지의 코에 금 고리가 전혀 어울리지 않고 쓸모가 없듯이, 빈자(貧者)를 보살피는 감각이 떨어지는 여인이 자신의 외모를 사치품으로 꾸미는 것은 추하고 헛된 일이라는 것이다. 솔로몬은 여자를 '돼지'에 비유하면서, 동시에 어리석은 여자의 부요함을

설명하는 N. R. Howell, "Locating Nature and Culture: Pan-Homo Culture and Theological Primatology," *Verbum et Ecclesia* 36/3 (2015), 8. 참고로 20세기 후반에 등장한 생태신학은 상황신학의 한 지류로서, 오늘날 여러 도전에 응답하려는 해방신학, 흑인신학, (1980년대에 가부장주의, 군사주의, 시장물질주의에 반기를 든) 생태-페미니즘, 그리고 토착화신학과 대등한 등급을 매길 수 있다는 평가는 H. Ferreira and L. Sutton, "Ecological Hermeneutics as a Current Trend in Old Testament Research in the Book of Psalms," *Acta Theologica* 44/1 (2024), 316-18을 보라.

164 Contra 시 104:30을 언급하면서, 소비주의와 글로벌화와 새로운 식민주의는 신음하는 빈자와 지구에게 한(恨)을 초래하고, 성령은 그런 한을 제거하신다고 보는 G. J-S. Kim, "Colonialism, Han & Eco-Theology," *Scriptura* 111 (2012), 378-82.

165 B. J. de Klerk, "The Power of Praise Psalms to encourage Awareness of Ecological Issues amongst Worshipers," *In die Skriflig* 48/2 (2014), 5-8. 참고로 아가서에 솔로몬과 술람미 여인이 들판과 같은 자연을 배경으로 사랑을 나누고 동물 이미지로 연인을 묘사한다고 해서, 산업화 시대 이전의 친환경적 생태신학을 찾아야 한다고 볼 이유는 없다(아 2:14; 3:6; 4:2, 8; 8:5).

'금 고리'에도 비유한다.[166] 가난한 사람을 도우려는 덕과 지혜를 갖춘 아내는 남편의 영광이자 멋진 장식과 같다.[167] 이 잠언은 남편에게도 교훈을 준다. 즉, 남편은 외모를 명품으로 치장하는 데 여념이 없는 예쁜 아내를 남에게 자랑할 것이 아니라, 아내의 성숙한 내면을 귀하게 여기고 자랑해야 한다.

랍비들이 전도서를 주석한 유대 문헌인 전도서 라바(Qohelet Rabba) 1에 따르면, 천국의 문들을 여는 동물은 개다.[168] 따라서 일부 랍비들은 천국에 개가 있다고 믿었다(비교. 시 59:6, 14).

솔로몬은 연인인 술람미 여인을 향해 풍요로운 에덴동산을 떠올리면서 '잠근 동산'(locked garden), '덮은 우물', 그리고 '봉한 샘'이라 부른다 (아 4:12). 이 사실은 인간중심주의의 지배가 아니라 사랑과 파트너쉽을 통해서 '어머니와 같은 지구'가 인간과 동식물이 어우러진 비옥하고 안전한 복낙원으로 변화될 것을 가리키는 것일까?(아 4:13-14).[169] 아니다. 술람미 여인은 '덮은 우물'과 '봉한 샘'처럼 성적인 방종으로부터 정결함을 보호받아야 한다(참고. 잠 5:15-16). 이와 유사하게 술람미 여인이 '잠근 동산'이라는 지형 은유로 묘사되는 것도 한 남성 파트너와의 사랑과 결혼의 친밀한 관계를 강조한다. 따라서 아가서 4장 12-15절은

---

166 Contra K. M. Heim, "A Closer Look at the Pig in Proverbs xi 22," *Vetus Testamentum* 58/1 (2008), 18.

167 Heim, "A Closer Look at the Pig in Proverbs xi 22," 26.

168 참고. Archer, "The Hellhound of the Qur'an: A Dog at the Gate of the Underworld," 5.

169 K. J. Kavusa, "The Bride as a 'Locked Garden': An Eco-Sustainability Retrieval of Nature Metaphor in Song of Songs 4:12-15," *Verbum et Ecclesia* 43/1 (2022), 4.

인간중심주의를 비판하거나 지속 가능한 생태계의 회복을 교훈하지 않는다. 그런데 아가서 4장 8절은 식물과 지형 은유 이외에 동물도 은유로 든다. 솔로몬은 술람미 여인에게 '사자 굴과 표범 산'에서 내려오라고 말하는데, 술람미 여인이 사자와 표범이 호위병처럼 두르고 있는 산에 머문다는 것은 '위엄'과 '안전'을 상징한다.[170] 따라서 '사자의 굴', '표범 산', '잠근 동산', '덮은 물', '봉한 샘'은 모두 비슷한 은유들이다. 그러므로 성경 저자가 사용한 은유를 문자적으로 해석하지 않는다면, 동식물 은유로부터 신학적 메시지를 적절히 찾을 수 있다.

선지서

다니엘 7장이나 유대 묵시 문헌은 세상의 강력한 제국과 인간사를 우주적 드라마의 내러티브 안에 담을 때, 마치 정글 안에 있는 약탈자-먹잇감의 관계로 묘사한다.[171] 그런데 하나님은 잡아먹고 먹히는 그런 야생의 공간을 멀리서 방관하지 않으시고 길들여 다스리신다 (참고. 겔 34:25; 단 4:33; 6:22; 미 5:8).[172] 이런 맥락에서, 선지자 이사야가 반복하여 묘사하는 동식물의 평화로운 상태는 약탈적 먹이사슬이 사라진 생태계의 회복을 문자적으로 예언하는 것일까?(사 11:6-9; 35:9; 65:25).[173] 크리소스톰(d. 407)은 이 예언을 교회에 대한 상징적 표현으로

---

170 Kavusa, "The Bride as a 'Locked Garden'," 1.
171 M. Michael, "Yahweh, the Animal Tamer: Jungles, Wild Animals and Yahweh's Sovereignty in the Apocalyptic Space of Daniel 7:1–28," *Scriptura* 119 (2020), 2.
172 Michael, "Yahweh, the Animal Tamer," 6.
173 우택주, "이사야서 11장 1-9절에 나타난 메시아사상과 생태계의 회복," 『복음과 실천』 48/1

이해했다.[174] 그런데 앗수르제국의 산헤립이 남유다를 침공하는 것(사 10:28-32)이 이사야 11장 6-9절의 문맥이다. 그러므로 이 단락은 일차 적으로 종말의 예수 메시아께서 사람과 동물의 생태계를 회복하실 것 을 문자적으로 묘사한다고 보기 어렵다.[175] 선지자 이사야의 이 예언을 문자적으로 해석하려는 사람은 사자가 있음(사 11:6)과 사자가 없음(사 35:9)이라는 중요한 불일치 문제를 해결해야 할 것이다(참고. 레 26:6).[176] 이사야 선지자 당시의 맥락에서 볼 때, 이사야 5장 29절이 앗수르제국 을 약탈적 동물인 '암사자'에 비유한 것은 타당하다(참고. 1에녹서의 '동물 묵시록'은 앗수르를 호랑이로 묘사함; 사 46:10). 따라서 이사야는 조화롭고 평 화로운 생태계를 통해 가깝게는 이방 나라의 위협으로부터 남은 자들

(2011), 21, 24. 참고로 사 11:6-9의 탈식민적(postcolonial) 읽기는 자연의 미래 종말론적 회복 보다는 자연을 약탈하고 훼손한 페르시아제국에 저항하라는 메시지를 찾는다(참고. 느 9:36- 37; 사 45:1). 탈식민주의자들에게 아프리카의 국립공원과 사파리는 원래 주인인 흑인의 이익 을 배제한 채, 백인 식민지배자들의 권리를 대변하는 식민주의 잔재이기에 청산되어야 한다. H. Ramantswana, "Not Free while Nature remains Colonised: A Decolonial Reading of Isaiah 11:6- 9," *Old Testament Essays* 28/3 (2015), 820-22.

174 크리소스톰은 사 11:6을 온순한 성도는 물론, 표범과 사자와 곰과 같이 사나운 사람도 한 교회 에 모여 그리스도의 몸을 형성할 것이라고 은유적으로 이해했다. 참고. *Ancient Faith Study Bible* (Nashville: Holman Press, 2019), 808; J. R. Beeke (ed), *The Reformation Heritage KJV Study Bible* (Grand Rapids: RHB, 2014), 972, 1029. 참고로 10-12세기 수도사들은 사 11:6-9 등에 근거하 여 동물과 새롭고 평화로운 에덴의 회복을 목가적 이미지로 묘사했는데, 그들은 야생동물을 다스 리고 먹이고 길들였다. W. J. Short, "Restoring Eden: Medieval Legends of Saints and Animals," *Continuum* 2/1 (1992), 46-51.

175 Contra J. du Preez, "Net maar Diere?: 'N Tematiese Oorsig van die Plek van die Diereryk in die Skepping volgens Geselekteerde Skrifgedeeltes," *NGTT* 52/1-2 (2011), 88.

176 세계성서공회(UBS)가 성경 번역자를 위해 출판한 *All Creatures Great and Small: Living Things in the Bible* (New York: United Bible Societies, 2005)은 "성경에 나타난 사자의 상징적 의미는 위 협 혹은 멸망을 뜻하며, 또한 정치적인 권세나 제왕적 위엄을 뜻할 수 있음을 지적한다. 그런 후 에 상당히 많은 성경의 용례들을 분석한다(창 49:8-10; 욥 4:10-11; 시 17:12; 22:13; 아 4:8; 사 5:29-30; 31:4; 렘 12:8; 25:38; 51:38-39; 겔 19:1-19; 22:25; 호 11:10; 암 3:4; 나 2:11-12)." 김희석, "서평: *All Creatures Great and Small: Living Things in the Bible* (Edward R. Hope, New York: United Bible Societies, 2005),"『성경원문연구』 29 (2011), 210.

의 구원과 안전을 예언했고(참고. 사 11:11, 16), 멀게는 예수님의 초림으로써 성취되기 시작할 종말의 새 시대에 펼쳐질 평화를 예견했다(참고. 막 16:17-18).[177] 이사야 선지자는 그 당시 짐승의 먹이사슬 자체가 어떤 생태적 문제로 대두되었다고 밝히지 않는다. 오히려 이스라엘 백성의 범죄 때문에 그들의 땅은 이방인에 의해 황폐하게 되었다(사 1:7). 이처럼 하나님의 언약 백성이 하나님과 인격적 관계를 거부할 때 닥치는 전쟁은 땅을 황폐하게 만들고, 사람과 가축 그리고 야생동물을 고통으로 몰아가는 법이다(사 1:3, 9). 그러나 이스라엘 백성이 신원을 받아 바벨론에서 돌아올 때 누리는 기쁨과 평화와 안전은 더 위대한 총체적 회복을 이루실 메시아 시대의 회복에 대한 신호탄이었다(사 2:4; 34:8; 35:9-10).[178] 참고로 유대 묵시 문헌에 따르면, 사나운 짐승으로 묘사되는 이방 나라들은 종말에 길들여짐으로써 (양보다 더 장수하는) 흰 황소로 상징되는 정결하고 의로운 이스라엘 족장들처럼 변모된다(1에녹 10:21-

---

177 구약 성경을 연구하는 이들은 구약의 메시아 예언을 예수님의 초림으로 성취될 내용으로 국한하기보다 재림까지 확장하여 이해하는 경향이 있다. 그런데 사 65:25의 경우, 메시아를 통한 짐승을 포함한 첫 창조와 낙원의 회복이라고 예수님의 재림을 중심으로 이해한다. 오성호, 『55-66장을 중심으로 본 이사야서의 종말론 신학』(서울: 솔로몬, 2012), 348-50. 그런데 메시아의 초림이 일어나지 않은 구약 시점에서 초림을 건너뛴 채 재림에 집중하는 해석이 정당한지 의문이다 (예. 구약에서 찾는 전천년설). 참고로, 사 11:9과 합 2:14의 간본문성에 주목하고 합 3장에서 '종말론적 출애굽 주제'를 찾으면서도 이런 예언이 예수님의 초림으로만 모두 성취되었다고 보지 않는 경우는 R. E. Meyer, "Habakkuk's Call to Faith in God's Eschatological Deliverance," *Detroit Baptist Seminary Journal* 26 (2021), 67-80을 보라.

178 그레고리 빌, 『신약성경신학』, *A New Testament Biblical Theology*, 김귀탁 옮김 (서울: 부흥과 개혁사, 2013), 120. 참고로, 그리스도 완결 및 재림의 안경을 착용하고 사람과 동식물의 회복이 완전하지 않았던 출애굽과 출바벨론을 회고한다면(예. 사 65:20의 새 예루살렘성 안의 '죽음'), 완성될 신천신지는 구약의 회복 사건들보다 더 확대 및 상승된 총체적 회복이다(예. 계 21:4의 '사망이 없고'). 이런 상승 및 확대된 새 창조에 동식물을 배제할 이유는 없다. U. W. Mauser, "Isaiah 65:17-25," *Interpretation* 36/2 (1982), 185.

11:2; 91:14). 이처럼 1에녹서에도 문자적인 동물의 변모나 부활은 나타나지 않는다.

이사야는 무려 64구절에서 동물을 언급한다. 그렇게 가축과 야생동물을 골고루 활용하여 자신의 메시지를 전달한다. 이를 요약하면 아래와 같다.

> 가축은 인간과의 관계에서 행동할 가능성이 더 높은 것 같으며, 가축은 종종 감정과 특성이 인간과 유사하지만, 주인에 대해 책임감이 있으며, 아마도 인간을 신실하게 섬김으로써 어떤 방식으로든 인간을 공경할 수도 있습니다(참고. 사 60:7). 반면에 야생동물은 자신의 행동과 하나님의 행동을 은유적으로 비교하고, 토지를 소유하고, 자신의 행동에 대해 하나님에 대한 책임을 지며, 반항적인 인간과 달리 하나님을 존경한다는 점에서 인간보다 더 동류 집단(peer group)인 것 같습니다(참고. 사 43:20).[179]

다니엘은 바벨론 제국, 페르시아 제국, 그리스 제국, 그리고 로마 제국을 바다에서 올라오는 네 짐승으로 상징적으로 묘사한다(단 7:15-28; 참고. 계 13:1; 17:3). 바벨론 벨사살 왕 원년에 다니엘이 꿈, 즉 환상 중에 본 짐승들이다(단 7:1). 바다에서 올라온 첫째 짐승은 '사자'와 '독수리'의 이미지인데, 이 둘은 각각 육상 동물과 조류 가운데 가장 강력하다

---

[179] A. R. Schafer, "Co-Creaturely Associates or Peers?: The Nature of Animals as Portrayed in Isaiah," Faculty Publications (https://digitalcommons.andrews.edu/pubs/306; 2016), 90.

(단 7:4; 참고. 렘 4:7; 5:6; 계 5:5). 둘째 짐승은 사나운 곰처럼 생겼고(단 7:5; 참고. 삼하 17:8; 왕하 2:24), 셋째 짐승은 빠른 표범과 같고(단 7:6; 참고. 사 41:2-3), 마지막 넷째 짐승은 무시무시하고 강력한데 쇠 이빨과 열 뿔(완전한 권세)을 가지고 있었다(단 7:7; 참고. 신 33:17; 단 2:40).[180] 그리고 다니엘 8장은 숫양과 숫염소를 통해 페르시아 제국과 그리스 제국의 통치자를 각각 설명한다(단 8:20-21). 다니엘은 세계사를 주관하시는 하나님의 주권을 다양한 짐승을 통해서 묵시적 방식으로 예언한다.[181]

다니엘 6장 22절은 사자들이 있던 굴 속에서 구원을 받은 선지자 다니엘을 묘사한다. 페르시아 제국의 다리오가 통치했을 때, 천사가 사자들의 입을 봉해 버렸는데, 이 구원 사건을 통해 하나님은 살아 계시고 영원히 변하지 않으시며 그분의 나라와 권세는 영원하다는 진리를 교훈한다(단 6:26). 따라서 다니엘 6장은 사자들이 길들여지는 특이한 현상을 통해 세상 제국과 법(단 6:7, 8, 9, 12, 13, 15)을 능가하는 하나님 나라와 법을 계시한다(단 6:5).[182] 따라서 다니엘 6장 22절을 송아지와 어린 사자가 함께 있을 것을 예언하는 이사야 11장 6절과 굳이 연결할

---

180 다니엘서의 저자 혹은 편집자가 고대 근동의 신화에 나타난 짐승들을 참고했다는 주장은 김혜윤, "단 7:1-8에 등장하는 '짐승 상징화' 연구: 묵시문학적 특성 규명과 신화적 재구성," 『가톨릭신학』 11 (2007), 49-98을 보라.

181 Contra 단 8-12장을 사건이 일어난 후에 예언의 형식(prophetia ex eventu)으로 반초자연적이며 합리적으로 설명하는 H. J. M. van Deventer, "The Bold, the Beautiful and the Beasts in the Book of Daniel," Scriptura 90 (2005), 728.

182 외경 '벨과 용'은 다니엘이 6일간 7마리 사자가 있던 굴에 있었고, 하박국 선지자가 다니엘과 식사를 했다고 밝힌다. K. van der Toorn, "In the Lions' Den: The Babylonian Background of a Biblical Motif," CBQ 60/4 (1998), 628-29; M. Nel, "Vyandigheid in Apokaliptiese Literatuur: Die Daniëlboek," In die Skriflig 40/2 (2006), 313-14.

필요는 없다. 왜냐하면 이 두 본문은 배경이 다르고 교훈하는 바도 다르기 때문이다.

하나님께서 회복을 주시는 날에는 이스라엘 백성을 위해 짐승과 새와 곤충과 언약을 맺으시고 전쟁을 그치게 하셔서 평화를 주신다(호 2:18). 이전에 들짐승은 이스라엘의 포도밭과 농작물을 파괴했지만(호 2:12), 하나님께서 이스라엘의 신랑으로서 언약을 갱신하시면, 전쟁과 사망의 두려움은 사라질 것이다(호 2:19-20; 참고. 사 2:4; 미 4:3). 하나님의 심판으로서 전쟁이 발발하면 짐승들이 전사한 군인의 시체를 먹고 전염병은 확산하는데, 하나님께서 동물들과 맺으신 언약(호 2:18)은 야웨께서 이스라엘의 신랑으로서 자기 신부를 파괴와 심판으로부터 보호하신다는 문맥 안에서 이해해야 한다. 이스라엘 백성이 범죄하면 인간과 함께 거주하는 동물도 쇠잔하게 되고 고통을 당한다(호 4:3).[183] 따라서 호세아 2장은 이스라엘 백성과 무관하게 동물 자체에 강조점을 두는 것은 아니다. 구원 계시의 발전을 고려한다면, 호세아 2장 18절의 표현은 "그리스도께서 초림하실 때 시작하고 재림하실 때 완성되는 갱신에 평화와 안전이 따르는 변화된 인류를 상징할 수 있다."[184]

혹자는 하나님께서 동물을 포함하여 생명체에게 성령을 주시고 언

---

[183] 참고. G. V. Smith, *Hosea/Amos/Micah* (Grand Rapids: Zondervan, 2001), 62-63, 72; B. P. Gault, "Avenging Husband and Redeeming Lover?: Opposing Portraits of God in Hosea," *JETS* 60/3 (2017), 494.

[184] R. C. Sproul (ed), *New Geneva Study Bible* (Nashville: Thomas Nelson Publishers, 1995), 1363. 구약에서 새 창조의 비옥함과 에덴의 재현은 동물보다는 식물 이미지로 자주 나타난다(시 1:3; 겔 47:1-12; 계 22:1-2). 그레고리 빌, 『신약성경신학』, 943.

약을 세우신다고 주장한다(참고. 렘 32:27; 욜 2:28; 지혜서 1:7).[185] 하지만 성령께서 개나 소나무와 언약을 맺으시고 그들 안에 들어가셔서, 언약의 내용이 구체적으로 무엇인지는 알 수 없어도 그것을 성취하신다고 볼 수 있을까? 관련 선지서의 구절들을 정확히 주해하려면, '모든 육체'와 같은 단어가 등장하는 문맥을 잘 살펴야 한다.

B.C. 8세기에 선지자 아모스는 북이스라엘의 종교적 타락과 그런 타락의 결과인 사회의 부정의를 비판하면서(암 3:14; 4:4-5), 야웨에게로 돌아와서 신정 국가로서의 면모를 회복할 것을 예언한다(암 5:4, 6). 그런데 북이스라엘의 수도 사마리아에서 약자와 빈자를 괴롭힌 자들은 '바산의 암소들'이라 불리고(암 4:1), 여기서 아모스는 방목 중인 암소의 탐욕과 배부르면 목초지를 짓밟는 소의 일반적인 태도를 매우 신랄하게 묘사한다.[186] 그런데 여기서 '암소들'은 그 당시 사회를 유지하던 가부장적 체계를 거부했던 여성 부자 엘리트들을 가리키고(참고. 신 32:14; 시 22:12; 겔 39:18), 이 여성들이 무시하거나 이용했던 '가장들'(lords)은 '남편들' 혹은 '남성 권력가들'을 가리키는 것일까?[187] 아니다. 아모스는 여성 엘리트만 꼭 집어 비판하지 않으며, 가부장 제도를 유지해야 하나님의 심판을 면할 수 있다는 교훈을 주지도 않는다. 따라서 이 '암소들'은 약자를 경제적으로 강탈하는 데 여념이 없었던 남녀 사마리아인을

---

185 예를 들어, E. A. Johnson, "Animals' Praise of God," *Interpretation* 73/3 (2019), 264.

186 E. O. Nwaoru, "A Fresh Look at Amos 4:1-3 and Its Imagery," *Vetus Testamentum* 59 (2009), 465.

187 B. Irwin, "Amos 4:1 and the Cows of Bashan on Mount Samaria: A Reappraisal," *CBQ* 74/2 (2012), 241, 246.

가리키고, '주들'은 '사마리아의 지도자들' 혹은 헛된 '신들'을 지시하는 듯하다.[188] 부자이면서 엘리트였던 여성들만 이런 경제적 착취에 앞장섰다고 보기 어렵다. 뒤따르는 아모스 6장 1절은 특정 여성 엘리트들이 아니라 사마리아의 교만한 지도자들 전체를 비판하며, 아모스서 4장 전후 문맥도 이런 취지를 지지한다(암 2:6-8; 5:12; 6:8). 그렇다면 아모스는 왜 남성 '수소들'이 아니라 여성 '암소들'에 비유할까? 아모스 당시의 가부장 사회에서 빈자를 약탈한 부자들(특히 남자들)을 '암소들'이라 부르는 것은 모욕과 수치를 가하려는 수사적 기교다.

한일장신대 이종록은 요나서 3장 7-8절과 4장 11절에서 니느웨의 사람은 물론 가축(비인간)도 회개의 주체이자 구원의 대상이라고 주장한다.[189] 그러나 회개는 신자 안에서 이루어지는 성령의 역사이기에, 동물을 회개의 주체로 볼 수 없음은 분명하다.[190] 요나서에서 구원이란 외쳐 부르짖는 것이며(욘 1:2, 6, 14; 2:2; 3:2, 4, 5, 8), 회개란 악한 길과 강포에서 떠나는 것인데, 이것은 짐승이 할 수 있는 일이 아니다(욘 3:8,

---

188 Nwaoru, "A Fresh Look at Amos 4:1-3 and Its Imagery," 469. 참고로 암 4:1의 '바산의 암소들'은 사마리아 여자들을 가리키고, '가장'은 그녀들의 남편들을 가리킨다는 설명은 T. J. Kleven, "The Cows of Bashan: A Single Metaphor at Amos 4:1-3," *CBQ* 58/2 (1996), 220을 보라.

189 이종록. "니느웨 상상력: (비인간) 동물 신학 정립을 위한 구약성서 연구," 『신학사상』 175 (2016), 24, 34, 38. 이종록은 삼하 12:3을 동물(암양 새끼는 빈자에게 딸과 같음)에 대한 인간의 긍정적 태도와 친밀한 감정적 연대감을 교훈하는 중요한 본문으로 간주한다. 유사한 주장은 H. Viviers, "The Psychology of Animal Companionship: Some Ancient and Modern Views," *HTS Teologiese Studies* 70/1 (2014), 3; Shinn, "Jonah and the Animals of Nineveh," 23을 보라.

190 욘 4장에서 동물의 회개를 초점으로 보지 않고 동물을 보호받아야 할 대상으로 간주하는 경우는 E. van Urk-Coster, "Public Theology and the Anthropocene: Exploring Human-Animal Relations," *IJPT* 14/2 (2020), 215를 보라.

10).[191] 구약 성경에서 선교적 메시지를 잘 제시하는 요나서는 이스라엘 민족 중심으로 각인된 구원과 정의에 대한 관점을 여러 동물을 통해 비판한다. 공중의 새인 비둘기(요나), 해양 동물인 큰 물고기, 니느웨의 가축, 그리고 벌레는 이스라엘의 국수적인 구원관을 부정적으로 설명하기 위해 동원된다.[192] 요나서의 내러티브에 나타난 이런 동물에 주의한다면, 동물을 매개로 하는 인간과 하나님의 관계를 올바로 설정하게 될 것이다. 물론 아브라함의 언약(창 12:3)이 성취되기 위해서 니느웨인들이 하나님께로 돌아와야 함을 강조하는 요나서는 진화론이나 범신론을 지지하지 않는다.[193]

구자용은 '신학적 동물학'에 관해 다음과 같이 주장한다.

하나님은 동물을 인간과 동일한 방법으로 창조하셨고, 인간의 옆자리에 당당히 자리하게 하셨다. 먹을 것을 공평하게 정하여 주셨고, 언약의 대상으로 인정하셨다. 동물의 주로서, 그들을 보살필 뿐만 아니라 동물을 돌보는 하나님의 모습은 오히려 인간보다 동물에게 더 친근한 모습으로 각인될 뿐 아니라, 인간이 동물을 대하는 자세의 모범이 될 수 있으며, 이 의미에서 인간에게 주어진 '땅에 대한 지배권'의 의도를 읽어 낼 수 있다.[194]

---

191 J. Bruckner, *Jonah, Nahum, Habakkuk, Zephaniah* (Grand Rapids: Zondervan, 2004), 93.

192 J. Coetzee, "'N Diere-Vriendelike Lees van Jona," *Old Testament Essays* 20/3 (2007), 567-85.

193 Bruckner, *Jonah, Nahum, Habakkuk, Zephaniah*, 118.

194 구자용, "야웨, 동물의 주: 신학적 동물학에 대한 소고," 228

구자용의 이 주장을 비평해 보자. 하나님은 사람과 동물을 창조하시고 먹이시며 돌보신다는 사실은 옳지만, 하나님의 형상과 문화명령을 수행함은 인간에게만 허용된다. 그러므로 사람과 동물을 대등한 피조물인 양 취급할 수 없다.[195] 참고로, B.C. 3100년경 이집트의 바로는 자신이 앉은 의자 아래에 개를 둠으로써 명예를 돌렸는데, 개는 반려동물이자 애완동물이었다.[196] 그리고 페르시아 제국은 조로아스터교의 영향으로 개를 가장 가치 있는 동물로 간주하면서, 개를 학대하는 사람을 엄한 벌로 다스렸다.[197]

동물의 영혼?

아나톨리아와 메소포타미아에서는 강아지가 부정과 질병을 제거하는 제물로 바쳐졌고, 히타이트에서는 남창(male prostitute)을 '개 사람'(dog men)이라 불렀으며, 왕궁에서 악령을 내쫓을 때 사용되었다.[198] 그런데 B.C. 500년경의 것으로 추정되는 개 무덤이 블레셋의 아스글론에서 발굴되었다. 주로 강아지 사체가 발굴되었는데, 목이 꺾이거나 칼로

---

195 Contra 생물학적으로 호모 사피엔스는 'Animalia' 공동체/왕국에 속하는 일부이므로 사람은 동물과 친한 관계를 맺어 사랑과 청지기 직분을 수행해야 한다고 주장하는 K. McFarlane, "Living Relationally with Creation: Animals and Christian Faith," *Perspectives on Science and Christian Faith* 67/4 (2015), 236, 243; S. H. Webb, *On God and Dogs: A Christian Theology of Compassion for Animals* (New York: Oxford University Press, 1998).

196 M. S. Freyhauf, "Who let the Dogs out?: An Examination of Outside Cultural Influences in the Book of Tobit," *Conversations with the Biblical World* 35 (2015), 62–64.

197 Freyhauf, "Who let the Dogs out?" 72.

198 Firmage, "Zoology (Fauna)," 1143–1144.

절단되는 등의 제사용으로 바쳐진 흔적은 없었다.[199] 이스글론의 거주
민들은 강아지에게 영혼이 있다고 믿고 매장한 것으로 보인다. 따라서
동물에게 영혼이 있다는 주장은 최근의 현상이 아니다.

솔로몬은 사람이 짐승보다 뛰어난 게 없다고 말한다(전 3:19). 그렇다
면 솔로몬은 '종 차별주의'를 극복한 '종 평등주의자'일까? 아니다. 전
도서 3장 19절은 "모든 일에 때가 있다"(전 3:1-8)라는 논의의 맥락을 고
려하며 해석해야 한다. 인간과 동물 모두에게 날 때와 죽을 때가 있다
(전 3:2). 죽음만 두고 보면, 흙으로 창조된 사람이 흙으로 창조된 동물
보다 나을 바가 없다는 의미이다. 전도자가 말한 '해 아래', 즉 이 세상
의 자연 속에 하나님께서 부재하신다면, 어떤 일이 벌어질까? 다름 아
닌 사람과 동물에게 헛됨이 공통적으로 임하고 만다.[200]

사람처럼 동물도 '불멸하는 영혼'을 가지고 있을까? 이 질문에 대한
토의는 17세기부터 본격화되었다. 칼뱅은 '영리하지만 균형을 잃은 주
석가들'이 모든 동물의 불멸에 관해 묻지만, 언젠가 하나님께서 짐승
에게 '흠이 없고 단명하지 않는 완전한 상태'를 주실 것이라고 주장한
다.[201] 그런데 칼뱅은 동물이 언제 무흠하게 되고 영원한 상태를 받게
될지는 언급하지 않는다. 동물이 누릴 장수와 완전한 상태는 부활을

---

199 Firmage, "Zoology (Fauna)," 1143.

200 D. Lawrie, "The Environment as Promise and Problem in the Old Testament," *Scriptura* 107
(2011), 179, 181. Lawrie에 따르면, 사람이 창조주 하나님께서 모든 피조물을 사랑하심을 믿으
면, 사람은 '창조적 비움'(creative kenosis)을 실천해야 한다. 그리고 그리스도의 '강한 비움'이 새
창조를 발생시킨다면, 사람의 '약한 비움'은 피조물의 썩음과 동일시한다.

201 칼뱅은 롬 8:20의 '자기 뜻이 아니요'에서 이성과 의식이 없는 피조물의 상태라고 본다. 칼뱅, 『로
마서, 빌립보서 주석』, 255, 257.

전제하지도 않는다. 또한 청교도 존 밀턴(John Milton. d. 1674)과 리처드 오버톤(Richard Overton, d. 1649)은 동물이 영혼을 가지고 있으므로 사람은 동정으로 대해야 한다고 주장했다. 오버톤은 여기서 한 걸음 더 나아가, 사람은 물론이거니와 동물도 부활한다고 주장했다.[202] 동물의 영혼과 관련해서는 전도서 3장 21절이 중요하다. 사람의 영(루아흐, 프뉴마)은 위로 올라가고, 짐승의 영(루아흐. 프뉴마)은 아래로 내려간다(참고. 전 12:7).[203] 이해하기 쉽지 않은 전도서 3장 21절의 구약 히브리어 본문과 그리스어 본문, 그리고 영어 성경의 표기는 각각 아래와 같다.

히브리어 (MT)	מִי יוֹדֵעַ רוּחַ בְּ נֵי הָאָ דָם הָעֹ לָה הִיא לְמַעְלָה וְרוּחַ הַבְּהֵמָה הַיֹ רֶדֶת הִיא לְמַטָּה לָאָרֶץ: (사람의 아들들의 루아흐는 위로 올라가고 짐승의 루아흐는 아래 곧 땅으로 내려갈지 누가 알리요?)
그리스어 (LXX)	καὶ τίς οἶδεν πνεῦμα υἱῶν τοῦ ἀνθρώπου εἰ ἀναβαίνει αὐτὸ εἰς ἄνω καὶ πνεῦμα τοῦ κτήνους εἰ καταβαίνει αὐτὸ κάτω εἰς γῆν (그리고 사람의 아들들의 프뉴마 자체는 위로 올라가고 짐승의 프뉴마 자체는 땅속으로 내려갈지 누가 알리요?)

---

202 J. M. Moritz, "Animal Suffering, Evolution, and the Origins of Evil: Toward a 'Free Creatures' Defense," *Zygon* 49/2 (2014), 352.

203 전 12:5의 죽은 사람이 가는 '자기의 영원한 집'을 낙원이 아니라 무덤으로 본 경우(참고. 시 49:11)는 이은애, "히브리 성서에서의 죽음과 장례: 존재와 관계에 대한 기억," 『구약논단』 22/2 (2016), 152-53을 보라. 참고로 터툴리안(d. c. 220)은 "가축과 들짐승은 기도하고 무릎을 꿇고 외양간과 굴에서 나올 때 입을 쉬지 않고 자신의 '영혼'을 자기 방식대로 움직이게 하면서 하늘을 우러러봅니다."라고 다소 모호하게 말한 바 있다. '동물수호 성인' 안토니(d. 356)는 식물에는 영혼이 없다고 보면서도 동물에는 영혼이 있다고 다음과 같이 주장했다. "동물들과 새들도 소리를 낼 수 있는 것은 호흡과 '영혼'이 있기 때문입니다. 성장하고 쇠퇴하는 모든 것은 살아 있습니다. 그러나 그들이 살고 성장한다는 사실이 반드시 그들 모두에게 '영혼'이 있다는 것을 의미하는 것은 아닙니다." 가이사랴의 바실(d. 379)도 짐승의 영혼을 인정했다. "짐승의 영혼은 땅에 숨겨져 있다가 나타나는 것이 아니라, 하나님께서 명령하실 때 존재하게 되었습니다."

영어(ESV)	Who knows whether the <u>spirit</u> of man goes upward and the <u>spirit</u> of the beast goes down into the earth? (사람의 영은 위로 올라가고 짐승의 영은 땅속으로 내려갈지 누가 알리요?)
공동번역	사람의 숨은 위로 올라가고 짐승의 숨은 땅속으로 내려간다고 누가 장담하랴!

그러면 전도서 3장 21절을 어떻게 해석해야 할까? 전도자는 사람의 혼과 짐승의 혼이 어디로 가는지 알 사람이 있는지 묻는다. 다시 말해, 혼이 가는 곳을 알기 어렵다는 취지다. 그런데 공동번역이 의문표가 아니라 느낌표로 마치듯이, "누가 알리요?"를 지나치게 강조해서 아무도 모른다는 의미의 의문문으로 굳이 볼 이유는 없다. "누가 알리요?"라는 표현이 성경에 아홉 군데 등장하는데, 실제로 의문문은 세 군데뿐이다(에 4:14; 전 2:19; 6:12).[204]

> 이 문장은 우리에게 오직 하나님만이 인간과 짐승의 차이를 아신다는 사실, 그리고 인간의 영혼은 불멸이고 (따라서 하나님께로 '올라간다') 짐승의 혼은 불멸이 아니라는 (따라서 그 육체가 흙으로 분해되는 것과 마찬가지로 그 혼은 무덤으로 '내려간다') 사실을 상기시키기 위한 수사학적 표현이다.[205]

여기서 '혼'에 해당하는 히브리어 단어(루아흐)를 분석하면, 전도서 3

204 월터 카이저 외 3인, 『IVP 성경난제주석』, *Hard Sayings of the Bible*, 김재영 외 옮김 (서울: IVP, 2017), 304.
205 위의 책, 304.

장 21절의 실마리를 찾을 수 있다. 히브리어 '바사르'(בָּשָׂר)는 언젠가 죽을 몸을 가리킨다(전 12:7). 구약 성경에서 273회 등장하는 '바사르' 가운데 104회가 동물의 몸을 가리킨다.[206] 이에 반해, 비가시적인 실재는 '루아흐'(רוּחַ, πνεῦμα, 영[spirit])와 '네페쉬'[נֶפֶשׁ, ψυχή, 혼(soul)]이다. 동물은 '네페쉬 하야'(נֶפֶשׁ חַיָּה)로서 '바사르'와 '네페쉬'를 가지고 있다(참고. 창 2:7, 19). 동물은 하나님의 섭리 속에서 창조 질서를 따라 살지만(계 5:13), 하나님의 형상을 소유하지 못하므로 하나님을 믿고 앙망하며 살지는 못한다. 이와 달리, 하나님께서 직접 코에 생기를 불어넣으신 사람은 '바사르'는 물론, 불멸의 영혼(πνεῦμα)과 하나님의 형상과 자의식, 그리고 인생의 목적의식을 가지고 삽니다(창 2:7; 사 42:5; 마 5:3; 고전 2:11; 고후 7:1).[207]

그런데 영과 혼은 다를까요?(참고. 살전 5:23). 아니면 이 둘은 똑같을까요? 한편으로, '영'(spirit)과 '혼'(soul)은 유사하지만(창 41:8; 마 10:28; 빌 1:27; 벧전 2:11; 계 20:4) 미세한 차이가 있다고 볼 수 있다.[208] '영'으로 번역되는 '루아흐'(רוּחַ)에는 하늘에 있는 천상의 존재인 천사와 같이 영적 성격을 강조하는 뉘앙스가 있기에 하나님과 관계하면서 사는 영적 존재라는 뜻이 강하다(구약 성경에서 '루아흐'는 인간에게 116회, 동물에게 10회

---

206 이동찬, "어휘 의미론적으로 본 구약성경의 '생명' 개념," 『생명과 말씀』 9 (2014), 46.

207 *TDNT* VI, 401, 435; 이은애, "히브리 성서에서의 죽음과 장례," 139; Contra 하나님께서 동물의 코에 생기를 불어넣어 생령이 되도록 하셨지만, 히브리어 원문에 그런 기록이 생략되었다고 보는 Steussy, "The Ethics of Pet-Keeping: Meditation on a Little Green Bird," 184.

208 G. Kittel (ed), *TDNT*, Volume IX (Grand Rapids; Eerdmans, 1974), 617, 653-54.

사용됨).²⁰⁹ 반면, '혼'을 가리키는 '네페쉬'에는 몸과 지상의 것과 연관있는 성격(열정, 감정), 특히 일반적인 '목숨'이라는 의미가 강하다(창 1:20, 24, 30; 2:19; 9:10, 12, 15, 16; 레 11:10, 46; 시 42:1; 겔 47:9; 마 2:20; 막 8:35; 행 20:10; 롬 11:3; 엡 6:6; 골 3:23; 계 16:3).²¹⁰ 그런데 전도서 3장 21절은 동물도 '루아흐'(πνεῦμα LXX)를 가지고 있다고 묘사한다. 그럼에도 인간의 영혼은 하나님의 형상을 반영하며 그것의 특징인 불멸성을 지니는(참고. 전 3:11) 반면, 동물은 하나님의 형상으로 지음받지 않았으므로 사람처럼 하나님과 깊은 관계를 맺지 못한다.²¹¹ 따라서 전도서 3장 21절에서 "사람과 동물에 같은 '루아흐'가 쓰였다고 해서 같은 뜻은 아니고, 그 개념이 포괄적이기 때문에 사람은 '영혼'으로, 동물은 '숨'으로 해석할 수 있다."(참고. 전 3:19의 '호흡'으로 번역된 루아흐).²¹²

동물의 혼은 지각과 판단의 기능을 가지고 있지만, 그것은 지능과 이를 관장하는 감각이나 신경 체계 그 이상은 아닌 것으로 보인다(비교. 민 22:21-34).²¹³ 동물은 죽어 몸과 혼이 무덤으로 내려가지만(전 3:21), 하

---

209 참고. 신원하, "반려견과 사후 생명: 목사님, 우리 푸들을 천국에서 볼 수 있을까요?" 3-4; A. Schuele, "The Notion of Life: רוח and נפשׁ in the Anthropological Discourse of the Primeval History," *Hebrew Bible and Ancient Israel* 1/4 (2012), 484-501; 이동찬, "어휘 의미론적으로 본 구약성경의 '생명' 개념," 41.

210 Kittel (ed), *TDNT*, Volume IX, 637, 649; 이동찬, "어휘 의미론적으로 본 구약성경의 '생명' 개념," 44. 하지만 '네페쉬'가 하나님과 그분의 백성 사이의 친밀하고 인격적인 관계를 가리키는 경우도 적지 않다(시 42:1; 63:1; 103:1-2; 146:1; 사 26:9).

211 J. M. Vorster, "A Reformed Perspective on the Concept of the 'Common Good' and Its Relevance for Social Action in South Africa Today," *In die Skriflig* 50/2 (2014), 4.

212 신득일, 『101가지 구약 Q&A 2』 (서울: CLC, 2018), 203.

213 동물도 느끼고 사유할 수 있다는 주장은 Viviers, "The Psychology of Animal Companionship," 7; T. G. H. Bechtel, "Sound is the Blood between Me and You: Toward a Theology of Animal Musics," *Conrad Grebel Review* 33/2 (2015), 268을 보라.

나님 자녀의 영혼은 위, 즉 하나님께로 올라가며 자신의 영원한 집으로 간다(전 12:5, 7).[214] 그리고 집과 토지와 같은 부동산을 의지하는 어리석은 사람은 '멸망하는 짐승'과 같다(시 49:12, 20).[215] 그러나 사람이 이성적 영혼을 활용하여 하나님을 경외하고 의지한다면, 하나님은 그 사람을 영접하시고 스올의 권세에서 건지신다(시 49:15).[216]

다른 한편으로는, '영'과 '혼'을 구분하지 않고 이 둘을 합쳐서 '영혼'이라 볼 수 있는 성경적 근거가 강하다. 즉, 성경은 사람이 몸과 '혼'(프쉬케)으로 구성된다고 말하며(마 10:28), 동시에 몸과 '영'(프뉴마)으로도 구성된다고 말한다(고전 5:3). 따라서 사람의 프쉬케와 프뉴마는 서로 별도의 존재로 구분되지 않으므로 '영혼'이라는 단일체로도 볼 수 있다. 그런데 혹자는 사람의 지정의를 혼(프쉬케)으로 이해하고 영성을 영(프뉴마)으로 보면서, 사람의 영이 혼에 영향을 미치고, 혼이 육체에 영향을 준다고 주장한다. 그러나 사람의 지적 활동이 영혼의 활동과 무관하다고 볼 수 없다. 그리스도인이 성경을 읽고 공부하는 지적 활동은 영적

---

214 린지는 도울친화적 주장을 위해 전 12:5, 7을 언급하지 않는다. 참고. Provan, *Ecclesiastes/Song of Songs*, 94; Otto, "Sentience, Suffering, and Salvation," 159. Contra 전 3:21에서 '위로' 그리고 '아래로'가 차이점을 암시하고 있지 않다고 주장하는 R. Murphy, *Ecclesiastes* (Dallas: Word Books, 1992), 37. 고대 기독교인의 무덤에서 발굴된 라틴어 비문에 "몸은 땅으로, 영은 영을 주신 그리스도에게로 간다" 혹은 "당신의 영은 몸을 떠나 하늘에서 성도와 함께 산다"라는 문구가 있다. 죽은 성도의 영혼이 낙원과 본향 혹은 하늘의 별 가운데 산다는 비문도 여럿 있다. T. Gacia, "Anima, Spiritus, Mens in Sepulchral Inscriptions from the Carmina Latina Epigraphica: Philological Approximations," *Verbum Vitae* 40/3 (2022), 685-87.

215 Otto, "Sentience, Suffering, and Salvation," 159.

216 사 57:15와 단 5:20 등에 '루아흐'(영), '레브'(마음), '네페쉬'(혼)를 교차적으로 사용하는 것을 두고 동물에게 영혼이 없다고 단정하기 어렵다는 주장은 금명진, "동물에 대한 선교적 돌봄과 신학적 고찰," 63을 보라.

활동이기도 하기 때문이다. 게다가 칼뱅은 사람의 영혼을 '하나님 형상의 좌소이자 지성의 좌소'라고 주장한다(기독교강요 1.15.2-3). 당연한 말이지만, 하나님에게도 프쉬케, 즉 비물질적인 부분이 있다(히 10:38). 사람은 '마음과 목숨과 뜻'을 다해 주 하나님을 사랑해야 한다(마 22:37). 사람은 '마음과 목숨과 뜻'이라는 비물질적인 세 가지 요소를 소유하고 있다는 의미일까? 그렇지 않다. '마음과 목숨과 뜻'은 사람이 하나님을 사랑하는 방식을 다양하게 설명한 것뿐이다. 비슷한 원리로 데살로니가전서 5장 23절의 '영과 혼'은 인간이 가지고 있는 두 가지 비가시적 실체가 아니라 영혼을 가리킨다. 요약하자면, 사람은 몸과 영혼으로 구성된다. 하지만 동물에게는 영혼이 없다.[217]

신약 성경의 동물과 동물신학

그리스 제국의 예술 작품이나 장례 조형물에 가장 자주 언급된 동물은 개다.[218] 개는 식용보다는 남성이 즐기던 사냥에서 도우미가 되거

---

217 이 단락은 유튜브 동영상 "재미있는 성경: 성경에서 말하는 '영'과 '혼'의 의미를 간단하게 정리합니다-#기독교신학한눈에보기"를 참고했다. 아리스토텔레스는 영혼이 인간, 동물, 식물에게 모두 있지만, 인간의 영혼은 이성적이기에 생명체의 가치 서열에서 최상위에 속한다고 보았다. 강수경, "동물윤리의 토대에서 동물을 위한 정당방위와 긴급피난의 적용 가능성: 독일에서의 논의를 중심으로," 『고려법학』 91 (2018), 279-80. 아리스토텔레스와 유사한 주장은 T. Hill, "The Souls of Plants and Animals," *Science* 2/33 (1881), 67-68을 보라. 지구갱신론을 지지한 존 웨슬리는 Arminian Magazine(1775)에 찰스 보넷(Charles Bonnet)을 지지하면서 동물에게 영혼이 있다고 주장했는데, 결과적으로 동물의 영혼을 부정한 데카르트와 존 로크를 반대했다. 참고. R. L. Maddox, "Anticipating the New Creation: Wesleyan Foundations for Holistic Mission," *Asbury Journal* 62/1 (2007), 59-60.

218 김혜진, "동물과 폴리스: 아테네 국립고고학박물관에 소장된 고전기 아티카 봉헌 부조와 비석의 사례를 중심으로," 『서양미술사학회논문집』 46 (2017), 14, 23.

나, 주인의 재산을 지키는 역할을 담당했다. 그리스의 폴리스에는 사람과 동물이 공존했다. 그리고 이런 문화는 로마 제국으로 이어졌다.

신약 성경에는 생선(마 7:10; 12:40; 막 8:7; 약 3:7)과 새(마 6:26; 10:29; 23:37; 눅 2:24; 12:24; 13:34; 고전 15:39; 계 12:14), 벌레/곤충(마 23:24; 막 1:6; 계 9:3), 그리고 기어다니는 파충류가 등장한다(막 9:48; 눅 10:19; 행 10:12; 롬 3:13; 계 9:5; 16:13).[219] 이런 세 종류의 동물을 제외하고서, 육상 동물은 다음과 같이 다양하게 표현된다. '살아 있는 존재'(ζῷον, 히 13:11; 벧후 2:12; 계 4:6-9), 네발 가진 '가축'(θρέμματα, 요 4:12), 이동 수단으로서 가축(κτῆνος, 행 23:24), 이동 수단으로서 '동물'(ὑποζύγιον, 마 21:5; 벧후 2:16), (ὑποζύγιον과 함께 등장하는) '수컷 새끼'(υἱός, 마 21:5), '짐승'(θηρίον, 막 1:13; 행 10:12; 28:4; 약 3:7; 계 13:1, 11), '동물 떼'(ἀγέλη, 마 8:30), '살아 있는 혼'(ψυχὴ ζωῆς, living soul; 계 16:3), 그리고 양(마 9:36; 26:31; 눅 2:8; 10:3; 22:7; 계 5:12), 여우(눅 9:58), 늑대(요 10:12), 염소 (마 25:32), 사자(벧전 5:8), 말(약 3:3), 나귀(마 18:6; 요 12:14-15), 낙타(마 19:24), 황소(요 2:14; 행 14:13; 고전 9:9), 염소(히 9:12; 11:37), 송아지(눅 15:23), 암송아지(히 9:13), 곰과 표범(계 13:2), 개(마 15:27; 눅 16:21), 그리고 돼지(마 8:30; 벧후 2:22).[220]

---

219 Louw and Nida, *Greek-English Lexicon on the New Testament based on Semantic Domains*, Volume 1, 44-48.

220 위의 책, 37-44. 참고로 진화론과 진화학을 구분하고, 적용과 변이를 연구해야 동물의 계통과 유연관계를 기독교적으로 정립할 수 있다는 주장은 문태영, 『(기독교 대학을 위한) 동물분류학』 (부산: 고신대학교 출판부, 2003), 51을 보라.

복음서

예수님의 공사역은 농경 문화와 갈릴리 어촌이라는 자연 속에서 펼쳐졌다(마 4:18; 6:26). 그리고 주님의 가르침과 비유에 동식물이 종종 생생한 교재로 활용되었다. 예수님께서 자연의 아름다움을 누리시면서 사역하셨기에, 혹자는 현대 그리스도인은 이런 '자연의 기독론'(Christology of nature)을 통해 '생태 영성'(eco-spirituality)을 확립해야 한다고 주장한다.[221] 하지만 예수님께서 동식물이라는 자연을 배경이나 교재로 활용하여 사역하신 것을 두고서 '자연의 기독론'이라 부르는 것은 지나치다. '지혜 기독론'과 '성전 기독론'처럼 예수님의 정체성을 '지혜'나 '참성전'으로 파악하는 것은 성경의 지지를 받지만(고전 1:31; 3:16-17), 예수님은 '자연'이라는 정체성을 가지고 계시지 않으므로 '자연 기독론' 혹은 '자연의 기독론'은 어색하다.

예수님께서는 공생애 사역을 시작하시기 전에 유대 광야에서 금식하시며 시험을 받으셨다. 놀랍게도 주님은 광야의 야생 짐승들과 함께 계셨다(막 1:13).[222] 이사갈의 유언 7장 7절, 베냐민의 유언 5장 2절, 그리고 납달리의 유언 8장 4절에 따르면, 짐승과 사탄이 동맹을 맺어 하나님의 백성을 대적한다.[223] 그리고 하나님은 자기 백성을 보호하시기

---

221 참고. L. D. Winslow, "An Ecospirituality of Nature's Beauty: A Hopeful Conversation in the Current Climate Crisis," *HTS Teologiese Studies* 79/2 (2023), 4-5.

222 신현우, "예수의 광야 시험: 마가복음 1:12-13에 담긴 모형론 중첩," 『신약논단』 21/1 (2014), 41-42.

223 R. T. 프랑스, 『NIGTC 마가복음』, *The Gospel of Mark*, 이종만 외 옮김 (서울: 새물결플러스, 2017), 158.

위해, 이런 사탄과 짐승을 내쫓아 버리신다. 예수님께서 야수들과 함께 광야에 계심에 나타난 모형론적이며 신학적인 의미가 무엇인지, 신현우의 설명을 들어 보자.

> 사 65:25도 이리, 사자, 뱀 등이 (사람을) 해치지 않게 될 것을 예언하는데, 이것은 하나님의 성산(즉 에덴동산)과 관련되므로, 이를 배경으로 막 1:13이 언급하는 야생동물과 예수의 평화로운 공존은 에덴 모형론을 가진다고 볼 수 있다. 에덴 모형론을 통하여 이사야서는 궁극적으로 새 하늘과 새 땅의 창조를 바라보는데(사 65:17), 이것은 역사 속에서 예루살렘의 회복으로 실현되므로(사 65:18-19) 이스라엘 모형론과 중첩된다. … 광야에서 야생동물과 친화적으로 거하신 예수의 모습은 종말의 새 창조 또는 구원의 때의 모습을 미리 보여 준다. 본문은 야생동물과 친화적인 예수의 모습을 통해 예수께서 종말론적 평화를 가져오시는 분임을 알려 준다.

마가복음 1장 13절에서 예수님은 에덴동산과 이스라엘의 회복, 그리고 신천신지의 도래에 관한 이사야서의 예언을 부분적으로 성취하신다. 이를 통해 예수님은 새 창조의 구원과 평화의 세계를 미리 보여 주셨다. 그렇다면 마가는 1장 13절의 '그 들짐승들'(τῶν θηρίων)을 16장 15절의 '모든 피조물'(πάσῃ τῇ κτίσει)의 일부로 간주할까?[224] 만약 그렇다면 마가복음 16장 15절에서, 부활하신 예수님께서 제자들을 들짐승에

---

224 크리스토퍼 라이트, 『하나님 백성의 선교』, *The Mission of God's People*, 한화룡 옮김 (서울: IVP, 2012), 433.

게 보내셔서, 그들에게도 복음을 전하도록 의도하셨을 것이다. 그러나 16장 15절의 '모든 피조물'은 한글 개역개정처럼 '만민'으로 번역할 수 있다(참고. 골 1:6, 23). 마가복음 16장 15절 전후 문맥을 보면, 14절의 '열한 제자' 그리고 16절의 '믿고 세례를 받는 사람'이 등장한다. 14절에서 예수님은 제자들의 '마음이 완악함'을 꾸짖고 회복하실 것이므로, 15절에서 주님은 그들을 복음 전파자로 온 세상의 만민에게 파송하신다(참고. 막 6:52; 8:17-18).[225] 그리고 설령 16장 15절에서 '모든 피조물'로 번역하더라도, 1장 13절의 '들짐승들'만 염두에 둔 것은 아니다. 마가는 평화로운 새로운 에덴동산과 신천신지를 신학적 메시지로 설명한다. 하지만 마가복음 1장 13절과 16장 15절에서 죽은 동물의 부활과 구원을 찾을 수 없다. 왜냐하면 마가에게 그런 메시지를 전달할 의도가 없기 때문이다.

그렇다면, 성부 하나님께서 독생자 예수님을 보내셔서 그를 십자가에서 죽이시기까지 사랑하신 '세상'(코스모스)은 동물을 포함할까?(요 3:16). 여기서 '세상'을 특정 시간과 장소에 제한되지 않는 구원받기로 예정된 모든 성도로 보는 것이 요한복음의 기록 목적에 적절하다(요 20:31). 예수님은 '세상'의 죄, 즉 죄인들의 죄를 지고 가신 어린양이시며 '세상', 즉 자기 양떼의 생명을 위해 자신의 살을 내주셨다(요 1:29; 3:17; 6:51; 참고. 요일 2:2).[226] 물론 요한복음에서 이방인도 동일한 구원

---

225 이석호, 『마가복음 산책』 (서울: 이레서원, 2006), 275.
226 J. Frey, "The God who is Love and the Life of Humans: Johannine Perspectives," *Stellenbosch Theological Journal* 10/3 (2024), 7; Sproul (ed), *New Geneva Study Bible*, 1665.

의 대상이다. 참고로 아스글론에서 발굴된 애완견 무덤에 비추어 볼 때, 수로보니게인들에게 애완견(κυνάριον)은 '최고의 친구'였다(막 7:27-28).[227] 이방인 성도도 메시아께서 베푸시는 구원의 잔치에 초대를 받는다(사 25:6-8).

예수님 당시에 로마 제국의 원형 경기장에서는 인간의 유흥을 위해 그리스도인은 물론이고 야생동물들도 싸우다 죽어갔다. 이처럼 원형 경기장은 로마 제국의 위력을 과시하는 전시장이었다. 그 당시 상아(象 牙) 채취를 좋아했던 로마 황제 때문에 아프리카의 코끼리가 멸종 위기에 처한 적도 있었다.

구약 시가서와 선지서의 가르침을 따라, 예수님은 짐승 제사보다는 자비와 긍휼을 원하셨는가?(마 9:13; 12:7; 참고. 시 51:16; 잠 21:3; 사 1:11; 미 6:7-8).[228] 짐승 제사는 하나님의 기쁜 뜻이었기에, 예수님은 그것을 부정적으로 이해하지 않으셨다. 예수님은 옛 언약 시대에 속한 짐승 제사의 중요성을 부정하지 않으셨으며, 십자가의 희생으로써 그것을 성취하셨다.[229]

---

227 수로보니게 여인에게 '애완견'은 자기를 모욕하는 표현이라기보다, 주님께서 이방인을 배려하시는 사랑의 언어였다는 주장은 R. Liu, "A Dog under the Table at the Messianic Banquet: A Study of Mark 7:24-30," *AUSS* 48/2 (2010), 253-54를 보라.

228 동물 옹호론자들은 육식과 짐승을 죽여 제사하는 방식을 부정적으로 이해하는 경향이 있다. T. Greenfield, "Humans, Animals and a Theology of Relationship," *Modern Believing* 45/1 (2004), 35-36.

229 1916년 테네시주의 한 순회 서커스단에 '메리'라는 코끼리가 새내기 조련사를 치어죽인 사건이 발생했다. 2,500명의 성난 군중은 '인간의 지배!'(human dominion!)를 외치며, 코끼리를 죽일 것을 요구했다. 코끼리 주인은 철도 크레인에 메리의 목을 달아 처형했다. 이 사건을 "그를 십자가에 못 박아라"고 외친 유대인들에 의해 처형되신 예수님과 비교하면서, '배타적인 위계질서'를 침범한 것을 용납하지 않는 인간은 동물성을 비판한 경우는 E. D. Meyer, "The Political Ecology of

예수님께서 갈릴리 호수 동편 거라사의 악령들린 사람을 치유하신 사건은 동물애호가들을 불편하게 만들 수 있다(마 8:28-34; 막 5:1-20; 눅 8:26-39). 예수님께서 양돈업자의 허락도 받지 않으시고 돼지 2,000마리를 갈릴리 호수에 몰아넣어 죽이셨기 때문이다. 그러나 우리는 우리의 관점이 아니라 공관복음서 기록자들의 관점에서 본문을 해석하는 능력을 키워야 한다. "우리는 동물에게 가해진 폭력에 주목하지만, 복음서 저자들은 악령들의 폭력적인 파괴 행동과 그것들이 사람에게 미치는 결과(그들은 이것을 직접 목격해서 알았다)에 관심을 두었다."[230]

예수님은 수로보니게 여인을 '개'라고 부르셨다(마 15:26; 막 7:27-28). 이것은 유대인이 이방인을 '개'라고 부른 관례를 반영한 듯하다. 이와 달리, 혹자는 이방인이라는 인종이 아니라 성(性)에 근거하여 창녀를 '개'라고 부른 관습을 반영하는 것이라고 본다.[231] 다시 말해, 유대인이건 이방인이건 내부자(인사이더)는 외부자(아웃사이더)를 '창녀'와 같이 '개' 취급했다는 주장이 있다. 마가복음에 자주 언급된 '배 여행'은 갈릴리 호수 동쪽(이방인 지역)과 서쪽(유대인 지역)을 가로지르시면서 하

Dignity: Human Dignity and the Inevitable Returns of Animality," *Modern Theology* 33/4 (2017), 550-51, 69를 보라. 유대인들은 예수님을 성부 하나님과 동일시한 신성모독으로 죽였는데, 그것이 사람을 죽인 동물의 경우와 비교 대상인가?

230 월터 카이저 외 3인, 『IVP 성경난제주석』, 386.

231 K. J. Lyons-Pardue, "A Syrophoenician becomes a Canaanite: Jesus exegetes the Canaanite Woman in Matthew," *Journal of Theological Interpretation* 13/2 (2019), 244. 참고로 유대인이 이방인을 '개'라고 경멸조로 부른 경우는 필로, 요세푸스, 사해사본, 그리고 미쉬나에 거의 등장하지 않는다는 가정 아래에, 예수님께서 수로보니게 여인을 '개'라 부르심은 북이스라엘의 잃어버린 (유대인) 자손이라는 취지였다는 주장은 M. D. Nanos, "Paul's Reversal of Jews calling Gentiles 'dogs' (Philippians 3:2): 1600 Years of an Ideological Tale wagging an Exegetical Dog?" *Biblical Interpretation* 17/4 (2009), 463-74를 보라.

나님 나라를 확장하시는 예수님의 사역을 보여 준다. 마찬가지로 하나님 나라는 두로와 시돈, 즉 수로보니게라는 이방 지역에도 임해야 했다(참고. 왕상 16:31; 왕하 9:10; 계 2:20).[232] 그런데 마가와 달리 마태는 이 여인을 '가나안 여인'이라 부른다(마 15:22). 주님께서 '수로보니게 여인'을 '가나안 여인'으로 굳이 바꾸어 부르신 이유가 무엇일까? 여호수아가 가나안 땅을 정복할 때, 가나안 여인 라합의 가족은 구원을 받았다(수 2:14 이하). 마태는 라합을 족보에도 언급한다(마 1:5).[233] 마태가 볼 때, 가나안 여인 라합의 가족이 구원받은 것은 수로보니게 지역의 이 가나안 여인의 딸이 치유될 것을 알리는 신호탄이었던 것이다. 그래서 마태복음 결론인 지상명령에 수로보니게 즉 가나안 여인이 포함되는 것은 마땅하다(마 28:19). 마태는 예수님이 새로운 여호수아로서 가나안을 정복하여 회복하셨다고 보았다. 마태와 마가는 '개'를 인간과 연결하여 경멸조로 사용했다. 그렇다면, 이 사실로부터 동물신학을 어떻게 발전시킬 수 있을까? 마태와 마가는 사람이 개를 경멸해도 된다는 허가증을 발부하지 않는다. 즉, 성경 본문에서 '개'와 같은 동물이 나타날 때는 은유인지 아닌지를 먼저 판단해야 한다.

인간은 자신의 필요와 편리를 위해서 동물을 이용할 수 있다고 본 칼뱅과 루터와는 달리, 알버트 슈바이처는 선한 사마리아인의 비유에

---

232 모세 당시에 갈릴리 호수 동쪽은 이방인 지역이 아니라 이스라엘의 두 지파와 반 지파가 거주한 곳이었다. 그러므로 예수님께서 요단강 동편 사역을 통해 옛 이스라엘 전체를 새 이스라엘로 회복하신다.

233 K. J. Lyons-Pardue, "A Syrophoenician becomes a Canaanite: Jesus exegetes the Canaanite Woman in Matthew," 248.

서 '이웃'(눅 10:27)을 생명의 존엄과 가치를 가지고 있는 동물에게 확대하여 해석했다.[234] 그래서 슈바이처는 만두가 들어간 소고기 수프를 즐겼지만, 나중에는 고기와 생선도 먹지 않았다고 한다. 슈바이처는 고통당하는 동물을 향한 고도의 도덕적 감수성 때문에, 심지어 죽기 전에 병들었을 때도 딸이 요리한 소고기 수프를 거절했다.[235] 하지만 율법의 핵심 중 하나인 '이웃 사랑'을 동물 사랑으로 확대할 수 없다(눅 10:27). 왜냐하면 그것은 구약 율법의 강령이 아닐뿐더러, 누가복음 10장에서 주님이 비유로 가르치신 취지에서 벗어나기 때문이다. 참고로 누가복음에는 경멸적인 의미로 '개'를 언급하는 여러 구절이 생략된다(참고. 마 7:6; 15:21-28; 막 7:24-30). 그래서 누가는 '개를 사랑하는 사람'이라 불리기도 한다.

예수님 안에 있는 '생명'(요 1:4)은 사람에게 구원의 빛이다. 그런데 혹자는 예수님께서 사람 종(種)에게만 영원한 생명을 주신다는 것에 반대한다.[236] 이런 반대 의견을 제시하는 사람들은 창조주께서 사람 종을 넘어 모든 종에게 영원한 생명을 주셔야 한다고 본다. 하지만 요한복음 1장 4절은 20장 31절이 밝히는 요한복음의 기록 목적에 비추어 해석해야 한다. 다시 말해, 예수님을 하나님의 아들이자 그리스도로 믿는 사람에게 영생이 있다는 복음의 빛에서 요한복음 전체가 해석되어

---

234 Albert Schweitzer, "Reverence for Life," in A. Barsam, "The Fellowship of Life: Albert Schweitzer and the Moral Status of Animals," *The Way* 41/3 (2001), 232.

235 참고. Barsam, "The Fellowship of Life," 233.

236 A. W. Linzey, "Animals as Grace: On Being an Animal Liturgist," *The Way* 45/4 (2006), 147-49.

야 한다.

예수님은 새끼 나귀(πῶλος)에 올라타시고서 예루살렘 도시 안으로 가셨다(마 21:5; 막 11:7). 유월절을 지키러 온 군중은 '호산나'를 외치면서 스가랴 9장 9절의 예언대로 주님을 환영했다(시 118:25; 마 21:9). 고대 근동 세계에는 왕이 백마가 아니라 나귀를 타던 관습이 있었다. 그런데 유월절이 다가오면 가이사랴에서 집무 중이던 총독 빌라도는 예루살렘으로 이동했다. 그때 빌라도는 약 천 명의 보병과 기마병의 호위를 받았는데, 그들은 방패와 호심경과 칼 등으로 전신 무장했다.[237] 사두개인을 비롯한 유대인의 지도자들과 상인이나 무역인들은 총독을 정중하고도 웅장하게 맞이함으로써, 그의 호의를 입을 수 있는 기회로 삼았다. 나귀 새끼를 타신 예수님과 기마병의 호위를 받고 군마를 탄 빌라도를 비교해 보면, 예수님은 정치–군사적 전복을 꿈꾸지 않으셨던 겸손하신 평강의 왕임을 알 수 있다. 복음서 기자들은 새끼 나귀라는 동물을 통해 예수님의 정체성을 드러내었다.

사도행전

팔레스타인에 거주하던 유대인이건 디아스포라 유대인이건 부정한 음식을 먹을 바에는 죽음을 택할 정도였다(1마카비 1:62; 3마카비 3:3–7).[238] 이방인들은 이런 유대인들의 코세르(kosher) 음식법을 차별주의 혹은 인

---

237 B. Kinman, "Jesus' Royal Entry into Jerusalem," *Bulletin for Biblical Research* 15/2 (2005), 256–57.
238 C. S. Keener, *Acts*, Vol 2 (Grand Rapids: Baker, 2013), 1769.

간 혐오로 간주했다. 그런데 사도행전 10장 9-16절의 '보자기 환상'은 레위기 11장의 정결법이 폐지되었음을 알린다.[239] 베드로는 부정한 이방인을 상징하는 부정한 짐승을 마치 정결한 짐승처럼 간주함으로써 잡아먹을 수 있게 되었다. 그래서 유대인 출신 사도 베드로는 이방인 출신 백부장 고넬료를 방문하여 설교하며 교제할 수 있었다(행 10:24-48). 예수님을 통한 구원의 복음과 믿음은 유대인이건 이방인이건 혈통에 따라 정결과 부정을 나누던 시기를 마감시킨다. 창세기 1장 20-25절에 따르면, 첫 창조 때 모든 동물은 예외 없이 하나님께서 보시기에 좋았다. 그리고 복음은 부정한 존재를 새 피조물로 회복하는 능력을 가지고 있다(참고. 레 11:43-45).

서신서와 요한계시록

로마서 8장 19-22절은 동물을 포함한 모든 피조물이 썩어짐과 고통에서 해방될 날을 고대하고 있다고 밝힌다. 이것은 창세기 2-3장의 아담의 범죄가 초래한 하나님의 저주를 돌이키는 '회복적 종말론'이다.[240] 이런 해방은 주님의 재림 때 시작될까? 아니다. 옛 창조와 부패와 죽음의 속박에서 이미 해방되신 예수님께서 계신다. 우리 그리스도인이 부활하신 예수님과 더불어 교제한다면, 하나님의 미래와 새 창조가 우

---

239 박유미, "레위기 음식법에 대한 생태학적 접근," 18.

240 G. O. Folarin, "From Primordial Curse to Eschatological Restoration: Ecological Challenges from Genesis 3:14-20 and Romans 8:18-25," *Verbum et Ecclesia* 32/1 (2011), 4.

리 안에 이미 들어와 있다(고후 5:17; 계 21:5).[241] 사람만 죽음과 고통과 부패에서 벗어날 것이 아니라, 사람은 동식물도 그런 새 창조를 미리 맛보도록 도와야 한다. 생명의 성령(롬 8:2)으로 충만한 그리스도인이라면 회복의 소망을 가지고 새 창조의 대리인으로서 살아야 한다.[242]

로마 교회에서 약한 성도는, 유대인의 절기를 지키면서 육식을 삼갔던 유대인 출신 그리스도인 및 구약 율법을 지키며 하나님을 경외했던 이방인 출신 그리스도인이었다(롬 14:2-5; 참고. 단 1:8; 유딧 8:6; 유세비우스의 『교회사』 2.23.5).[243] 고린도처럼 로마에서도 신전에서 제사용으로 활용된 고기가 정육점을 통해 유통되던 상황에서 강한 성도와 약한 성도 간의 분쟁이 발생한 것이다(참고. 고전 7:10; 10:19).[244] 로마 교회에서는 바울처럼 유대인이지만 율법에서 자유한 성도 및 이방인 출신 성도가 강한 성도에 포함되었다. 바울은 아무런 양심의 가책 없이 육식을 즐긴 강한 성도에 포함되었음에도, 강한 성도가 교회의 선과 덕을 세우기 위해 약한 성도를 배려하라고 권면했다(롬 15:1-2). 로마 교회도 가정 교회였기에, 강한 성도로 분류된 부유한 이방인 성도가 자신의 저택을 예배 처소로 제공했을 것이다.[245] 따라서 강한 성도와 약한 성

---

241 톰 라이트, 『마침내 드러난 하나님 나라』, *Surprised by Hope*, 양혜원 옮김 (서울: IVP, 2009), 409-411; 조셉 A. 피츠마이어, 『앵커바이블 로마서』, *Romans*, 김병모 옮김 (서울: CLC, 2015), 817.

242 G. O. Folarin, "From Primordial Curse to Eschatological Restoration," 5-7.

243 조셉 A. 피츠마이어, 『앵커바이블 로마서』, 1131-1132; 최선미, "로마서의 약한 자와 강한 자: 로마서 14장 1-6절을 중심으로," 『대학과 선교』 36 (2018), 112.

244 로버트. W. 야브루, 『ESV 성경 해설 주석 로마서』, 홍병룡 옮김 (서울: 국제제자훈련원, 2022), 334.

245 최선미, "로마서의 약한 자와 강한 자," 127.

도 간의 갈등 유발에 경제적 요인을 배제하기란 어려웠다. 로마 교회에서는 절기 준수와 경제적 차이는 물론, 육식 여부가 갈등을 초래했다. 동물을 식용으로 삼는 문제가 로마 교회를 분열시켰다는 것은 약한 성도가 유대교의 전통을 완전히 탈피하지 못했다는 증거다.

흑인-생태-페미니스트는 가부장적인 문화우월주의에 빠진 백인 제국주의자들이 식민지에서 생태 부정의(eco-injustice)를 자행한 것을 '생태제국주의'(ecological imperialism)라고 비판한다.[246] 흑인과 생태와 여성의 해방을 외치는 사람들은 예수님 안에서 유대인과 헬라인의 차별이 사라졌듯이 사람과 동물의 차별도 사라졌다고 주장한다(갈 3:28).[247] 제국주의자들이 식민지의 환경을 파괴하면서까지 경제적 수탈을 자행한 것은 부정할 수 없다. 그러나 바울은 갈라디아서 3장 28절에서 사람과 동물의 차별이 사라졌다는 일종의 종 차별주의의 철폐를 지지하지는 않는다. 바울의 요점은 남자든 여자든, 종이든 자유인이든, 세례로써 예수님과 연합한 성도는 '그리스도의 것'이며 '아브라함의 자손'이라는 복음이다(갈 3:29). A.D. 2세기의 도마복음은 "남자와 여자를 하나로 만들어 남자가 남자가 아니게 하고, 여자가 여자가 되지 않게 할 때 하나님 나라에 들어갈 것이다"라고 설명한다.[248] 바울은 이에 동의하면서, 성별의 제거를 구원의 조건으로 제시하고 있는가? 아니다. 바울은 남

---

246 C. J. Kaunda, "Towards an African Ecogender Theology: A Decolonial Theological Perspective," *Stellenbosch Theological Journal* 2/1 (2016), 178.

247 위의 논문, 180-93.

248 참고. 티모시 조지, 『CSC 갈라디아서』, *Galatians*, 노승환 옮김 (부산: 깃드는숲, 2023), 334.

자와 여자의 성별이 사라졌다고 말하지 않듯이, 사람과 동물 간의 존재론적 구분이 없어졌다고 밝히지 않는다.[249]

로마 제국에는 '개 조심'이라는 실제 경고문이 있었는데, 이는 A.D. 40년경 가이우스 페트로니우스의 여행 장편 소설 *Satyricon Liber* 29에 나타난다. 바울은 유대주의자들을 부정하고 혐오스러운 '개'(κύων)에 비유한다(빌 3:2; 참고. 막 7:27; 계 22:15). 이것은 부정적 가치를 담아 대적을 제거하는 '혐오의 수사학'인데, 경계를 설정하여 혐오스러운 대적으로부터 독자나 청자를 멀리하려는 장치이다(참고. 고후 11:3의 '뱀'; 11:15의 '사탄의 일꾼').[250] 그런데 혐오의 대상자를 '개'와 같이 비인간화할 경우 비난의 강도는 더욱 높아진다. 바울은 율법으로는 바리새파에 속한 것을 자랑했지만(빌 3:5), 개종한 후에는 그것을 '배설물'(σκύβαλον)로 간주했다(빌 3:8; 참고. 시락 26:28의 지혜들이 '똥'처럼 경멸을 받음). 따라서 바울의 눈에 육체를 자랑하고 성령이 없는 율법주의자들은 '똥을 먹고 사는 개'에 지나지 않았다(빌 3:3).[251] 바울이 할례주의자들을 '똥을 양식으로 삼는 개들'이라 부를 때, 아무 곳에서나 똥을 누고 교미하는 개에 비유된 견유학파(犬儒學派)를 염두에 두었을 수도 있다.

골로새서 1장 20절에서 바울은 예수님께서 십자가의 피로써 '만유'(τὰ πάντα)를 자신과 화목케 하셨다고 선언한다. 얼핏보면, 이 화목

---

249 위의 책, 335.

250 이상목, "그들은 기생충, 개이다: 바울의 혐오 수사학 돌아보기," 『신약논단』 30/2 (2023), 325.

251 고후 11:20에는 고린도 교회를 종으로 삼아 마구 잡아먹는 '사회적 기생충'이라는 비난의 수사학이 나타난다. 이상목, "그들은 기생충, 개이다: 바울의 혐오 수사학 돌아보기," 331-32, 340-42.

의 대상에 사람은 물론이거니와 동식물도 포함되는 듯하다. 그리고 십자가에 달리신 예수님께서 만유에 포함된 동식물을 위해서 죽으신 것처럼 보인다. 그런데 뒤따르는 21-23절에서 바울은 이 화목에 대해 자세히 설명한다. 바울은 사람이 아닌 동물이 주 예수님과 화목했다고 언급하지 않는다. 바울이 21-23절에서 설명하는 요점은 예수님께서 십자가에서 흘리신 보혈의 은혜를 입은 골로새 교회가 이제 흠 없고 책망할 것이 없는 존재로서 하나님 앞에서 살아야 한다는 것이다. 혹시 골로새서 1장 20절의 '만유'(τὰ πάντα)처럼 23절의 '하늘 아래 모든 피조 세계'(ἐν πάσῃ κτίσει τῇ ὑπὸ τὸν οὐρανόν; 한글 개역개정은 "천하 만민")가 '만유'를 가리킬 수 있지 않을까? 만약 그렇다면 바울은 20절과 23절에서 만유를 화목의 대상이라고 일관성 있게 설명하게 될 것이다. 그래서 혹자는 십자가를 통한 '화해'와 '구원'의 대상은 사람을 포함하여 모든 자연 세계라고 주장하기도 한다.[252] 하지만 이렇게 본다면, 몇 가지 문제점에 봉착한다. 첫째, 골로새서 1장 21-23절의 초점은 십자가의 피로 화목하게 된 성도이지 비인간 생물이 아니다. 둘째, 23절의 '하늘 아래 모든 피조 세계'는 막역하게 인간과 동식물이 거주하는 세상을 가리키지 않는다. 오히려 이 '모든 피조 세계'는 바울과 같은 선교사들이 전한 복음을 들은 로마 제국에 거주하는 '사람들'이다(참고. 골 1:6의 "온

---

252 예를 들어, D. G. Horrell et als, *Greening Paul: Rereading the Apostle in a Time of Ecological Crisis* (Waco: Baylor University Press, 2010), 101; 길성남, 『골로새서 · 빌레몬서』 (서울: 이레서원, 2019), 104.

천하"; 딤전 3:16).[253] 따라서 '우주적 화해'라는 용어를 사용할 때는 주의를 해야 한다. 왜냐하면 바울은 화해의 대상을 대부분 사람이라고 밝히기 때문이다(참고. 롬 5:10-11; 11:15; 고전 7:11; 고후 5:18-20; 엡 2:16). 모든 사람이 구원을 받는다고 하는 '보편 구원론'은 마땅히 배격되어야 하지만, '만유의 갱신'은 성경이 일관되게 강조하는 바이다(참고. 행 3:21; 계 21:1, 5). 예수님은 만유의 창조주이시자 으뜸이시기에, 종말의 새 시대를 여신 주님에게 만유는 당연히 복종해야 한다(골 1:15-18; 참고. 계 5:13).[254]

베드로와 유다도 대적을 물리치기 위해 대적을 짐승처럼 묘사하는 비난의 수사학을 활용한다. 동물해방론자들은 베드로후서와 유다서의 동물에 관한 부정적 묘사로부터 동물을 해방해야 하는 지침을 찾으려 할 것이다(벧후 2:22; 유 1:10; 참고. 겔 14:21; 19:1-9). 그러나 이런 '비난의 수사학'을 동원하는 베드로와 유다의 의도를 잘 파악해야 한다. 이 둘은 이단과 거짓 선생들의 성적 타락과 비도덕적인 모습을 동물에 적절히 비유한다.[255] 베드로와 유다는 개나 암컷 돼지(ὗς)와 같은 동물의 특성을 쾌락을 추구한 '거짓 선생들'에게 적용한다. 그리고 본능과 정욕에 따라 살던 거짓 선생들을 '이성 없는 동물'(τὰ ἄλογα ζῷα)에 비유한다(벧후 2:12; 유 1:10; 참고. 시 73:22; 잠 26:11). B.C. 6세기부터 동물의 본성과 권리에 대한 철학적 논쟁이 있었고, A.D. 1세기 이방인 및 유대인

---

253 길성남, 『골로새서 · 빌레몬서』, 114.

254 D. W. Pao, *Colossians & Philemon* (Grand Rapids: Zondervan, 2012), 110-11.

255 여성 해방을 위한 페미니즘의 전제와 틀을 동물-생태신학에 접목하는 경향이 있다. L. Nortjé-Meyer, "Descriptions of Nature as Images of Moral Decline in the Letter of Jude," *Pharos Journal of Theology* 103/2 (2022), 3.

철학자들도 이 주제를 두고 논쟁했다.[256] 베드로와 유다 당시에는 동물을 이성적으로 생각할 수 없는(unreasoning) 본능에 충실한 존재로 이해했다. 그런데 필로의 조카 알렉산더와 플루타르크는 일부 동물을 이성적 존재로 간주했다. 그러나 크세노폰, 아리스토텔레스, 에피쿠로스학파, 스토아학파, 필로, 지혜서 11장 15-16절 등은 동물을 추론하여 연설할 수 없는 비이성적 존재로 보았다.[257] 피터 싱어의 주장과 달리, 베드로와 유다는 개와 돼지를 해방의 대상으로 간주하지 않는다.[258] 물론 그들에게는 사람 중심 그리고 남성 중심의 이념을 지지할 의도도 없다. 사탄은 거짓 선생들과 이단을 동원하여 사람을 짐승처럼 만든다. 성경에서 부정적으로 묘사된 개나 돼지와 같은 동물을 해방해야 한다면(참고. 신 23:18; 잠 11:22; 마 15:26; 빌 3:2; 계 22:15),[259] 요단강 동편 거라사의 돼지 2천 마리도 해방되어야 할 것이다(막 5:13). 또한 요한계시록 22장 15절의 "개들"은 유대 율법주의자들을 가리키는 '개'(빌 3:2)처럼 성

---

256 G. L. Green, *Jude & 2 Peter* (Grand Rapids: Baker, 2008), 275. 고대 그리스에서는 값싼 돼지 (그리고 개)를 제물로 바쳐 정결 예식이 치러졌다. 동시에 개와 돼지를 경멸한 경우에는 올림피아 신들에게 바쳐질 수 없었다. Firmage, "Zoology (Fauna)," 1132.

257 여러 유대 문헌도 돼지와 같은 동물을 비이성적 존재로 본다(4마카비 14:14, 18; 디다케 9:5; 요세푸스, 아피온에 반박하여 2.213; 유대고대사 10.162; 필로, SpecLeg 1.148; 시리아어 아히칼의 전설 114). 나지안주스의 그레고리와 크리소스톰과 같은 교부도 돼지를 부정적으로 묘사했다. 벤후 2:22에는 '토하다', '돼지', '더러운 구덩이', 그리고 '도로 누웠다'라는 신약 성경에서 한 번만 등장하는 네 단어가 나타난다. 베드로는 이것을 통해 1차 독자들이 주의를 기울여 읽도록 만든다. Callan, "Comparison of Humans to Animals in 2 Peter 2,10b-22," 102; Green, *Jude & 2 Peter*, 85, 275; T. J. Kraus, "Von Hund und Schwein: Das Doppelsprichwort 2Petr 2,22 und Seine Hapax Legomena aus Linguistischer, Textkritischer und Motivgeschichtlicher Sicht," *Annali di Storia dell'Esegesi* 30/1 (2013), 51, 54, 64.

258 Contra Nortjé-Meyer, "Descriptions of Nature as Images of Moral Decline in the Letter of Jude," 9. 참고로 회심 이전의 바울은 살해 위협을 내뿜는 짐승(행 9:1)처럼 가시채를 찼다(행 26:14).

259 참고. J. I. 패커 외 3인 (ed), 『새 성경 사전』, *New Bible Dictionary*, 나용화 외 옮김 (서울: CLC, 1996), 357.

경의 간본문(intertext)과 비교하여 해석할 수 있다. 그런데 그레코-로마 세계에서는 남색(pederasty)에 빠진 동성애자들을 '개'라고 부른 관습을 고려하여 해석하려는 경향도 있다.[260] 그러나 "개들"을 게이로 본다면, 거룩한 성 새 예루살렘 밖에 있는 "음행하는 자들"(계 22:15)과 의미상 중복되어 이 둘을 구분하기 어렵게 된다. 참고로, 신약 시대에는 더 이상 부정한 동물이 없기에, 적어도 더러움으로부터 해방되어야 할 식용 동물은 더 이상 존재하지 않는다(막 7:15).

로마 제국의 6대 황제 네로는 '큰 짐승'이라 불렸으며(시빌린신탁 8.157; 참고. 계 13:18; 17:10), 소 플리니(Pliny the Younger)의 『찬가』(Panegyricus) 48.3은 도미티안 황제를 '가장 사나운 짐승'(immanissima belua)으로 소개한다.[261] 요한계시록에는 10여 종류의 동물이 등장하고[어린양(29회), 용(13회), 말(신약 성경에 17회 중 요한계시록에 16회), 사자(신약 성경에 9회 중 요한계시록에 6회), 뱀, 독수리, 소, 표범, 곰, 전갈, 메뚜기, 개구리, 새, 개, 바다와 땅에서 올라오는 짐승들, 가축, 들짐승 등], 구약의 정결법에 따르면, 동물은 쪽발이며 새김질을 해야 정결한데(레 11:3), 유다 지파 출신인 예수님은 구약의 모티브를 따라 자주 '어린양'으로 상징되거나(계 5:6) 부정한 '사자'로도 묘사된다(계 5:5). 그러나 새 언약 백성은 정결과 불결의 기준을 모세의 율법대로 따를 수 없다(참고. 막 7:19). 성부 하나님은 동물 이미지로 한 번도 나타나지 않으

---

260 T. Siemieniec, "Kim są „psy" w Ap 22,15?: Lektura Terminu οἱ κύνες w Greckim Antycznym Kontekście Kulturowym," *Verbum Vitae* 39/3 (2021), 895-912.

261 Kittel (ed), *TDNT*, Volume III, 134.

셨다.[262] 이런 모든 생명체를 상징하는 '네 생물'(계 4:6)을 비롯하여 여러 동물은 요한이 본 환상에 나타난 상징적 존재이므로, 동물신학을 정립할 때 주의를 기울여야 한다.[263] 그런데 몰몬교 창시자인 조셉 스미스는 요한계시록 4-5장의 네 생물을 '모든 생명체'를 상징한다고 보지 않고 실제 동물로 이해하면서, 그들이 영원한 천국에서 불멸할 것이라고 주장했다. 그리고 그는 동물이 이해할 수 있는 말을 할 수 있으며, 하나님은 동물의 말과 찬양을 이해하신다고 보았다.[264] 즉, 이런 오류로부터 동물친화적 신학을 수립하는 것은 사도 요한이 의도한 바에서 이탈한 것이다. 요한계시록의 '어린양'이나 '사자'와 같은 동물은 구약 간본문과 비교하면서 상징적으로 해석해야 한다.[265]

요한계시록에서 '용'은 옛 뱀, 즉 사탄을 상징하며(계 12:9; 20:2; 참고. 창 3:15; 시 74:13; 롬 16:20), 요한계시록 이후의 기독교 문서들도 용을 부정적으로 묘사한다. 예를 들어, 외경 '빌립행전' 9장에서 용은 '뱀의 도

---

262 박두환, "요한계시록 상징에 대한 연구: 동물과 색깔을 중심으로," 『신약논단』 9/3 (2002), 755, 776.

263 Du Preez, "Net maar Diere?" 91. Contra 계 4장의 '네 생물'(사자, 송아지, 사람, 독수리)을 모든 생명체가 아니라 천사장들로 보는 박두환, "요한계시록 상징에 대한 연구," 775. 참고로 네 생물에서 사람은 인간, 사자는 야생동물, 소는 가축, 그리고 독수리는 새를 각각 상징한다는 해석은 M. McNamara, "Symbolic Animals," *The Way* 41/3 (2001), 215, 221을 보라. 유럽에서 사람의 영혼은 비둘기와 같이 새의 형상으로 자주 이해되었다.

264 M. Haycock, "This Earth and the Inhabitants Thereof: (Non-)Humans in the Divine Household," *Dialogue* 52/4 (2019), 40.

265 L. Michon, "L'Animal, Symbole et Instrument de la Révélation," *Bulletin de Littérature Ecclésiastique* 120/4 (2019), 26-27. 참고로 계 11:18의 '땅을 망하게 하는 자들'은 생태계를 파괴하는 신자나 불신자를 가리키지 않는다. 요한계시록에서 '그 땅'은 지구가 아니라 유대인 12지파가 거주하는 팔레스타인을 가리킨다. '그 땅을 망하게 하는 자들'은 불신 유대인으로 생태 신학을 추출할 때 주의가 필요하다. Contra C. Magezi, "Ecological Crisis and the Church: A Proposal for Biblical Stewardship as a Nexus for Environmental Protection," *Verbum et Ecclesia* 45/1 (2024), 8-9. 남아공 노쓰-웨스트대학교의 Magezi는 계 21:1에서 지구갱신과 종말론적 완성을 찾는다.

시'라 불리는 파묵칼레에서 펼쳐진 (예루살렘 교회의 집사) 빌립의 선교를 반대했고, '실베스터행전'(c. 500)에서 용은 도시 로마에서 독을 내뿜어 사람을 해쳤으며, '성 빅토리아의 고난'(c. 500)에서는 용의 압제에서 벗어나려면 우상 숭배를 중단하고 예수님만 경배해야 한다고 밝힌다(참고. 눅 10:19).[266] 이런 문헌에서 용이 내뿜은 독은 이방인의 불신앙을 상징한다. 게다가 외경인 '도마복음' 16장 1-2절에서 어린 시절의 예수님은 뱀에 물린 사람을 치료하셨고, '허마의 목양서'(c. 140)에서 허마는 바다에서 올라온 뱀 같은 짐승을 믿음으로써 물리치기도 한다. 그러나 이런 비정경적 작품에 나타난 동물에 관한 진술은 신빙성이 없다.

요약

성경에서 동물은 인간과 대등한 피조물이 아니다.[267] 사람에게는 하나님의 형상이 있기 때문이다. 그리고 사람은 다른 피조물의 청지기이며, 예수 그리스도의 대속을 받는 유일한 대상이기 때문이다. 흥미롭게도 구약의 시인들처럼 예수님과 여러 사도는 대적들을 동물에 비유

---

266 I. Schaaf (ed), *Animal Kingdom of Heaven: Anthropozoological Aspects in the Late Antique World* (Berlin: De Gruyter, 2019). 31, 35-36. 참고로 기독교 이단들은 까마귀, 독사, 뱀, 용, 여우, 사자 등으로 상징적으로 묘사되었다. 그리고 이단자가 정통 신앙으로 돌아오는 것을 여우가 양으로 변모되는 이미지로 설명했다.

267 이슬람 전통에는 인간 중심적으로 생물을 계층화하려는 시도가 있었지만, 알라 중심적-비 인간 중심적-비 계층적 생물 이해가 강하다. S. Tlili, "All Animals are Equal, or are They?: The Ikhwān al-Ṣal-Ṣafā's Animal Epistle and is Unhappy End," *Journal of Qur'anic Studies* 16/2 (2014), 49-51, 79.

함으로써 비난의 수사학을 동원했다. 또 성경에서 '개'는 하나님의 구원 사건에도 나타나며(출 11:7), 신약 시대에 구원받을 이방인을 가리키기도 한다. 그러나 동물이 언급된 모든 성경 본문으로부터 동물신학을 구축할 수 있는 것은 아니다. 왜냐하면 많은 본문은 동물 자체에 관심을 두기보다, 동물을 사람에 빗대어 은유적 혹은 신학적인 의미로 자주 언급하기 때문이다.

성경은 '하나님 사랑, 이웃 사랑'을 중심 교훈으로 삼는다(마 22:37-40). 그래서 성경은 사람과 동물을 구분한다. 물론 이런 구분에 동물 친화론자들은 불편을 느낄 것이다. 그러나 사람과 동물이 느끼는 고통과 인지(認知)를 두고 볼 때도, 이 둘은 정도의 차이는 물론이고 종류와 의미에 있어서도 다르다.[268] 이 사실은 성경적 관점에서 사람과 동물의 관계를 정립할 때 매우 중요하다. 그런데 남아공 프레토리아 대학교의 판 히에르던(M. van Heerden)은 사람과 동물의 관계를 말할 때 이 둘의 생물학적이고 사회적 필요가 고려되어야 하며, 이 둘은 간접적으로 그들의 삶과 건강과 웰빙에 영향을 미치는 책임성 있는 결정에 함께 참여해야 한다고 주장한다.[269] 물론 사람이 동물을 포함하여 모든 생명체를 향하여 사랑과 책임성을 간직해야 함은 마땅하고 정당하다.[270] 하지만 동물은 이런 결정에 주체적으로 참여할 수 없다.[271] 만일 동물해방

---

[268] Otto, "Sentience, Suffering, and Salvation," 173.

[269] M. van Heerden, "Godsdienstige Perspektiewe op Mens-Dier Interaksie," *HTS Teologiese Studies* 58/3 (2002), 1085-1086.

[270] Van Heerden, "Godsdienstige Perspektiewe op Mens-Dier Interaksie," 1086.

[271] 동물해방론자 피터 싱어는 '객관적이고 도덕적 진리'가 존재한다는 데 회의적이다. 그에게 중요한

주의자들이 대세가 된다면, 인간의 유전자가 삽입되어 탄생한 '부분-인간화 동물'(part-human animals)도 인간이나 인간과 대등한 지위를 얻게 될 것이다. 현재 의료 목적으로 인간의 유전자가 삽입된 양이나 쥐가 이에 해당한다. 그리고 인간과 동물의 경계가 무너져서 이른바 '경계선 상의 인간'(borderline-personhood)이 만들어지면 인간의 존엄성은 더 훼손될 것이다.[272] 인간의 줄기세포를 다른 동물 종에 넣어 '키메라'(chimera)와 같은 종을 만든다면, 그것은 종의 구분을 설정하신 하나님의 창조 질서를 무너뜨리는 행위이다(레 20:16; 시 36:6).[273]

| 창조, 문화명령, 그리고 언약에서 본 동물 |

모든 생물의 주님이신 창조주 하나님께서 생명체인 사람과 동식물을 창조하셨다(창 1-2장). 하나님은 육상과 공중에 거하는 생물은 물론, '큰 바다 짐승들'도 보시기에 좋게 창조하셨으며, 그들이 번성하기를 원하셨다(창 1:21-25).[274] 창세기 1장 21절은 하나님의 은혜로 동물도

점은 '욕구나 선호'에 대해 내리는 결정을 보편화함으로써 간편하게 선호-쾌락 공리주의에 도달하는 목표 달성이다. 따라서 싱어가 볼 때, 동물에게는 객관적인 도덕 진리를 지킬 의무를 부여할 필요가 없다. 참고. 양혜림, "피터 싱어의 동물 살생에 대한 선호공리주의의 비판적 고찰," 『인문학연구』 129 (2022), 224.

272 모효정, "부분-인간화 동물(Part-Human Animals)의 개념과 윤리적 쟁점들," 『한국의료윤리학회지』 16/1 (2013), 36-37.

273 H. J. G. Zandman, "Chimeras: An Ethical Consideration," *In die Skriflig* 45/4 (2011), 910-11.

274 고대 근동에서 바다의 큰 짐승(라합, 리워야단 등)은 혼돈의 세력을 가리키는데, 창 1:21에서는 그것은 하나님의 통제 아래에 있는 선한 피조물이다(참고. 욥 40:15-41:34; 시 104:5-7, 26). 참

번성하고 있다고 밝힌다(참고. 출 23:5; 신 25:4; 시 145:9). 창조주 하나님께서 자기 형상을 따라 사람을 창조하신 후에 영화와 존귀를 입혀 주신 이유는 영원한 생명의 관계를 지속하기 위해서이다(창 1:27; 시 8:5-6; 엡 4:24). 이런 영화와 존귀와 영생은 사람 이외의 동물에게 해당하지 않는다. 그런데 아담의 타락 이후로 사람이건 동물이건 환경과 완전하게 조화를 이루면서 살 수 없기에, 나름대로 상호작용하면서 해를 입지 않으려고 애쓴다.[275]

창조 직후에는 육식이 아니라 채식이 허용되었다(창 1:30; 참고. 시 104:14).[276] 이와 유사한 현상은 채식주의의 선구자인 피타고라스, 육식을 선호하지 않고 금식을 강조한 터툴리안, 채식주의자인 존 웨슬리, 그리고 채식주의를 표방하는 영국의 바이블-크리스천 교회와 안식교 등에서 나타난다.[277] 그런데 아담 부부가 타락한 후에는 힘든 노동을 위해 육식이 허용된 것으로 보이며(창 9:3-4),[278] 이스라엘은 출애굽 후에 광야에서 조류인 메추라기를 먹었다(신 12:20). 그리고 짐승을 제물로 바친 사람이나 제사장은 그 짐승의 고기를 먹을 수 있었다(레

고. 하경택, "창조와 종말 주제를 위한 동물의 신학적 의의(意義)," 『구약논단』 14/4 (2008), 131, 141.

275 D. J. Bryant, "The Human Animal and Christian Ecotheology: Reflections on Taking Biology Seriously," *Journal for the Study of Religion, Nature and Culture* 8/1 (2014), 107.

276 Steussy, "The Ethics of Pet-Keeping: Meditation on a Little Green Bird," 186.

277 1824년에 영국 성공회 신부들이 중심이 되어 RSPCA(The Royal Society for the Prevention of Cruelty to Animals)가 설립되었다. 참고. 동물을 사랑하는 영성에 동의하는 노영상, "동물보호에 대한 기독교윤리적 반성," 『장신논단』 17 (2001), 235-40, 255-57.

278 이사야서에 나타난 동물의 평화로운 상태와 신천신지를 고려해 보면, 육식 허용은 임시적이라는 주장은 장윤재, "무지개의 하나님, 푸줏간의 그리스도, 그리고 동물신학의 탐구," 『신학사상』 171 (2015), 82를 보라. 하지만 사 11장과 65-66장은 문자적 해석으로 다 이해할 수 없다.

6:29).[279]

아담 부부는 타락하기 전에 에덴동산에서 동물과 식물을 다스리면서 자신들에게 있는 하나님의 형상을 드러냈다(창 2:15). 그러므로 문화명령(창 1:28)은 인간이 다른 피조물을 착취하는 행위를 정당화하지 않는다.[280] 이런 주장은 '동물해방의 아버지'라 불리는 피터 싱어에 의해서 선호-쾌락 공리주의에 기반하여 나름대로 전개되었다.[281] 그리고 몰트만은 인간과 동물이라는 '동료 세계 간의 창조 윤리'를 내세우면서 중심(인간)과 주변(동물)을 구분하는 '환경'(Umwelt)보다는 '동료 세계'(Mitwelt)라는 표현을 선호했다.[282] 성령님은 하나님의 백성을 '새 아

---

279 아벨의 짐승 제사에 이미 제사로 드려진 고기를 먹던 관습이 암시되었을 수 있다(창 4:4). M. McEntire, "A Review of Andrew Linzey's Animal Theology from an Old Testament Perspective," *Review & Expositor* 102/1 (2005), 96. "19세기 동물보호운동이 육식의 문제를 간과하게 된 이면에는 동물이라는 존재와 상품으로서 '고기'가 서로 분리되는 과정에 있었기 때문이다. 일차적으로 소고기(beef)나 돼지고기(pork)라는 단어가 소(cattle)와 돼지(pig)라는 단어와 분리되었고, 이어 이차적으로 공공도축장에서 일어나는 일이 '공공'(公共)의 눈에서 사라지면서 고기는 우리가 보호해야 할 '동물'과 무관한 것으로 인식되었다. 고기가 생명체와 무관한, 공장에서 만들어낸 하나의 상품으로 인식되면서 동물보호운동의 대상에서 배제되었다." 송충기, "동물보호운동과 반려동물 열풍의 역사적 기원," 70-71.

280 I. Provan, *Ecclesiastes/Song of Songs* (Grand Rapids: Zondervan, 2001), 96. 참고로 아담이 동물에게 이름을 지은 것(창 2:19)을 '두 번째 창조이자 신적 기원과 병행'을 이룬다고 본 경우는 Patton, "He who sits in the Heavens laughs," 432를 보라. 그리고 아담이 동물에게 명명함으로 사람의 구원이 짐승에게로 흘러 들어간다고 본 경우는 W. J. Smith, K. S. Prior, and B. DeVries, "Animals and the Afterlife: Do Pets go to Heaven?" *Christianity Today* 56/4 (2012), 67을 보라.

281 동물보호론자들이 동물을 인간 수준으로 격상했다면, 2000년에 '동물권 명예의 전당'에 등록된 피터 싱어는 인간과 동물의 유사한 유정성(有情性)에 기초하여 동물 복지를 주창함으로 하나님의 형상을 가진 인간을 동물 수준으로 낮추었다. 신성자, "동물에 대한 인간의 책임에 관한 성경적 사고," 『신학지남』 69/4 (2002), 197. 1999년부터 프린스턴대에서 선호 공리주의(preference utilitarianism; 동물이 선호하는 바와 고통을 인간이 고려함)와 무신론적 진화론, 종 차별주의 철폐, 그리고 (사람과 동물이 쾌락과 고통을 느끼는 점을 고려한) 쾌고감수주의 등에 입각하여 윤리학을 가르쳐온 피터 싱어는 인간을 하나님의 형상으로 보지 않고, 낙태와 안락사 등을 지지한다. 임종현, "피터 싱어의 동물윤리에 대한 기독교 윤리적 고찰," (석사학위, 장로회신학대학교, 2016), 8-9, 21-27, 58-59; 정결, "동물 윤리의 도덕적 접근법," 『철학논총』 104/2 (2021), 318.

282 몰트만과 결이 동일하지 않더라도 신칼뱅주의자 리차드 마우(R. Mouw)도 인간의 창조와 구원을

담'으로 회복시키셔서 인간 사회는 물론이거니와 동물의 세계에도 아름다움과 질서와 복을 전달하도록 하신다(참고. 출 31:3, 31).[283]

아담의 타락은 땅에 영향을 미치기에, 그 위에 사는 식물과 동물도 거기서 자유롭지 못하다(창 3:17; 참고. 호 4:3; 욜 1:18; 습 1:2). 홍수 심판이 임하기 전에 사람뿐만 아니라 동물도 방주에 올라탔다(창 7). 그리고 노아 언약에는 동물 보호도 포함된다(창 9:11, 17; 참고. 호 2:18). 따라서 인간은 동물과 그들이 사는 환경을 임의로 해치거나 부당하게 괴롭히지 말아야 하지만, 아담 언약을 갱신한 노아 언약에서도 하나님은 동물이 아닌 오직 인간만 하나님의 형상이라고 밝히신다(창 9:6; 참고. 창 1:26-27).

시내산 언약 규정에 따르면, 동물도 안식일에 쉬어야 했다(출 20:10). 그리고 하나님은 제7년째 안식년 동안 파종과 추수가 없더라도 들짐 승의 먹을 것을 준비하셨다(출 23:11). 힘이 다른 소와 나귀는 하나의 멍에를 매지 말아야 하는데(신 22:10), 이것은 더 약한 동물이 피해를 보지 않도록 예방하는 세밀한 조치이다. 여기서 한 걸음 더 나아간 주장

넘어서는 하나님의 복합적인 섭리를 강조했다(시 104). 막스 스텍하우스(Max L. Stackhouse)는 하나님의 형상을 지닌 인간이 고유한 문화명령을 수행할 때, 인간의 우월성보다는 다른 피조물과의 상호의존성을 강조한다. 참고. 이창호, "린지의 동물신학 탐구와 비평적 대화 모색 몰트만, 마우, 스택하우스를 중심으로," 『기독교사회윤리』 55 (2023), 59-69.

283 L. Robinson, "Cheeseburger in Paradise?: New Creation, the Spirit, and Animal Rights," *Churchman* 128/4 (2014), 348, 355-56. 휘튼대학교의 Robinson은 타락 전에 아담이 에덴동산을 다스렸듯이, 인간은 '동물 세계의 제사장' 역할을 담당하면서 동물을 창조적으로 다스리고 돌보아야 한다고 주장한다. 인간이 하나님의 형상임을 망각하고 생태계를 봉사하듯 돌보지 않고 마구 지배하며 파괴하는 제국주의와 같은 범죄를 탈식민주의 해석으로 극복하려는 시도는 A. Ahiamadu, "A Postcolonial Critical Assessment of the *Imago Dei* in Gen 1:26-28 in Nigerian Perspective," *Scriptura* 103 (2010), 98, 101-103을 보라.

이 있다. 앤드류 린지(Andrew Linzey)는 '관대함의 윤리'를 표방하면서, 동물도 하나님께서 부여하신 신적 권리를 가지고 있으며, 성육하신 예수님처럼 인간은 청지기 자세로 더 낮은 존재인 동물을 섬기고 보호해야 한다고 주장한다.[284] 그러나 주님의 성육신에 나타난 의의가 인간이 동물을 섬기는 것이라는 주장은 성경의 자의적(恣意的) 해석이나 '침묵으로부터의 논증'에서 기인한다. 예수님은 새 언약의 중보자와 성취자와 구주로 성육하셨다. 죽음을 통하여 죽음의 세력을 잡은 마귀를 멸하셨고, 죽음을 무서워하여 죽음에게 종노릇하던 모든 사람을 놓아 주셨다(히 2:14-15).[285] 따라서 예수님은 사람과 종(種)만 다를 뿐인 동물의 해방을 위해 사람이 되신 것이 아니다.[286]

국내 현행법상 개는 '반려동물'(동물보호법)이기도 하고 '가축'(축산법)이 되기도 한다. 따라서 '반려동물'로서의 개와 '가축'으로서의 개의 구분이 모호하고, 어느 법을 따르느냐에 따라 보호의 범위도 달라진다. 하나님은 언약을 통해 자기 백성을 자신의 반려자로 삼으셨는데, 이 생에서의 반려를 넘어 영원한 반려 존재로 삼으셨다(마 26:28; 계 21:3, 7). 그렇다면 동물은 사람의 '반려'(companion) 대상일까? 신약 성경에서

---

284 인간의 경쟁 상대로서의 동물은 사 13:20-22, 23:13, 34:8-17, 렘 50:39, 호 2:14, 암 7:1-2 등에, 그리고 인간이 본받아야 할 대상으로서의 동물은 욥 12:7, 잠 6:6-8, 사 1:3, 렘 8:7 등에 나타난다.

285 Otto, "Sentience, Suffering, and Salvation," 167.

286 '개방적 인간중심주의'는 인간과 유사한 동물을 '윤리공동체'의 구성원으로 받아들여, 동물의 쾌고감수성을 존중하자는 취지이다. 경기대 교양학부의 소병철은 이렇게 동물의 지위를 격상한다고 해서, 인간의 도덕적 지위가 낮아지지 않는다고 본다. 소병철, "인간중심주의는 동물의 이익을 보호할 수 없는가?" 『인문학연구』 92 (2013), 258.

짝이 되어 생(生)을 함께 한다는 의미의 '반려'(伴侶)의 용례는 그리스어 세 명사에 나타난다. (1) 파트너/동무(μέτοχος, 눅 5:7; 히 1:9; 3:1, 14; 6:4; 12:8), (2) 친구(φίλος, 눅 14:10), (3) 다른 사람/친구(ἕτερος, 마 11:16; 20:13).[287] 이 세 명사 중에 동물을 사람의 친구나 동역자, 혹은 반려자로 간주한 경우는 없다[참고. 아 5:16의 πλησίον(동료)].[288] 이 세 단어에 빠트릴 수 없는 한 단어를 추가할 수 있다. '동료' 혹은 '파트너'를 가리키는 그리스어 남성 명사 '코이노노스'(κοινωνός)이다. 이 명사도 모두 사람에게만 해당된다(마 23:30; 눅 5:10; 행 2:42; 고전 10:18; 고후 1:7; 8:23; 몬 1:17; 히 10:33; 벧전 5:1; 벧후 1:4).[289] 덧붙여 반려 관련 그리스어 동사 '−를 동반하다', 혹은 '−를 따르다'(ἀκολουθέω)는 90회 나타나는데, 역시 동물과 무관하다(마 4:25; 8:10).[290] 구약 성경의 히브리어 용례도 마찬가지다. 서

---

287 J. P. Louw and E. A. Nida, *Greek-English Lexicon on the New Testament based on Semantic Domains*, Volume 1 (Cape Town: BSSA, 1993), 447−48. Contra 동물을 인간의 '친척'이라 보는 이화여대 장윤재, 『동물 소수자의 신학』(서울: 한국문화신학회, 2017), 299, 304. 장윤재는 예수님의 십자가 사건을 죄인의 구원과 더불어, 인간을 위한 속죄양의 처지에 빠진 동물을 해방한 사건이라고 주장한다.

288 성경에서 반려인에 형제(창 4:2, 8), 이웃(요 4:5), 친구(마 11:16; 20:13) 등이 포함되며, 정치-군사-혈통적으로 결속된 사람도 포함된다(창 14:3; 출 2:13; 삼상 15:28; 대하 20:35−37; 욥 6:27; 잠 3:29). C. Brown (ed), *New International Dictionary of New Testament Theology*, Volume 1 (Grand Rapids: Zondervan, 1986), 254−60; W. A. VanGemeren (ed), *New International Dictionary of Old Testament Theology*, Volume 1 (Grand Rapids: Zondervan, 1997), 16; *New International Dictionary of Old Testament Theology*, Volume 3 (Grand Rapids: Zondervan, 1997), 1146. Contra 롬 8:22에서 사람과 함께 탄식하는 피조물을 인간의 '동반자들'로 보는 존 칼빈, 『로마서, 빌립보서 주석』, *Romans, Philippians*, 성서교재간행사 옮김 (서울: 성서교재간행사, 1993), 258. 참고로 예장 고신의 공식 주간지인 '기독교보' 2024년 7월 4일 기사에 '반려동물'이라는 표현이 기독교교육과 관련하여 편하게 사용되었다.

289 H. Balz and G. Schneider (ed), *Exegetical Dictionary of the New Testament*, Volume 2 (Grand Rapids: Eerdmans, 1991), 303−305.

290 W. D. Mounce (ed), *Mounce's Complete Expository Dictionary of Old & New Testament Words* (Grand Rapids: Zondervan, 2006), 4; contra Wenham, *Genesis 1-15*, 33. 참고로 김광연은 "반려자(伴侶者)라는 사전적인 의미는 흔히 배우자를 일컫거나 평생 함께 할 짝을 말한다. ...... (Daum 사전

로 연합하여 반려 존재가 된다는 히브리어 단어(חבר)는 사람에게만 해당된다(창 14:3; 대하 20:36; 시 94:20; 전 4:10; 사 1:23; 44:11; 겔 37:16; 단 11:6, 23; 참고. 출 36:10–11; 겔 1:9).[291] 친구 혹은 아내(רע)는 사람을 가리킨다(창 38:12; 출 20:17; 신 13:7). 그리고 사업상 동업자를 가리키는 히브리어 명사(חבר)도 당연히 사람에게만 해당된다(욥기 40:30 맛소라 본문; 쿰란공동체 규율 13:15).[292] 참고로, 오스트리아의 동물행동학자 로렌츠(K. Z. Lorentz)가 1983년에 '반려동물'이라는 명칭을 처음으로 제안했다. 국내에서는 2020년 2월 1일에 개정된 동물보호법에 '반려동물'이 언급되었다.[293]

만유의 갱신과 동물의 새 창조

하나님은 참새 한 마리조차 정성을 들여 세밀하게 돌보신다(마 6:26; 10:29).[294] 그리고 요한복음은 신적 로고스(말씀)가 인성을 입으셔서 육

에 따르면) 또 다른 의미는 (사람들이) 즐기기 위한 것이거나 가지고 있어서 자신의 벗이 된 듯 간주되는 사물을 비유적으로 일컫는다"라고 주장하면서, 첫 번째 의미가 '반려'의 참 의미이며, 두 번째 의미는 '애완'(愛玩)에 해당한다고 본다. 김광연, "동물 생명의 가치와 인간과의 공존: 반려동물을 대하는 인간의 이중적 태도," 107.

291 W. A. VanGemeren (ed), *New International Dictionary of Old Testament Theology*, Volume 2 (Grand Rapids: Zondervan, 1997), 16–17.

292 VanGemeren (ed), *New International Dictionary of Old Testament Theology*, Volume 2, 17.

293 최훈은 애완동물을 (소유물로서의) '장난감 모형'과 (돌봄 대상으로서의) '피보호자 모형'이 아니라 (평생 함께 사는) '반려 모형'으로 이해한다. 하지만 애완동물이 죽을 때까지 함께 사는 사람은 12%에 지나지 않는다(2010년 통계). 최훈, "애완동물: 장난감인가, 피보호자인가, 반려인가?" 『윤리학』 7/2 (2–18), 117–20.

294 에스겔서와 요한계시록의 동물들(용, 말들 등)을 '신화적 동물군'으로 본 경우는 차정식, "복음서의 동물들과 신학적 상상력: 예수 신학의 탈신화적 특징에 관하여," 『신약논단』 14/4 (2007), 924

체로 오셨다고 밝혔다. 그렇다면 사도 요한은 동물해방을 위한 기독론을 변호할까?[295] 아니다. 주님께서 성육하신 목적은 동물해방이 아니다.[296] 그러나 바울은 동물을 포함하여 모든 피조물은 하나님의 아들들이 나타날 것을 고대한다고 설명한다(롬 8:19-21). 그러므로 예수님의 통치는 동물에게도 미친다(골 1:19-20). 하나님의 아들 예수님께서 성육신하셔서 죄로 타락한 비참한 세상을 재창조하셨다(마 1:1; 막 1:1). 그러나 그 재창조의 중심에 '한 새 사람들' 곧 새로운 인류로서 교회가 있지, 동물이 있는 것은 아니다(엡 2:15).[297] 그런데 헤일리 컬페트릭(Haley Kirkpatrick)은 예수님의 대속 사역(atoning work)은 죄인과 하나님의 단절된 관계를 회복할 뿐 아니라, 인간과 지구의 소산물과 동물과의 관계까지 회복했다고 본다(참고. 롬 8:20).[298] A.D. 1세기 후반에 기록된 2에녹서는 하나님께서 동물의 영혼에 관심을 가지고 계시며, 세상 종말

이다. 그러나 그것들은 신화가 아니라 묵시이다.

295 페미니즘을 따르는 노르끼 메이어(Nortjé-Meyer)는 예수님의 성육신과 오병이어 표적에서 인간의 통치로부터 동물해방을 찾는다. 그러나 그것은 요한복음의 기록 목적과(요 20:31) 주요 신학에서 벗어난다. L. Nortjé-Meyer, "The Logos as 'Flesh' in John 1:14 and 6:51-57: Formulating a Christology for the Liberation of Animals from Humanarchy," *Neotestamentica* 53/3 (2019), 535-56.

296 Contra 예수님의 구속적 성육신과 십자가와 부활은 비인간 동물의 부활을 소망하게 만든다고 보는 M. B. Adam, "The Particularity of Animals and of Jesus Christ," *Zygon* 49/3 (2014), 751.

297 앤드류 린지는 성육신을 모든 피조물을 위한 구속 행위로 보면서 피조계의 타락한 상황을 돌이키려는 인간의 노력을 촉구한다. 자칫 이 논리는 인간의 능력에 대한 무한 긍정에 빠질 수 있다. 참고. S. S. Holt, "A Review of Andrew Linzey's Animal Theology from a Theological Perspective," *Review & Expositor* 102/1 (2005), 104-105.

298 참고. 값싼 페스트(cheap and fast) 육류를 식용으로 삼기보다 친환경적 소비를 하라고 권면하는 H. Kirkpatrick, "Christ's Atonement, Industrial Agriculture, and Concentrated Animal Feeding Operations: Redeeming Broken Systems, Repairing Broken Relationships," *Cultural Encounters* 11/2 (2016), 83-84, 94-96.

때에 동물의 영혼은 자기를 악하게 대한 인간들을 하나님께 고소할 것이라고 설명한다.[299] 그런데 신약 성경에서 '구원'(σωτηρία, ἀγοράζω)과 '화해'(καταλλάσσω)와 '속죄'(atonement, νηστεία)와 관련된 단어는 동물보다는 사람이나 천국과 관련있다(마 5:24; 13:44; 행 27:9; 고전 6:20; 고후 5:18; 갈 1:20; 3:13; 골 1:20; 딤전 2:5; 벧전 1:9).[300] 예수님께서 사람이 아니라 악어로 성육하셨다고 가정해 보자. 여러 질문이 쏟아진다. 악어로 성육하신 예수님이 십자가에서 죽으실 수 있을까? 예수님은 악어의 형상으로 부활하실 수 있을까? 예수님이 악어로 성육하셨기에, 악어만 구원하셔야 할까? 아니면, 예수님은 악어와 종이 다른 인간도 해방하셔서, 악어와 인간 사이의 적대감을 허무셔야 할까?[301] 예수님이 악어로 태어났다는 가정에 오류가 있으니, 이런 사변적인 질문들이 생기는 것이다. 하지만 분명히 예수님은 '사람'이 되셨다. 그러므로 십자가와 부활을 통한 구원의 은혜와 죄 사함은 영생과 구원에 이르는 '사람들'에게만 적용되어야 한다.

동물은 귀하다. 하지만 그렇다고 해서 사람보다 더 존귀하지는 않다(마 6:26; 눅 12:6). "만물이 사람을 섬기도록 하시고, 그리하여 궁극적으

---

299 참고. D. W. May, "Will there be Dogs under the Messianic Table?" *Review & Expositor* 114/4 (2017), 527–28. 센트럴침례신학교의 May는 사 11:1–10으로부터 인간과 동물이 메시아의 식탁에 함께 참여할 것이라고 보면서, '예수님의 부활에 나타난 묵시적 능력'을 강조한다.

300 Louw and Nida, *Greek-English Lexicon on the New Testament based on Semantic Domains*, Volume 1, 488, 502, 530. Contra 동물을 하나님의 형상이자 예수님의 구속의 대상이라 주장하는 David Clough를 비판하지 않는 M. B. Adam, "The Particularity of Animals and of Jesus Christ," *Zygon* 49/3 (2014), 747–51. 동물은 신적 소명을 가지고 있으며, 사람처럼 대속이 필요하다고 보는 자들도 있다. 참고. D. Fergusson, "God, Christ, and Animals," *Zygon* 49/3 (2014), 744.

301 참고. Fergusson, "God, Christ, and Animals," 745.

로 사람이 하나님을 섬길 수 있게 하심을 믿는다"(벨직 신앙고백서 제12조).
하지만 동물도 하나님의 창조물이므로 나름 귀하다.[302] 그런데 토비(M.
Tobey)는 요한계시록 19장에서 예수님이 백마를 타고 재림하시기에 신
천신지에는 인간의 유희를 위해 수많은 동물이 있을 것이라고 본다.[303]
하지만 요한계시록 19장은 예수님의 재림을 예고하는 구절로 보기 어
려울 뿐만 아니라, 요한이 보았던 환상에 등장하는 동물을 천국에 존
재할 실제 동물로 간주하기도 어렵다.[304]

만인구원론을 지지하는 몰트만은 예수님께서 하나님의 자녀를 위해
서 죽으신 것이 아니라 우주의 구속을 위해 죽으셨다고 주장하고(참고.
엡 1:10), 성령이 모든 생물에게 부어졌다는 '우주적 영성'을 지지한다
(참고. 엡 2:17).[305] 몰트만은 동물을 포함하여 온 우주가 구속을 받았고,
성령을 품고 있는 것처럼 주장한다. 이것은 예수님의 십자가 대속으로
써 성도가 사죄, 곧 구원을 얻어 성령의 내주라는 은혜를 받았다는 성
경의 가르침과도 다르며(고후 3:16; 계 1:5), 만유이신 예수님께서 만유를

---

302 청지기인 인간은 모든 생명체에게 하나님의 자비와 덕을 보여야 할 책임이 있다는 주장은 한
    스 베르너 인겐시프, 하이케 바란츠케, 『동물철학』, *Das Tier*, 김재철 옮김 (서울: 파라아카데미,
    2021), 155, 159를 보라.

303 M. Tobey, "Will There be Animals and Pets in Heaven?" (https://theheavenguy.org/will-there-
    be-animals-and-pets-in-heaven/?msclkid=13f29a853aa619ecaa30fe90bdd56f8 (2023년 3월 18
    일 접속).

304 계 4:6-9의 네 생물을 통해 인간과 생물이 함께 하나님을 찬송한다는 문자적 해석에 기반을 둔
    친 동물신학적 결론에 도달한 경우는 May, "A Review of Andrew Linzey's Animal Theology from
    a New Testament Perspective," 92를 보라. 그러나 요한계시록의 환상은 상징적 해석을 요청한
    다. 네 생물은 육상 동물, 가축, 모든 생물, 그리고 새의 대표자들을 각각 상징하기에, 모든 생
    명체는 하나님을 찬송하도록 창조되었음을 의미한다. K. L. Gentry Jr., *The Divorce of Israel: A
    Redemptive-Historical Interpretation of Revelation*, Volume I (Dallas: Tolle Lege, 2024), 529.

305 J. Moltmann, "The Great Ecological Transformation," *Theology Today* 80/1 (2023), 16-17.

갱신하신다는 성경의 가르침과도 다르다(행 3:21; 계 21:5). 2001년 통계에 따르면, 미국인 약 42%가 (애완)동물이 천국에 간다고 믿었다.[306] 여기서 "천국에 간다"라는 신념은 동물의 부활을 전제한다. 하지만 동물은 언약과 재창조의 대상이더라도, 예수님의 보혈로 구원받거나 부활하지는 않는다. 영혼과 하나님의 형상이 없는 동식물은 죽더라도 부활하지 않는다.[307] 오히려 그것들은 완성된 신천신지에서 다시 창조되어, 타락의 상태와 썩어짐의 종살이하던 상태에서 벗어날 것이다(사 65:24-25; 66:22; 마 19:28; 행 3:21; 벧후 3:13; 계 21:1, 5; 참고. 칼뱅의 롬 8장 주석).[308] 이런 우주적 갱신은 피조 세계 전체의 구조와 구성 요소(동식물 포함)가 최종적으로, 올바르게, 그리고 완전히 회복되어 작동할 것을 의미한다(마 19:28).[309] 그런데 이런 세상의 갱신과 몸의 부활은 구분해야 한다.[310] 죽은 몸은 부활하지 않고도 갱신될 수 있다. 예를 들어, 신천신지에서 동

---

306 May, "A Review of Andrew Linzey's Animal Theology from a New Testament Perspective," 87. 참고. J. Goodall, "Do Chimpanzees have Souls?: Possible Precursors of Religious Behavior in Animals," in *Spiritual Information: 100 Perspectives on Science and Religion* (Philadelphia: Templeton Foundation Press, 2005).

307 공룡이 멸종되었더라도 그들이 주님의 재림 시에 부활하지는 않는다. 멸종된 동물의 종들 (species)도 마찬가지이다. C. W. Colson and A. Morse, "Keeping Pets in Their Place: Why We can't afford to treat Animals like Humans," *Christianity Today* 52/4 (2008), 80.

308 P. B. Raabe, "Daddy, will Animals be in Heaven?: The Future New Earth," *Concordia Journal* 40/2 (2014), 150. 참고로 신원하는 병든 애완견 등을 위해 기도할 수 있지만(잠 12:10), 그것을 목사의 고유한 사역으로 보지 않는다. 그리고 신원하는 주님의 재림 시에 동물은 새 창조되지만, 집에서 키운 바로 그 푸들이라고 보기 어렵다고 주장한다. 참고. 신원하, "반려견과 사후 생명: 목사님, 우리 푸들을 천국에서 볼 수 있을까요?" 5.

309 F. W. Grosheide, *Het Heilig Evangelie volgens Mattheus* (Kampen: Kok, 1954), 298; F. D. Bruner, *The Churchbook: Matthew 13-28* (Grand Rapids: Eerdmans, 2007), 312. 종말론(eschatology)은 시초론(protology)을 갱신하는데, 현 세상의 부도덕은 하나님의 과거 창조와도 다르며 하나님의 세계 갱신과도 차이가 난다. 참고로 칼뱅은 마 19:28의 갱신을 예수님의 재림이 아니라 초림에 방점을 두고 이해한다. 참고. D. L. Turner, *Matthew* (Grand Rapids: Baker, 2008), 475.

310 D. A. Hagner, *Matthew 14-28* (Waco: Word, 1995), 565.

식물이 새롭게 창조된다면 그것은 갱신에 해당하지, 죽은 동식물의 부활이 아니다.

사도행전 3장 19-24절에는 시간과 관련된 세 단어가 모두 복수형으로 등장한다. '다시 숨 쉬는 시간들'(καιροὶ ἀναψύξεως, 행 3:19), '만유의 갱신의 시간들'(χρόνων ἀποκαταστάσεως πάντων, 행 3:21), 그리고 '이날들'(τὰς ἡμέρας ταύτας, 행 3:24). 이를 교차 대칭 구조로 표현하면 아래와 같다.

A 사죄를 통하여 성도의 영적 숨통이 트이는 상태
  B 만유가 회복되는 상태
A' 구약 선지자들이 예언한 날들이 종말의 그 선지자를 통하여 성취되는 상태

구약 선지자들의 예언을 따라 신약의 성도가 다시 영적인 숨을 쉬고 만유가 회복되는 과정은 예수님의 구원 사역 이래로 현재 진행형이며, 그것은 주님의 재림 때 완성될 것이다(참고. 시 104:30).[311] 그런데 예수님의 재림 때, 그 당시의 지구는 소멸되지 않고 질적으로 완벽하게 신천신지로 갱신되고 변혁된다(마 19:28; 행 3:21). 그렇다면 재림 이전에 멸종된 동식물은 어떻게 될까? 성경은 이에 대해 침묵한다. 하지만 하나님의 새 창조의 능력을 고려한다면, 신천신지에서의 모든 동식물의 놀라

---

311 E. J. Schnabel, *Acts* (Grand Rapids: Zondervan, 2012), 214-17.

운 새 창조를 기대하는 것은 자연스럽다(참고. 벧전 4:19).[312] 이런 신천신지의 평화로운 모습은 방주 안의 상황(창 7), 기독론적 성취를 예고하는 이사야 11장 6-9절,[313] 그리고 예수님께서 광야에서 시험을 받으셨을 때 함께 있던 짐승들에게서 미리 볼 수 있다(막 1:13).[314] 이러한 세상의 변혁을 통한 새 창조는 하나님의 승리이며, 피조물을 썩음과 탄식으로 몰아가던 마귀에게는 패배이다. 소위 반려견과 신천신지의 관련성에 관해 신원하는 아래와 같이 설명한다.[315]

새 하늘과 새 땅에서의 반려견에 대한 인간의 사랑의 모습과 성격은 지금 이 땅에서의 그것들과는 판이할 것이다. 그 때에는 사람들이 그리스도와 연합하여 사는 것처럼 모든 사람과 연합되어 서로를 막힘없이 돌보며 사랑하며 지낼

---

312 Snyder, "Salvation means Creation Healed," 12. 참고로 마틴 루터는 고전 15장 주석에서 성도가 부활의 몸을 입고 광명체는 물론이거니와 새로운 본질(new essence)을 가진 다른 피조물들(비인간 동물)과 함께 놀고 즐길 것이라고 설명했다(LW 28.194). 벧후 3:13의 신천신지를 근거로 하여 루터는 애완견 튈펠(Tölpel)이 새롭게 되어 천국에 있을 것이라고 말함으로써, 갱신된 세상에 동물이 있다고 보았다. 참고. D. Clough, "The Anxiety of Human Animal: Martin Luther on Non-Human Animals and Human Animality," in *Creaturely Theology*, ed. C. Deane-Drummond and D. Clough (London: SCM Press, 2009), 48.

313 사 11:6-9를 창 1:29-30, 3:15, 사 65:17-25, 호 2:18-20, 그리고 암 9:11-15의 간본문성에서 입각하여 풍유(諷諭) 차원이 아니라 비실제적으로(non-realistic) 이해한다면, 야웨께서 새로운 출애굽을 통해 자기 백성을 모으시고 회복하실 복을 예고한다(참고. 사 10:21; 11:10-11). 이 예언은 약속된 다윗 계열의 통치자이신 예수 그리스도로 말미암아 적대감이 사라진 지복의 나라가 도래함으로 성취되었다. G. Goswell, "Messianic Expectation in Isaiah 11," *Westminster Theological Journal* 79/1 (2017), 134-35; J. J. van Ee, "Wolf and Lamb as Hyperbolic Blessing: Reassessing Creational Connections in Isaiah 11:6-8," *JBL* 137/2 (2018), 334-45.

314 이것은 '예기적(豫期的) 종말론'이다. Raabe, "Daddy, will Animals be in Heaven?" 158. 참고로 앤드류 린지는 사 11:4의 심판과 죽음을 11:6-9의 평화로운 상태와 문맥상 연결하지 못하는 한계를 보인다. McEntire, "A Review of Andrew Linzey's Animal Theology from an Old Testament Perspective." 98-99.

315 신원하, "반려견과 사후 생명: 목사님, 우리 푸들을 천국에서 볼 수 있을까요?" 6.

것이고, 동물들과의 관계는 이러한 온전한 관계 속에서 새롭게 정의될 것이다. 그러므로 사람들은 이 땅에서와 같이 인간과의 관계의 보상적 대체물로서 반려견에 과도히 애정을 쏟는 관계는 더 이상 필요하지 않을 것이고 그 관계의 질도 현재보다 더 자연스럽고 진할 것이다.

신원하는 예수님께서 재림 이후의 신천신지에 동물이 있을 것을 인정한다. 신천신지에서 사람들의 사랑의 관계와 교제는 완전해질 것이며, 이 세상에서처럼 인간관계를 보완하거나 대체하기 위해서 '반려견'에게 애정을 쏟는 일은 없을 것이라고 적절하게 이해한다. 물론 신천신지에서 사람과 동물의 관계 역시 완전해질 것이다.

예수님께서 죽은 성도의 영혼과 함께 강림하시면, 그 영혼은 죽은 성도의 육체와 결합하여 부활할 것이다(살전 3:13; 4:14-17). 그리고 그들은 갱신된 지구에서 살 것이다. 그런데 첫째 부활을 경험한 죽은 성도의 영혼이 가 있는 '낙원'에는 동물과 식물이 없다(눅 23:43; 계 20:6).[316] 린지는 사람에 의해 길들여짐으로써 자아와 인격성을 가진 동물이 부활할 수 있다는 루이스(C. S. Lewis)의 사변적 주장에 긍정한다(비교. 겔 5:17

---

316 톰 라이트, 『마침내 드러난 하나님 나라』, 240; contra 만유는 낙원에서 회복된 상태가 될 것이라고 본 오리겐 in Clough, "The Bible and Animal Theology," 410. 죽은 성도의 영이 가 있는 임시 처소인 낙원과 신천신지는 구분되어야 한다. 여러 묵시행전은 불사조와 같은 동물의 부활을 소개하는데, 이것은 이교 사상의 영향을 반영한다. J. E. Spittler, "Animal Resurrection in the Apocryphal Acts of the Apostles," in *Gelitten-Gestorben-Auferstanden: Passions und Ostertraditionen im Antiken Christentum*, ed. N. Tobias et als (Tübingen: Mohr Siebeck, 2010), 343–66; Linzey, 『동물 신학의 탐구』, 137–49.

과 14:15의 '사나운 짐승').³¹⁷ 하지만 '반려인'이 부활하면 '반려동물'도 부활한다는 (인간중심으로 보이는 부활) 주장은 예수님과 성도의 연합으로 인한 몸의 부활을 정면으로 거스르는 주장이다(고전 15:52-53).³¹⁸

신천신지에서 가장 중요한 관계와 방점은 어린양 예수님과 그분의 신부 사이의 영광스럽고 지극한 복이다. 물론 완성된 신천신지에서 하나님은 [멸종된 종(種)을 포함하여] 동물과 식물을 새롭게 창조하셔서, 그것들도 주 예수님 및 그분의 백성과 함께 평화롭게 살게 하실 것이다.³¹⁹ 일부 유전학자들은 '멸종 되돌리기'(de-extinction)를 통해 사라진 동물 종을 야생 생태계에 되돌려 놓음으로써, 생태계의 자연적 역동성

---

317 루이스가 20대 초 청년이었을 때, 옥스퍼드 의대생들이 동물을 실험실에 끌어가면서 하대한 것을 목격했다. 그 후 그는 동물의 권리에 대해 민감하게 반응했다. 참고. C. S. 루이스, 『고통의 문제』, *The Problem of Pain*, 이종태 옮김 (서울: 홍성사, 2002), 216. 참고로 에스겔서(1:10; 10:14)와 요한계시록(4:7; 6:1)의 천상 환상에서 야생동물은 길들여진 채로 하나님을 찬양하고 하나님의 수종자로 긍정적으로 묘사된다. J. W. Olley, "Animals in Heaven and Earth: Attitudes in Ezekiel," *Colloquium* 33/1 (2001), 56-57.

318 A. W. Linzey, "C. S. Lewis's Theology of Animals," *Anglican Theological Review* 80/1 (1998), 60-81.

319 창 1장을 바벨론 포로 이후에 바벨론 제국의 창조신 마르둑을 염두에 둔 기록으로 보는 판넨베르크에게, 창조란 무조건적이고 자유로운 하나님의 생산 행위인데, 재창조는 기존의 것을 연속으로 창조하는 것이다(creatio continua; 시 104:30; 사 43:19). W. Pannenberg, "The Emergence of Creatures and Their Succession in a Developing Universe," *Asbury Journal* 50/1 (1995), 17-22. "볼프하르트 판넨베르크(Wolfhart Pannenberg)와 같은 종말론적 신학의 관점에서 볼 때 구원이란 부활이 미리 보여 주듯이 영육의 합일일 뿐만 아니라 우주 전체가 새로운 존재론적 상태로 변혁되는 것이다. 따라서 이는 종말론적 하나님 나라가 완성될 때 동물들 또한 새로운 창조의 세계에 거하게 되는 것으로 해석할 수 있다." 이성호, "동물 연구(Animal Studies) 시대에서 기독교 신학의 길 찾기," 172. 참고로 예수회 소속 크레이튼 대학교 의과대학은 "회복적 재창조: 우리의 공통 가정을 돌보면서 당신 자신을 돌보기"(Restorative Recreation: Caring for Yourself while Caring for Our Common Home)라는 5주 과정의 과목을 개설 중이다. 자연환경을 보호하는 기초 윤리를 확립하기 위해 자연과의 접촉이 가져다주는 유익, 그것의 결핍이 초래하는 증세(nature deficit disorder), 그리고 자아와 공동체와 자연계를 회복하는 실천 등을 교육한다. P. C. Swanson et als, "Restorative Recreation: A Medical Humanities Course Relating Nature Prescription, Avocation, and Creation Care to Human and Ecosystem Health," *Jesuit Higher Education* 12/2 (2023), 245, 250.

을 부활시키려는 야심 찬 계획을 세우기도 한다.[320] 그리고 성도는 재림의 주 예수님을 직접 대면하면서 영화가 완성된 가운데 실체의 예배를 드릴 것이다(요 4:24; 고전 13:12). 이런 복이 거기서 애완견과 거니는 즐거움과 비교가 되겠는가?[321]

주님의 재림 이후에 완성될 새 하늘과 새 땅에서 성도는 이성끼리 혼인하거나 자녀를 출산하지 않는다(마 22:30). 또한 성도가 받을 '생명의 면류관'(약 1:12; 계 2:10), '영광의 면류관'(벧전 5:4), '의의 면류관'(딤후 4:8), '승리자의 썩지 않을 관'(고전 9:25)은 영원한 천국에 영생과 영광과 의와 승리만 있을 것을 강조한다. 그런 신천신지에는 불의와 사망이 완전히 사라지므로, 동물도 죽거나 번식하지 않을 것이다(참고. 계 21:4).

사도 요한이 본 환상에 따르면, 바다에서 올라온 짐승(계 13:1)은 산 채로 유황불 붙는 못에 던져졌다(계 19:20). 그렇다면 이 환상은 짐승이 지옥에 들어간다는 사실을 알리는 것일까? 아니다. 요한계시록에서 바다에서 올라온 짐승은 소아시아 일곱 교회를 박해했던 로마 제국을 상징한다(계 17:3, 15). 그 짐승의 일곱 머리는 로마 제국의 일곱 황제를 가리킨다(계 17:10). 그러므로 유황불 못에 짐승이 던져지는 것은 로마

---

320 앨리스 로버트, 『세상을 바꾼 길들임의 역사』, 189–90.

321 Smith, Prior, and DeVries, "Animals and the Afterlife: Do Pets go to Heaven?" 66. 이슬람은 선행이 악행보다 많은 사람, 알라와 무하마드를 믿는 사람, 알라를 위해 죽은 사람, 알라의 선택을 받은 사람이 낙원에서 육체적 쾌락을 누린다고 주장한다. 그런데 이슬람의 낙원은 남성 위주로 묘사되므로 여성이나 동물은 큰 관심사가 아니며, 거기서 초월적인 알라를 볼 수 없다. 김승호, "기독교와 이슬람의 내세론 비교 연구," 『성경과 신학』 54 (2010), 255–58.

황제가 하나님의 심판을 받는다는 뜻이다.[322]

요한계시록 21장 1절과 5절은 신약 성경 가운데 갱신된 지구를 중심으로 하는 종말론적 모습을 가장 분명히 소개한다[참고. 남아공 화란 개혁교회 찬송가(Gesang) 602번].[323] 요한계시록 21장 2절 이하에 명사 '하늘'은 나타나지 않는데, 요한은 신천신지를 통해, '하늘주의'(heavenism)나 '도피주의'(escapism)를 지지하지 않는다.[324] 지구가 불타서 없어질 것이므로 하늘의 거처를 사모하거나, 그리스도인이 이 세상에서 당하는 핍박에 맞서기보다 편리하고 비겁한 방식으로 도피하기 위해서 휴거를 대망하는 것은 고난 속에서도 세상을 하나님 나라로 바꾸라는 요한계시록의 중심 신학에 맞지 않다(계 11:15).

예수 그리스도께서 지상의 교회를 통해 현재적으로 수행하고 계신 지구 갱신을 염두에 둔다면(계 21:5), 수의사가 예수님의 마음을 가진 착한 청지기로서 병든 동물을 치유하는 것은 그리스도의 소유인 피조 세계를 통전적으로 돌보는 행위의 한 부분이다. 인간과 동물 그리고 환

---

322 송영목, 『요한계시록 주석』 (서울: SFC출판부, 2023), 587. 고대 이집트 묵시 문헌에 따르면(예. Apophthegmata Patrum, De Rege Arsanio, Vita Pisentii Bohairica), 지하에 있는 지옥은 하늘과 땅의 거리만큼이나 큰 불 못으로 7층 혹은 7방으로 구성되며, 뱀이나 전갈이 고문을 가한다고 묘사한다. 그런 묵시 문헌은 지옥에는 불신자와 우상 숭배자가 던져져 서로의 얼굴이 아니라 등을 바라보고 있으며, 지옥에서 구원받을 기회를 다시 얻는다고 본다. E. Grypeou, "Talking Skulls: On Some Personal Accounts of Hell and Their Place in Apocalyptic Literature," ZAC 20/1 (2016), 110–15.

323 혹자는 신천신지에 '바다'가 더 이상 없음(계 21:1)을 로마 제국의 앞마당인 지중해가 말라서 이탈리아로 향하는 배가 없을 것이라는 시빌린신탁 5.447–49의 빛에서 반로마 제국적 메시지로 이해한다. 그러나 '바다'는 악의 세력이 등장하는 열방을 상징한다(계 13:1; 17:15). 참고. B. R. Rossing & J. Buitendag, "Life in Its Fullness: Ecology, Eschatology and Ecodomy in a Time of Climate Change," HTS Teologiese Studies 76/1 (2020), 6–7.

324 Rossing & Buitendag, "Life in Its Fullness," 6.

경이 깨어지고 어그러진 이 세상에서 이러한 돌봄과 치유가 이루어진다면, 피조계가 갱신을 미리 맛보도록 돕는 것이다. 그리스도인의 이런 돌봄과 치유에는 신앙과 영적 가치가 선명히 나타나야 한다. 왜냐하면 생명수와 같은 성령께서 그리스도인을 통해 만국을 새롭게 하시고 치료하시기 때문이다(계 22:1, 5; 참고. 창 2:9-10; 겔 46:1-2).[325] 그리고 인간 자신의 만족보다는 먼저 하나님의 영광을 추구해야 한다. 저개발 국가에서 크리스천 수의사가 선교할 수 있는 공적 영역은 많다. 예를 들어, 가축을 치료하고, 가축이 인간에게 질병을 전달할 수 있음을 교육하며, 공중 보건을 강화하면서 신앙에 기반을 두는 친환경 공동체를 형성할 수 있다. 그리스도인은 애완동물을 돌봄으로써 만족을 느낄 뿐 아니라, 수의사의 선교 활동도 후원해야 한다.[326]

---

[325] A.D. 1세기에 밧모섬에는 여신 아데미를 숭배하는 '물 나르는 자들'(hydrophoroi)이라는 여 사제들이 있었다. 이 여사제들은 생명수와 생수의 강이신 성령을 모방한다(요 4:14; 7:37-39; 계 22:17). M. Wilson, "The Water of Life: Three Explorations into Water Imagery in Revelation and the Fourth Gospel," *Scriptura* 118 (2019), 2, 5, 13.

[326] 이 단락의 논의는 D. Graham and L. Wensel, "Caring for God's Animals is Caring for God's People," *Evangelical Missions Quarterly* 59/4 (2023), 52-57에서 요약함. 참고로 존 맥아더 목사와 같이 지구소멸론을 지지하는 미국의 세대주의자들은 '휴거 문화'(rapture culture), 즉 성도가 휴거 후에 천상의 세계에서 누릴 새로운 문화를 소망한다. 참고. D. W. Jones and A. J. Spencer, "The Fate of Creation in the Eschaton," *Southeastern Theological Review* 9/1 (2018), 78-87, 91. 참고로 사우스이스턴 침례신학교의 Jones와 Spencer는 요 3:16의 '세상'을 모든 피조 세계로 보고, 노아 방주 안의 짐승들이 구원받은 사실과 피조물이 썩어짐에서 해방될 것을 열망함(롬 8:18-25) 등에 근거하여 지구갱신론을 지지하면서, 벧후 3:10-13과 계 21:5에서도 갱신, 회복, 화해의 복음을 찾는다.

| 애완동물과 목회적 적용 |

한국 교회가 동물신학과 관련하여 실제로 고민하는 몇 가지 사항을 살펴보자. 이와 관련하여 예상되는 몇 가지 질문과 그것에 대한 해설을 소개하면 다음과 같다.

(1) '반려동물'은 성경적 용어가 아니라고 이미 설명했다. 여기서 두 가지 명칭을 분명히 정의해야 한다. 우선, (a) '동물신학'은 정당한 명칭일까? 동물을 신격화나 인간화할 의도를 배제한 채, 하나님께서 동물에 관하여 어떤 견해를 가르치시는가를 성경적으로 탐구하는 시도라고 한다면 이 용어를 사용할 수 있다.[327] 그리고 (b) 앤드류 린지는 '동물권'(animal rights) 대신 '신적 권리'(theos-rights)라는 명칭을 사용한다. '신적 권리'에는 사람이 동물에 대해 완전한 소유권을 주장할 수 없으며, 하나님만 모든 피조물에 대한 권리를 가지고 계신다는 뜻이 담겨 있

---

[327] AI 기반 정보 제공 프로그램인 'Claude3'에게 "What is animal theology?"을 질문하니, 아래와 같이 답했다. "동물신학은 비인간 동물의 특성과 도덕적 지위에 관하여 종교 및 영적 관점을 연구하는 분야이다. 동물신학의 몇 가지 주요 주제와 질문은 다음과 같다. (1) 다양한 종교에서 신적 창조 내러티브와 계획 안에서 동물의 위치와 역할, (2) 동물의 영혼과 영적 본질 및 도덕적 지위와 권리 여부, (3) 인간이 육식을 즐기고 동물 실험과 사냥을 할 경우 종교 및 윤리적인 고려 사항, (4) 동물에 대한 동정과 청지기직과 친절이라는 종교 안에서의 공감적 전통, (5) 동물의 고통과 종의 멸종과 같은 개념의 신학 및 윤리적 함의, (6) 동물의 인지와 감정에 대한 과정적 발견을 종교적 세계관과 결부시킴, (7) 인간-동물의 연대 그리고 인간과 애완동물 및 가축과의 관계를 신학적 관점으로 이해함. 동물신학은 성경, 종교철학, 윤리학 그리고 동물의 인지와 감정과 행동 능력에 대하여 점증하는 과학적 지식으로부터 자료를 도출한다. 따라서 동물신학은 종교, 철학, 윤리학, 그리고 동물학의 간학제적 연구 분야이다. https://claude.ai/chat/77bb8350-1c2e-4f6e-a5e1-0395c07d9b2d (2024년 4월 19일 접속).

다.[328] 다시 말해, '동물권'이 동물이 가지고 있는 권리를 가리킨다면, '신적 권리'는 하나님께서 가지고 계신 권리를 뜻한다. 십계명에 따르면, 사람은 동물에 대한 소유권을 가진다(출 20:17).[329] 그런데 동물이 '권리'를 가지고 있다면, 동물이 권리에 따르는 의무와 책임을 어떻게 지는지 설명하기 어렵다. 신약 성경에서 여성 명사 '권리'(ἐξουσία)는 성부 하나님(행 1:7), 성자 예수님(요 5:27; 골 2:10), 악인(행 8:19; 계 6:8), 하나님께서 세우신 인간 권세가(롬 13:3-6), 그리고 절제하는 사람(고전 7:37)에게 해당한다. 따라서 '권리'는 동물과 무관하다.

용어와 관련하여 첨언하면, 동물에게 '이웃', '형제', 혹은 '자매'라는 호칭을 부여하지 않도록 주의해야 한다.[330] 자기중심적인 인간이 동물을 연민하는 것은 가변적이어서 그것으로는 '종 장벽'(species barrier)을 무너뜨릴 수 없으므로, '동물 정의'(animal justice) 구현이 대안으로 제시되기도 한다.[331] 동물 복지에서 동물권으로, 이제는 동물 정의로 변화되

---

328 김기중, "앤드류 린지(Andrew Linzey)의 동물신학," 『좋은나무』 (2023년 11월 16일). 동물신학을 전공한 조직신학자 김기중은 린지가 사용하는 '신적 권리'라는 표현에 동물이 인간에게 도덕적 권리를 주장할 수 있다는 의미가 담겨 있다고 본다. Contra C. Palmer, "Animals in Christian Ethics: Developing a Relational Approach," *Ecotheology* 7/2 (2003), 181-82.

329 Contra 동식물에게 사람이 아니라 하나님이 부여하신 권리가 있다고 보는 G. H. Wittenberg, "Plant and Animal Rights- An Absurd Idea or Ecological Necessity: Perspectives from the Hebrew Torah," *Journal of Theology for Southern Africa* 131 (2008), 83.

330 Contra 호감이나 애정이 가지 않는 동물이라 해도 이웃으로 간주하여 그들의 필요를 간파하여 채워 주고 그들이 번성하도록 도와야 한다고 주장하는 K. J. Largen, "Neighbors, Neighbor-Love, and Our Animal Neighbors," *Word & World* 37/1 (2017), 45.

331 B.C. 55년에 로마 제국의 지도자 폼페이가 인간과 코끼리 간의 싸움을 검투사 대회의 무대에 올리자, 사방으로 포위된 코끼리는 불쌍한 몸짓과 소리를 내며 관중에게 연민을 호소한 바 있다. 이 장면을 두고 키케로는 사람처럼 코끼리에게도 사회성이 있다고 보았다. 참고. M. C. Nussbaum, "The Moral Status of Animals," *Chronicle of Higher Education* 52/22 (2006), 6-8. 시카고 대학교의 누스바움은 동물친화적인 공리주의가 최대 다수의 최대 행복을 강조하면서 공정한 분배에 별 관심이 없고 사람과 동물을 똑같이 대우하지 않는다고 비판한다. 그녀는 *Animal*

고 있다. '생태 정의' 혹은 '동물 정의'와 같은 용어가 제시되고 있는데, 이런 경우도 '정의'에 관한 성경적 용례를 먼저 살펴야 한다. 덧붙이면, '종 장벽'은 지양되어야 하지만, '종 구분'은 유지되어야 한다. 종 장벽을 허물고 종 차별을 철폐하려는 운동이 일어나기도 하는데, 미국과 남아공 그리고 유럽 축구장에서 볼 수 있는 인종차별이 더 중대한 사항임에 틀림없다.

(2) 사람과 동물은 영혼을 가지고 있을까?(참고. 웨스트민스터신앙고백서 32장 1–3항). 동물에게 영혼은 없다[ex. 아우구스티누스, 고메즈 페레이라(d. 1558)].[332] 동물에게는 육체와 정신, 인지, 그리고 감각 능력이 있을 뿐이다. 그러므로 동물의 죽음은 영혼과 육체의 분리로 보기 어렵다. 그런데 천주교의 입장은 이와 사뭇 다르다. 1990년 1월 19일에 교황 요한 바오로 2세는 로마에서 행한 공적 설교에서 동물에게 하나님의 생명의 숨과 '영혼'이 있기에, 사람은 '더 작은 형제'(smaller brethren)인 동물과 연대감을 느끼고 (하나님의 섭리적 돌보심을 따라) 사랑해야 한다고

Rights(2004)의 저자이기도 한데, 반유대주의, 인종차별주의, 성차별주의, 호모포비아, 종차별주의와 같이 차별에서 혐오가 어떤 식으로 작동하는가를 연구한다. 참고. P. S. Wenz, "Review: Against Cruelty to Animals," Social Theory & Practice 33/1 (2007), 130.

332 동물에게 영혼이 없다고 주장하는 철학자들은 동물을 마치 자동기계처럼 간주하며, 1969년에 옥스퍼드대 심리학자 라이더(Richard Ryder)가 명명한 '종 차별주의'를 대체로 지지한다. 한스 베르너 인겐시프, 하이케 바란츠케, 『동물철학』, 49, 129. 참고로 고백자 막시무스의 주장은 이와 다르다. "영혼에는 세 가지 힘이 있습니다. 첫째, 영양분 공급과 성장의 힘. 둘째, 상상력과 본능, 그리고 셋째, 지능. 식물은 이 중 첫 번째 힘만 공유하고, 동물은 첫 번째와 두 번째 힘만 공유하며, 인간은 세 가지 모두를 공유합니다. 처음 두 힘은 소멸되기 쉽습니다. 셋째는 분명히 썩지 않고 불멸합니다."(St. Maximos the Confessor, The Third Century on Love).

강조했다(참고. 욥 5:23). 교황의 이 설교는 동물이 '성령의 창조적 행동의 열매'이자 존중을 받을 만하다는 천주교의 첫 번째 발표였다.[333] 동물 축복식을 인정하는 천주교의 어떤 학자는 성당에 오는 개를 '천주교 개'(Catholic dog)라고 부른다.[334] 조셉 스미스(J. F. Smith)와 같은 몰몬교 지도자들도 동물에게 영혼이 있기에 구원받고 부활한다고 보았다. 17세기 이탈리아 쿠페르티노(Cupertino)의 성 요셉은 동물을 부활시켰다고 전해진다. 그리고 수도사 요셉은 여러 차례 공중 부양을 했다고 알려지면서, 교황 클레멘스 13세에 의해 비행사의 수호성인으로 선포되었다. 천주교는 성 요셉이 죽은 동물을 살린 것과 그의 공중 부양을 어떻게 검증했는지 궁금하다.

(3) 동물도 완성된 신천신지, 즉 영원한 천국에 갈까? 악어와 같은 동물을 숭배했던 고대 이집트에서 고양이와 개 그리고 영양(gazelle)과 같은 애완동물은 미라로 처리되어 죽은 주인과 함께 매장되었다. 이집트의 일부 파라오들은 애완견을 위해 무덤을 세워 명예를 돌리기도 했다.[335] 애완동물은 저 세상에서도 길동무처럼 대우를 받았다. 그렇다면 이에 대한 성경의 입장은 무엇일까? 이 세상에 존재하는 동물은 죽은

---

333 참고. Field, "Comforters and Friends," 243; Berkman, "From Theological Speciesism to a Theological Ethology," 25–27.

334 천주교는 동물 세례는 반대하지만 축복식은 찬성한다. 그런데 성도가 동료 성도에게 하듯이 애완동물을 향해 축복송을 부르는 것은 어불성설이다. 동물은 성도의 축복 즉 복 빎의 대상이 아니라, 돌봄의 대상이다. 동물을 사람과 동등한 인격체로 대우하는 동물 축복식은 성경적이지 않다.

335 L. R. Ottenberg, "The Beast within: Unwrapping Egyptian Animal Mummies," *Journal of Theta Alpha Kappa* 29/2 (2005), 13–14, 18.

후에 천국에 가지 않는다. 동식물은 거기서 새롭게 창조될 것으로 보인다.[336] 동물 중에서 성경에 마지막으로 나타나는 정관사를 동반한 남성 복수 주격 명사 '그 개들'(οἱ κύνες)은 어린양의 신부인 교회를 상징하는 새 예루살렘성 바깥에 있다(계 22:15). 여기서 사도 요한은 일반적이고 문자적인 '개들'이 첫째 부활과 둘째 부활을 독점할 예수님의 신부인 교회가 아니라고 가르치는가?(계 11:11; 20:6). 아니다. 요한계시록 22장 15절의 '그 개들'은 소아시아 일곱 교회를 박해했던 율법주의적 유대주의자를 은유적으로 가리킨다(신 23:18; 빌 3:2; 계 2:9; 3:9). 신약 성경에 42회 나타나는 여성 명사 '부활'(ἀνάστασις)은 예수님과 사람에게만 적용되고, 동식물에게는 적용되지 않는다(요 5:28-29; 11:25 등).

동물의 구원과 부활에 관한 안식교의 입장을 참고해 보자. 안식교도 데이비드슨(R. M. Davidson)에 따르면, 적어도 구약에 희생 제물로 바쳐진 짐승들과 애완동물은 구원을 받고 부활하여 영원히 사는데, 그는 나름대로 성경의 근거를 몇 가지 제시한다. (a) "사람과 짐승을 구하여 (영생) 주시나이다"(시 36:6). (b) 아담이 동물을 다스렸던 첫째 권한을(창 1:28) 왕 같은 제사장인 신약 성도가 회복함으로써, 회복된 에덴동산에

---

336 금명진, "동물에 대한 선교적 돌봄과 신학적 고찰," 69. 참고로 위르겐 몰트만(d. 2024)은 지구 (땅)가 죽은 자들과 함께 새 창조를 받기 위해 일으켜진다고 본다. 즉 죽은 자들은 '지구(땅)로부터' 부활하지 않고 '지구(땅)와 함께' 일으킴을 받는다. 이 땅은 영원한 창조에서 새 땅이 된다. 몰트만은 인간과 지구는 생태적으로 연합하고 있다고 본다. 몰트만은 사람과 지구(땅)가 새롭게 일으킴을 받을 때, 동물의 부활은 언급하지 않는데, 지구의 새 창조는 동물의 부활을 전제하지 않기 때문으로 보인다. 그런데 몰트만은 보편구원론자이므로, 아담 이래로 수많은 모든 인류가 어떻게 이 갱신된 지구에 살 수 있는지 답해야 한다. J. Moltmann, *The Coming of God: Christian Eschatology* (Minneapolis: Fortress, 1996), 276-77.

서 동물을 다스린다는 것(미 4:8; 계 5:10; 20:4; 22:5). (c) 하나님은 니느웨 성의 짐승들에 관심을 두셨고(욘 4:11), 동물들과 언약을 맺으셨으며(창 9:10; 호 2:18), 안식일 규정은 동물에게도 적용되었다는 것(출 23:12). (d) 하나님은 동물이 받는 학대를 미워하시며(민 22:32), 동물의 소리를 들으신다는 것(욥 12:7-9; 40:15-19; 41:10; 시 104:21, 27, 28; 사 43:20; 계 5:13). (e) 하나님께서 노아를 '기억하셔서' 구원하셨듯이(창 8:1), 참새도 '기억하셔서' 구원하신다는 것(눅 12:6). (f) 사람의 타락이나 악의 기원과 직접적인 관련이 없는 무죄한 동물들은 주님의 재림 때 부활하여 구원받는다는 것(시 104:27-30; 롬 8:20-21). (g) 안식교 창시자 앨런 화이트(Ellen G. White)와 루이스(C. S. Lewis)에 따르면, 동물은 어떤 사람들보다 감각 기관과 인지를 더 잘 활용하면서 동료에게 애정을 보이는데(참고. E. G. White, *The Ministry of Healing*, 315-16), 동물에게서 발견되는 '사랑'과 '신뢰'는 천국의 존재에게 적합한 특질이라는 것. (h) 성경은 동물을 '영'(souls) 그리고 '인격'(persons)이라 부른다는 것(창 1:20, 21, 24, 30; 9:10). (i) 어린 자녀에게 애완동물을 천국에서 볼 수 없다고 말하는 것은 하나님의 속성 중 사랑에 어울리지 않고, 하나님은 천국에서 애완동물을 다시 만날 것이라는 어린 자녀의 소원을 들어주신다는 것(시 37:4; 고전 2:9). 이런 성경적 근거들은 '개'교리('Dog'matics)를 만들 수 있는 확실한 근거가 아니라, 성경에서 찾을 수 있는 '힌트'이다.[337]

---

337 R. M. Davidson, "The Salvation of Animals?" *Perspective Digest* 22/2 (2017), Np. 그리고 안식 교도 A. R. Schafer, "You, YHWH, save Humans and Animals: God's Response to the Vocalized Needs of Non-human Animals as Portrayed in the Old Testament," (Ph.D. Thesis, Wheaton

데이비드슨의 주장을 비판해 보자. (a) 시편 36편 6절의 '구하다'(יָשַׁע, σώσεις)는 '영생을 주다'라는 의미일까? 이 히브리어 동사 '야샤'(יָשַׁע)는 '구원하다'와 더불어 필요를 채워서 '돕다', '보호하다', 혹은 '보존하다'라는 의미도 강하다(삼하 14:4).[338] 그리고 시편 36편의 초점은 짐승이 아니라 '주님의 날개 그늘 아래 피한 사람들'(시 36:7), 곧 '주님을 아는 사람들' 즉 '마음이 정직한 사람들'이다(시 36:10). (b) '제사장 나라'는 동물을 다스리기보다 살아 계신 하나님을 불신자들에게 증거한다(출 19:6; 벧전 2:9; 계 5:10). 예수님께서 다스리시는 천년왕국 중에 그리스도인은 악과 죄와 사탄을 이겨서 다스리지, 동물을 정복하여 다스리지 않는다(계 20:4; 22:5).[339] (c) 하나님께서 동물에 큰 관심을 두신다는 사실이 동물의 부활과 구원을 보장하지 않는다. (d) 하나님께서 동물의 소리와 기도와 찬양을 들으신다는 주장은 성경의 시적 표현을 문자적으로 잘못 해석한 것이다. 특히 요한계시록 5장 13절의 천상의 예배 환상은 '상징적으로' 해석해야 한다. 그리고 거짓 선지자 발람이 탔던 나귀가 말한 것은 예외적인 역사적 사실이지만(벧후 2:16), 그것을 보편화하여 모든 동물이 말하고 찬양할 수 있는 것처럼 과대 해석하지 않아야 한다. (e) 동사 '기억하다'가 반드시 '구원'으로 이어진다는 보장은 없다. 종종 하나님은 악인의 죄를 '기억하셔서' 심판하신다(계 18:5). '기억하다'는

College, 2015); V. Virga, *The Soul of All Living Creatures: What Animals can teach Us about Being Human* (New York: Broadway, 2014)도 참고하라.

338 W. A. VanGemeren, *Psalms* (Grand Rapids: Zondervan, 2008), 338.

339 K. L. Gentry Jr., *The Divorce of Israel: A Redemptive-Historical Interpretation of Revelation*, Volume II (Dallas: Tolle Lege, 2024), 1562.

구원의 용어라기보다 언약 용어이다(창 19:29; 출 2:24; 레 26:45; 시 78:7-10).[340] 하나님은 선행과 악행을 기억하셔서 언약의 복과 구원을 주시기도 하시지만, 언약의 심판과 저주도 내리신다. (f) 아담이 타락한 후로, 사람은 물론이고 동물도 부패하고 말았다. (g) 동물에게 인지와 감각 능력이 있다는 사실에서 동물의 구원과 부활을 찾는 것은 논리적 비약이다. 그리고 동물이 사람 못지않다는 주장은 자칫 진화론을 지지하는 것으로 비칠 수 있다. (h) 동물에게 영혼이 없다는 주장은 앞에서 살핀 대로 전도서 3장 21절을 통해 확인할 수 있다. (i) 하나님은 자기 자녀에게 마음의 소원을 두고 행하시며 들어주시지만, 시편 37편 4절은 악인이 승승장구하는 현실을 마주한 시인이 신정론이라는 어려운 주제를 다루는 문맥 안에서 이해해야 한다. 소유가 적은 의인은 부자가 된 악인을 보고 시기하지 말고, 공급하시며 붙잡아 주시는 하나님으로 인해 기뻐해야 한다(시 37:1, 4, 11, 16-17).[341] 그리고 고린도전서 2장 9절은 천국에서 애완견을 다시 볼 것을 소망하라는 취지와 관련이 없다(참고. 사 64:4). 여기서 바울은 성령께서 깨닫게 하셔야만 하나님의 진리, 곧 하나님께서 주시는 은혜와 십자가의 복음을 알 수 있다는 사실을 강조한다(고전 2:1-2, 12-13).[342] 요약하면, 성경을 해석·적용할 때는 탈문맥적 해석을 거부하고, 문맥 속에서 본문의 의미를 찾아, 정당하게 적용

---

340 Gentry Jr., *The Divorce of Israel: A Redemptive-Historical Interpretation of Revelation*, Volume II, 1397.

341 VanGemeren, *Psalms*, 342.

342 앤드루 나셀리, 『ESV 성경 해설 주석 고린도전서』, *1 Corinthians*, 홍병룡 옮김 (서울: 국제제자훈련원, 2022), 75-79.

해야 한다.

(4) 러쉬코리아는 직원 한 명당 '반려동물 수당' 월 5만 원을 지급하고 있으며, 롯데백화점은 '반려동물 경조'와 '반려동물 장례 1일 휴가'를 직원 복지로 시행 중이다(참고. 동물보호법 시행규칙 제36조). '반려동물 장례식'의 일반적인 절차는 다음과 같다. 전화 상담 → 운구(픽업) → 장례식장 도착 → 염습 및 입관 → 추모(종교별) → 화장 → 유골 수습 → 분골 → 납골/산골/스톤 (→ 동물 등록 말소).³⁴³ 그렇다면 성경은 반려동물의 장례식을 지지할까? 하이델베르크 대학교 실천신학 교수 예르크 나이엔후이스(Jörg Neijenhuis)는 동물 유골함을 앞에 두고 동물 장례를 아래와 같이 시행할 것을 제안한다. (a) 삼위 하나님을 부름, (b) 동물의 이름을 거론하고 소개함, (c) 성경 봉독(창 1:20-22), (d) 아멘, (e) 동물 주인의 추도사, (f) 유골함을 묻음, (g) 유골함 위에 흙을 뿌림, (h) 헌화, (i) 주기도, (j) 복의 선언.³⁴⁴ 이와 유사하게 ChatGPT는 '반려동물'의 삶을 기리

---

343 국은숙. "반려동물 장묘서비스 이용 실태조사." 5. 참고로, 한국에서 '반려인들'은 의복 형식이 아니라 이불싸개 형식의 수의(壽衣)를 선호했고, 면 100% 소재를 선호했다.

344 참고. J. Neijenhuis, "Liturgie für Ein Tiergräbnis: Ein Vorschlag," *Jahrbuch für Liturgik und Hymnologie* 61 (2022), 10, 22-26. 참고로 2022년 기준으로 독일에 약 120개의 동물 묘지(주로 화장한 유골함을 묻는 묘지), 30개의 동물 화장장, 약 160명의 동물 장의사가 있다(참고. 프랑스 Asnières에 있는 최초의 개 무덤). 독일에서는 2015년부터 사람과 동물을 합장(合葬)할 수 있으며, 동물 매장보다는 화장 비율이 훨씬 높다. 독일 개신교와 천주교에 동물 장례에 관한 공식 예전서는 아직 없다. 독일의 '동물 화장 증명서'에 화장된 동물이 '낙원'에서 다른 동물과 즐겁게 지내며, 주인을 그리워한다는 문구가 있다. 모든 생물은 영혼을 가지고 있다고 보는 옌스 펠트(Jens Feld, 2011)는 동물 장례 예식을 삼위 하나님의 이름을 부르며 시작하여, 시편찬송과 설교, 그리고 매장 순서로 진행할 것을 제안했다. 천주교 윤리 신학자 미카엘 로젠버거(Michael Rosenberger)는 그리스도의 십자가 구속을 동물에게도 적용하면서 동물 장례를 지지한다. 천주교 사제이자 가족 치료사인 만프레트 항얼베르거(Manfred Hanglberger, 1980)는 동물의 무덤에 헌화하고 성수를 뿌리며 십자가를 세우는 것을 지지하고, 향을 피워 동물의 영혼이 하나님에게 올라간 것을 기념

고 사랑과 추억을 나누는 '동물 장례 예배' 순서를 아래와 같이 제시한다. [345]

(1) 예배 시작

환영 인사: 예배를 주관하는 사람이 참석자들에게 인사하고 예배의 목적을 설명한다.

묵념: 반려동물을 기억하며 짧은 묵념 시간을 가진다.

(2) 개회 기도

기도: 반려동물의 삶을 감사하며, 남겨진 가족을 위로하는 기도를 한다.

(3) 추모 말씀

추모사: 가족이나 친구들이 반려동물과의 추억을 나누고, 그들이 얼마나 특별

하는 예전을 제시했다.

[345] https://chatgpt.com/c/199394ec-69e5-44a4-950c-b62e72efefd2 (2024년 6월 12일 접속). 참고로 ChatGPT는 '동물 장례식 절차'를 다음과 같이 설명한다. 동물 장례식이란 사랑하는 '반려동물'을 잃은 후, 그들의 마지막을 기리는 중요한 과정이다. 아래는 (사람 장례식과 거의 비슷한) 일반적인 동물 장례식 절차이다. (1) 장례식 준비: (a) 반려동물의 사망 확인: 반려동물이 사망했는지 확인하고, 필요시 수의사의 도움을 받는다. (b) 장례식 서비스 선택: 반려동물 장례식을 전문으로 하는 장례업체를 찾는다. 서비스에는 화장, 매장, 추모식 등이 포함될 수 있다. (2) '반려동물'의 이동: 장례업체가 제공하는 픽업 서비스를 이용하거나 직접 반려동물을 장례식장으로 이동시킨다. 이동 중에는 반려동물의 몸을 담요로 감싸는 것이 좋다. (3) 장례식 준비: (a) 추모식 준비: 가족과 친구들이 모여 반려동물을 추모할 수 있는 작은 추모식을 준비할 수 있다. 사진, 비디오, 편지 등을 통해 추억을 나누는 시간이 될 수 있다. (b) 유체 처리 방법 선택: 화장 또는 매장을 선택한다. (4) 화장 또는 매장: (a) 화장: 화장을 선택한 경우, 반려동물의 몸은 화장되고 유골은 가족에게 반환된다. 유골은 유골함, 목걸이, 또는 다른 형태로 보관할 수 있다. (b) 매장: 매장을 선택한 경우, 반려동물 전용 묘지에 묻히게 된다. 매장지를 선택하고, 묘비나 표지판을 설치할 수 있다. (5) 추모와 기억: (a) 유골 보관 또는 산포: 유골을 집에 보관하거나, 특별한 장소에 산포할 수 있다. (b) 추모 물품: 반려동물의 유품, 사진, 발자국 등을 통해 추모할 수 있다. (c) 온라인 추모: 많은 사람이 소셜 미디어나 추모 사이트를 통해 반려동물을 기리는 게시물을 올리기도 한다. (6) 후속 조치: (a) 정서적 지원: 반려동물을 잃은 슬픔을 극복하기 위해 상담사나 지원 그룹의 도움을 받을 수 있다. (b) 기념행사: 매년 반려동물의 기일이나 특별한 날에 작은 기념 행사를 열어 추억을 되새길 수 있다. 반려동물 장례식은 가족의 마음을 위로하고, 반려동물에게 마지막 인사를 전하는 중요한 시간이다. 각각의 과정에서 충분한 시간을 가지고 준비하는 것이 좋다.

했는지 이야기한다.

주관자의 말씀: 장례식 주관자가 준비한 추모의 말을 전한다. 반려동물의 의미와 그들이 우리에게 준 사랑에 대해 이야기할 수 있다.

(4) 추모 영상 및 사진

영상 상영: 반려동물과의 추억이 담긴 사진이나 영상을 상영한다.

음악: 반려동물이 좋아했던 음악이나 가족에게 위로가 되는 음악을 함께 들을 수 있다.

(5) 성경 구절 또는 시 낭독

성경 구절: 종교적인 배경이 있다면 성경 구절을 낭독할 수 있다.

시 낭독: 반려동물을 추모하는 시를 낭독한다.

(6) 추모의 시간

개인 추모 시간: 참석자들이 각자의 방식으로 반려동물을 추모하는 시간을 가진다.

작별 인사: 참석자들이 돌아가며 반려동물에게 마지막으로 작별 인사를 하는 시간을 제공한다.

(7) 폐회 기도

기도: 예배를 마무리하는 기도로, 반려동물의 영혼이 평화롭게 쉬기를 기원하고, 남겨진 가족들에게 위로와 평안을 기원한다.

(8) 마무리 인사

감사의 말씀: 참석자들에게 감사 인사를 전하고, 이후의 일정을 안내한다.

(9) 유골 또는 매장지 이동

화장 또는 매장: 예배 후 반려동물의 유골을 화장하거나 매장지로 이동하여 안치한다.

하지만 예르크 나이엔후이스의 주장과 ChatGPT의 설명에 성경적으로 반대하는 목소리가 매우 중요하다. 예를 들어, 독일 개신교 신학자 카이 풍크슈미트(Kai Funkschmidt, 2019)는 그리스도의 십자가 구속의 대상이 아니며, 세례와 무관한 동물 장례를 반대한다. 성경적 장례식은 유족을 위로하고 부활의 신앙과 소망을 굳건하게 하는 예식이다. 기독교 장례식은 예수님 안에서 신자가 죽고 부활하는 성례인 세례식을 연상시킨다. 침례식 때 물에 들어가서 죽고 물 밖으로 나와 사는 것처럼, 성도가 죽더라도 부활할 것을 소망하기 때문이다. 세례받은 후 예수님으로 옷 입고 그리스도를 영의 양식으로 먹고 마신다면, 몸의 부활로써 영광을 입을 것이다.[346] 이런 의미에서 엄밀히 말하면, 기독교 장례식은 세례 교인에게 적절하다(참고. 미국 연합감리교회는 장례식에서 성찬을 거행함). 그러므로 동물에게는 부활이 없기에, 인간의 장례식과 동일한 방식으로 동물 장례식을 시행할 수 없다.[347] 이에 대한 칼뱅의 말을 들어 보자. "성경은 부활을 하늘의 영광과 더불어 오직 하나님의 자녀들에게만 매우 자주 제시하고 있다는 점을 주목해야 한다"(기독교강

---

346 D. E. Saliers, *Worship as Theology: Foretaste of Glory Divine* (Nashville: Abingdon Press, 1994), 61-66.

347 "반려존재는 인간과 같이 영이 존재하지 않는 존재로 그 어떤 구원을 논해서도 안 된다. 다만 그동안의 반려를 생각해서 검소하게 매장하는 절차나 국가의 소각 절차를 따라 마무리하도록 해야 한다. … 수명을 다한 반려존재를 위한 그 어떤 예식, 묵념 등의 행위도 있을 수 없다. … 반려존재와 함께 하는 그리스도인은 반드시 인간 존중과 사람 사랑을 잊어서는 안 된다." "반려동물에 대한 입장," (http://xn—tv-oc2iw04e.com/news/view.php?idx=423&mcode=m63vdwx; 2023년 3월 18일 접속). Contra 펫 로스로 인한 우울감과 상실감을 극복하도록 돕기 위해 동물 장례식은 꼭 필요하다고 보고 죽은 동물을 위한 제사를 권장하는 최시영 외, "반려동물 장례 및 펫로스 증후군 관련 산업 현황 연구," 『인문사회21』 14/2 (2023), 485, 490.

요 3.25.9).[348] 예수님께서 재림하실 때, 동물이 아닌 성도가 부활과 영광을 경험할 것이며, 공중으로 들려져서 주님을 맞이할 것이다(살전 4:16-17). 그리고 예수님과 성도는 공중에서 신천신지로 변한 이 지구로 내려와서 영원한 복을 함께 누릴 것이다.

장로교회의 표준문서 중 하나인 웨스트민스터 예배모범(1644) "XIII. 죽은 자의 매장에 관하여"에는 '장례식' 혹은 '장례 예배'라는 용어가 나타나지 않으며, 단지 '죽은 자의 매장'이라 부름으로써 교회의 예식이 아니라고 밝혔다. 따라서 동물의 사체를 (소각) 처리하는 행위 또한 '장례 예배'라 부를 수는 없다.[349]

일본에서는 애완동물이 묻힌 곳에 함께 매장되기 원하는 사람이 늘고 있다. 실제로 도쿄, 오사카, 홋카이도, 후쿠오카 등에서는 인간과 동물의 동반 장묘가 허용되었고, 이용객이 증가하고 있다.[350] 한국 교회에서도 이런 요구가 발생하지 않을 것이라는 보장이 없다. 심지어 '반려동물 부의금'에 대한 찬반 논쟁도 일고 있다. 또한 동물 장례식만큼이나 혼인식에 등장한 '강아지 화동'(花童), 즉 '화견'(花犬)이 이슈가 되

---

348 성서대 이원옥은 임종예배를 '천국부름예배'로, 입관예배를 '소천송별예배'로, 발인예배를 '천국환송예배'로, 하관예배를 '부활대망예배'로, 추모예배를 '소천기념예배'로 명칭을 바꾸자고 제안하고, 각각의 예전을 소개했다. 이런 다양한 명칭은 동물에게 부적절하다. 이원옥, "선교를 위한 장례예식 절차에 대한 성경적인 고찰," 『복음과 선교』 16 (2011), 157-90.

349 로마 제국에서 동물의 장례는 거의 주목을 받지 못했으며, 장례 연설은 조상에 감사할 것과 젊은이들이 본받아야 할 교훈에 집중했다. M. F. Williams, "Roman Funeral Rites (Polyb. 6.53F.), Lucius Aemilius Paulius' Lauditio Funebris, and the Procession of Romans in Virgil, Aeneid 6," *Scholia* 16/1 (2007), 69-92.

350 정영근, "반려동물 장묘행정에 관한 연구: 장묘업을 중심으로," (박사학위, 배제대학교, 2021), 38-39.

고 있다. 웨딩드레스를 차려입은 강아지가 꽃이나 선물을 입에 물고 웨딩아일(wedding aisle)을 달려 신랑과 신부에게 전달하는 이벤트도 있다. 그러나 그리스도인의 혼인식은 '사랑의 언약식'이지, 하객을 즐겁게 하는 이벤트가 아니다. 신랑과 신부가 하나님과 증인들 앞에서 서약하는 데 방해가 되는 요소는 마땅히 제거해야 한다.

(5) 목사는 성도의 사업과 직장을 위해 심방하고 기도한다. 그렇다면 성도는 가축이나 동물이 병들면 목회자를 초청하여 기도를 부탁할 수 있을까? 그렇게 할 수는 있지만, 그것은 목사만의 임무는 아니다(참고. 잠 12:10). '반려동물' 전성시대를 맞이하여, 교회의 공식 기도 제목에 병든 애완동물의 이름이 올라오지 않으리라는 법이 있을까? 심지어 어떤 교인은 자신의 애완견 1주기 추도식을 목사가 거행해 주기를 바랄 것이다. 심방이든 기도이든 공 예배이든 간에, 성도가 하나님께 집중하기 위해서는 애완동물이 그런 모임에 방해가 되지 않도록 미리 조치하는 것이 마땅하다. 그런데 동물친화주의자들은 동물을 포함하여 모든 생명체가 하나님께 영광과 예배를 드릴 수 있다고 보면서 몇 가지 근거 구절을 제시한다(시 145:21; 사 43:20; 66:23; 계 5:13).[351] 여기서 "모든 육체"(시 145:21; 사 66:23)는 영혼을 가지고 하나님을 예배하는 사람을 가리

---

[351] 예를 들어, 영국 체스터대학교의 P. J. Atkins, "Praise by Animals in the Hebrew Bible," *Journal for the Study of the Old Testament* 44/3 (2020), 507-508; 호주 Alphacrucis대학교의 D. Rizzo, "Animal Glossolalia: A Pneumatological Framework for Animal Theology," *Pneuma* 46/1 (2024), 62-63, 71. 심지어 Rizzo는 계 5:13의 동물들이 '천사의 방언'을 말한다고 주장한다.

킨다. 그리고 바벨론 포로로부터 귀환이라는 구원을 묘사하는 맥락에서, 동물이 하나님께 명예를 돌린다는 묘사는 상징적 의미로 파악해야 한다(사 43:14-21).

(6) 그리스도인은 펫로스 증후군을 어떻게 극복할 수 있을까?[352] 혹자는 애완동물을 잃었을 때의 슬픔을 '권리를 빼앗긴 슬픔'(disenfranchised grief)이라고 부른다. 사회적으로 그리 중요하지 않은 상실과 슬픔으로 간주되어 공적으로 알려지지 않고 사회적 지지를 받지 못하는 슬픔이기 때문이다.[353] 펫로스 증후군을 경험할 가능성이 있는 사람들 가운데 약 22%는 애완동물을 다시는 키우지 않겠다고 응답한다.[354] 혼인했지만 의도적으로 자녀를 낳지 않는 딩크족(DINK: Double Income, No Kids)이 애완동물만 키우는 경우에는 이들을 '딩펫(dink+pet)족'이라 부르는데,[355]

---

352 영국인과 호주인에게 인간 사별과 동물 사별의 충격은 거의 동일하다. 혹자는 '소속의 네트워크', '추억의 가상 정원', 혹은 '가상 애완동물 묘지'라는 이름을 붙여 온라인에서 애완동물을 추모한다. B. Lavorgna and V. E. Hutton, "Grief Severity: A Comparison between Human and Companion Animal Death," *Death Studies* 43/8 (2019), 526; F. O. Eason, "'Forever in Our Hearts' Online: Virtual Deathscapes maintain Companion Animal Presence," *Journal of Death & Dying* 84/1 (2021), 214, 221.

353 센트럴침례신학교 목회신학 교수인 타리스 로셀은 예배나 설교 중에 죽은 애완동물을 언급하면서 그 주인 교인을 위로한다. 로셀은 목회자 대신에 일반 교인이 교인의 애완동물이 죽으면 그 주인 교인을 위로하는 지원팀을 구성할 것을 제안한다(참고. 국제반려동물심리상담협회). 캔자스에는 '애완동물(을 잃고) 슬픔(에 빠진 사람을) 지지(하는) 그룹'이 활동 중이다. T. D. Rosell, "Grieving the Loss of a Companion Animal: Pastoral Perspective and Personal Narrative regarding One Sort of Disenfranchised Grief," *Review and Expositor* 102 (2005), 51-52, 55, 61. 국내에도 펫로스로 인한 슬픔, 공허감, 죄책감, 식욕 감퇴, 우울증, 불면증, 환각 등을 극복하는 프로그램에 대한 요청이 많다. 최시영 외, "반려동물 장례 및 펫로스 증후군 관련 산업 현황 연구," 482, 484.

354 국은숙, "반려동물 장묘서비스 이용 실태조사," 20.

355 교육심리학에 따르면 책(텍스트)에 치유의 능력이 있다. 책-드라마 치료법의 5가지 단계는 (1) 준비를 위한 단계, (2) 텍스트 선택 단계, (3) 텍스트 제시 단계, (4) 이해-조성 단계, (5) 추후 활동과 평가 단계이다. 텍스트 이야기와 참여자의 삶의 이야기가 역동적으로 만나 깊은 성찰을 끌

이런 딩펫족은 애완동물 상실 증후군을 경험할 가능성이 크기에, 증후군의 특성을 살펴서 맞춤식 처방이 필요하다. 그런데 그리스도인은 세상 끝나도록 신실하게 반려하시는 보혜사 예수님이나 성령님과의 친밀한 교제가 펫과의 교류보다 더욱 중요함을 기억해야 한다.[356] 무엇보다 교회는 성도의 교제를 회복하여, 동물이 주는 안정감을 능가하도록 만들어야 한다. 청교도 리처드 백스터(R. Baxter)가 오랜 전에 간파했듯이, 우울증에 빠진 사람들에게 하나님의 도움의 손길은 대부분 가족과 같은 가까운 '사람'을 통해 나타난다.[357] 물론 우울증 환자 자신은 하

어낸다. 특히, 네 번째 순서인 '이해-조성 단계'에서는 비블리오 드라마를 적용하여 다양한 질문 유형을 통해 텍스트의 핵심적인 장면을 극화 활동으로 시도한 후, 문제에 관한 충분한 통찰을 시도한다. 박진경, "펫로스 증후군과 상호작용적 독서치료: 비블리오드라마 모형," 『신학과 실천』 81 (2022), 439, 447.

356 예수님께서 육신을 입으신 사실(요 1:14)을 육체를 입은 사람과 동물, 즉 모든 육체에게 성령을 부으심(욜 2:28)을 접맥한 경우에 관해서는 덴마크 신학자 닐스 그레거슨(Niels H. Gregersen)과 데이비드 커닝햄(David S. Cunningham)에 동의하는 Linzey and Linzey, "The Basis for an Amicus Brief for 'Happy' the Captive Elephant," 249를 보라. 린지 부녀의 이런 주장은 성령의 내주가 동물에게 있다는 오해를 산다. 동물신학의 본거지인 옥스퍼드 대학교의 제임스 그랜거(James Granger, 1772)와 존 뉴먼(John H. Newman, 1842), 니콜슨(E. W. B. Nicholson, 1879)에 동의하면서, 린지 부녀는 어린양 예수님의 고난(사 53:7)에서 힘없는 동물이 겪는 고난도 그리스도의 고난과 닮았다고 주장한다. 따라서 동물의 '신적 권리'(the theos-rights)를 주장하는 린지 부녀는 성령론과 기독론조차 동물 중심으로 환원시킨다. 참고. 이성호, "동물 연구(Animal Studies) 시대에서 기독교 신학의 길 찾기," 167-70. 하지만 성령께서 모든 생물의 생명을 유지하고 계심은 분명하다. Vorster, "The Relationship between Human and Non-Human Dignity," 408, 412. 그런데 Vorster는 예수님의 성육신은 인간에게만 아니라 땅의 모든 생물과 사물에도 존엄(dignity)을 부여하셨는데, 물질세계도 주님의 구원 사역의 일부이기 때문이라고 본다. 그리고 Vorster는 예수님께서 사람만 아니라 동식물을 포함한 모든 존재를 위해 죽으셨기에, 사람과 하나님의 관계는 물론 사람과 다른 생물과 자연의 관계도 회복하셨다고 본다. Vorster의 주장이 옳다면, 예수님은 성육하셔서 애완견에게 존엄을 주셨고 그것을 위해 죽으셨다. 그리고 만유이신 예수님의 죽으심과 부활은 만유의 죽음과 부활로 보아야 하는가? Vorster는 이에 긍정하겠지만, 성경적 답은 '아니다'이다. 왜냐하면 오직 그리스도인만 주님과 함께 죽고 부활하며, 주님의 재림과 최후 심판으로써 만유는 우주적으로 갱신 및 회복될 것이기 때문이다.

357 리처드 백스터 외 2인, 『우울하고 불안한 그리스도인들에게』, *Depression, Anxiety, and the Christian Life: Practical Wisdom from Richard Baxter*, 최원일 · 김안식 옮김 (서울: 세움북스, 2024), 255.

나님의 사랑의 복음이라는 위대한 진리에 귀를 기울여야 하고, 비밀이
보장된 목회자의 돌봄도 받아야 하며, 약물 치료도 필요하다.[358] 우리
는 이웃의 고통에 관해서 어떤 증후군을 느껴 보았는가?

⑺ 동물에 감정적으로 의존하는 사람들을 '약한 성도'라 부른다면,
그렇지 않은 강한 성도는 그들을 정죄하거나 임의로 판단하지 않도록
주의해야 한다(참고. 롬 14:3, 10).[359] 삶의 방식의 차이는 존중되어야 한
다. 동물을 잘 돌보는 성도는 동물 비애호가보다 정서가 따뜻하고 풍
부하며 강할 가능성이 크다. 가난한 사람에게서 암양 새끼는 마치 '딸'
과 같다는 말씀이 애완동물을 '내 새끼'라 부를 수 있는 성경적 근거가
될 수 있을까?(삼하 12:3). 여기서 '딸'(בַת)은 '맹세의 딸'(daughter of oath)이
라는 의미의 우리야의 아내 이름 '밧세바'(בַת־שֶׁבַע)와 무관하지 않기에,
언어유희(word play)를 위해 사용되었다.[360] 한국인만큼 애완동물에게 사
람의 이름이나 가족 관계를 많이 부여하는 다른 국민을 찾아보기란 쉽
지 않다. 교회를 하나님의 가족으로 귀하게 여기는 인식이 보다 중요
하다.

---

358 위의 책, 256-60.

359 J. K. Banman, "Animal-Assisted Therapy with adolescents in a Psychiatric Facility," *Journal of Pastoral Care* 49/3 (1995), 274-78.

360 Sproul, *New Geneva Study Bible*, 442. 참고로 송아지는 가끔 '가축(בָּקָר)의 아들(בֶּן)'이라 불리지만, 성경 저자는 이 명사를 통해 송아지를 의인화하지 않는다(창 18:8; 삼상 6:7; 14:32). Elwell (ed), *Baker Encyclopedia of the Bible*, Volume 1 A-I, 97.

(8) 하나님은 성도에게 성령 충만한 실체의 예배를 요구하신다(요 :23-24). 따라서 하나님과 교회 간의 쌍방 언약을 갱신하는 예배를 드리는 공간에 동물을 데리고 오지 않도록 주의해야 한다. 그리고 소위 '동물 세례식'은 참교회의 표지 중 하나이자 은혜의 방편인 성례를 모독하는 행위이다.[361] 그러나 교회가 동물을 무시하는 태도는 금물이다. 또한 예배에서 찬양은 매우 중요하다. 그런데 『21세기 찬송가』에 '자연과 환경'을 보호하는 내용은 두 곡뿐이다(제476-477장). 1998년과 2005년에 각각 만들어진 이 두 곡에는 새, 꽃, 수목, 곡식, 식물, 강, 그리고 별이 언급되는데, 개나 고양이와 같은 육상 동물은 등장하지 않는다. 앞으로 '자연과 환경'에 동물을 포함하는 노력이 필요하다.[362]

---

[361] Contra 동물과의 우정과 복지와 치유를 기념하는 예배를 주장하는 앤드류 린지, 『동물 신학의 탐구』, 181. 린지는 교회가 예언적 자세를 가지고 친동물적 태도를 함양하도록 네 가지 길을 제시했다. 동물에 대한 긍정적인 본문을 취합한 동물 성경을 제작, 동물에 대한 새로운 성경해석과 동물신학 개발, 교회에서 동물 목회[성도는 선택받은 종(種)이자 섬기는 종(種)으로서 종(種)의 경계를 허물어 동물을 돌보고 동물의 고통을 완화하는 의무를 수행하도록 함], 동물을 위한 의례(rite) 개발(모든 피조물을 위한 새로운 성찬 기도문, 동물 포용적이며 친화적인 예배, 동물을 학대한 것을 회개함, 동물과의 우정을 감사하는 예배, 동물의 복지를 기리는 예배). 물론 새로운 성경 해석과 목회를 제안하는 것은 자유이다. 하지만 그것은 부정적이고 혼합적인 해석, 목회 현장의 혼선을 초래할 여지가 크다. 앤드류 린지, 『동물 신학의 탐구』, 181, 202-207; Greenfield, "Humans, Animals and a Theology of Relationship," 38.

[362] 미국의 일부 교회는 10월 4일 성 프란시스코의 날에 '동물을 축복하는 찬송'을 부른다. 제목은 「오 하나님, 당신의 피조물들이 땅을 가득 채웁니다」(O God, Your Creatures fill the Earth)이다.

"오 하나님, 당신의 피조물들이 땅을 경이로움과 기쁨으로 가득 채우니,
그리고 모든 생명체는 당신 눈에는 가치와 아름다움을 지니고 있습니다.
장난기 많은 돌고래가 춤추고 헤엄칩니다. 당신의 양들은 몸을 굽혀 풀을 뜯습니다.
당신의 노래하는 새들이 당신을 찬양하기 위해 아침 찬송을 부릅니다.
당신은 우리가 환영하는 애완동물을 만드셨습니다. 그들 역시 놀라운 복입니다.
발과 수염, 날개와 지느러미로 그들은 당신을 찬양합니다.
오 주님, 당신은 이 피조물들을 우리의 보살핌으로 받아들이도록 우리를 부르십니다.
우리가 모든 곳에 있는 모든 애완동물에게 친절과 사랑, 은혜를 베풀기를 바랍니다.

환경 보존을 예전(禮典)에 담아내기 위해서는 올바른 신학이 중요하다. 이에 관하여, 한 가지 부정적인 예를 소개해 보려 하는데, 이를 반면교사로 삼을 수 있을 것이다. 짐바브웨의 '아프리카 오순절교회'는 생태-성령론(eco-pneumatology)을 개발하여, 성령께서 변두리로 밀려난 소외된 사람들과 파괴된 생태계에 회복적 정의를 주신다고 주장했다. 이 교회는 요엘 2장 28절의 '모든 육체'에 동물을 포함하여 성령께서 동물 안에서 특별한 일을 행하신다고 주장한다. 이 교회의 찬송가 42장은 "양이 주님께 순종하지 않아 길을 잃고 웅덩이에 빠져 있는데, 주 예수님께서 구원해 주소서"라는 가사로 '동물의 구원 이야기'를 담아낸다. 하지만 이 교회는 오존층의 파괴와 같은 생태계의 훼손을 예수님의 재림의 징조로 간주하며 지구가 불타 없어질 것이라고 믿으면서도, 구원받은 그리스도인을 통해 지속 가능한 생태계의 보존을 강조하는 모순된 입장을 견지한다. 또한 생태계가 보존되어야 물질적인 번영을 누릴 수 있고, 그런 번영이나 부가 죄 용서와 구원의 증거라고 주장한다.[363] 짐바브웨의 아프리카 오순절교회는 번영신학, 지구소멸론, 구원

당신은 각 농장에서 생물을 만드셨습니다. 당신은 그들이 필요한 것을 알고 있습니다.
그들이 건강하게, 해악으로부터 안전하게, 인간의 탐욕으로부터 안전하게 자라길 바랍니다.
목자가 양을 사랑하는 것처럼, 당신은 그들의 기쁨과 고통을 아십니다.
주님, 우리가 키우는 동물들에게 복을 주십시오. 모든 농장이 인도적이기를 바랍니다.
당신의 피조물은 모든 땅에 살고 있습니다. 그것들은 하늘과 바다를 가득 채웁니다.
오 주님, 당신은 그들을 다정하게 사랑하라는 당신의 계명을 우리에게 주셨습니다.
우리는 이곳을 다스리도록, 즉 항상 그들을 돌보도록 부르심을 받았습니다.
당신이 소중히 여기시는 사랑의 피조물로 우리는 당신을 찬양합니다."
참고. *Sojourners* 10월 2일 (2011).

363 이 단락은 N. Sande, "Ecology and Theology together within African Pentecostals Worship

의 대상인 동물과 생태계 안에 임하여 정의를 이루시는 성령의 사역, 재림의 징조에 관한 성경 해석의 오류, 그리고 해방신학적 흑인신학을 혼합해 버린다.

미국 성공회는 동물친화적인 성찬식을 거행한다. 예를 들어, 동물을 교회당 안으로 데리고 와서, 개에게 빵과 포도주 대신에 비스킷(dog biscuit)을 제공하고 복을 빈다.[364] 미국 성공회 목회자 가운데, 세례교인이 아님에도 성찬에 참여하는 경우가 많은 현실을 고려하여, 모든 동물에게 성찬식이 개방되어야 한다는 데 동의하는 사람들도 있다. 그들은 초대 교회의 그림에 성찬식에 참여한 사도의 발 근처에 개들이 있었다는 사실을 근거로 제시한다.[365] 세례를 받지 않은 교인에게 성찬을 허락하는 '열린 성찬'은 성찬의 취지를 무시하는 것이다. 왜냐하면 성령님의 역사로 주 예수님을 구주로 영접한 후에 세례를 받은 성도만 주님의 잔칫상인 성찬에 참여할 수 있기 때문이다(고전 11:28). 하물며 성령 세례를 받을 수 없는 동물에게 성찬을 허용한다면, 주님께서 베푸시는 거룩한 식탁을 모독하는 범죄가 아니겠는가. 미국 성공회 교회당에서 개가 먹는 비스킷을 '주님의 살'이라고 말한다면, 그것은 분명 신성 모독이다. 초대 교회의 성찬식은 그들의 일상 식사와 깊이 관련이 있다. 물이 부족한 유대인들은 세수 대신에 손때를 빵에 닦아서 식

Liturgy," *Acta Theologica* 44/1 (2024), 235–40에서 요약.

364 Wilmer, "In the Sanctuary of Animals," 285–86.

365 위의 논문, 286.

탁 아래에 있던 애완견에게 주기도 했다. 이런 관습을 두고서 개가 성찬식에 참여한 증거라고 우길 수는 없다.

⑼ 애완동물을 위해 지출하는 경비와 전도와 구제를 위한 재정을 비교해 보자.[366] 우상이 만연한 시대에, 'Dog'을 역순으로 쓰면 'God'가 된다. 혹시 애완견이 사람의 우상이 되고 있지는 않은가? 인간의 복지를 위해 동물 복지를 위협해서는 안 되고, 역으로 동물 복지를 위해 인간 복지를 소홀히 해서도 안 된다.[367] 동물을 위해 아낌없이 투자할 때, 전 세계에 5초마다 굶어 죽어가는 사람이 있음을 잊지 말아야 한다. 굶주리는 사람을 외면한 채 동물을 돌본다면, 주님께서 기뻐하실까? 물론 "인간의 존엄성 때문에 불필요하게 동물이 고통을 당하거나 죽어서는 안 된다. 마찬가지로 인간의 비참을 해결하는 데 우선적으로 활용되어야 할 재정이 동물에게 사용되어서는 안 된다. 동물을 사랑할 수 있다. 그러나 인간에게만 돌려야 하는 그런 애정을 동물에게 주어서는

---

366 중산층이 사라져 가는 한국에서 부자가 구입하는 애완견을 위한 명품 중에 침대는 1,200만 원, 집은 500만 원, 바구니(캐리어)는 480만 원(디올) 혹은 225만 원(에르메스), 사료 그릇은 150만 원(에르메스), 패딩 재킷은 90만 원(몽클레르), 우비는 59만 원이다(프라다). 2022년 기준으로 애완견은 545만 마리인데, 백화점을 중심으로 '펫심 잡기'에 나섰다. 미국의 반려견 동반 전용 항공사인 바크에어(Bark Air)의 편도 요금은 약 1,000만 원의 고가이지만 인기가 많고, 반려견 전용 간식, 샴페인, 커피, 스파 등이 제공된다. 2024년에 전 세계 펫코노미 규모는 약 400조 원이며(한국은 약 4조 원), 2027년에는 700조 원으로 예상된다. 송경은, "펫 시장에도 프리미엄 열풍: 반려동물용 소갈비, 캐시미어 코트까지," 『매경럭스맨』 151 (2023), 152-55; 서유근, "개 판 5분 후 비행기서 개 수십 마리가 동시에 짖었다: 제주 가는 반려견 전용기 타 보니," 『조선일보』, 2024년 6월 17일, https://www.chosun.com/economy/industry-company/2024/06/17/HEACOEM2MRAYJFRNGEFZ6DC47M/

367 이신열, "동물," in 『개혁신앙으로 시대 읽기: 우리 시대의 이해와 통찰을 담다』, ed. 황원하 (서울: 담북, 2024), 215.

안 된다"(천주교 교리문답 제2418항).[368] 우리가 동물의 고통을 방지해야 하는 의무를 가지고 있다고 성경을 근거로 제시하기를 좋아한다면, 우리에게는 인간의 고통을 경감해야 하는 더 큰 의무가 있다고 말하는 것이 정당하다.[369] 사람은 동물에게 부당한 방식으로 고통을 유발해서는 안 된다. 그런데 인간의 질병을 치료하기 위해 동물이 실험실에서 겪는 고통조차 정당하지 못하다고 말할 수 있을지 의문이다. 하지만 인간의 욕망을 충족하기 위해, 화장품을 개발하기 위해 동물의 고통을 유발한다면, 그것은 정당하지 못한 처사가 아니겠는가?[370]

(10) 설교자는 '동물신학'에 대해 어떻게 설교할 수 있을까? 온 세계는 주님의 소유이다(시 24:1). 인간은 땅과 거기에 충만한 것들의 주인이 아니다. 인간이 피조계를 돌보는 청지기로서 책임을 감당한다면, 피터 싱어처럼 동물에게 권리를 인위적으로 부여할 필요는 없을 것이다.[371] 설교자는 '동물신학'에 내포된 진화론이나 해방신학적 전제를 비평하면서, 관련 성경 본문의 본래 의미를 정확히 주해해야 한다. 이를 위해, 구약 본문의 경우 동물에 대한 이스라엘 백성의 이해와 사고방

---

368 교황 베네딕트 16세는 회칙 '진리 안에서 사랑'(Caritas in Vertíate, 2009)을 통해 인간이 동물을 지혜 없이 마음대로 착취하지 말라고 강조했다. 그리고 2015년에 요한 바오로 2세는 교서 'Laudato Si'(no. 241)에서 마리아는 인간의 폭력으로 인해 고통당하는 피조물을 동정하고 슬퍼한다고 밝혔다. 천주교의 친동물적 입장은 점진적으로 변하고 있다. 참고. A. A. R. Aseneta, "Laudato Sion Non-Human Animals," *Journal of Moral Theology* 6/2 (2017), 233, 236-38.

369 D. L. Williams, "Rights, Animal," in *New Dictionary of Theology*, ed. S. B. Ferguson et als (Leicester: IVP, 1988), 593.

370 위의 논문, 593.

371 M. Bøsterud, "Animal Welfare: A Human Right?" *In die Skriflig* 53/1 (2019), 3.

식을 찾아서 현대인의 이해와 비교해야 한다. 참고로 한국에서 '동물 축제'는 210개인데(2019년 기준), 관광 이익을 노리면서 동물 학대가 발생하기 십상이다(예. 청도 소싸움 축제).[372] 생태에 민감한 설교자라면, 맘몬에 희생당하는 동물들의 형편을 간파해야 한다.[373] 그리고 설교자는 동물의 구원과 관련한 주제를 신중히 다루어야 한다. 'CBS 성서학당'에 출연한 신우인 목사(포이에마예수교회)는 "강아지도 천국에 가나요?"라는 강의에서 이사야 65장 17절을 언급하면서, '동물은 영혼이 없기에 천국에 간다'라고 주장한 바 있다. 다시 말해, 영혼을 가진 인간은 자유의지를 오용하여 지옥에 가지만, 동물은 그렇지 않다는 주장이다. 많은 그리스도인은 유튜브 동영상으로 이런 강의(CBSJOY)를 접하기에, 목회자는 설교나 성경 공부를 통해 적절히 교육해야 한다. 그리고 설교자는 애완동물 전성시대와 인구 절벽 시대에 문화명령, 즉 "생육하고 번성하라"를 제대로 설교해야 한다. 그리스도인이 자녀를 출산하고

---

[372] "모든 동물은 다음과 같은 다섯 가지의 자유를 보장받아야 한다. (1) 배고픔과 갈증으로부터의 자유, (2) 불편함으로부터의 자유, (3) 통증, 부상, 질병으로부터의 자유, (4) 정상적 행동 표현의 자유, (5) 두려움과 고통으로부터의 자유,"[영국 왕립 동물학대방지협회(RSPCA), 1824년].

[373] 강호숙은 생태적 설교를 "모든 존재들의 유기성에 기반하여 경제적 이익을 공정하게 분배하며, 여성과 동물, 그리고 지구가 평화롭게 공존하도록 돌보는 생태적 일상의 생활 실천 설교"라고 정의한다. 그리고 그는 '여성 친화적 설교'를 지지하면서, 동시에 '젠더 정의'를 반영한 설교도 옹호한다. 그리고 강호숙은 반려동물 장례식에 대해 다음과 같이 주장한다. "목회 돌봄 차원에서 반려동물이 '하나님 품에서' 편히 쉬도록, 그리고 반려인의 깊은 슬픔과 상실감을 위로하며 하나님 나라의 소망으로 다독일 필요가 있다고 본다. 반려동물을 위한 설교는 교인들에게 하나님과 인간의 관계, 인간과 인간의 관계, 그리고 인간과 동물의 관계를 생태 정의, 사회정의의 관점에서 볼 수 있는 안목을 던져 줄 것이며, 하나님의 생명 창조의 신비와 돌봄, 연대와 책임, 그리고 공존과 화합을 도모하는 생태적 인간성과 영성으로 이끌도록 도울 것이라 본다"라고 주장한다. 강호숙에게 '생태, 여성, 젠더 소수자, 반려동물'은 정의롭게 대우받아야 할 약자들이다. 강호숙, "복음주의 내 생태적 설교에 관한 실천신학적 연구: 생태적 설교의 필요성과 실천신학적 과제를 중심으로," 『신학과 사회』 37/2 (2023), 143, 156, 162.

양육하는 일을 애완동물 키우는 것과 비교하면 어떨까? 후자는 매우 쉬운 일이다. 그리고 문화명령은 특정 애완동물에 치중하여 수행할 수 없다.

(11) '동물신학'이 채식과 육식에 관해 주는 교훈은 무엇인가? 혹자는 고고학적 증거를 통해, B.C. 8500년경에 콩류(pulse)와 같은 곡물에다 염소와 양과 소와 같은 가축을 함께 사육했는데, 단백질은 점차 육식을 통해 공급받게 되었다고 본다.[374] 야생식물이 먼저 길들여졌고, 그다음 짐승이 가축화되었으며, 가축에게서 나오는 똥 연료는 나무 연료를 보완 및 대체했다. 하지만 고대 세계에서 가축을 단백질 공급원으로 삼기에는 너무 고비용이었다.

혹자는 죄와 타락과 비참이 들어와 있는 이 세상에서 사람이 육식하는 것은 문화명령을 수행하면서 동물을 다스리는 행위이자 만유의 통치자이신 하나님을 일정 부분 반영한다고 본다(창 1:26-28; 9:2-3; 시 104:21).[375] 육식이 동물을 다스리는 행위라는 주장은 인간의 청지기직에 어울리지 않을 뿐 아니라 생뚱맞다.

아리스토텔레스가 볼 때, 더 복잡한(more complex) 영혼을 가진 존재는 더 높은 수준의 삶을 살므로 더 낮은 존재를 식용으로 삼아도 된다.

---

[374] N. F. Miller, "Down the Garden Path: How Plant and Animal Husbandry can Together in the Ancient Near East," *Near Eastern Archaeology* 64/1-2 (2001), 6.

[375] 참고. J. S. DeRouchie and W. Grudem, "How Old is the Earth?" *Midwestern Journal of Theology* 22/1 (2023), 8, 28. Grudem은 아담이 범죄하기 '이전에도' 에덴동산의 동물은 수명을 다한 후 편안하게 죽었다고 추정한다.

따라서 인간은 동물을 먹을 수 있고, 동물은 식물을 식용으로 삼을 수 있다. 하지만 모기가 인간의 피를 빨아먹거나 곰이 사람을 잡아먹는 행위는 불법이며 부자연스럽다.[376] 아리스토텔레스의 이 사상은 토마스 아퀴나스에게 영향을 미쳤다(신학대전 2:2, 64문 1항).[377] 그런데 영혼의 수준이 먹이사슬의 기준에 결정적 영향을 미칠까? 인간은 문화명령을 수행하는 주체이므로, 동식물과 다른 위치에 있는 것은 분명하다.

요즘 많은 사람이 꺼리는 개고기를 보신용으로 먹는다고 해서, 그 자체가 범죄는 아니다(딤전 4:4). 전 세계에서 인간의 식량을 위해 육상 동물은 연간 약 700억 마리가 도살되고, 생선을 포함하면 하루에 30억 마리가 식용으로 사용된다(2019년 기준).[378] 매년 660억 마리의 닭이 도축되어 1억 톤의 고기로 제공된다는 통계도 있다(2021년 기준). 특히 공장식 축산업에 맞물린 과도한 육식의 문제점은 환경과 건강의 파괴 그리고 동물 복지의 침해 및 신자유주의의 병폐로 나타나고 있다.[379] 공장식 축산은 인간이 자연을 청지기로서 돌보아야 하는 사명에 적절한 방식일까? 미국 천주교의 일부 신학자들은, 공장식 축산은 동물을 물질

---

376 참고. C. Taylor, "Respect for the (Animal) dead," in *Animal Death*, ed. J. Johnston and F. Probyn-Rapsey (Sydney: Sydney University Press, 2013), 90.

377 참고. 죽은 동물을 먹는 행위는 양식을 낭비하는 것을 막기는커녕 종 차별주의라고 주장하는 Taylor, "Respect for the (Animal) dead," 91, 100.

378 Bøsterud, "Animal Welfare: A Human Right?" 1.

379 2015년에 프란치스코 교황이 반포한 『찬미받으소서(Laudato Si)』는 이 세상의 모든 피조물을 인간의 '형제자매'라고 일컫는다. 이 회칙에 비추어, 뜨거운 피가 흐르는 '동물'이 냉장 보관된 '식재료로서 고기'로 바뀌는 과정에 끼어드는 기업형 영농 자본주의의 민낯을 비판해야 한다는 주장은 조희정, "인간과 동물, 「찬미받으소서」 관점에서 본 연대의식," 「가톨릭 평론」 10 (2017), 62-64를 보라.

로 보면서 이윤을 창출하는 데 여념이 없기에, 그런 고기를 소비하는 것은 '구조화된 사회악'에 동참하는 죄로 간주한다.[380] 그리스도인은 유대교의 '코세르'(kosher)와 이슬람의 '할랄'(hallal)이라는 음식 규정을 참고할 수 있다. 이때 기독교인의 청지기직과 성경적 윤리에 맞추어 동물을 대하거나 육식을 허용하는 원칙을 수립해야 한다.[381] 또한 A.D. 2세기 안디옥의 쎄오필루스, 3세기의 알렉산드리아의 클레멘트, 오리겐, 에비온파 등이 채식주의였음을 볼 수 있는데,[382] A.D. 4세기 이래로 수도사들이 육식 대신에 채식을 고수한 목적은 금욕을 통해서 영성을 함양하기 위함이었고, 동물친화적 생활을 추구하려는 의도도 있었던 것으로 보인다.[383] 그러나 세속 사회의 음식 후원으로 유지된 탁발(托鉢)수도회는 육식을 허용했다.

그리스도인은 동물 종(種)을 파괴하거나 회복 불가능할 정도의 과도한 육식을 반대해야 한다.[384] 지구상 가장 흔한 새이자 가장 중요한 농

---

380 천주교 도덕신학자들은 사회적 연대라는 덕목을 따라, 공장식 축산의 생산물이 지닌 문제점들을 공유하여 연합하여 그런 축산을 반대하려고 시도 중이다. 혹자는 더 큰 사회적 선을 위해 협력하면서도 공장식 축산물의 소비를 줄여 가는 유연한 입장을 취하기도 한다. 참고. J. H. Rubio, "Animals, Evil, and Family Meals," *Journal of Moral Theology* 3/2 (2014), 40, 49–53.

381 Bøsterud, "Animal Welfare: A Human Right?" 7.

382 채식주의는 불교를 비롯하여 타 종교에서도 나타난다. B.C. 300–100년경 힌두교 문서인 다르마 사스트라스(Dharma Sastras)는 육식을 금하며, 동물이 도축될 때 고통을 줄여야 한다고 밝혔다. B. Donaldson, "From Ancient Vegetarianism to Contemporary Advocacy: When Religious Folks decide that Animals are No Longer Edible," *Religious Studies and Theology* 35/2 (2016), 146–49.

383 미국에서 채식주의 운동의 대표자인 그레이엄(Sylvester Graham)은 율법과 마찬가지로 채식을 포함한 건강 법칙을 지켜야 천년왕국이 도래한다고 주장했다. 제칠일안식교의 창시자인 앨런 화이트(Ellen White)도 정욕을 일으키는 육식 대신에 채식을 강조했다. 참고. 삼육대 교회사 교수 이국현, "기독교 채식주의의 역사와 사회윤리적 담론 이해," 『한국교회사학회지』 60 (2021), 103, 111.

384 N. Vorster, "The Relationship between Human and Non–Human Dignity," *Scriptura* 104 (2010),

장 동물인 닭은 인간의 식욕을 위해 매년 6백억 마리가 사육되어 도축된다.[385] 2021년 기준 국내 채식 인구는 250만 명으로, 2008년 대비 16배 증가했다.[386] 덩달아 비건(Vegan) 인증 식품 수도 가파르게 늘고 있다. 이런 현실 속에서 '윤리적 채식주의'는 건강과 친환경과 지속 가능한 경제와 동물 복지 등을 진작할 수 있다(참고. 인도의 채식주의자 비율은 35%, 이탈리아-영국-독일은 9%).[387] 그리스 정교회는 1년에 18주 이상 식물성 음식만을 섭취한다(비교. 요 21:13). 안식교는 '삼육식품'(1982년 설립)을 통해 식물성단백 식품인 콩을 재료로 하는 제품을 판매하면서, 채식을 지지하고 부정한 음식 섭취를 반대한다(참고. 안식교의 '건강기별').

그런데 동물의 복지 증진과 고통을 감소하기 위해서 우리가 모든 동물 제품을 배제하는 '완전 채식주의'(Veganism)를 지향하면 어떻게 될까? 잡식성 인간이 지나치게 육식을 절제하게 되면 다양한 신체적 이상을 경험하게 된다.[388] 따라서 많은 사람이 큰 부담 없이 참여할 수 있는 지속 가능한 음식 소비 방식인 '윤리적 육식주의'를 통해 '효과적인 이타

---

415. 참고로 이사야서 등에 나타난 '평화로운 나라'를 준비하기 위해 '기독교 채식협회'(Christian Vegetarian Association, 1999)를 설립한 웹은 '채식 성찬'(vegetarian Eucharist)을 주장했다. 앤드류 린지의 신학을 참고하면서 웹은 성부의 사랑이 그리스도 안에서 사람은 물론 동물에게도 미친다고 보면서, 채식주의자를 위해 달걀, 버터, 우유가 가미되지 않은 빵을 성찬에서 사용할 것을 주장한다. S. H. Webb, *On God and Dogs: A Christian Theology of Compassion for Animals* (New York: Oxford University Press, 1998), 155–80.

385. Roberts, 『세상을 바꾼 길들임의 역사』, 289.

386. 박미혜, "윤리적 채식주의 소비자의 채식소비 경험에 관한 질적 연구: 근거이론 방법의 적용," 『소비자학연구』 34/5 (2023), 158.

387. 김항철, "피터 싱어의 동물해방을 위한 공리주의적 · 윤리적 채식주의 실천윤리 연구: 전통적인 종 차별주의 비판," (철학박사학위, 충남대학교, 2023), 253–80.

388. 이기훈, "윤리적 육식주의의 가능성 연구," 『윤리연구』 124 (2019), 153.

주의'를 실천할 수 있어야 한다.[389]

(12) '동물신학' 다음에는 어떤 신학이 등장할까? 기술의 발전을 두고 볼 때, '인공지능신학'일 것이다. 앞으로 'AI 로스 증후군', 그리고 'ChatGPT 로스 증후군'이 나오지 않으리라는 법도 없다. 동물이 하나님의 구원과 선교에 기여한 점을 고려하여 '동물 형제'라 부를 수 있다면(왕상 17:1-6; 욘 1:7-2:10; 막 11:1-11), '외계인 형제'(brother extraterrestrials)도 인정해야 하고, 여기서 나아가 '외계인을 위한 우주적 선교'(exomission)에도 힘써야 한다는 기괴한 주장도 있다.[390]

(13) 지역 교회는 동물이나 생태에 관한 교육 프로그램을 개발해야 한다. 몇 주 과정으로 성경적인 동물관을 가르치고, 청지기로서의 역할과 실천 사항을 교육할 필요가 있다. 영국에서는 '사육되는 동물의 복지를 위한 기독교 윤리 프로젝트'가 가동 중인데, 기독교 윤리학과 수의학 그리고 사회복지학이 간학제적으로 통섭된 연구이다.[391] 이 프

---

389 노스캐롤라이나 주립대 철학 교수 톰 리건(Tom Regan, d. 2017) 등이 주장하는 '윤리적 채식주의'는 환경 보호와 동물 복지와 관련된 윤리적 동기를 강조한다. 종 차별주의를 완전히 극복하려면, 동물은 물론이고 식물의 쾌고 감수 능력도 고려하면서 식생활을 개선해야 할 것이다. 박미혜, "윤리적 채식주의 소비자의 채식소비 경험에 관한 질적 연구: 근거이론 방법의 적용," 161, 181; 이기훈, "윤리적 육식주의의 가능성 연구," 153; 김명식, "동물윤리와 환경윤리: 동물해방론과 생태중심주의 비교," 15-16.

390 E. A. Curry, "The Final (Missions) Frontier: Extraterrestrials, Evangelism, and the Wide Circle of Human Empathy," *Zygon* 54/3 (2019), 598-99; 필립스 신학교의 T. Hoffman, "Exomissiology: The Launching of Exotheology," *Dialog* 43 (2004), 324-37.

391 D. Clough, "Christianity and Farmed Animal Welfare," *Modern Believing* 64/3 (2023), 241-43.

로젝트는 몇몇 기관과 협력하여(ex. RSPCA; Soil Association) 사육된 동물이 식용으로 활용될 경우에 등급을 '미흡, 양호, 최고' 이렇게 세 가지로 매긴다. 그리고 이 프로젝트를 가동하는 당사자들은 동물의 사육 환경, 도축과 유통 과정을 모니터링하고, 관련 기관이나 교회학교 그리고 신학교 등에서 교육한다.

나가며

하나님의 명령을 따라 인간은 동물을 돌보아야 한다(참고. 막 1:13; 2바룩 73:1-6; 납달리의 유언 8:4; 잇사갈의 유언 7:7). 하나님의 형상인 인간이 생육하고 번성하려면, 동물에 대한 임시적인 주인이자 청지기로서의 책임을 주님께서 다시 오셔서 만유를 온전히 다스리실 때까지 다해야 한다.[392] 사람은 누구나 고통과 질병과 굶주림을 면하기 원하듯이, 동물도 마찬가지라는 사실을 기억해야 한다. 인간의 타락으로 말미암아 고통당하는 동물도 예수님께서 새 창조하시는 대상이다(렘 7:20; 롬 8:21; 엡 1:10; 계 21:5; 참고. 지혜서 9:1-3).

자비로운 마음이란 무엇입니까? 그것은 창조물 전체, 인류, 새, 동물, 그리고

---

[392] 참고. 사람과 동물은 '종 간(interspecies) 공동체'를 형성한다고 보는 M. B. Adam, "The Purpose of Creatures: A Christian Account of Human and Farmed Animal Flourishing," *Sewanee Theological Review* 62/4 (2021), 736-37, 749.

존재하는 모든 것을 위한 불타오르는 마음입니다. 그들을 기억할 때 자비로운 사람의 눈에는 눈물이 넘쳐 흐릅니다. 그러한 사람의 마음을 사로잡는 강력하고 열렬한 자비와 그 큰 자비로 인해 그 마음은 낮아지고, 피조물의 어떤 상처나 약간의 슬픔도 듣거나 볼 수 없습니다. 그러므로 그런 사람은 이성 없는 짐승과 진리의 원수와 자기에게 해를 끼치는 자들을 위해서라도 그들이 보호받고 긍휼을 얻게 해 달라고 끊임없이 눈물의 기도를 드리는 것입니다. 그리고 이와 마찬가지로 그런 사람은 하나님을 닮은 마음속에 한량없이 타오르는 큰 자비로 인해 파충류를 위해서도 기도합니다.[393]

그런데 사람의 지배에서 동물을 해방하려는 최근의 시도는 20세기 중순에 유행한 해방신학의 한 지류이며, 유사한 이념적 성향을 띠는 흑인신학, 페미니즘, 그리고 후식민주의신학 등과도 접맥한다.[394] 심지어 최근에는 동물신학과 게이신학이 결합되기도 한다.[395]

---

393 이 인용구는 A.D. 7세기 시리아의 이삭(St. Isaac the Syrian)의 글이다.

394 19세기 동물보호 운동에 여성의 참여는 자유로웠고, 사회적 약자인 여성은 남성보다 더 뛰어난 감수성으로써 동물의 고통에 민감하게 반응하며 호의적이었다. "근대 시민사회의 특징 가운데 하나가 직장과 일터의 분리인데, 남성이 직장으로 출근하면 가정을 돌보는 여성은 주변의 동물과 더 잦은 접촉을 하게 되었다." 참고. 송충기, "동물보호운동과 반려동물 열풍의 역사적 기원," 69; Nortjé-Meyer, "The Logos as 'Flesh' in John 1:14 and 6:51–57," 535. 그리고 A. W. Linzey, "Liberation Theology and the Oppression of Animals," *Scottish Journal of Theology* 40/4 (1993), 507–526도 보라.

395 A.D. 4세기에 로마 군인으로서 순교한 기독교인 세르게와 바카스의 고난(The Passion of St. Serge and Bacchus)에 따르면, 황제 숭배를 거절한 이 두 게이(gay)가 순교하자 우리에서 동물들이 나와서 사람들과 함께 애도했다. R. E. Long, "Reclaiming the Heritage of Saints Serge and Bacchus: Towards a Quixotic Gay-Affirmative, Pro-Animal, Vegetarian Christianity," *Theology & Sexuality* 17/1 (2011), 104. 뉴욕시티대학교의 롱(R. E. Long)은 게이신학과 동물신학을 결합하여 보급하고 있기에 각별한 주의가 필요하다. 위드 코로나 시대의 생태 영성도 페미니즘과 결부된다. 예를 들어, "여성이 돕는 배필이 아닌 남성과 여성이 연합하여 하나를 이룰 때 혼자서도 충분히 온전한 신의 형상을 드러내며 여성과 남성이 종속이 아닌 구별을 제기할 수 있게 되는 것이다." 한유선, "코로나 엔데믹 시대의 생태적 영성 지향성," 『신학논단』 116 (2024), 260–61.

동물신학에서 동물 복지와 동물 권리를 긍정하는 목소리가 점차 커지고 있다. 이런 목소리의 전제와 의도를 잘 살펴야 한다. 그리고 그런 주장의 성경 및 신학적 근거를 파악하는 것이 매우 중요하다. 동물해방주의자나 동물권 옹호자는 애완동물의 부정적 특징을 언급하기를 꺼리면서 인간에 의해 고통당하는 피해자로 묘사된다. 하지만 죄로 타락하여 이기적이고 폭력적인 인간처럼, 애완동물도 사람에게 항상 친근히 행동하지 않고 폭력적일 때가 있으며, 사람이 아니라 음식에 더 충성하기도 한다.[396] 물론 동물처럼 인간도 폭력적이기에, 동물을 보호하는 법이 제정되었다.

사람과 엄연히 다른 피조물인 동물을 성경적으로 올바르게 자리매김하는 작업이 중요하다. 사람을 동물 수준으로 낮추거나, 동물을 사람 지위로 격상하지 않도록 주의해야 하기 때문이다. 이를 위해 무엇보다 동물이 언급되는 성경 본문을 정확하게 주해(註解)하는 노력이 중요하다. 특히 창세기의 창조와 문화명령과 노아 언약의 대상에 포함된 동물, 이사야서의 복낙원 이미지와 요나서의 니느웨의 동물,[397] 예수님

---

396 B. W. Harper, "On God and Dogs: A Christian Theology of Compassion for Animals [review]," *AUSS* 37 (1999), 157.

397 요나서에 '비둘기'를 뜻하는 요나[참고. 위험에서 벗어남(시 55:6; 겔 7:16), 불평(사 38:14; 나 2:7; 호 11:11)], 무덤 같은 큰 물고기(욘 2:1-2; 참고. 창 1:26), 니느웨의 가축과 짐승(욘 3:7-8; 4:11)과 벌레(욘 4:7; 참고. 욥 24:20; 사 51:8), 그리고 감사 제사용 짐승(욘 2:9)이 언급된다. 하나님의 전능함과 정의는 큰 물고기에서 볼 수 있고, 하나님의 자비는 벌레에 나타난다. 그런데 동물도 하나님 말씀의 인도를 필요로 한다는 칼 바르트와 종(種) 간의 상호 소통을 강조하는 과정신학에 동의하면서, 요나서를 동물친화적으로 읽어야 하는가? 요나서의 기록 목적은 동물친화적 신학을 구축하는 것과 무관하다. 그리고 인간은 자신의 '동물성'(animality)을 인정하고, '동물의 왕국'의 일원임을 인식해야 하는가? 동물을 하나님의 돌봄의 대상이나 하나님의 섭리를 이루는 도구로 인정하더라도, 인간을 동물 수준으로 낮추어서는 안 된다. Contra J. Coetzee, "Diere-Vriendelike

의 성육신이 동물과 관련한 의미, 십자가를 통한 구속의 대상으로서의 동물, 요한계시록의 환상에 언급된 동물, 그리고 재림이 동반하는 부활과 새 창조의 완성은 성경의 중요한 이슈들이다. 이런 주제와 관련된 본문이 속한 문맥과 장르, 그 책이 기록된 목적과 주요 신학에 비추어서 주의를 기울여 주해해야 한다.

앞으로 동물신학을 정립하려면 성경신학과 공공신학처럼 신학의 다양한 분과들 간의 협업은 물론이거니와,[398] 환경신학, 생태학, 동물학, 의학, 생물학, 수의학, 식품영양학, 윤리학, 사회복지학, 그리고 법학 등과도 간학제적 연구도 요청된다.[399] 그러나 간학제 연구가 항상 성경적 결론을 도출한다는 보장은 없다. 오히려 그런 연구가 인간과 동물 간의 정당한 구분과 경계를 허물기도 한다.[400] 2006년에 국립수의과학

Lees van Jona," *Old Testament Essays* 20/3 (2007), 569-81.

[398] "하나님에 대한 인간의 독특한 선택인 '하나님 형상'에 뿌리를 둔 하나님에 대한 인간의 책임은 우리의 동물에 대한 책임을 형성한다. 그리하여 우리가 속한 종뿐만 아니라, 실제로 모든 창조물에 대해 책임을 지게 된다. … 동물은 교회가 역사와 내러티브를 공유하는 가족적이고(창조 세계의 구성원) 공적 세계의 일부이다." M. Barton, "Go to the Ant, You Lazybones (NRSV, Prov. 6:6): The Church and Nonhuman Animals in the World," *International Journal of Public Theology* 7/1 (2013), 34, 39.

[399] 아프리카의 토착 지식과 환경신학 그리고 실천신학의 공통 주제와 가치를 통섭하여 생태 정의와 지속 가능한 윤리적 실천을 구축하려는 시도는 자칫 종교다원주의로 흐를 위험이 있다. 예를 들어 동물을 보호하는 윤리는 창세기의 창조 서술과 노아언약의 기초라고 보는데 동의하는 프리스테이트대학교의 M. A. Masoga, "The Interface between Ecotheology and Practical Theology: An African Indigenous Knowledge Systems Perspective," *Stellenbosch Theological Journal* 9/2 (2023), 7-16을 보라. 그리고 동물 매개 활동에서 인간과 동물의 복지를 동시에 고려해야 한다고 보면서 폭력적인 인간중심주의를 반대하는 김성호, "사회복지실천 속 동물매개활동의 윤리적 이슈," 『기독교사회윤리』 53 (2022), 197-99도 참고하라.

[400] 신학적 인간론을 구축하기 위해 행동과학이 제시하는 인간의 사회성에 대한 결론을 성급하게 도입하지 말아야 한다. 하지만 하나님께서 공통적으로 취약함과 갈등을 겪으면서 공존하고 있는 인간과 동물을 향해 가지고 계신 관심을 고려해야 한다. R. A. Klein, "Die Inhumanität des Animal Sociale: Vier Thesen zum Interdisziplinären Beitrag der Theologischen Anthropologie," *Neue Zeitschrift für Systematische Theologie und Religionsphilosophie* 51/4 (2009), 444.

검역원이 주관한 '동물보호에 대한 국민의식 조사'에서 동물의 고통을 최소화하려던 법률 제정에 (MORI조사에 따르면) 국민 77%가 찬성했다(비교. 갤럽 조사로는 87%가 찬성함). 이 찬성률은 영국의 92%와 베트남의 90%에 미치지 못했다. 이에 못지않게 개를 식용으로 금지하는 데도 모든 세대에 걸쳐 찬성률이 높게 나왔다. 이런 수의학과 통계를 기반하여, 법학적 연구가 추가로 진행되기도 한다.[401]

사람의 일상에 스며들어 온 애완동물에 관심을 보이는 것은 나쁘지 않다. 그런데 우리는 눈을 더 크게 떠야 한다. 뉴스를 통해 심심찮게 확인할 수 있는 재앙의 수준에 빠진 생태계의 매우 엄중한 현실을 외면할 수 있을까? 기후와 생태 정의를 실현하는 연구와 실천을 제시하는 선지자적 신학이 필요하다.[402]

이제 우리의 논의를 정리해 보자. 예수님은 만유를 창조하셨고, 만유는 주님 안에 함께 서 있다(골 1:16-17). 예수님은 사람이 동물에게 가하는 종 차별주의를 폐지하러 오지 않으셨다. 예수님께서 하늘에 영으로서 선재(先在)하셨다가 사람이 되심은 '종(species)−속(genus)−과(family)−목(order)−강(class)−문(phylum)−계(kingdom)' 가운데, '종'(species)이 아니라 마지막의 '계'(kingdom) 차원의 변화로도 설명할 수 없는 신비가

---

401 참고. 이유봉, "인간의 법을 통해 바라본 동물의 죽음에 관한 소고," 『서울대학교 법학』 50/1 (2009), 208.

402 미래 세대가 환경과 자원을 누릴 수 없도록 만드는 이기적인 기성 세대는 환경의 청지기로서 살면서 '세대 정의'(generation justice)도 실천해야 한다. J-O. Henriksen, "God, Justice, Climate Change," *Stellenbosch Theological Journal* 10/3 (2024), 2-9. 노르웨이 신학교의 Hendriksen은 선하지만 취약한 인간의 삶을 보호하기 위하여 정치권력을 활용하여 생태 정의 등을 구현하는 방식의 '우주-정치적 신학'(cosmo-political theology)이 필요하다고 본다.

아닌가? 천상의 하나님께서 지상의 인간이 되셨다니, 이 얼마나 놀랍고 근본적인 변화인가? 성부는 만유의 으뜸인 예수님을 통해 동물을 포함하여 만유를 자신과 화목하게 하신다(골 1:18-20). 이런 만유의 회복은 동물이 부활하여 구원받는다는 주장과 다르다(계 21:5).[403] 물론 동물은 지옥에 가지도 않는다. 그리스도인은 동물이 지옥에 가지 않는다는 사실에 안주할 수 없다. 종 차별주의, 동물해방론, 그리고 동물권리론에 동의하지 않더라도, "우리는 자연에 개입해야 하고, 자연에 개입하지 않을 때 오히려 도덕적으로 옳지 않게 되는 것이다. 중요한 것은 우리가 유발한 고통이든 자연에서 생긴 고통이든 모두 없애야 한다는 것을 이상으로 삼는 것이다."[404]

맥로글린(R. P. McLaughlin)은 '점진적으로 동물 복지를 변혁하는 모델'(progressive-transformative animal welfare)을 제시한다. 이 모델에 따르면, 구원을 받은 성도가 완전에 이르는 길을 걸어가면서, 동물을 향하여 더 큰 평화를 위한 실천을 점진적으로 힘쓰는 것이다.[405] A.D. 4세기 수도사 시리아의 에프렘(Ephrem)에 따르면, 아담이 동물의 이름을 지었

---

403 성경에서 '구원'(salvation, redemption, deliverance) 관련 명사와 동사는 거의 동물에 접맥되지 않는다(ex. תְּשׁוּעָה, תְּשׁוּעָה, גָּאַל, ἐξαγοράζω, λυτρόω, ἀπολύτρωσις, λύτρωσις, σωτηρία, σώζω). 다만 히브리어 동사 '파담'(פָּדָה, 구속하다)은 동물의 첫 태생을 하나님께 바칠 때 사용되는데(출 13:2, 13; 34:19; 민 18:15), 이것은 성부의 독생자이신 예수님께서 성도를 위해 희생제물이 되심을 내다본다(고전 6:20). Mounce (ed), *Mounce's Complete Expository Dictionary of Old & New Testament Words*, 566-67, 609-610.

404 최훈, "사자가 소처럼 여물을 먹는 세상: 포식(predation)의 윤리적 문제," 『환경철학』 23 (2017), 156.

405 R. P. McLaughlin, "Evidencing the Eschaton: Progressive-Transformative Animal Welfare in the Church Fathers," *Modern Theology* 27/1 (2011), 123.

고, 노아의 방주에 동물들이 들어갔던 사건은 에덴동산의 회복을 능가하는 미래 종말에 있을 샬롬과 회복이라는 종착점이 어떠한지를 예기했다.[406] 따라서 맥로글린의 모델은 그리스도인이 자연을 보호하는 차원을 넘어, 만유의 변혁과 갱신에 동참해야 한다는 사실을 강조한다(계 21:5).

천주교와 성공회와 몰몬교(예수 그리스도 후기 성도 교회)는 동물의 존재감을 성경이 밝히는 것보다도 훨씬 격상한다. 예를 들어, 절반 정도 채식주의(semi-vegetarian diet)를 지지하는 몰몬교의 경우, 모세의 책 3장 19절(1830)은 동물을 '살아 있는 영혼'이라 부르며 부활할 것이라고 주장한다.[407] 이 세 그룹은 개와 고양이를 '반려동물'로 격상한 사람들로부터 동물친화적으로 인식되어 인기를 더 얻을 수 있다. 사람의 몸을 성전이라고 보는 안식교도 나름대로 채식주의를 강조하기에 마찬가지다.[408]

안식교 신앙(Seventh-day Adventist Belief) 제22항은 구약의 부정한 음식을 먹지 말라고 규정하는데, 안식교인 가운데 약 30%는 육류를 섭취하지 않는다. 흥미로운 사실은, 안식교인 중 채식주의자들은 세상 역

---

406 참고. McLaughlin, "Evidencing the Eschaton," 129, 136.

407 몰몬교는 이스라엘 백성이 광야에서 먹은 고기는 조리할 필요가 없었으며, 만나처럼 달았다고 주장한다(1 Nephi 17:12). 몰몬교 창시자인 조셉 스미스(Joseph Smith, d. 1844)는 사 11장의 평화의 나라를 전천년적 낙원을 지지하는 중요한 본문으로 간주하면서, 그 나라에서 짐승에게 있던 약탈적인 특성은 사라진다고 주장한다. 그리고 조셉 스미스는 인간이 동물을 학대하면 동물처럼 된다고 비판했다. B. H. Welling, "The Blood of Every Beast: Mormonism and the Question of the Animal," *Dialogue* 44/2 (2011), 88–91, 95–97, 102.

408 예를 들어, O. Glanz, "Vegangelical: How Caring for Animals can shape Your Faith [review]/ King, Sarah Withrow," *AUSS* 55/1 (2017), 134–36.

사의 종말이 가깝다고 가르치는 안식교 교리에 적극 동의한다는 것이다.[409] 안식교도가 술, 담배, 마약을 포함하여 구약 성경이 부정하다고 규정한 육류를 섭취하지 않는 것은 구원론 및 종말론과 맞물려 있다.

이런 차제에, 목회자와 성도는 예수 그리스도의 회복적 통치를 동물을 포함하여 만유 안에 올바로 구현하기 위해서, 위에 계신 하나님으로부터 지혜와 분별력과 용기를 더 받아야 한다(엡 1:23).[410] 이런 분별력은 성경 해석에 있어 해석자 자신의 이념과 선입견을 적절하게 통제하도록 만든다. 그리스도인은 성경적 구원론과 종말론으로부터 올바른 성도의 윤리가 나오는 진리를 깨달아야 한다.

성경에서는 생물 가운데 나무가 동물보다 더 빈번히 언급된다. 선

---

409 P. Činčala and R. Drumm, "The Link between Health and Eschatology: Part 2," https://www.adventistresearch.info/the-link-between-health-and-eschatology-part-2/ (Blog February 1, 2023).

410 부산 기윤실 주최 '반려동물에 대한 목회적 대응' 세미나(2024년 4월 29일, 성동교회당)에서 제기된 논평과 질의를 종합하면 다음과 같다. (1) 인간이 동물을 학대하지 않고 돌보는 책임을 보완해야 한다(ex. 공장식 사육에 대한 성경적 비판). (2) 동물심리학의 주인공은 동물이 아니듯이, '동물신학'의 주인은 동물이나 사람이 아니라 하나님이어야 한다. (3) 동물신학을 성경신학, 조직신학, 윤리학, 목회학과 같이 신학 세부 전공에서 다차원적으로 연구하여 인간과 동물의 경계를 허무는 데리다와 기독교 좌파(아벤캄, 지첵)에 대응해야 한다. (4) 성경이 식물보다 동물에 더 중요성을 부여하는 것처럼 보이는 이유는 구약이 짐승 제사를 강조하고, 인간의 행태를 동물 은유로 설명하기 때문이다. (5) 목회 돌봄 차원에서 하나님의 새 창조의 대상인 애완동물을 떠나보내는 지침(ex. 아프지 않게 보냄)과 교인을 (트라우마나 외상후 스트레스에서 벗어나도록) 위로하는 방법을 교단 '예배모범'을 보완하여 제시할 필요가 있다. 하지만 교단 '예배모범'에 '동물에 대한 추모와 주인에 대한 위로를 담아내는 소위 '동물 장례식 지침'이 포함될 수 있는가? '예배모범'이 아니라 별도의 지침이 있다면, 목회자는 소위 '동물 장례식'에 공동으로 대응하고 활용할 수 있을 것이다. 이 지침에 동물의 죽음과 썩어짐의 의미, 하나님의 새 창조, 그리고 동물에 대한 인간의 책임 등이 포함될 수 있다. 하지만 '동물 장례식'과 같은 용어가 적절한지 더 고민해야 한다. (6) 소위 '반려식물'과 '반려돌'도 있는데, 사도신경의 '성도의 교제'가 약화된 증거이다. (7) 유산된 아기와 아기를 상실한 부모 그리고 무연고자와 같은 인간에 대해 더 큰 관심을 가져야 한다. 인간을 잃은 상실감에 무감각한 사회 분위기를 개선해야 하지 않는가?(ex. 세월호 희생자, 천안함 전사자, 실종 아동 등).

악을 알게 하는 나무, 생명나무, 방주, 하늘과 땅을 연결한 나무 사닥다리(창 28:10-19; 요 1:51), 법궤, 가시덤불, 기적에 동반된 나무(출 15:25), 예루살렘 궁전에 사용된 레바논의 백향목, 연한 순 같은 메시아(사 53:2), 포도나무와 동산지기이신 예수님(요 15:1; 20:15), 골고다의 나무 십자가, 잎만 무성한 무화과나무(마 21:19) 등 중요한 구속사적 의미를 나타낼 때 나무가 많이 언급된다. 동물신학에서 중요한 성경인 이사야서 전체의 통일성도 나무에서 찾을 수 있다. 예를 들어, 이스라엘의 거룩하신 야웨는 이사야 1-39장과 40-66장에서 유사한 방식으로 나무와 초목을 언급한다(참고. 사 5:2; 11:1; 24:13; 27:6; 35:7; 37:19; 40:20; 41:19; 44:14). 1800년대 후반에 찰스 스펄전은 나무에 담긴 구속사적 의미를 연속으로 설교한 바 있다. 지구 가열화와 생태 위기 상황에서 '동물신학' 못지않게, '식물신학'(plant theology) 혹은 '나무신학'(tree theology)이 긴급하지 않을까?[411] 그런데 식물 신경생물학과 식물의 인지 능력을 긍정하는 사람은 동물신학자들과 유사한 방식으로 인간 중심성을 극복하기 위해 '식물권 옹호 신학'을 도출할 수 있을 것이다. 그리고 피터 싱어가 주장한 대로, 쾌고 감수 능력을 갖는 고등 동물(척추동물)이 도덕행위자의 특별한 보호 대상이 된다면, 고통을 느끼는 곤충이나 다수의

---

411 참고. M. Sleeth, "The Arbor of God: Trees are Everywhere in Scripture—Why have They gone Missing from Christian Theology?" *Christianity Today* 62/8 (2018), 48-57; 김영숙, "성경의 식물 명칭에 대한 연구: 성경 번역과 주석을 위한 성서신학적 가치와 전망," (박사학위, 대구가톨릭대학교, 2017); 유경동, "식물 신경생물학과 기독교 녹색 윤리," 『한국기독교신학논총』 111 (2019), 203-205.

식물도 배제될 이유는 없을 것이다.[412] 만약 고등 동물이 인간중심주의의 피해자로서 해방되어야 한다면, 그리고 특정한 종(species) 중심의 '개체론적 환경윤리'를 넘어 전체 생태계에 휘몰아친 위기를 두고 볼 때, 고등 식물을 비롯한 수많은 '해방되어야 할 대상들'이 꼬리를 물고 출현할 것이다.[413] 톰 리건과 같은 '동물 권리 변호사'가 출현했다면, '식물 권리 변호사'나 'AI 권리 보호사'도 등장하지 말라는 법은 없다. 다시 말해 인간은 자신이 선호하는 비인간 대상들을 해방함으로써 인간과 대등한 인격체(person)로 격상시키기 위해, 선호 대상의 권리를 확립하기 위해 나름대로 이론을 세우고 운동을 전개할 것이다.[414]

신학자는 교회와 세상을 섬기고 시대의 문제에 방향과 해답을 제시할 의무가 있다. 하지만 신학을 무분별하게 양산해 내지는 말아야 한다. 불변의 법칙은 하나님께서 인간을, 자연을 관리하고 돌보는 청지기로 세우셨다는 사실이다. 그리고 인간의 존엄과 특유성은 '하나님의 형상'을 가진 자로서 창조주 하나님과의 관계 가운데 자신이 누구이며 무슨 사명을 받았는지 인식하면서 '하나님을 닮아감'(imitatio Dei)에 달렸다(창 1:26-28; 5:1; 9:6; 고전 11:7; 기독교강요 1.3.3).[415] 개혁신학자들은 이

412 정대영, "생태학적 관점에서의 동물해방론 비판," 『순천향 인문과학논총』 31/2 (2012), 157.
413 위의 논문, 165.
414 독일 헌법과 동물보호법(1986년에 개정)은 동물을 법적 객체는 물론 법적 주체라는 지위를 부여한다. 따라서 동물은 '법적 인격체'이므로, 동물을 보호하려는 사람의 활동은 헌법상 긴급 피난의 일환이다. 강수경, "동물윤리의 토대에서 동물을 위한 정당방위와 긴급 피난의 적용 가능성," 297, 303.
415 예수님은 성부 하나님의 참형상이시다(골 1:15). 이런 의미에서 예수님께서 주신 구원은 하나님의 형상을 회복하는 사역이다. 그러므로 비인간 동물에게도 하나님의 형상이 있다고 말한다면, 예수님을 동물로 격하하는 신성 모독이 될 수 있다. 참고. G. van den Brink, "Evolutionary

사실을 더 정확하고 세밀하게 제시하여, 그리스도인이 현실에 맞게 실천할 수 있도록 도와야 한다.

그리스도인은 동물신학에 영향을 미치고 있는 진화론과 왜곡된 시대정신을 성경의 원리로 비판해야 한다.[416] 동물을 넘어 더 넓은 생태계를 연구할 경우에도 이 원칙은 적용되어야 마땅하다. 고대 그리스철학의 영향으로 지금도 어른거리는 '영육 이원론'은 사람과 동물의 육체와 물질을 하찮게 대한다. '통제되지 않은 자본주의'는 지구와 동식물 그리고 자원을 착취하여 인간의 탐욕을 채운다. 자본은 경제 성장의 엔진과 같지만, 자유방임적 자본주의와 공산주의와 사회주의 모두는 성경의 비판을 받아야 한다. 하나님과 구원에만 천착하는 교리주의는 창조와 만유의 갱신이라는 중요한 교리를 간과하도록 만들기도 한다. 세대주의 전천년설은 지구가 돌이킬 수 없는 파멸을 향해 치닫고 있으며 결국 불타 없어질 것이기에, 생태계를 보존하는 데 특별한 관심을 두지 않는다. 맹목적인 애국심은 다른 나라를 착취하고 타국의 생태계

Theory, Human Uniqueness and the Image of God," *In die Skriflig* 46/1 (2012), 4, 6; E. M. Conradie, "Human Uniqueness: An Unfinished Agenda," *Verbum et Ecclesia* 42/2 (2021), 4, 7. 웨스턴케이프대학교의 Conradie는 인간의 특유성을 확장하여 다른 피조물과의 연결 고리에서 찾는다.

416 남아공 웨스턴케이프대학교의 콘라디(Conradie)는 창조의 생태에 대한 교리는 하나님의 성령이 피조 세계 안에 거하심, 지구를 가정으로 삼아 청지기로 사는 인간론, '지구 가정'의 모퉁이 돌이신 예수님(엡 2:20), 하나님의 가족이 되는 구원론과 교회론(엡 2:19–22), 하나님의 가정에 필요한 성찬론, 장차 하나님의 집에 거할 것이라는 종말론, 그리고 생태 정의와 환대와 번성함을 중심으로 하는 윤리론에 기초해야 한다고 주장한다. 그러나 성령께서 피조계에 거주하심과 '지구 가정'의 모퉁이 돌이신 예수님은 성경에서 볼 수 없는 개념이다. 동물을 포함하는 생태신학을 위해, 성경적 성령론, 기독론, 교회론, 종말론, 성례론, 그리고 윤리를 다차원적으로 정립해야 한다. 참고. E. M. Conradie, "The Earth in God's Economy: Reflections on the Narrative of God's Work," *Scriptura* 97 (2008), 23–24.

를 훼손하는 데 양심의 가책을 느끼지 않는다. 애국심 자체는 좋은 것이지만, 국제적 공동선을 추구하는 절제된 비판적 애국심이 중요하다. 비슷하게 자존감과 자신을 아끼는 마음은 좋지만, 이기주의와 개인주의는 사회의 공동선을 허물고 만다.[417] 하나님의 선교를 수행하시는 예수 그리스도는 구주이시며 만유의 새 창조자이시다.[418]

---

417 이 단락은 Snyder, "Salvation means Creation Healed," 19–23에서 요약함.

418 위의 책, 39. 앨버타 대학교의 여성학 및 젠더학 교수 클로에 테일러(Chloë Taylor)는 2024년 노벨문학상 수상자 한강의 소설 『채식주의자』(2007)를 비평했다. 테일러에게 『채식주의자』는 사회적 상상 속에서 채식주의, 여성성, 성적 기능 장애, 광기 사이에 존재해 온 지속적 연관성을 강화하는 작품으로 비쳤다. 이런 분석이 던지는 메시지는 육식주의 세상에 사는 적지 않은 독자들을 만족시켰을 것이다. 테일러는 『채식주의자』를 광기의 눈으로 읽음으로써, 동물성 식단을 거부하는 광기-채식주의자-퀴어-장애(crip) 페미니스트를 옹호한다. 그리고 테일러는 동물의 사체를 존중하지 않는 문화를 다음과 같이 비판한다. 우승 트로피를 들어올리기 위해 사냥 대회에 참가하는 경우처럼, 비인간 동물을 도구화하는 경우가 있다. 우승자는 죽은 동물 앞에서 미소를 지으며 기념 사진을 남겨 자기만족을 보존한다. 동물의 사체를 존중하지 않는다며, 우리가 사랑하는 사람의 시체 역시 그런 방식으로 대우를 받게 될 것이다. 결국 테일러는 젠더, 퀴어, 채식주의, 동물 존중, 그리고 광기를 조합한다. 이런 복합적 연구는 『페미니스트, 퀴어, 불구』(Feminist, Queer, Crip, 도서출판 오월의봄, 2023)의 저자 텍사스대학교의 앨리슨 케이퍼(Alison Kafer)에게도 나타난다. 참고. C. Taylor, "Respect for the (Animal) Dead," in *Animal Death*, ed. J. Johnston and F. Probyn-Rapsey (Sydney: Sydney University Press 2013), 100; "Vegan Madness: Han Kang's The Vegetarian," in *Disability and Animality*, ed. S. Jenkins, K. S. Montford, and C. Taylor (New York: Routledge, 2020). 덧붙여, 동물의 성찬 참여를 허용하는 미국 성공회는 성찬에 참여하기 전에 다음과 같은 여러 사항을 점검했던 청교도의 신학을 배워야 한다. 나는 누구인가? 나는 성찬의 본질을 아는가? 나는 은혜 안에 양육을 받는 하나님의 종으로서 구원의 확신을 가지고, 믿음과 사랑으로써 선한 열매를 맺으며 좁은 길을 걷고 있는가? 세상 안에서 내 삶의 목표와 방식은 무엇인가? 나는 어떤 결심을 하면서 삶에서 진보를 보이는가? 1567년 5월 31일, 벨직 신앙고백서를 작성한 귀도 드 브레는 발랑시엔 시청 앞 광장에서 처형당하기 전에, 동료 수감자들에게 계 14:13의 약속을 붙잡고 견고하게 믿음으로써 하나님 앞에 책임지며 살라고 권면했다. 그날 드 브레는 자신이 목숨을 걸고 지킨 성찬을 거행한 죄목으로 순교했다. 참고. 이태복, 『성찬 전 묵상』 (서울: 세움북스, 2024), 53–55, 60–65; 강병훈, 『순교자 귀도 드 브레의 생애』 (서울: 세움북스, 2024), 138, 152–53.

PART 2

철학적, 법학적 관점에서
동물 이해하기

| 홍석진 |

| 동물을 바라보는 철학적 관점 |

동물은 기계인가?

"동물은 기계다." 만일 이렇게 말한다면, 이 말은 무슨 의미일까? '기계로 만든 동물'이라는 뜻으로 여길 수도 있겠다. 태엽을 감아서 움직이는 동물 모양의 장난감을 생각해 보라. 어쩌면 로봇 동물을 떠올리는 사람도 있을 것이다. "아이보"라는 단어를 들어 보았는가? '인공지능로봇'(Artificial Intelligence Robot)의 영문 글자에서 나온 신조어다. 요즘 시사에 밝은 사람이라면 "동물은 기계다"라고 했을 때 아이보 같은 개체를 떠올릴지도 모르겠다. 일본의 소니사(社)는 1999년 세계 최초로 가정용 강아지 로봇을 출품한 뒤 지금까지 계속해서 업그레이드 중인데, 현재는 '아이보를 사랑하는 사람들의 모임'까지 생겨난 상태다. 단순한 동물 기계가 아니라 사람 마음을 파고드는 무언가가 있다는 뜻이다. 그래서 최근에는 동물 로봇이라는 말 대신에 '소셜 로봇'(Social

Robot)이라는 말까지 등장했다. 일본 벤처 기업 그루브엑스가 만든 반려 로봇 '러봇'(Lovot)이 대표적인 경우다. 또한 치매 환자에게 덴마크의 한 지방자치단체(올보르 시)가 "소셜 로봇이 인간의 접촉이나 보살핌을 대체할 수 없고 대체해서도 안 되지만, 행복도와 삶의 질을 높이는 보조 수단은 될 수 있다"[1]라는 연구 결과를 내놓은 바도 있듯이, 비록 기계일지라도 사람에게 미치는 영향은 지대하다.

하지만 여기서 사용한 "동물은 기계다"라는 진술은 태엽으로 만든 동물 모양 장난감, 혹은 더 발전하여 인공지능을 장착하고 로봇으로 만들어진 그러한 동물을 뜻하진 않는다. 문자 그대로 동물을 일종의 기계와 같은 존재로 바라보았던 하나의 관점에서 비롯되었다. 이런 견해의 대표적인 인물이 바로 근대를 대표하는 철학자 중의 한 사람인 르네 데카르트(René Descartes, 1596-1650)다. 물론 그가 활동하던 당시는 우리가 지금 생각하고 연상하는 그런 기계 문명의 출현 이전이라는 사실을 염두에 두어야 한다. 따라서 그가 언급하는 동물 기계는 시계와 같이 인간이 만든 인위적인 자동 기계가 아니라, 이상적으로 생각할 수 있는 "생명을 보유하고 있는 자연적 자동 기계"였다. 다시 말하자면 인간적인 기계가 아니라, 자연법칙을 따르는 신적인 기계였다는 것이다.[2] 하지만 데카르트의 순수한 사고는 이후 많은 사람들에 의

---

1   노도현, "로봇강아지와 잘 살고 있습니다"『경향신문』, 2023년 1월 19일, https://www.khan.co.kr/article/202301191900041에서 인용

2   René Descartes, *Discours de la Méthode*, 1637. 한스 베르너 인겐시프, 하이케 바란츠케, 『동물철학』, 김재철 옮김 (서울: 파라아카데미, 2021), 50에서 재인용.

해 극단적인 형태로 원용되었다. 동물은 하나의 기계에 불과해서 의식이나 영혼이 존재하지 아니할뿐더러, 그러므로 동물이 맞을 때 지르는 비명은 작은 태엽의 소음일 뿐이고 몸 전체에는 느낌이 없다는 식으로 말이다.

원래 철학자들이 가지고 있던 동물관은 그와 같지 않았다. 고대 그리스의 대철학자 아리스토텔레스는 동물에 관해서도 관심이 많았다. 그가 남긴 『동물지』(historia anmalium)는 문자 그대로 동물백과사전으로서 무려 500여 종에 달하는 동물들을 자세하게 관찰하고 기록해 놓은 책이다. 그 결과 아리스토텔레스는 동물학 내지 동물생물학의 창시자라 불리는데, 16세기 콘라트 게스너(Conrad Gessner, 1516~1565)가 동명의 세 권짜리 책을 발표할 때까지 그의 연구는 거의 일천 년 동안 강력한 영향력을 행사했다. 일단 아리스토텔레스는 동물을 단지 하나의 기계에 불과할 뿐이라고 생각하지는 않았다. 아리스토텔레스에게 동물은 적어도 감각적 존재로서, 특별한 감각 기관을 가진 감각 영혼에 기초하여 삶의 경험을 축적하고 그에 상응하여 행동을 할 수 있는 생명체였다.[3] 따라서 동물이라 하여 인간이 하찮게 보고 마음대로 할 수 있다고 보지 않았다. 다만 동물도 감정은 있으나 이성은 가지지 못하므로 이성을 지닌 인간이 동물을 배려해야 한다는 생각을 갖고 있었다. 최근 동물에 관한 관심이 급증하면서 '동물 권리'와 '동물 복지'를 거론하는 사람들이 늘어가는데, 그중에서도 후자 곧 동물 복지를 논할 때 소환

---

3   위의 책, 39 이하.

되는 인물이 아리스토텔레스인 이유가 바로 여기에 있다.

동물 복지와 함께 곧잘 거론되는 개념이 바로 전술한 '동물 권리'다. 이 분야의 시초는 1964년 루스 해리슨의 『동물 기계』(Animal Machine)라고 보는데, 여기서 그는 동물도 고통을 느끼니 가축의 밀사(密飼)를 개선해야 한다고 주장했다. 그리고 곧 이어 문제의 인물 피터 싱어(Peter Singer)가 등장하는데, 호주 출신의 실천윤리학자로서 프린스턴 교수를 역임한 그는 1973년 화제작 『동물해방』(Animal Liberation)을 발표하면서 현존하는 가장 논쟁적인 철학자 중의 한 사람이 되었다. 그는 여기서 "동물도 고통을 느낀다"라는 차원을 넘어서 동물에게도 일종의 행복 추구권과 같은 권리를 인정하고 부여해야 한다는 논리를 펼쳤다. 그리고 이러한 동물의 고통과 권리를 배려하지 않는 행위를 '인류의 종차별'이라 부르기 시작했고, 그가 제시한 이 새로운 개념은 이후 수많은 논쟁을 촉발해 왔다. 그렇다면, 이들 일단의 학자들은 왜 이러한 주장들을 펼치기 시작했고, 그 주장이 논쟁을 불러일으킨 이유는 무엇일까? 두 가지 측면에서 그러한데, 하나는 현재의 동물을 비롯한 지구상의 생물이 맞이한 위험이고, 또 하나는 동물을 바라보는 철학적 관점의 변화이다.

하마를 볼 수 없다고?

데카르트 이후, 동물을 일종의 기계로 바라보는 시각이 퍼지면서 초래한 결과는 실로 엄청났다. 사람들은 자신들의 필요를 따라 고기와 가죽과 뿔 등을 얻기 위해서, 혹은 의학적인 이유로 해부나 실험에 이용하기 위해서, 심지어는 단지 쾌락을 위해서 동물을 사냥하면서도 그다지 죄의식을 느끼지 않게 되었다. 그 결과 근대 이후 어마어마한 숫자의 동물이 멸종을 맞게 되었는데, 2000년대 초반에 이미 전 세계 척추동물 가운데 약 12%의 조류, 23%의 포유류, 31%의 양서류, 40%의 어류, 51%의 파충류가 멸종 위험에 처해 있었다.[4] 이 가운데는 사하라 사막의 다마가젤과 같은 희귀한 동물뿐만 아니라 북극곰이나 하마와 같이 익히 우리가 잘 알고 있는 동물도 포함되어 있다.

"갈라파고스 펭귄을 다시 볼 수 있을까?"[5]라는 말을 듣고서 어떤 느낌이 드는가? 별다른 감흥이 없을 가능성도 있다. 그렇다면, "인류는 다시는 하마를 볼 수 없을지 모른다"라는 진술은 어떤가? 다들 "하마를 못 본다고?"라며 놀라지 않겠는가? 환경에 그다지 관심이 많지 않은 기독교인조차도 마찬가지일 것이다. 하마는 성경에도 등장할 만큼 (욥 40:15) 유서 깊은 동물이니 말이다. 우리에게 익숙해서, 멸종 위기에 처해 있다고 하면 깜짝 놀랄 만한 동물은 하마뿐만이 아니다. 인도와 방글라데시에 주로 서식하는 벵갈호랑이는 개체 수가 현재 약 5,000마리밖에 남지 않았다. 아프리카의 날쌘 동물 치타 역시 약 7,000마리만 남아 있는 실정이다. 최근 '푸바오' 때문에 더 유명해진 자이언트 판다는 2,000마리가 채 되지 않는 수만 생존하고 있다. 문제는 이들 동

---

4   스티븐 보우머 프레디거, 『주님 주신 아름다운 세상』, 김기철 옮김 (서울: 복있는 사람, 2011), 82-84.
5   위의 책, 319 참고.

물들에게 간접적이지만 더 포괄적이면서도 치명적인 위험이 도사리고 있다는 사실이다. 환경의 오염과 기후 변화와 같은 요인으로 말미암아 서식지를 잃어버리고, 그로 말미암은 급격한 생태계의 변화로 인해 생존 위기에 내몰리고 있기 때문이다. 유엔(UN)은 벵갈호랑이 같은 경우 급격한 기후 변화로 인해 습지가 사라지면서 2070년 무렵이 되면 완전 멸종할지 모른다고 발표하기도 했다. 인도 사람들은 깜짝 놀랄지 모른다. '우리 호랑이가 사라진다고?'

오랜 세월 인간은 실감하지 못했다. 자신들의 무지와 과실 혹은 고의로 동물을 비롯한 생물 전체에 얼마나 엄청난 충격이 가해졌는지를 말이다. 1990년대가 되자 국제 연합 기구가 본격적으로 이러한 문제를 다루기 시작했는데, 이는 상황이 얼마나 심각한지를 보여 주는 역설적 증거다. 유엔환경계획(UNEP)의 1992년 보고에 따르면, 이미 지구상 총 생물종 약 3,000만 가운데 인구 증가와 무분별한 남획, 그리고 개발과 오염으로 인한 자연 서식지 파괴 때문에 매년 25,000~50,000종의 생물이 멸종 상태였다. 그래서 탄생한 국제 조약이 바로 '생물 다양성 협약'인데, 1992년 6월 브라질의 리우에서 유엔환경개발회의(UNCED)가 열려 물경 158개국 정부 대표가 서명했고, 그 이듬해부터 발효되었다. 한국은 동 협약에 1994년 가입했고, 1995년부터 정식으로 그 적용을 받고 있다.

그렇다면 이 협약에서 이야기하는 "생물 다양성"(Biological Diversity)

이란 어떤 개념일까?[6] 생물 다양성 협약에서는 이를 "육상, 해상 및 그 밖의 수생 생태계 및 생태학적 복합체(Ecological Complexes)를 포함하는 모든 자원으로부터의 생물 간의 변이성을 말하며, 종들 간 또는 종과 그 생태계 사이의 다양성을 포함한다"(협약 제2조)라고 정의한다. 다시 말해서, 지구상의 생물종 자체의 다양성(Species Diversity)뿐만 아니라, 생물이 서식하는 생태계의 다양성(Ecosystem Diversity)과 생물이 지닌 유전자의 다양성(Genetic Diversity)을 총체적으로 지칭한다는 의미이다. 그러나 이러한 '다양성들'을 지키고 유지하자는 취지로 제정된 이 협약은 무엇보다도 갈라파고스 펭귄이나 하마와 같은 '생물종'의 다양성을 보존하는 데 우선적인 목표를 두고 있다. 왜 그럴까? 왜 현존하는 생물종을 보호해야 하는가? 여러 가지 이유가 존재하지만, 무엇보다도 생물종 자체를 바라보는 시각의 변화를 거론하지 않을 수 없다. 즉, 점차 인류가 인간 이외의 생명체에 대한 존엄성을 인식하기 시작했기 때문이다. 모든 형태의 생명체는 인간과 관련된 가치와는 무관하게 그 자체로 중요한 가치를 지닌다는 생각이 보편적으로 확립되기 시작했기 때문이다. 그렇다. 생물종을 바라보는 관점 자체가 변했다는 사실이 중요하다.

---

6 요아힘 라트카우, 『생태의 시대』, 김희상 옮김 (파주: 열린책들, 2022), 787 참고. 원래 "생물 다양성"(biodiversity)이라는 개념은 1985년 미국의 생물학자 월터 로젠(Walter Rosen)이 고안했으나 대중적 인지도가 높은 하버드 생물학자 에드워드 윌슨(Edward Wilson)이 널리 알렸으며, 리우 환경회의를 통해서 "지속 가능한 개발"과 함께 범세계적으로 폭발적 반응을 일으키는 말이 되었다.

존재가 기계를 깨뜨리다?

데카르트의 세계관에 의문을 제기하면서 혜성같이 등장한 철학자가 있다. 독일의 철학자 마르틴 하이데거(Martin Heidegger, 1889-1976)이다. 하이데거 자체가 일반인들이 접근하기 어려운 이름이기는 하다. 동료 철학자들조차 그를 '언어의 마술사'라 불렀다고 하니, 그가 남긴 글을 이해하기란 또 얼마나 어려운 일이겠는가! 하지만 하이데거의 존재감과 영향력을 한 번만이라도 진지하게 생각한다면, 도대체 그가 무슨 이야기를 했는지 궁금증이라도 가져봄 직하지 않을까? 하이데거에 접근하기 쉬운 길이 하나 있다. 그가 남긴 역작인 『존재와 시간』(*Sein und Zeit*)이라는 제목을 기억하는 것이다. 제목만 보아도 그의 성취를 어렴풋하게나마 짐작할 수 있다. 그런데 여기서 하이데거가 데카르트를 언급한다. 아예 소제목을 "세계성 분석을 데카르트의 세계존재론과 대조하는 해설"이라고 붙였다.[7] 어떤 대조였을까? 하이데거는 데카르트의 존재론을 한마디로 "자연과 정신의 대립"이라고 말한다. 즉, 데카르트는 생각하는 주체인 나와 그 너머에 있는 사물 혹은 자연 자체를 완전히 구별하고 대립하는 위치에 두었다. 앞서 언급한 "동물은 기계다"라는 명제도 그래서 나왔다고 볼 수 있다.

데카르트는 "나는 생각한다"(*ego cogito*)를 물체적인 "사물"(*res corporea*)로부터 구

---

7   마르틴 하이데거, 『존재와 시간』, 전양범 옮김 (서울: 동서문화사, 2018), 117-132.

별하고 있다. 이 구별은 이윽고 존재론적으로 '자연과 정신'의 대비가 되고, 또 그런 종류의 대비를 지속적으로 규정하게 된다. 이 대립이 아무리 많은 내용적 변형을 거치고 존재상으로 확정된다고 해도 이 대립이 낳은 그 존재론적 기초와 대립항 자체는 명확해지지 않는다.[8]

그렇다면 하이데거는 이 대립을 어떻게 지양하는가? 그는 존재의 "시간성"을 본격적으로 다루기에 앞서 먼저 존재의 "환경성"과 "공간성"을 강조한다.[9] 적어도 존재를 둘러싼 환경과 공간을 무시하지는 않는다는 뜻이다. 데카르트도 환경과 공간을 인식하지만, 그에게 있어 인식하는 주체 외부의 환경과 공간은 그저 바라보는 대상에 불과했고, 따라서 데카르트는 그런 사물과 자연을 인식하는 주체의 연장(延長, extensio)에 불과하다고 보았다. 하지만 하이데거는 그런 사물과 자연에 존재론적인 의미를 부여한다. 물론 하이데거에 있어서도 가장 중요한 존재는 여전히 인간이다. 그러나 기존의 철학자들과 달리 하이데거는 인간을 둘러싼 환경과 공간 속에 있는 또 다른 인간을 주목한다. 이를 그는 "타인의 공동 현존재와 일상적 공동 존재"라고 불렀다.[10]

예를 들어, 수공업자들의 세계와 같은 친근한 환경세례를 기술했을 때, 작업 중인 도구를 만나게 되고, 또 그 '제품'에 예정되어 있는 타인들과도 '함께 만나

---

8   위의 책, 118.
9   위의 책, 132.
10   위의 책, 153.

게 되는' 현상이 생긴다.

하지만 하이데거가 "동물은 기계다"를 "동물도 존재다"라는 명제로 대치했다고 할 수는 없다. 동물은커녕, 나를 둘러싼 다른 인간에 대해서도 존재의 관점에서 보다 더 중요한 가치를 부여한 철학자는 후대에 등장한다. 이른바 '타자(他者, l'Autre, l'alterite)의 철학'을 들고 나타난 인물은 바로 엠마누엘 레비나스(Emmanuel Levinas, 1906-1995)이다. 레비나스가 하이데거를 철저하게 비판했던 사실은 사뭇 의미심장하다. 철학자로서 위대했던 하이데거는 나치의 히틀러에 동조했다가 많은 이들의 비판을 자초했다. 레비나스는 하이데거의 그런 모습 이면에는 그가 가진 철학 자체의 모순이 있다고 보아 철학보다 윤리학을 강조했다. 윤리라는 분야 자체가 사람 사이의 관계에서 비롯되지 않는가? 그래서 레비나스는 하이데거를 비판하면서 '타자의 윤리학'을 주창했던 것이다. 비단 레비나스만이 아니었다. 기독교계에도 잘 알려진 마틴 부버(Martin Buber, 1878-1965)도 『나와 너』(Ich und Du)에서 같은 원리를 다음과 같이 밝힌 바 있다.

관계는 상호적이다. 내가 나의 '너'에게 영향을 주듯이 나의 '너'는 나에게 영향을 미친다. 우리의 제자들이 우리를 가르쳐 주며, 우리의 작품들이 우리를 세워 준다. '악한 자'라도 저 성스러운 근원어에 접하면 그의 진실을 드러내게 된다. 참으로 우리는 어린이들이나 동물들에게서도 배울 것이 있다! 우리는 도

도히 흐르는 '일체-상호성' 가운데 신비하게 포괄되어 살고 있는 것이다.[11]

타자(他者)의 등장!

상기한 사실들은 그간 '나' 중심의 일변도로 진행되어 오던 인류의 사상사에 '타자'라는 존재의 의미가 새롭게 부각되는 시대가 도래했다는 증거로 볼 수 있다. 사실 소크라테스로부터 시작해서 데카르트와 칸트에 이르기까지 전통적인 철학에 있어서 중요한 위상을 차지하는 존재는 바로 인식하는 주체인 '나'였다. 그런데 20세기에 들어오면서 급격하게 '남', 즉 '타자'의 영역에 대한 관심이 커지면서 비슷한 사고방식을 가진 인물들이 속속 등장하기 시작한다. 전술했던 독일의 하이데거(1889–1976)가 그러했고, 오스트리아 출신의 마르틴 부버(1878–1965)가 그러했고, 러시아 태생의 엠마누엘 레비나스(1906–1995)가 그러했으며, 후에 언급할 알제리 출생의 자크 데리다(1903–2004)가 그러했다.

이처럼 시대와 장소를 넘어서 같은 생각을 공유하는 사람들이 등장하기 시작했다는 사실은 앞서 소개했던 여러 현상들(예를 들면 생물의 멸종 위기)과 무관하지 않을 것이다. 마침내 때가 무르익었다. 헬라식으로 표현한다면, '카이로스의 시간이 왔다!' 그리고 그들 중에서도 레비나스는 하이데거의 사상을 본격적으로 소개하며 그 철학적 문제점을 넘어서려 시도했다는 점에서 독특한 위상을 차지하는 인물이라 할 수 있다.

---

11   마틴 부버, 『나와 너』, 김천배 옮김 (서울: 대한기독교서회, 2020), 28.

레비나스는 하이데거의 철학이 가지고 있는 문제점, 특히 동일자를 중심으로 형성되는 전체성의 사유를 극복해 가는 과정에서 독특한 타자 중심의 윤리학을 수립해 나가게 된다. 레비나스가 주장하는 제1철학으로서의 윤리학, 곧 타자 중심의 철학은 20세기 서구 철학 특히 타자의 영역에 대한 관심의 고양으로 규정지을 수 있는 철학의 흐름과도 일정 부분 맥을 같이하고 있는 것으로 보인다. 또한 타자의 고통, 타자에 대한 환대, 얼굴[12] 등과 같은 개념들을 중심으로 새로운 이타성의 장(場)을 열어 주는 그의 철학은 전쟁과 폭력의 소식들로 가득 찬 현재에도 여전히 유효하다고 할 수 있다. 그의 사유는 특히 20세기 말에 지나치게 사변적인 담론의 유희에 집착하면서 답보 상태에 빠졌다는 비판을 받고 있는 철학의 한 분야인 실천철학, 곧 윤리와 도덕의 분야에서 새로운 지평을 제시해 주고 있다는 평가를 받기도 한다.[13]

여기서 우리는 아주 의미심장한 부분을 하나 발견한다. 바로 "타자에 대한 환대"라는 구절이다. 이는 몇 가지 마음가짐을 전제로 한다. 첫째, 타자의 고통을 향한 배려의 마음이다. 레비나스는 '나'가 중요하지만, 결코 '나'라고 하더라도 '타자'의 고통을 외면해서는 안 된다고 말한다. 둘째, 타인을 향한 증오를 반대하는 마음이다. 레비나스 본인도 유대인인지라 그는 당연히 나치의 유대인 박해를 비판했지만, 이념과

---

12 마리 안느 레스쿠레, 『레비나스 평전』, 변광배 · 김모세 옮김 (파주: 살림출판사, 2006), 489. "레비나스는 이 '얼굴' 개념을 자기 철학의 매우 독특한 개념으로, 즉 코, 눈썹, 눈, 입 등이 없는 얼굴의 개념으로 만들었다. 이 '얼굴'의 개념 속에서 레비나스는 '살인하지 말라'라는 제1계명의 울림을 듣는다. 이는 곧 존재를 타자에 대한 책임 속으로 이끄는 것이다."
13 위의 책, 539.

종교를 막론하고 타인을 향한 증오 때문에 희생자가 나와서는 안 된다고 생각했다. 셋째, 타인을 향한 환대의 마음이다. 그래서 레비나스의 주체를 특히 "환대하는 주체"라고 부른다.

다시 말해서 레비나스에게 '타자'란 그들의 고통을 외면할 수 없는 존재이며, 결코 증오해서는 안 되는 존재일 뿐만 아니라, '나'라는 주체에게 그저 하나의 객체 내지 대상을 넘어서 적극적으로 '나'라는 주체가 환대해야 하는 또 하나의 주체라고 할 수 있다. 더 나아가 레비나스는 '나'라고 하는 주체의 존재 자체가 아예 '타자'라는 주체의 존재에게 의존하고 있다고 본다. 즉, "나는 타자를 통해 존재한다"라고 인식한다는 말이다. 레비나스는 인간을 천상천하 유아독존의 존재로 보지 않고, "나는 타자들에 의해 '자기로서'(en soi) 존재한다"라고 말한다.[14] 우리는 이미 김춘수의 시 「꽃」으로부터 이러한 가르침을 수용한 적이 있다.[15] 그렇다. 이제는 '나'는 혼자가 아니다. 드디어 역사 속에 '타자'가

---

14 위의 책, 504에서 재인용. 엠마누엘 레비나스, 『존재와 다르게』, 김연숙 · 박한표 옮김 (서울: 인간사랑, 2010), 141-143 참고.

15 김춘수, 「꽃」

내가 그의 이름을 불러 주기 전에는
그는 다만
하나의 몸짓에 지나지 않았다

내가 그의 이름을 불러 주었을 때
그는 나에게로 와서
꽃이 되었다

내가 그의 이름을 불러 준 것처럼
나의 이 빛깔과 향기에 알맞은
누가 나의 이름을 불러다오

본격적으로 등장하기 시작했다.

타인에서 동물로

그렇다면 이러한 '타자'라는 개념에 인간 이외의 존재, 이를테면 동물을 포함시킬 수 있을까? 이와 관련된 논의를 본격적으로 전개하는 인물이 등장했다. 알제리 태생의 프랑스 철학자 자크 데리다(Jacques Derrida, 1930–2004)가 바로 그 주인공이다. 철학사에서 그는 "해체"(deconstruction)와 "차연"(différance)이라는 개념으로 유명하지만, 하이데거와 레비나스에서 발아(發芽)한 '타자' 개념을 보다 더 발전시켜서 '동물'까지 그 범주 안에 포함시켰기 때문에 그의 사상을 "타인에서 동물로"라고 부를 만하다.[16] 이로써 데카르트를 정점으로 일종의 결핍 내지 기계로 간주되던 동물이 어엿한 하나의 타자 존재로 자리매김하는 역사가 일어났다. 혹자는 데카르트와 데리다를 비교하면서 데카르트가 한 유명한 말인 "나는 생각한다. 그러므로 나는 존재한다"(cogito ergo sum)를 데리다가 "나는 동물이다. 그러므로 나는 존재한다"로 바꾸었다

그에게로 가서 나도
그의 꽃이 되고 싶다

우리들은 모두 무엇이 되고 싶다
너는 나에게 나는 너에게
잊혀지지 않는 하나의 눈짓이 되고 싶다

16   서동욱, 『타자철학』(서울: 반비, 2010), 제8장 참고.

고 평하기도 한다.[17]

자크 데리다는 동물의 타자성을 설명하기 위해 성경 창세기에 나타나는 아브라함의 이야기를 인용한다. 신은 아브라함에게 어렵게 얻은 하나밖에 없는 귀한 아들을 제물로 바치라고 요구한다. 인간의 이성이나 윤리로는 납득할 수도 없고 받아들일 수도 없는 명령이었지만, 그것은 절대적이었기에 오직 복종 이외에는 선택의 여지가 없는 그런 명령이었다. 그렇다면 그런 '절대성'은 어디에서 기인하는가? 그것은 바로 신이 '절대적 타자'라는 사실에서 비롯된다. 그런데 데리다는 동물 타자 역시 신과 같은 절대적 타자성을 가지고 있다고 강변한다.[18] 따라서 데리다에게 있어서 동물이란 인간이 마음대로 해도 좋은 기계 같은 존재가 아니라 존중받아 마땅하고 그 고통을 외면하지 말아야 할 존재이며 인간이 환대해야 할 하나의 주체라고 할 수 있다. 이러한 생각은 앞선 레비나스의 그것과 유사한데, 레비나스의 경우 그러한 타자 개념에 동물을 포함시킨 예가 없다. 레비나스의 타자를 "얼굴을 가진 타자"라고 하고, 데리다의 타자를 "얼굴 없는 타자"라고 부르기도 하는데, 그 이유가 바로 여기 즉 '동물'의 포섭 여부에도 있다고 하겠다.

---

17 임은제, 『데리다의 동물 타자』(서울: 그린비, 2022), 23.
18 위의 책, 141, 299.

타자철학을 처음으로 형이상학에서 논했던 레비나스는 동물 타자를 타자의 범주에서 배제하는데, 이는 데리다의 비판을 받게 되는 가장 결정적 차이를 만들게 된다. 레비나스는 동물 타자를 포섭할 수 없었고 그의 타자는 오직 인간 타자에게만 한정되었다. 물론 레비나스는 비천하고 고통 받는 타자를 가장 타자다운 타자로 규정하면서 동물 타자에게 열릴 수 있는 철학적 가능성에 대한 기반을 만들었다. 그러나 여전히 그 자신은 동물 타자의 고통이나 타자성은 인정하려 들지 않았다.[19]

그렇다면 데리다에게 있어서 동물이란 무엇인가? 데리다의 『동물 그리고 나인 동물』의 첫 부분에는 "고양이와 마주침"이라는 아주 흥미로운 이야기가 실려 있다. 어느 날 아침 샤워를 하기 위해 욕실에 들어간 그는 뒤를 쫓아온 반려 고양이[20]와 눈이 마주친다. 이 인간과 동물이 서로 응시하는 순간은 데리다를 혼란스럽게 할 뿐만 아니라 당황스럽게 만든다. 왜냐하면 그때 그는 이 고양이의 시선 때문에 처음으로 고양이 앞에서 벌거벗고 서 있는 자신을 느꼈기 때문이다. 게다가 그 순간 때문에 그는 수치심에 휩싸였다. 그는 한 번도 느껴 보지 못한 이런 감정에 '이 순간 나는 누구인가?'라고 묻지 않을 수 없게 된다. 이 순간의 기이한 경험은 데리다에게 동물을 타자로 인식해야만 하는 그 후의 수많은 경험을 촉발하게 만들었다.[21]

---

19 위의 책, 144–145.
20 철학자가 자신의 저서에서 자기 반려동물을 소개한 최초의 사례가 아닐까?
21 위의 책, 280.

이와 같이 데리다에게 있어서 동물은 먼저 '나'라고 하는 주체를 규정하는 타자이다. 레비나스에게 있어서 타자는 인간의 얼굴을 하고 있었지만, 데리다에게 있어서 타자 속에는 동물의 모습들도 녹아 있다. 이처럼 소중한 타자로서 동물에게 까닭 없이 고통을 가하거나 마음대로 그 생명을 빼앗을 수 없다. 동물은 인간이 결코 그 고통을 외면하거나 학대를 가하거나 할 수 있는 존재가 아니며, 더 나아가 환대를 받아야 할 하나의 주체이다. 이런 관점에서 데리다는 데카르트의 "코기토"(*cogito*)적 존재론, 즉 "나는 생각한다. 그러므로 나는 존재한다"라는 테제를 바꾸려고 한다. 왜냐하면 이는 동물까지를 다 포괄하기 위한 질문으로는 적합하지 않기 때문이다. 이에 데리다는 "그들은 고통을 겪을 수 있는가?"라는 질문을 제기하면서 '생물학적 코기토' 내지 '생태학적 코기토'를 제안한다. 고통을 겪을 수 있다면, 그들 역시 엄연히 존재한다고 말할 수 있다는 생각에서이다.

동물이 기계인가, 그렇다면 우리도 기계다!

데리다는 동물이 기계라는 데카르트의 관점을 그렇지 않다는 시각에서 비판하고 넘어서려 했다. 그런데 역으로 인간 역시 기계라는 관점에서 전통적인 견해를 비판하고 넘어서려는 시도를 하는 철학자가 있다. 그는 바로 프랑스의 질 들뢰즈(Gilles Deleuze, 1925-1995)이다. 그에 따르면 눈과 입과 같은 기관이 기계인 것은 물론이고, 욕망과 예술과

문학 따위도 모두 기계이다. 물론 그가 말하는 기계는 우리가 흔히 생각하는 그런 개념과는 조금 다르다. 들뢰즈는, 기계는 "다른 것과 접속하여 흐름을 절단하거나 접속된 기계에 대해서 흐름을 생산하는 모든 것이다. 배치 속에서 기계들이 접속하고 절단함으로써 새로운 기계가 되고 다시 접속하고 절단하여 다른 기계로 되는 끊임없는 생성의 세계를 이룬다"[22]와 같은 식이다.

인간은 오랜 세월 동물을 인간과 다른, 인간 외부에 존재하며 인간과 완전히 구별되는 타자로 보았다. 그러한 사고방식을 단적으로 보여주는 사례가 바로 동물원이다. 동물원에 갇혀서 관찰 대상으로 전락한 동물은 그것을 바라보는 인간과는 동떨어진 존재였고, 이것이 바로 근대적 인간들이 생각하던 인간과 동물의 관계였다. 하지만 들뢰즈에 따르면 인간이 욕망을 중심으로 하는 기계라는 점에서 동물과 다를 바가 없다. 그리하여 들뢰즈는 "동물-되기"라는 개념을 들고 나온다. 그에 따르면 "동물-되기"란 "인간과 동물의 경계가 무너지고, 인간이 강렬하게 스스로를 동물로 느끼는 것"을 의미한다.[23] 인간과 동물을 별개의 존재로 인식하고 특히 동물을 기계라고 바라보던 전통적인 인간중심주의에 혁명적인 반기를 들었던 셈이다.

이러한 생각은 동물에 대한 평가를 변경시켰다. 동물은 환경에 그저 반응만 하는 존재가 아니라, 환경에 따라 자율적인 행동을 결정하

---

22   질 들뢰즈 · 펠릭스 가타리, 『안티오이디푸스』, 김재인 옮김 (서울: 민음사, 2014), 74-82 참고.
23   정항균, 『동물 되기』 (서울: 세창, 2020), 134.

고 그에 따라 자신의 신체나 정서를 변화시킬 수 있는 능력을 지닌 존재다. 이를 들뢰즈 식으로 말한다면, 동물 역시 인간과 마찬가지로 접속하고 절단하는 개체라는 의미의 기계라고 볼 수 있다.[24] 동물은 기계인가? 데카르트 식으로 대답하자면, 그렇다. 동물은 기계인가? 들뢰즈 식으로 답한다면, 역시 그렇다. 그러나 들뢰즈의 대답에는 한마디를 더 첨가해야 한다. 동물은 기계다. 인간도 역시 그러하다. 그리하여 동물은 인간의 단순한 구경거리나 고깃덩어리로 인간을 위해 존재하는 열등한 존재가 아니며, 따라서 동물성 그 자체는 존중받아 마땅할 뿐만 아니라 더 나아가 동물로서의 권리를 인정해 주어야 할지도 모르는 길이 열렸다.

이러한 사고는 동물에게만이 아니라 인간에게도 영향을 끼친다. 먼저 '동물—되기'는 인간에게 숨겨진 신체적 비밀을 드러내며, 동물과의 경계를 허묾으로써 인간의 주체성을 확장하는 긍정적 의미를 가진다.[25] 더 나아가 인간은 '동물—되기'를 통해서 인간 역시 동물성을 지니고 있으며, 따라서 동물은 인간 외부의 존재일 뿐만 아니라 인간 내부의 존재이기도 하다는 사실을 근원적으로 인식하기에 이르렀다고 할 수 있다.[26] 데리다에게 동물은 타자이지만 주체로서의 '나'를 규정하는 데 결정적인 계기였다. 그러나 들뢰즈는 여기서 한 걸음 더 나아가 동

---

24 위의 책, 143.
25 위의 책, 173.
26 위의 책, 179.

물은 타자이지만 동시에 그 동물성을 나라고 하는 주체 안에서도 발견하게 함으로써 '나'라는 존재를 한층 더 새롭게 규정한다. 들뢰즈가 자신의 독창적인 사상을 전개하면서 얼마나 많은 동물들을 사례로 들고 있는지를 보라.

예를 들어 오스트레일리아의 피리새 과에 속하는 새들처럼 수컷이 집을 짓지 않고 그저 둥지를 만들 재료를 운반하거나 집 짓는 시늉만 할 뿐인 경우도 있는데, 부리로 나뭇가지 하나를 물고 암컷에게 구애하거나(바틸다[Bathilda] 속(屬)), 집 짓는 재료와는 별개의 재료를 사용하기도 하며(네오크미아[Neochmia] 속), 구애의 초기 단계 또는 구애 이전 단계에서만 풀잎을 사용하는 경우도 있으며[아이데모지네(Aidemosyne) 속이나 론쿠라(Lonchura) 속], 풀을 선물로 건네지 않고 쪼아 먹는 경우도 있다[엠블라마(Emblama) 속]. 물론 이처럼 '풀잎'을 사용하는 행동은 그저 오래된 습관의 반복 또는 집짓기 행동의 흔적에 지나지 않는다고 말할 수 있을지도 모르겠다. 그러나 배치라는 관념과 비교해 보면 행동이라는 관념이 불충분하다는 것이 아주 분명하게 드러난다. 왜냐하면 수컷이 집을 짓지 않는 경우 집짓기는 이미 영토적 배치의 특성이 아니라 이른바 영토로부터 떨어져 나오게 되기 때문이다.[27]

여기서 사람들을 당혹시키는 유명한 사례를 몇 가지 살펴보기로 하자. 이것들은 많든 적든 정말 불가해한 경우로 영토로부터 경이로운 이탈을 보여 주는

---

27 질 들뢰즈 · 펠릭스 가타리, 『천개의 고원』, 김재인 옮김 (서울: 새물결, 2003), [398] 참고.

데, 영토들에 직접 작용해 영토를 구석구석 관통하는 대규모의 탈영토화 운동을 보여 준다. 1) 연어처럼 모천(母川)으로 회귀하는 여행을 떠나는 경우. 2) 메뚜기나 피리새들처럼 엄청난 숫자가 모이는 경우(1950-1951년에 스위스의 툰 호수 근처에 수천만 마리의 피리새들이 모여들었다). 3) 태양이나 자극(磁極)의 방향을 좇아 이동하는 경우. 4) 대하(大蝦)처럼 먼 거리를 떼 지어 행군하는 경우.[28]

동물에 대한 철학적 관점의 변화

이상의 논의를 정리해 보자. 데카르트 식의 "동물은 기계"라는 인식이 오랫동안 철학사를 유령처럼 배회한 것은 사실이다.[29] 그러다 보니 동물을 향한 남획과 학살 등의 행위가 문제시되지 않고, 어떤 의미에서는 당연시되어 온 측면이 있다. 그러다가 금세기 들어 상황이 돌변했다. 멸종하는 종들이 속출했고, 이전까지는 미시적인 측면이 주요했다면, 지금은 거시적인 측면 곧 지구의 기후 변화와 이로 말미암은 서식지 파괴 및 생태계 교란 등으로 인해 동물 등이 더욱 큰 생존의 위험에 직면했기 때문이다. 이러한 현실성(하이데거 식의)의 변화는 철학이나 사조에도 분명히 영향을 주었을 것이다.

---

28 위의 책, [400] 참고.
29 자크 데리다가 『마르크스의 유령들』(1993)에서 썼던 유령에 관한 표현이나 슬라보예 지젝이 『공산당 선언 리부트』(2018)에서 썼던 그것과는 조금 다른 의미이다. 참고로 이 모두는 마르크스가 『공산당 선언』(1948)에서 "하나의 유령이 떠돌고 있다, 공산주의의 유령"이라고 한 표현에서 유래했다.

특히 동물의 존재와 관련하여 마르틴 하이데거로부터 엠마누엘 레비나스 그리고 자크 데리다에 이르기까지 철학계에서도 혁신적인 발상의 전환이 이루어졌다. 하이데거는 "공동 존재"라는 개념을 내놓았고, 레비나스는 "타자"라는 개념을 본격적으로 연구하기 시작했으며, 데리다는 동물을 이 "타자"라는 개념 속에 집어넣어 동물을 위한 빈자리를 마련했다. 이러한 흐름에 우리는 철저하게 이기적이며 인간중심주의에 빠져 있던 인류가 점차적으로 타인을 고려할 줄 알게 되면서 "타인의 휴머니즘"으로 나아갔고, 결국 그 타자 속에 동물 같은 개념을 포섭함으로써 "포스트 휴머니즘"의 가능성을 열어 왔음을 발견한다.

이와 같이 철학자들도 동물을 소중하게 여기기 시작했다. 그리고 지금은 동물권과 동물 정의 같은 분야도 발전하기 시작했다. 그렇다면 신학은 어떠한가? 우리는 어떠한가? 요지는 이것이다. 신학은 철학의 변화를 어떻게 바라보고 있는가? 신학은 세상의 변화를 어떻게 바라보고 있는가? 동물을 둘러싼 새로운 신학을 정립할 가능성은 존재하는가? 이러한 문제들을 본격적으로 논의하기에 앞서, 먼저 성경이 동물을 어떤 관점으로 바라보고 있는가를 알아보고자 한다. 성경 안에서 동물은 어떤 위상을 가지고 있는가? 성경에 동물을 배려하고 보호하는 부분들이 존재하지 않을까?

| 성경은 동물을 어떻게 바라보고 있는가? |

율법이 바라보는 동물 - 성경, 동물을 법적으로 보호하다!

대다수의 국가가 생물의 다양성을 보존하는 협약을 체결하기로 동의하는(동의해야만 하는) 현실 속에서 동물을 바라보는 관점 자체도 전술한 바와 같이 변화되었지만, 이것이 다가 아니다. 최근에는 한 걸음 더 나아가 동물의 권리, 즉 동물권을 인정할 것인가의 여부를 논의하는 데까지 이르렀다.[30] 과연 동물이 권리를 가질 수 있을까? 적어도 우리 법체계에서는 아직은 요원하다 해야 한다. "동물은 권리, 즉 어떤 법률상의 이익을 주장할 수 있는 주체인가?"라는 질문에 대해 그렇다고 대답하는 자체도 쉽지 않기 때문이다. 동물은 현행법상으로 주체라기보다 객체에 해당한다. 예를 들면 대한민국 민법 제98조는 "물건"을 "권리의 객체"라는 제목하에 "유체물 및 전기 기타 관리할 수 있는 자연력"이라고 정의하는데, 현재까지는 동물도 이 물건에 포함된다고 본다.[31] 뿐만 아니라 형법 제366조는 손괴죄의 대상을 "타인의 재물, 문서 또는 전자기록 등 특수매체기록"으로 규정하는데, 대부분의 경우

---

30 동물해방과 종차별주의에 관한 논의는 Peter Singer, *Animal Liberation* (Jonathan Cape, 1975)을, 동물권에 관한 본격적인 논의는 Tom Legan, *The Case for Animal Rights* (University of California Press, 1983)를, 동물과 관련된 정의론에 대해서는 Martha Nussbaum, *Justice for Animals* (New York: Simon & Schuster, 2023) 혹은 마사 누스바움, 『동물을 위한 정의』, 이영래 옮김 (알레, 2023)를 참고하라.

31 2021년 10월 법무부는 민법 98조에 "동물은 물건이 아니다"를 첨가하는 개정안을 발의한 바 있다.

동물도 여기 "재물"에 포함된다고 해석한다.[32] 즉, 우리 법제하에서 동물은 아직까지 물건에 불과하다.

물론 한국에도 동물보호법이 따로 존재한다. 이 법은 동물 학대 금지, 동물 실험 제한 등과 같은 조항들을 마련하고 이들 법규에 위반할 경우 형법상의 재물 손괴죄보다 더 무거운 형벌(3년 이하의 징역 또는 3,000만 원 이하의 벌금, 형법은 3년과 700만 원)을 부과하도록 했다. 하지만 이 법은 1991년에 가서야 제정되었다. 그러나 성경은 수천 년 전의 기록임에도 불구하고 동물을 배려하고 보호하는 명문 규정을 두고 있을 뿐만 아니라, 일부이긴 하지만 특정 동물들이 법적으로 보호받도록 하는 조치도 여럿 두고 있다. 물론 신학자들은 이러한 구절들을 십계명이나 여타 다른 율법과 관련하여 다룬다. 하지만 동시에 "동물에 대한 친절"(kindness to animals) 정신이 포함되어 있다고 본다.[33] 이는 율법에서 특별히 허락해서가 아니라, 창조주가 이들 모두를 지으시고 보시기에 "좋았더라"(good, 창 1:4, 10, 12, 18, 21, 25, 31)라고 말씀하신 데서 기인한다. 그러므로 인간은 다른 사람은 물론이고, 동물을 비롯한 다른 어떤 피조물도 함부로 멸시할 수 없다.[34]

특히 율법에는 (일부이기는 하지만) 특정 동물을 배려하고 보호하는 규정들이 여러 차례 반복적으로 등장한다. 그 전체를 대략적으로 개관

---

32 이재상, 『형법각론』 (서울: 박영사, 2002), 424.
33 Rousas John Rushdoony, *The Institues of Bible Law* (The Craig Press, 1978), 257.
34 위의 책, 257.

하면 다음과 같다. 첫째, 안식과 관련된 율법에는 안식일에 동물도 사람과 같이 안식하도록 했다(출 20:8-11; 23:10-11; 레 25:4-7). 둘째, 수확에 참여한 소에게는 일정 부분의 보상을 허락했다(신 25:4). 이 구절은 훗날 신약 성경에서 일하는 사람과 관련하여 두 차례나 더 인용되었다(고전 9:9; 딤전 5:18). 셋째, 어미와 새끼에 관한 배려 규정들이 있다(출 34:26; 레 22:27-28; 신 22:6, 7). 여기에도 두 가지 유형이 존재하는데, 하나는 제의(祭儀)와 관련이 있고, 또 하나는 자연(自然)과 관련이 있다. 넷째, 길을 잃어버린 가축에 대한 배려 규정들이 있다(출 23:4-5; 신 22:1-4). 근본적으로는 이웃이나 형제에게 선하게 행하라는 취지에서 비롯되었으나, 동시에 관련되는 동물들을 배려하고 보호하라는 취지가 부가되어 있다고 본다.

동물의 안식

율법의 안식(安息)에 관한 규정 가운데 동물을 배려하는 구절들이 존재한다. 먼저 성경은 율법을 통해 동물의 안식을 보장한다. 출애굽기의 십계명 부분에 이와 관련된 내용이 최초로 등장한다. 넷째 계명은 안식일을 기억하고 지키라는 명령과 그 구체적인 내용으로 당사자는 물론이고, 가족이나 손님, 심지어 가축이라도 일을 하게 하지 말라는 명령으로 이루어져 있다. 이를 두고 동물(가축)이 안식할 수 있는 권리라고까지 말할 수는 없을 것이다. 자신이 누려야 할 이익을 직접 요구할 수는 없기 때문이다.[35] 하지만 당사자가 부과된 명령에 순종할 때 누리는 반사적 이익에 불과하다고도 말할 수 없다. 안식의 율법을 통해 보장된 법적 이익이라고 해야 하기 때문이다.

> 안식일을 기억하여 거룩하게 지키라 엿새 동안은 힘써 네 모든 일을 행할 것
> 이나 일곱째 날은 네 하나님 여호와의 안식일인즉 너나 네 아들이나 네 딸이
> 나 네 남종이나 네 여종이나 네 가축이나 네 문안에 머무는 객이라도 아무 일
> 도 하지 말라 (출 20:8-10)

안식에 관한 율법에는 안식일(安息日) 규례뿐만 아니라 안식년(安息年)에 관한 규례도 존재한다. 십계명을 규정하는 부분에 이어지는 시내산 율법(Sinai Code, 21-23장) 가운데 이와 관련된 부분이 있고, 레위기의 성결법전(Holiness Code, 11-26장)에도 같은 취지의 말씀이 존재한다. 즉, 일곱째 해는 안식년이다. 이 해에는 밭이든 포도원이든 감람원이든 그냥 두어서 안식하게 해야 한다. 사람의 안식이 아니라 땅의 안식이라는 점을 주목해야 한다. 인간은 자신을 위해서가 아니라 땅을 위해서 파종하지도, 가꾸지도 말아야 한다. 이 과정에서 동물도 잠시 일을 그치고 쉼을 얻는다. 하루만의 안식이 아니라, 무려 1년의 안식이다.

---

35 권리란 무엇일까? 법에 의해 주어지는 이익을 추구하는 의사라는 견해(의사설), 법에 의해 보호되는 이익 그 자체라는 견해(이익설), 일정한 구체적 이익(법익이라고도 한다)을 누릴 수 있도록 법에 의해서 권리 주체에게 주어진 힘이라는 견해(법력설) 등이 있으나 현재 우리나라에서 주장되고 있는 것은 마지막의 법력설뿐이다. 지원림, 『민법강의』 (서울: 홍문사, 2003), 35.

너는 여섯 해 동안은 너의 땅에 파종하여 그 소산을 거두고 일곱째 해에는 갈
지 말고 묵혀두어서 네 백성의 가난한 자들이 먹게 하라 그 남은 것은 들짐승
이 먹으리라 네 포도원과 감람원도 그리할지니라 (출 23:10-11)

일곱 째 해에는 그 땅이 쉬어 안식하게 할지니 여호와께 대한 안식이라 너는
그 밭에 파종하거나 포도원을 가꾸지 말며 네가 거둔 후에 자라난 것을 거두
지 말고 가꾸지 아니한 포도나무가 맺은 열매를 거두지 말라 이는 땅의 안식
년임이니라 안식년의 소출은 너희가 먹을 것이니 너와 네 남종과 네 여종과
네 품꾼과 너와 함께 거류하는 자들과 네 가축과 네 땅에 있는 들짐승들이 다
그 소출로 먹을 것을 삼을지니라 (레 25:4-7)

그럼에도 불구하고 저절로 자라나는 곡식이나 열매들이 있다. 출애
굽기의 해당 부분은 이를 가난한 사람과 들짐승의 몫이라고 규정한다.
그러나 레위기의 해당 부분에 의하면, 안식년의 소출은 가난한 사람을
비롯한 모든 사람, 그리고 들짐승뿐만 아니라 모든 가축의 먹을거리였
다. 이처럼 성경은 안식의 율법과 관련해서 가난한 자들을 특별히 배
려할 뿐만 아니라, 가축과 심지어 들짐승에 이르기까지 동물들을 배려
한다. 따라서 사람도 그 정신을 기억하여서 마땅히 가난한 자들과 동
물들까지도 배려하는 마음을 갖추고 실천해야 옳다.

예수께서 이르시되 너희 중에 어떤 사람이 양 한 마리가 있어 안식일에 구덩

이에 빠졌으면 끌어내지 않겠느냐 (마 12:11)

또 그들에게 이르시되 너희 중에 누가 그 아들이나 소가 우물에 빠졌으면 안식일에라도 곧 끌어내지 않겠느냐 하시니 (눅 14:5)

주께서 대답하여 이르시되 외식하는 자들아 너희가 각각 안식일에 자기의 소나 나귀를 외양간에서 풀어내어 이끌고 가서 물을 먹이지 아니하느냐 (눅 13:15)

안식과 동물의 관계는 율법에서뿐만 아니라 복음서를 통해서도 드러난다. 안식 규례의 핵심은 아무 일도 하지 말라는 명령에 있는데, 만일 안식일에 우물이나 구덩이에 가축이 빠졌다면 어떻게 해야 할까? 안식일에 동물이 목이 말라 울부짖는다면 어떻게 해야 할까? 동물을 배려하고 보호해야 하는 의무와 안식일을 거룩하게 지켜야 하는 의무가 충돌하는 경우인데, 이런 경우 어떤 의무에 우선적으로 순종해야 할까? 예수께서 이에 관해 주셨던 분명한 답을 복음서 기자들이 상기한 바와 같이 기록해 두셨다. 즉, 동물을 배려하고 보호해야 하는 의무가 안식일을 거룩하게 지켜야 할 의무보다 더 우선한다는 말씀이었다. 만일 사람들이 합당하게 반응하고 순종한다면 그 범위에서 동물은 안식일 규례보다 우선적으로 배려와 돌봄을 누린다. 이 역시 동물이 안식의 율법을 통해 누릴 수 있는 또 다른 유익이라고 할 수 있다.

열심히 일한 소여!

곡식 떠는 소에게 망을 씌우지 말지니라 (신 25:4)

인명을 중시하는 율법이라면, 동물의 생명도 마찬가지가 아니겠는가? 하나님께서 노아와 언약을 체결하실 때, 그 대상에 모든 생물이 포함되어 있던 사실을 상기해 보라(창 9:10). 언약의 주는 결코 당신의 언약을 잊지 않으신다. 동물을 향해서도 마찬가지다. 앞서 살펴보았지만 율법에 남아 있는 동물 관련 구절들이 바로 이 언약의 흔적들이다. "네 소나 양도 그와 같이 하되 이레 동안 어미와 함께 있게 하다가 여드레 만에 내게 줄지니라"(출 22:30). "길 잃은 소나 나귀를 보거든 반드시 그 사람에게로 돌릴지며, 나귀가 짐을 싣고 엎드러짐을 보거든 그것을 버려두지 말고 그것을 도와 그 짐을 부릴지니라"(출 23:4, 5). "염소 새끼를 그 어미의 젖으로 삶지 말지니라"(출 23:19). "암소나 암양을 막론하고 어미와 새끼를 같은 날에 잡지 말지니라"(레 22:28).

같은 관점을 취한다면, 사람을 도와 열심히 곡식을 떠는 소에게 입마개를 씌워서 이삭 한 알조차 주워 먹지 못하게 한다면 그야말로 비인도적일 뿐 아니라 하나님께서 소중하게 여기신 피조물을 이유 없이 학대하는 처사가 아니겠는가? 일하는 소에게도 마땅히 보상이 주어져야 한다. 물론 신약에서 두 차례나 더 인용된 이 구절은 사실 인간에게 더 초점이 맞추어져 있다. 곡식 떠는 소가 받아야 할 합당한 대가를 금지하지 말라 한다면, 열심히 일한 인간은 더욱 그 노력과 수고에 대한 합당한 대가가 보장되어야 하지 않겠는가 하는 취지에서이다.

> 우리가 먹고 마실 권리가 없겠느냐, 모세의 율법에 곡식을 밟아 떠는 소에게 망을 씌우지 말라 기록하였으니, 밭 가는 자는 소망을 가지고 갈며 곡식 떠는 자는 함께 얻을 소망을 가지고 떠는 것이라 우리가 너희에게 신령한 것을 뿌렸은즉 너희의 육적인 것을 거두기로 과하다 하겠느냐 (고전 9:4, 9, 11)

> 성경에 일렀으되 곡식을 밟아 떠는 소의 입에 망을 씌우지 말라 하였고 또 일꾼이 그 삯을 받는 것은 마땅하다 하였느니라 (딤전 5:18)

이들은 직접적으로는 신약 시대에 전도자와 가르치는 자의 수고에 관한 구절이라 할 수 있다. 간접적으로는 열심히 일한 사람들이 대가를 받을 수 있는 하나님 나라의 원칙이라고 해 두자. 그러나 열심히 일한 동물도 당연히 이 율법 규정을 따라 혜택을 받아야 마땅하다. 하지만 합당한 보상은커녕 실제로는 동물들에게 아직도 너무나 가혹한 착취나 학대가 가해지고 있다.

> 인간이 달걀을 제공받기 위해 암탉의 자유를 제한하든 말든 상관없이, 한 마리당 1미터에서 2미터가 채 못 되는 공간의 닭장 안에 암탉을 빽빽이 채워 넣는 것은 정당하지 않다고 생각된다. 송아지도 마찬가지로 작은 외양간에 가

뒤 고기로서만 생산해 내는 일은 분명히 잘못된 것이다. 쇠고기를 계속 먹는 것을 정당화할 수 있을지는 몰라도, 소가 사육장에서 대우받는 방식을 말하는 것은 또 다른 문제다. 소처럼 되새김질하는 동물을 가능한 한 빨리 몸을 육중하게 불리기 위해 옥수수로 만든 자연스럽지 않은 먹이와 호르몬, 항생제와 심지어 일부 시멘트까지 먹이며 무릎까지 빠지는 거름더미에서 살게 하는 장면을 상상해 보라.[36]

어미와 새끼

율법에서 중요하게 여기는 또 하나의 주제인 "초태생"(初胎生)[37]을 다루는 본문들 가운데 동물과 관련하여 매우 흥미로운 구절이 출애굽기와 레위기에 각각 삽입되어 있다. 여기에도 두 종류의 서로 다른 규례가 존재한다. 먼저 초태생은 하나님께 돌려야 원칙이나, 적어도 일주일간은 어미의 젖을 먹게 하고 함께 있게 하라는 규정이 있다(출 22:30). 제물에 관한 율법 편에 있으니 의식법(儀式法)[38]의 일종으로 보아야 하겠지만, 동물을 비롯한 피조물 일반에 대한 창조주의 관심과 배려가 녹아 있는 규정이라고도 할 수 있다.[39] 근자에 '동물권'에 대한 논의가 활

---

36 잔 카제즈, 『동물에 대한 예의』, 윤은진 옮김 (서울: 책읽는수요일, 2011), 237.
37 초태생 혹은 맏물은 토지나 가축의 첫 소산을 가리킨다. 이들은 원칙적으로 하나님의 소유이며, 제사장의 몫으로 돌려야 하는 제물이기도 하다. 율법은 여러 부분에서 초태생을 다루고 있다(출 13:2, 12; 34:19; 민 8:16; 신 15:19-23 등).
38 율법은 보통 의식법, 도덕법, 시민법의 셋으로 구분한다.
39 Rousas John Rushdoony, *The Institues of Bible Law*, 262.

발하다고 했는데, 이미 수천 년 전 율법에 갓 태어난 동물의 새끼와 그 어미를 배려하라는 명령이 존재하다니, 생각할수록 얼마나 경이로운 일인가?

> 네 소와 양도 그와 같이 하되 이레 동안 어미와 함께 있게 하다가 여드레 만에 내게 줄지니라 (출 22:30)

> 수소나 양이나 염소가 나거든 이레 동안 그것의 어미와 같이 있게 하라 여덟 째 날 이후로는 여호와께 화제로 예물을 드리면 기쁘게 받으심이 되리라 암소 나 암양을 막론하고 어미와 새끼를 같은 날에 잡지 말지니라 (레 22:27-28)

이런 율법에는 매우 특별한 의미가 있다. 사람을 위해서 존재하는 법이 아니라 오로지 동물의 어미와 새끼만을 배려하는 규정이기 때문이다. 동물을 보호하는 듯하지만 결국은 사람을 위해서, 더 정확히 말하자면 사람의 유익을 위함인 경우가 허다한데, 어미와 새끼를 적어도 일주일은 같이 있게 하라거나 어미와 새끼를 한 날에 잡지 말라는 규정은 전적으로 그 어미와 새끼를 위한 배려가 분명하다. "율법은 짐승에게도 자비롭다"라는 말이 나오는 까닭도 여기에 있다. 알렉산드리아의 클레멘스는 이와 관련하여 아래와 같이 흥미로운 설명을 남겼다.

성경은 말합니다. "(새끼가 태어나면 적어도) 이레 동안 어미 품에 있어야 한다."

이유 없는 현상이 없고 태어난 자식에게 먹이라고 어미에게서 젖이 나오는데, 하나님께서 주신 젖을 먹지 못하도록 새끼를 어미에게서 떼어 놓는 사람은 자연에 폭력을 가하는 것입니다. 그러니 그리스 사람이건 누구건 율법을 헐뜯는 사람들은 부끄러워해야 합니다. 율법은 이성이 없는 짐승에게도 관대한 반면에, 그들은 인간의 자손도 죽음에 처하도록 만들기 때문입니다.[40]

또한 출애굽기에는 두 번씩이나 반복해서 '초태생을 막상 제물로 잡아야 하는 경우에도 결코 그 어미의 젖으로는 삶지 말라'라는 다음과 같은 부가 규정을 두었고, 신명기에도 동일한 취지를 기록하고 있다. 이러한 행위는 당시 가나안 사람들이 우상 숭배와 관련한 주술적 방식으로 사용하던 관례에서 비롯되었을 가능성이 높다. 따라서 이 명령은 우선적으로 우상 숭배를 금지하는 데 그 취지가 있다. 신명기의 병행 구절이 "너희는 너희의 하나님 여호와의 성민이라"로 시작한다는 사실도 이러한 추론을 뒷받침한다.

너는 염소 새끼를 그 어미의 젖으로 삶지 말지니라 (출 23:19; 34:26)

너희는 너희의 하나님 여호와의 성민이라 스스로 죽은 것은 먹지 말 것이나 그것을 성중에 거류하는 객에게 주어 먹게 하거나 이방인에게 파는 것은 가하니라 너는 염소 새끼를 그 어미의 젖에 삶지 말지니라 (신 14:21)

---

40   Clement of Alexandria, *The Stromata*, 2. 18. 92.

동시에 생명의 존엄성을 강조하는 구절이기도 하다. 즉 새끼를 그 생명의 유지원(維持源)인 어미의 젖에 삶는 행위는 생명의 존엄성을 무시하는 아주 야만적인 행위이다. 따라서 이스라엘 백성들만큼은 이 율법을 따르고 이방인들의 이 사악한 관습을 답습하지 말라는 단호한 명령을 내리셨다. 이처럼 여호와의 규례와 법도의 근본정신은 일상생활의 세부적인 면과 하찮은 미물에까지 그 사랑과 긍휼이 미치게 하는 것임을 알 수 있다.[41] 전술했던 교부 중 한 사람은 또한 같은 취지에서 창조주가 지으신 생명을 향한 경외감에 휩싸여 이 부분에 관해 다음과 같은 설명을 남겼다.

우리의 육체적인 본성은 죽은 것을 산 것으로 장식하는 음식을 만든다는 생각이나 죽은 몸체를 살아 있는 것으로 장식한다는 생각에 거부감을 느낍니다.[42]

지금 우리의 모습을 돌아보라. 2008년의 광우병 사태가 어디에서 촉발되었는가? 1980년대 초 영국 축산업계는 우유 생산량 증대를 위해 육골분(肉骨粉), 즉 상품성이 떨어지는 부위(뼈, 머리, 꼬리 등)를 갈아서 만든 사료를 사용하기 시작했는데, 이와 같이 가축 사육업자들이 초식동물인 소에게 동족의 육골분 사료를 섭취하게 함으로써 그 원인을 제공했다고 본다.[43] 새끼를 그 어미의 젖으로 삶지 말라는 율법에 담겨

---

41 호크마 주석, 신명기 14장 21절.
42 Clement of Alexandria, *The Stromata*, 2. 18. 94.
43 권민, "다시 소환된 광우병", 『축산경제신문』, 2023년 6월 23일, https://www.chukkyung.co.kr/

있는 생명 존중의 사상이야말로 지금도 존중받아 마땅하다. 말하지 못하는 짐승이라고 무시했다가는 광우병과 같이 창조 질서를 어지럽히는 대가를 언젠가는 또다시 치러야 할지 모른다.

길을 잃어버린 양들에게

가축이라도 길을 잃어버리고 헤맬 경우가 있다. 가축이기 때문에 들짐승이나 광야의 위험에 취약하여, 만일 길을 잃는다면 십중팔구 해를 당하거나 심지어 목숨을 잃을지도 모를 일이다. 그런 일이 발생한다면 어떻게 해야 하는가? 율법은 이런 경우를 상정하고 관련된 규정을 두고 있다. 시내산 율법 가운데 하나, 신명기 법전 가운데 하나가 등장하는데, 구체적 내용은 거의 동일하나 적용 대상이 다른 두 구절은 각각 아래와 같다.

> 네가 만일 네 원수의 길 잃은 소나 나귀를 보거든 반드시 그 사람에게로 돌릴지며 네가 만일 네가 미워하는 자의 나귀가 짐을 싣고 엎드러짐을 보거든 그것을 버려두지 말고 그것을 도와 그 짐을 부릴지니라 (출 23:4-5)

> 네 형제의 소나 양이 길 잃은 것을 보거든 못 본 체하지 말고 너는 반드시 그것들을 끌어다가 네 형제에게 돌릴 것이요, 네 형제의 나귀나 소가 길에 넘어진

news/articleView.html?idxno=67773.

것을 보거든 못 본 체하지 말고 너는 반드시 형제를 도와 그것들을 일으킬지
니라 (신 22:1, 4)

둘 다 길 잃은 가축을 발견할 경우 임자를 찾아서 돌려주라는 명령
인데, 시내산 율법에서는 길을 잃어버린 동물의 소유주가 원수인데 반
해 신명기 법전은 형제라는 점, 따라서 시내산 율법은 타인을 해하려
는 심리적 동기에 초점을 맞춘 반면, 신명기 법전은 공의라고 하는 객
관적 동기를 강조한다는 차이가 있다. 시내산 율법에 의하면, 누군가
를 미워한다는 이유로 거짓 증언을 하거나 잃어버린 가축을 방치해 또
다른 중요한 가치를 훼손해서는 안 된다. 신명기 법전에 의하면, 이웃
이나 원수까지도 용납하고 용서해야 한다면 형제자매는 더 잘 돌보고
섬겨야 한다. 이러한 원리는 레위기의 성결 법전에서 "원수를 갚지 말
며 동포를 원망하지 말며 네 이웃 사랑하기를 네 자신과 같이 사랑하
라"라는 말씀으로 이어지고(레 19:18), 신약 성경에서는 야고보서와 요
한일서의 관련 구절들로 이어진다(약 2:14-17; 요일 4:20-21).

다른 각도에서 둘을 더 비교하자면, 대상인 사람에 관해서는 출애
굽기가 특별법이고 신명기가 일반법인 반면, 대상인 물건에 관해서라
면 출애굽기가 일반법이고 신명기가 특별법이 된다. 상술하면 다음과
같다. 첫째, 출애굽기가 원수를 거론하는 데 비해, 신명기는 그 대상을
형제라 했다. 원수의 가축까지도 돌려준다면 형제의 가축은 당연히 돌
봐주어야 하지 않겠는가? 둘째, 출애굽기가 길 잃은 가축을 주인에게

돌려주라고만 규정하는 데 비해, 신명기는 주인의 집이 멀거나 알지 못하는 경우 잠시 보관했다가 돌려주라는 가중된 명령을 규정한다. 셋째, 출애굽기가 그 대상을 길 잃은 가축에 한정하는 데 비해, 신명기는 의복을 비롯해서 모든 유실물을 그 대상으로 확장한다.

가축과 유실물에 대한 이와 같은 규례를 정한 이유는 다음과 같다. 첫째, 이웃을 사랑하라는 계명의 귀납적 실천이다. 즉, 추상적인 명령을 먼저 내리고 구체적인 실천을 명하는 것이 아니라, 먼저 구체적인 실천을 제시하고 이를 추상화한 명령을 규정하는 방식이다. 이어지는 레위기 율법에서 "네 이웃 사랑하기를 네 자신을 사랑하는 것같이 하라"(레 19:11)라는 추상적인 명령이 등장하는 이유가 여기에 있다. 그리고 다시 구체적인 용례를 확장시킨다. 탁월한 방식이다. 둘째, 피조물을 돌보라는 문화명령의 구체적인 발현이기도 하다. 말 못하는 짐승이라도 성경은 항상 보이지 않는 배려를 아끼지 않는다. 셋째, 공의의 구체적인 발현이기도 하다. 의복은 원칙적으로 담보로 잡지 않는다는 규정을 생각해 보라(출 22:26). 이를 소극적 정의의 발현이라고 한다면, 예수께서는 오히려 적극적으로 자기가 걸치고 있던 의복까지도 이웃을 위해 주라고 하심으로 적극적 공의의 발현을 강조하셨다(마 5:40). 이웃의 가축을 함부로 마음대로 다루지 말아야 한다는 소극적 원칙은 당연하기에 생략한 반면, 이웃의 동물이 길을 잃었을 때 반드시 찾아서 돌려보내는 수고를 아끼지 말라는 규정을 그래서 남기셨다. 넷째, 공동체의 질서와 평화를 위함이기도 하다. 길 잃은 가축이 다른 사람의 소유와 섞여 버렸을 때, 다툼이 생기고 평화가 깨질 수 있다. 이를 미연에 방지하려면 각자의 소유를 구별하는 일이 필수적이다. 외삼촌 라반의 가축과 뚜렷이 구별되던 야곱의 가축을 생각해 보면 이 일의 중요성을 깨닫게 될 것이다(창 30:32-43).

그런데 상기한 율법 규정의 마지막 부분에 첨가된 내용이 있다. 짐을 실은 나귀가 엎드러지거나 그렇지 않더라도 소나 나귀가 넘어졌을 경우 도와서 일으켜 주라는 구절이다. 앞서 길을 잃어버린 양을 주인에게 되돌려주라는 명령의 저변에는 여러 가지 고려할 요소들이 많다는 사실을 살펴본 바 있다. 그러나 넘어진 소나 나귀를 일으켜 주라는 이 구절만큼은 넘어진 짐승 그 자체를 향해 관심과 배려를 보이라는 말씀으로 들린다. 이러한 율법의 정신은 신약 성경의 복음서에서도 고스란히 드러난다. 바로 아래와 같이 잘 알려진 이야기를 통해서 그러하다.

> 너희 생각에는 어떠하냐 만일 어떤 사람이 양 백 마리가 있는데 그 중의 한 마리가 길을 잃었으면 그 아흔아홉 마리를 산에 두고 가서 길 잃은 양을 찾지 않겠느냐 진실로 너희에게 이르노니 만일 찾으면 길을 잃지 아니한 아흔아홉 마리보다 이것을 더 기뻐하리라 (마 18:12-13)

> 예수께서 그들에게 이 비유로 이르시되 너희 중에 어떤 사람이 양 백 마리가 있는데 그 중의 하나를 잃으면 아흔아홉 마리를 들에 두고 그 잃은 것을 찾아

내기까지 찾아다니지 아니하겠느냐 또 찾아낸즉 즐거워 어깨에 메고 집에 와
서 그 벗과 이웃을 불러 모으고 말하되 나와 함께 즐기자 나의 잃은 양을 찾아
내었노라 하리라 (눅 15:4-6)

길을 잃어버린 동물에 관한 이야기는 이와 같이 율법의 뒤를 이어서
신약 성경의 복음서에 다시 등장한다. 마태복음 18장과 누가복음 15장
의 잃어버린 양에 관한 비유가 그것이다. 그런데 율법과 달리 복음서
에는 그 소유주[44]와 길을 잃어버린 양을 되찾아야 하는 동기와 목적을
묻지 않는다. 넘어진 가축을 일으켜 주라는 율법의 취지와 같이 잃어
버린 양 그 자체에 초점을 맞추고 있다. 목자는 나머지 양들을 그냥 두
는 위험과 험난한 지형과 사나운 짐승의 위험을 무릅쓰고 잃어버린 양
을 찾아 나선다. 그리고 찾았을 때, 큰 기쁨이 따른다고 덧붙인다. 물
론 이 이야기는 비유다. 잃어버린 영혼의 구원을 강조하는 데 취지가
있다. 하지만 실제로 이스라엘에서는 목자가 양들을 그렇게 대하기 때
문에 탄생한 예화이기도 하다. 잃어버린 양을 되찾은 목자는 두 손으
로 양의 앞다리와 뒷다리를 움켜쥐고 자기 목에 걸치고 옮긴다는 기록
이 있다.[45]

---

44 자기 소유의 양 100마리일 수도 있고, 흔히 그러한 것처럼 누군가로부터 위탁받아 돌보고 있는
양 100마리일 가능성도 있다.

45 Joachim Jeremias, *Parables of Jesus* (New York: Scribner, 1963), 134.

동물의 보금자리

신명기 법전에 등장하는 동물에 관한 관심과 배려는 두 종류인데, 하나는 사람과 연관이 있어 일차적으로는 그 소유주의 이익을 보호하는 데 목적이 있으나, 동시에 해당 동물도 보호를 받게 되는 경우이다(신 22:1, 4). 다른 또 하나는 사람과 관계도 없고 의식 등과도 연관이 없어 순수한 동물 배려 규정이라 할 만하다(신 22:6-7). 로마법과 독일법을 계수하여 발달한 법체계를 가졌다고 자부하는 대한민국의 법규 중에도 이와 같은 사례를 찾기 힘들다. 얼마나 신비하고 놀라운가!

> 길을 가다가 나무에나 땅에 있는 새의 보금자리에 새 새끼나 알이 있고 그 어미 새가 그 새끼나 알을 품은 것을 보거든 그 어미 새와 새끼를 아울러 취하지 말고 어미는 반드시 놓아줄 것이요 새끼는 취하여도 되나니 그리하면 네가 복을 누리고 장수하리라 (신 22:6-7).

길을 가다가 보금자리를 발견했을 때, 어미 새와 새끼 새가 같이 있거든 둘 다 취하지 말고 새끼만 취할 수 있다. 창조의 질서와 조화는 사람에게만 존재하는 것이 아니다. 율법은 앞서 "염소 새끼를 그 어미의 젖으로 삼지 말지니라"라고 규율했다(출 23:19). 어미와 새끼의 관계는 인간이라고 마음대로 파괴할 수 있는 것이 아니다. 이어서 하나님께 드리는 제물이라 할지라도, 새끼를 낳자마자 그 어미와 떼어놓고서 제물로 드리지 못하게 하셨다(레 22:27). 하나님은 애민(愛民)하실 뿐만 아니라 애물(愛物)하신다. 똑같이 하나님께서 지으신 피조물이라는 점에서는 차이가 없기 때문이다.

만일 욕심이 나서 보금자리에 있는 어미도 새끼도 다 잡아 버리면 어떤 결과가 되겠는가? 멸종이다. 2012년 유엔 보고서에 따르면, 지금도 하루에 멸종되는 동물이 150여 종이고 전체적으로 약 5,000종의 생물이 멸종되고 있다고 한다. 지구상에 동식물이 점차 사라지면 인간은 생존할 수 있을까? 보금자리 규정은 다음과 같이 끝을 맺고 있다. "어미는 반드시 놓아줄 것이요 새끼는 취하여도 되나니 그리하면 네가 복을 누리고 장수하리라"(신 22:7). 동물을 보호하는 일, 아니 환경을 돌보고 아끼는 일은 동시에 인간 자신을 보호하고 돌보고 아끼는 일이라고 성경은 벌써부터 알려 주고 있는 셈이다.

21세기의 가장 중요한 신학적 주제는 '환경'이라 본다. 환경과 관련하여 요즘 "생태적 교회"라는 말과 "녹색 신앙"이라는 말을 하는 경우도 있다. 하지만 이러한 생각과 가치는 21세기의 작품이 아니라, 상기한 바와 같이 창조 시대에서부터 비롯된 산물이라는 사실을 잊지 말아야 한다. 창세기 2장 15절의 '경작하다'(아바드)와 '지키다'(샤마르) 등의 단어들은 인간의 자연에 대한 착취가 아니라 돌봄과 관심에 그 초점을 맞추고 있다는 사실을 강조한다. 하나님께서는 인류를 자연 위에 군림하는 독재자가 아니라 환경의 청지기로 세우셨으며, 이러한 청지기직의 핵심은 관리(management)가 아니라 섬김(servanthood)에 있다는 빈센트

로시(Vincent Rossi)의 견해도 같은 맥락이라고 볼 수 있다.

생태학적 위기의 주범(主犯)은 결국 '인간중심주의'다. 따라서 '하나님 중심주의'를 회복하는 길 외에 다른 대안이 있을 수 없다. 헤셀링크(I. J. Hesselink)는 개혁주의의 특징이야말로 하나님 중심주의라고 했다.[46] 소위 말하는 생태신학[47]이 "개혁주의 생태신학"(A Reformed Eco-theology)이 되어야 하는 이유가 여기에 있다.[48] 이론만이 아니라 실제 생활에서도 교회와 성도는 개혁주의에 입각해서 청지기 정신과 책임 의식을 가지고 환경을 보존하기 위한 노력을 아끼지 말아야 한다. 이를테면 환경 설교, 교회 에어컨 줄이기, 주일 대중교통 이용하기, 분리수거 및 음식 찌꺼기 줄이기, 일회용품 사용 자제하기 등을 들 수 있다. 동물을 향한 돌봄과 배려도 마찬가지의 맥락에 있다. 전술한 보금자리 율법은 그러한 청지기적 책임 의식을 잘 보여 주는 훌륭한 선례라고 할 수 있다.

율법의 현대적 의의

율법 가운데, 동물을 배려하고 보호하는 생각이나 장치들이 존재하고 있다는 사실을 알게 되었다. 그렇다고 하더라도 그 율법들이 오늘

---

[46] Hesselink, *On Being Reformed* (1983), 94. 송준인, 『개혁주의 생태신학』 (서울: 선학사, 2010), 148 재인용.

[47] "인류의 최대 관심사로 등장한 환경 문제에 대해 기독교도 적극적으로 대처해야 한다. 그렇다면 성경에 근거한 기독교적 대안은 무엇인가? 이에 대한 응답의 시도가 생태신학 또는 환경신학이다. 이것은 생태학적 관점에서 성경을 이해하고 해석하려는 신학 사조로서, 자연과의 사귐에 대한 신학적 근거 제시를 목적으로 삼고 있다." 송준인, 『개혁주의 생태신학』, 123.

[48] 위의 책, 148-154 참고.

을 사는 우리와 어떤 연관이 있는가? 율법 그대로 지금도 적용되어야 하는가, 아니면 지금 이 시대에는 어떤 의미로 다가오는가? 이런 질문들은 궁극적으로는 "율법의 현대적 의의"라는 주제와 밀접하게 연관되어 있다. 즉 구약의 율법은 오늘날 그리스도인과 어떤 관계에 있을까? 다음과 같은 몇 가지 중요한 원칙을 기억하면 좋을 것이다.

첫째, 율법은 폐기된 것이 아니다. 이와 관련된 주님의 직접적인 말씀이 있다. "내가 율법이나 선지자를 폐하러 온 줄로 생각하지 말라 폐하러 온 것이 아니요 완전하게 하려 함이라 진실로 너희에게 이르노니 천지가 없어지기 전에는 율법의 일점일획도 결코 없어지지 아니하고 다 이루리라"(마 5:17-18). 구약의 십일조를 예로 들어 보자. 또한 이렇게 말씀하셨다. "화 있을진저 너희 바리새인이여 너희가 박하와 운향과 모든 채소의 십일조는 드리되 공의와 하나님께 대한 사랑은 버리는도다 그러나 이것도 행하고 저것도 버리지 말아야 할 것이니라"(눅 11:42). 율법의 십일조를 폐한다는 말씀을 하지 않으시고, 오히려 사랑과 공의라고 하는 본질을 더하여 잘 지키라 명하셨다. 예수님의 말씀과 생애는 다른 각도에서 본다면 율법의 완전한 성취의 과정이라고도 할 수 있다. 십자가 위에서 마지막 순간 "다 이루었다"(요 19:30)라고 외치신 이유도 여기에 있다. 예수께서 친히 다 이루신 제사나 절기나 성막(성전)의 율법을 오늘날 신자들은 문자대로 준수하지 아니한다. 예수님의 온전한 성취로 말미암아 오늘날 더 이상 지킬 필요가 없기 때문이다.

둘째, 신법은 구법에 우선한다. 로마법에 존재하는 중요한 법언(lex

posterior derogat legi priori)이지만, 법의 일반 원리에 해당하며 결국은 하나님의 법으로부터 기인했다고 볼 수 있다. 산상수훈만 봐도 예수께서 율법에 대한 새로운 해석이나 새로운 계명을 많이 말씀하셨다. 예를 들면, 율법은 맹세나 서원을 강조하는데(레 19:2; 민 30:2; 신 23:21) 예수님은 하늘로도 땅으로도 맹세하지 말라고 가르치셨다(마 5:33-37). 탈리오(talio)에 관해서는 역 · 탈리오(counter-talio)라 할 수 있는 계명을 주셨는데(마 5:38-42), 누가 오른뺨을 때리거든 똑같이 오른뺨을 때려 주라가 아니라 왼뺨도 대어 주라고 하셨고, 누가 오 리를 가자고 하면 상대방에게도 똑같이 오 리를 가 달라고 하라가 아니라 오히려 십 리를 같이 가 주라고 하셨으며, 누가 속옷을 달라고 하면 상대방의 속옷도 달라고 하라가 아니라 오히려 더 귀중한 겉옷까지 주라고 하셨다. 이웃을 사랑하라는 율법도 마찬가지인데, 원래 이웃이라는 대상이었으나 나중에 원수까지 사랑하라는 계명을 새롭게 부가하셨다(레 19:18; 마 5:43-48).

셋째, 율법의 본질과 정신은 여전히 살아 있다. 즉 예수님께서는 가장 중요한 율법을 묻는 한 랍비의 질문에 다음과 같이 대답하셨다. "예수께서 이르시되 네 마음을 다하고 목숨을 다하고 뜻을 다하여 주 너의 하나님을 사랑하라 하셨으니 이것이 크고 첫째 되는 계명이요 둘째도 그와 같으니 네 이웃을 네 자신과 같이 사랑하라 하셨으니 이 두 계명이 온 율법과 선지자의 강령이니라"(마 22:37-40). 신명기의 구절 중에서 "마음과 뜻과 힘"을 "마음과 목숨과 뜻"이라고 바꾸셨다는 사실도 주목할 만하지만, 나아가 "강령"이라는 단어를 쓰시면서 율법과 선지자의 본질과 핵심을 강조하셨다는 점이 더 중요하다.

이외에도 율법의 현대적 의미에 관해서 개혁주의 신학자들이 제시하는 세 가지 기능 혹은 세 가지 용법(용도)도 있다. 첫째는 율법의 제1용법이라 부르는 신학적 용법(*usus theologicus*)으로, 죄를 깨닫고 책망하는 기능을 말한다. 둘째는 시민적(정치적) 용법(*usus politicus, usus civilis*)으로, 특히 재판법 등을 통해 질서를 유지하고 범죄의 심리를 억압하는 기능을 뜻한다. 셋째는 규범적 용법(*usus normativus*)으로, 하나님의 뜻을 파악하고 거룩하게 살아가며 신자들의 삶의 기준을 제공하는 기능을 의미한다. 개혁주의 전통에서는 바로 이 "규범적 용도(기능)"을 강조해 왔다. 구체적인 내용은 아래와 같다.

율법의 제3 용법	내용
① 신학적 용법(*usus theologicus*)[49]	죄를 깨닫게 함
② 시민적 용법(*usus civilis*)[50]	사회 질서와 공공 평화에 기여
③ 규범적 용법(*usus normativus*)[51]	교육적 기능, 성숙과 성화와 관련

---

[49] 장 칼뱅, 『기독교강요』, 2. 8. 1. 책망적 용법(*usus elenchticus*)이라고 부르기도 하며, 율법으로 죄를 깨닫는 것을 의미한다.

[50] 위의 책, 2. 7. 10과 2. 7. 11. 정치적 용법(*usus politicus*)이라고 부르기도 한다. "법으로 죄라는 사실을 깨닫게 하는 것이 신학적 기능이라면, 죄에는 반드시 벌이 따른다는 사실을 깨달아 두려워하여 범죄하지 않게 하는 것이 정치적 기능이라 할 수 있다." 신 19:20이 이러한 원리를 잘 표현하고 있다. "그리하면 그 남은 자들이 듣고 두려워하여 다시는 그런 악을 너희 중에서 행하지 아니하리라."

[51] 위의 책, 2. 7. 12와 2. 7. 13. "가르치는 사역으로서, 율법은 거듭난 사람들에게 '주님의 뜻을 좀 더 순수하게 알아가며 날마다 진보가 있도록 하는' 역할을 계속한다. 율법은 신자들을 가르치는

동물을 배려하는 율법의 구절들은 어떻게 되는 걸까? 신약 성경에서 그대로 인용한 경우는 물론이거니와(신 25:4), 그렇지 않은 경우라도 율법의 본질과 정신은 지금도 여전히 중요하며, 특히 하나님의 공의와 관련 있는 동물 배려 구절 같은 경우는 존중받아 마땅하다. 따라서 상기한 율법의 정신을 고려한다면, 가축이라도 혹사시키지 말고 안식을 허락하며, 합당한 보상을 얻도록 해 주고, 도움이 필요할 때 도움을 받을 수 있게 하며, 어미와 새끼의 관계를 특별히 배려해 주어야 한다.

율법의 현대적 용법과 관련해서는, 먼저 동물을 배려하라는 율법을 어기는 자체가 성경적으로는 죄가 된다는 사실을 인식하게끔 해야 한다(신학적 용법). 또한 이웃이나 심지어 원수의 소유라도 길을 잃어버린 가축을 발견했을 때 주인에게 되돌아갈 수 있도록 배려한다면 그 자체로도 이웃 간의 갈등을 완화하고 이미 발생한 분규를 해소할 수도 있다(시민적 용법). 아직도 동물을 비롯한 환경에 대한 관심과 배려가 많이 부족한 한국 그리스도인들의 경우, 이미 다루었던 동물을 배려하는 율법의 규정들은 동물을 더 사랑하고 돌보도록 교훈하고 권면하며 나아가 환경에 대한 제반 인식을 고양하는 역할을 수행할 수 있다(규범적 용법).

기능을 계속한다. 이것은 하나님의 백성이 하나님의 뜻을 알아가고 '그 뜻에 순응하고 적응해 가는' 과정을 말한다. 권고하는 사역으로서 율법은 '성도들이 그것을 수시로 묵상함으로써 순종에 이르게끔 경성하고, 그 안에 더욱 굳건하게 서며, 배도한 반역의 길로부터 돌이키게 한다.' 권고의 사역은 인식적 교훈의 수준을 넘어선다. 그것의 작용은 오히려 의지적이다. 율법은 성도들을 위한 '채찍'과 '계속 찌르는 가시'로서 그들의 영혼을 소성하게 하는 작용을 감당한다. 이러한 역사는 그리스도의 중보 없이는 불가능하다." 문병호, 『30주제로 풀어 쓴 기독교강요』 (서울: 생명의 말씀사, 2018), 119-120.

| 복음(예수) 안에서 바라보는 동물 |

공중의 새와 들에 핀 백합화를 보라

신약 성경에서 동물에 관한 가장 유명한 구절은 아마도 산상수훈 속에 나오는 "공중의 새와 백합화"일 것이다(마 6:26, 28). 물론 전후 맥락을 살펴보면 동물이 아니라 사람에 초점이 맞추어져 있다는 사실을 알수 있다. 사람이 하나님의 가치와 세상의 재물을 겸하여 섬길 수 없으며(마 6:21, 24), 따라서 "먼저 그의 나라와 의를 구하라 그리하면 이 모든 것을 너희에게 더하시리라"(마 6:33)로 결론을 맺고 있기 때문이다. 그럼에도 불구하고 "공중의 새와 백합화"가 중요한 까닭은 동식물, 즉 자연을 바라보는 예수님의 시각 곧 '공중의 새와 들에 핀 꽃 한 송이조차도 천부 아버지께서 얼마나 귀하게 여기시는가' 하는 관점이 잘 드러나 있기 때문이다.

이어지는 구절은 예수님의 자연관을 더 잘 보여 준다. "솔로몬의 모든 영광으로도 입은 것이 이 꽃 하나만 같지 못하였느니라"(마 6:29). 여기에서 꽃 대신 새를 집어넣어도 마찬가지다. "솔로몬의 모든 영광으로도 가진 것이 이 새 하나만 같지 못하였느니라!" 무슨 의미인가? 인간이 제 아무리 금은보화를 많이 가지고 있어도, 인간이 아무리 뛰어난 과학 기술을 보유해도, 인간이 아무리 발달된 문명을 향유해도, 그러한 것들 때문에 인간이 공중의 새나 들에 핀 꽃보다 더 우월한 존재가 되는 것은 아니라는 뜻이다. 즉, 인간이 아무리 많은 것을 더 가져도, 아무리 귀한 것을 더 소유해도, 결코 꽃이나 새보다 가치 있는 존재가 될 수 없다는 의미이다.

그런데도 예수님은 "너희는 이것들보다 더 귀하지 아니하냐?"(마 6:26)라고 말씀하셨다. 여기서 "귀하다"는 '수 · 우 · 미 · 양 · 가'처럼 가치의 서열을 정하는 의미를 가진 말이 아니다. 헬라어로 '디아페로'라는 이 말의 원래 뜻은 '다르다'(different)이다. 즉, 인간은 공중의 새보다 더 존귀한 존재가 아니라 공중의 새와는 다른 존재라는 뜻이다. 이것이 왜 중요한가 하면, 가치의 서열로 생각하면 창세기의 이른바 문화명령, 즉 "정복하고 다스리라"(창 1:28)를 자연에 대한 지배와 약탈로 이해하기 십상이기 때문이다. 만일 그렇다면, 기독교야말로 자연 파괴의 실질적 주범이라는 소리를 들어도 할 말이 없다. 그러나 이를 '다르다'라는 의미로 바르게 인식하면, 정복하고 다스리라는 명령도 전혀 다른 각도로 바라볼 수밖에 없다.

그렇다면 인간이 꽃이나 새와 구별되는 점이 무엇인가? 그것은 바로 유일하게 '하나님의 형상'으로 지음받은 존재라는 사실이다. 하나님의 형상이 무엇이냐에 관해서는 여러 가지 이론이나 학설이 있을 수 있겠지만, 한 가지 분명한 것은 하나님께서는 손수 지으신 모든 피조물의 관리자로 인간을 택하셨다는 점이다. "하나님이 자기 형상 곧 하나님의 형상대로 사람을 창조하시되 남자와 여자를 창조하시고"(창 1:27)라는 말씀을 하신 직후에 "하나님이 그들에게 복을 주시며 하나님이 그들에게 이르시되 생육하고 번성하여 땅에 충만하라 땅을 정복하라 바다의 물고기와 하늘의 새와 땅에 움직이는 모든 생물을 다스리라"라고 하셨기 때문이다.

'정복하다'(카바쉬)와 '다스리다'(라다)가 등장하는 창세기의 문화명령은 자연을 마음대로 지배하고 착취해도 좋다는 면허장이 아니다. 아담과 하와에게 에덴동산을 맡기실 때 "그것을 경작하며 지키게 하시고"(창 2:15)라 하셨는데, 여기서 '경작하다'(아바드)와 '지키다'(샤마르)는 아무리 봐도 자연을 지배하고 착취하라가 아니라 지키고 돌보라는 뜻임을 금방 알 수 있다. 이 두 구절은 사실 동일한 하나님의 명령이다. 앞서 언급한 바와 같이, 하나님께서는 인류를 자연 위에 군림하는 독재자가 아니라 환경의 청지기로 세우셨으며, 이러한 청지기직의 핵심은 관리(management)가 아니라 섬김(servanthood)에 있다.

성경에도 반려동물이 등장한다?

'반려동물'이라는 용어는 1983년에 동물학자인 콘라트 로렌츠(Konrad Lorenz)에 의해 처음 사용되었고,[52] 우리나라에서는 2007년 동물보호법이 개정된 이후부터 공식적으로 사용되어 왔다. 동법에 의한 '반려동물'의 정의는 다음과 같다. "'반려동물'이란, 반려(伴侶)의 목적으로 기르

---

52 1983년 콘라트 로렌츠의 업적을 기념하기 위해 열렸던 심포지엄에서 기존의 애완동물이라는 말 대신 반려동물을 쓰자는 선언이 채택되었다고 한다.

는 개, 고양이 등 농림축산식품부령으로 정하는 동물을 말한다"(동물보호법 제1장 제2조의 7항). 여기서 '반려'(伴侶, companion)란, 본래 결혼한 배우자를 가리켰으나 언제부터인가 종전의 '애완동물'(pet)을 대체하는 개념으로 사용되기 시작했다. 이처럼 반려동물이라는 개념의 통용화는 그리 오래되지 않았지만, 사실 인간은 아주 오래전부터 동물과 함께 생활해 오면서 감정적 · 경제적으로 많은 부분을 의지해 왔다. 이러한 전통적 의미에서 반려동물이란, 야생이 아니라 인간의 가정에서 '가축화'된 형태를 의미하기도 한다. 제러드 다이아몬드에 의하면, 이들은 야생동물과 달리 인간 생활의 유용함을 위해 길들여진 동물들이다.[53]

성경에도 이런 의미의 반려동물이 나타나는 대목이 있다. 복음서에 등장하는 한 이방 여인의 고백 속에서다. 마태복음은 이 여인을 "가나안 여자"라 하는데(마 15:22), 그녀가 두로와 시돈 지방에 거주하고 있었기 때문이다. 주지하다시피 이 지역은 페니키아의 영역으로 본래 페니키아인들이 동방과 서방을 잇는 중계 무역에 능했기 때문에 '장사꾼'이라는 의미의 "가나안"이라 불렸다. 누가복음은 지리적 배경보다는 문화적 배경에 더 주목한다고 생각하는데, 같은 여인을 "헬라인"이자 "수로보니게 족속"이라 부르고 있기 때문이다(눅 15:26). 아무튼 이 여인이 사는 동네에 집주인과 함께 거하는 동물 곧 '개'가 등장한다.

---

53 제러드 다이아몬드, 『총, 균, 쇠』, 김진준 옮김 (서울: 문학사상, 1997)의 제9장, "선택된 가축화와 안나 카레리나의 법칙" 부분을 참고하라.

대답하여 이르시되 자녀의 떡을 취하여 개들에게 던짐이 마땅하지 아니하니라 여자가 이르되 주여 옳소이다마는 개들도 제 주인의 상에서 떨어지는 부스러기를 먹나이다 하니 (마 15:26-27)

예수께서 이르시되 자녀로 먼저 배불리 먹게 할지니 자녀의 떡을 취하여 개들에게 던짐이 마땅치 아니하니라 여자가 대답하여 이르되 주여 옳소이다마는 상 아래 개들도 아이들이 먹던 부스러기를 먹나이다 (막 7:27-28)

원래 성경에서 "개"(퀴온)는 좋지 못한 이미지로 등장할 때가 많다(출 11:7; 삿 7:5; 마 7:6; 빌 3:2). 그러나 여기 등장하는 "개"(퀴나리온)라는 단어는 주로 집에서 기르는 애완용 개나 강아지를 의미한다. 안티오키아(성경의 안디옥) 출신으로 훗날 콘스탄티노플의 대주교가 되었던 요한 크리소스톰(349-407)도 이 부분을 강해하면서 "자녀의 빵을 강아지들에게 던져 주는 것은 좋지 않다"와 "주님, 그렇습니다. 그러나 강아지들도 주인의 상에서 떨어지는 부스러기는 먹습니다"라는 식으로 당시 일상 가운데 일어났음 직한 모습을 아주 친근하게 묘사하고 있다.[54] 한 가지 더 흥미로운 점은 마태복음이 개들의 "주인"을 언급한 반면, 마가복음은 개들에게 먹던 부스러기를 던져 주는 "아이들"을 거론하고 있다는 사실이다. 당시 개라는 동물이 사람의 집에서 생각보다 훨씬 더 친숙한 관계를 이루며 살았다는 증거라고도 볼 수 있다. 그런데 성경에서

---

54   John Chrysostom, *Homilies on the Gospel of St. Matthew*, 52. 3.

이 대목과 상당히 유사한 장면을 하나 더 발견한다.

> 한 부자가 있어 자색 옷과 고운 베옷을 입고 날마다 호화롭게 즐기더라 그런
> 데 나사로라 이름하는 한 거지가 헌데투성이로 그의 대문 앞에 버려진 채 그
> 부자의 상에서 떨어지는 것으로 배불리려하매 심지어 개들이 와서 그 헌데를
> 핥더라 (눅 16:19-21)

"부자의 상(床)"은 가나안 여인의 이야기 속에 등장하는 단어와 같으
나, 여기서 "개들"은 전술한 강아지(퀴나리온)가 아니라 일반적인 개(퀴
온)를 가리킨다. 그런데 "개들이 와서 그 헌데를 핥더라"는 무슨 뜻일
까? 두 가지로 견해가 갈리는데, 개들에게까지 모욕을 당하는 모습이
라는 사람들이 있는 반면, 오로지 개들만이 관심을 가지고 그의 상처
를 어루만져 주었다고 보는 사람들도 있다. 아래와 같이 교부들 중에
서도 이러한 입장을 취하는 경우가 있다.

> 네, 개들조차 그의 종기를 핥으며, 그를 해치지 않고 오히려 가엾이 여겨 돌봐
> 주었다고 합니다. 짐승들은 아픈 데를 혀로 핥아서 고통을 가라앉히고 종기
> 를 낫게 하지요. 그런데 부자는 개들보다 잔인했습니다. 나사로를 가엾이 여
> 기지도 않고 무자비하게 굴었으니까요.[55]

---

55   Cyril of Alexandria, *Commentary on Luke*, 111.

이런 입장에서 본다면, 개들이 때로는 사람보다 낫다. 그렇지 않은가? 개들은 주인을 결코 배신하는 법이 없다고 한다. 이익 때문에, 때로는 명분 때문에, 그리고 이런저런 이유로 배신이 난무하는 인간 세상을 돌아보라. 그렇다면 복음서에서 두 군데나 주인의 상과 그 주변의 개를 거론하는 이유를 추론할 수도 있지 않을까? 생각해 보면 구약성경에도 이와 관련된 의미심장한 사례를 찾을 수 있다. 구약에서 특이하게 두드러지는 인물, 바로 갈렙이다. 그의 이름 자체가 '개'라는 의미이다. 그는 비록 이방인 출신이지만(민 32:12; 수 14:6) 여호수아와 더불어 광야를 견뎌 낸 위대한 두 사람 중의 한 명이 되었으며(민 14:24; 신 1:36), 믿음으로 가나안 땅의 중심부였던 헤브론 땅을 정복한(수 14, 15장) 신자의 표상이 되기도 하는 그야말로 하나님의 위대한 반려자였다!

복음은 동물에게도 좋은 소식인가?

그러나 인간은 그 동안 공중의 새와 들의 백합화를 제대로 바라보지 못했다. 그저 바라보기만 하라는 뜻이 아니라 잘 돌봐주라는 청지기직을 수여하시는 말씀이었는데, 그 사명을 제대로 지키지 못했다. 뱀을 통한 사탄의 계략에 빠져 죄를 범함으로 말미암아 동물을 비롯한 자연 만물이 저주를 받기에 이르렀다(창 3:17). 그 결과 자연과 인간의 관계도 악화되고 단절되고 말았다. 동물은 죄가 없다. 억울한 측면이 있다. 그래서 하나님께서는 이들을 회복시켜 주기를 원하셨다. 원래 하나님께서는 인간 이외의 존재와는 직접 언약을 맺지 않으셨다. 청지기로 세운 인간이 있었기 때문이다. 그러나 노아 홍수 이후 하나님께서는 인간과 분리해서 다른 피조물과 직접 언약을 체결하신다.

> 내가 내 언약을 너희와 너희 후손과 너희와 함께 한 모든 생물 곧 너희와 함께
> 한 새와 가축과 땅의 모든 생물에게 세우리니 방주에서 나온 모든 것 곧 땅의
> 모든 짐승에게니라 (창 9:9)

노아 언약은 특히 동물들과 체결하신 하나님의 약속을 강조한다. 이로써 동물도 언약의 당사자가 될 수 있었다. 그 이전에도 인간은 하나님께서 지으신 피조물이라는 이유만으로도 청지기로서 사명을 잘 감당해야 했지만, 이제 언약의 당사자로 급부상한 동물을 향해 인간은 주어진 사명을 더 잘 감당했어야 했다. 그러나 현실은 정반대였으니, 인간의 죄성과 부패와 타락은 그 이후에도 끊임없이 동물들을 위시한 자연계를 침노하고 괴롭혀 왔다. 신약 성경 로마서에는 인간의 범죄와 부패와 타락 이래로 지속되어 온 자연의 신음과 탄식 소리를 들려주는 목소리가 있다.

> 피조물이 고대하는 바는 하나님의 아들들이 나타나는 것이니 피조물이 허무
> 한 데 굴복하는 것은 자기 뜻이 아니요 오직 굴복하게 하시는 이로 말미암음
> 이라 그 바라는 것은 피조물도 썩어짐의 종노릇 한 데서 해방되어 하나님의

자녀들의 영광의 자유에 이르는 것이니라 피조물이 다 이제까지 함께 탄식하
며 함께 고통을 겪고 있는 것을 우리가 아느니라 (롬 8:19-22)

동물을 비롯한 피조물들은 하나님 아들들의 출현을 기다리는데, 그
들이 자신들을 해방시키고 영광의 자유를 부여할 수 있기 때문이다.
그러나 사태는 바람직한 방향으로 흘러가지 못했다. 예를 들어 보자.
1949년 미국 캘리포니아 클리어 호수에서 모기를 죽이느라고 DDT
라는 약품을 뿌렸다. 모기를 죽이는 데 DDT만큼의 특효약이 없었
기 때문이다. 기록을 보면 1949년 0.014ppm을 뿌렸다고 되어 있다. 1
억분의 일, 그 정도밖에 안 되는 양이다. 굳이 비교하자면 물 1억 통
에 DDT 한 통을 넣은 셈이다. 그런데 한 5년이 지나자 모기가 또 생
겼다. 그래서 이번에는 조금 더 많은 양의 DDT를 뿌렸다. 그러기를
수차례 되풀이한 결과 주변의 병아리들이 떼죽음을 당하기 시작했다.
DDT와 같은 물질은 분해가 되지 않고 오랜 기간 동안 생태계에 축적
되기 때문이다. 북극이나 남극에 DDT를 뿌릴 일이 있겠는가? 그런데
이제는 에스키모들이나, 심지어 펭귄의 알에서까지 DDT가 검출된다.
DDT와 같은 물질들은 거의 틀림없이 발암 물질에 해당한다.

복음이 동물들에게는 결코 좋은 소식이 되지 못했다는 증거다. 레이
첼 카슨(Rachel Carson)이 당대의 문제작이자 지금은 환경 최고의 고전이
라 일컬어지는 『침묵의 봄』(Silent Spring)을 발간한 때도 이 무렵이다(1962

년).[56] 카슨은 이 책에서 상기한 바로 그 DDT의 무분별한 사용과 그로 인한 각종 폐해를 고발했다. 미국의 복음주의와 교회 성장이 정점에 도달했을 때였다. 당시까지만 해도 복음은 동물을 비롯한 인간 이외의 피조물들에 결코 좋은 소식이 되지 못했다. DDT 같은 물질은 특히 동물에 치명적인 손상을 초래했다. 동시에 이는 인간들에게도 결코 좋은 소식이 되지 못했다.

1960년대 일본에서 신종 질병이 발생했다. 비료 공장의 폐수가 방류되면서 수은이 조금씩 배출되었고, 바다에서 다 희석되리라 생각했지만 전혀 뜻밖의 결과가 나타났다. 바다의 플랑크톤이 수은을 흡착하고, 그 플랑크톤을 조개가 먹고 물고기가 먹고, 이를 사람들이 자꾸 먹으니까 체내에 수은이 축적되기 시작했고, 그 결과 생긴 것이 '미나마타 병'이다. 동일한 원리에 의해 체내에 또 다른 중금속이 축적되어 발생한 병이 하나 더 있다. 농업용수에 카드뮴이라는 중금속이 포함되어 있었는데, 이것이 쌀에 축적되고 그 쌀을 먹은 농민들의 몸에 카드뮴이 축적되어 생겨난 '이타이이타이 병'이 그러하다.

세월이 가면 나아졌을까? 『침묵의 봄』이 일으킨 반향은 대단했다. 미국에서는 환경자문위원회(1963), 국가환경정책법(1969), 환경청(EPA, 1970) 등이 차례로 생겨났다. 하지만 우리나라는 어떤가? 2011년 한국에서는 구제역과 조류독감 등 바이러스성 동물 질병으로 1,000만 마리

---

56   Rachel Carson, *Silent Spring* (Boston: Houghton Mifflin, 1962). 앞서 소개했던 율법학자도 자신의 책에서 레이첼 카슨의 이 책을 소개하고 있을 정도이다. Rousas John Rushdoony, *The Institues of Bible Law* (The Craig Press, 1978), 257.

의 가축이 생매장되었다. 동물을 향해 가해지는 이보다 더 잔인한 학살극은 찾기 쉽지 않을 것이다. 그러나 그것이 끝이 아니었다. 이후에도 간헐적으로 동일한 현상들이 발생했으니 말이다.[57]

복음이여 다시 한번 - 십자가의 피로 화평을 이루사

회복의 길은 있을까? 많은 환경 협약이 발효되고, 환경이 21세기의 중요한 키워드로 등장한 것은 사실이다. 그러나 이러한 인류의 노력은 처음부터 어쩔 수 없는 한계 아래 있다. 인간의 죄성 때문이다. 인간의 이기심과 욕망이 환경 보호라고 하는 인류적 가치와 충돌할 수밖에 없는 현실 때문이다. 당장 먹고살 길이 없어 굶어 죽어가는 나라에 환경 보호는 공허한 말장난에 불과하다. 유일한 길은 선진국이 나서서 저개발국의 환경 자원을 보호하는 대가로 원조를 제공하는 방식인데, 어디까지나 자국 이익이 우선인 국제 관계 속에서 다른 나라의 환경을 내 백성의 그것처럼 보살펴 주는 일은 결코 쉽지 않다. 우리도 마찬가지다. 당장 경제가 불황이고 먹고살기 빠듯한데, 환경은 배부른 소리라고 할 사람들이 왜 없겠는가? 이런 한계 때문에, 인간이 아무리 인류

---

57 2010년 발생한 구제역 사태로 인해 피해농가 6,250가구에서 350만 마리의 소와 돼지가 살처분되었다. 고병원성 조류 인플루엔자의 경우에는 2014~2015년 겨울과 2016~2017년 겨울에 각각 약 2,000만, 3,300만 마리의 살처분 피해를 냈고, 그 발생 빈도가 점점 더 잦아져서 거의 상시화될 정도이고 날이 갈수록 피해 규모도 커지고 있는 실정이다. 2019년에는 아프리카 돼지 열병이 국내 최초로 발생하면서 가축 전염병의 발생 빈도를 높이고 있다. 김영수 · 윤종웅, 『이기적인 방역, 살처분 · 백신 딜레마』(서울: 무블, 2021) 참고.

애를 외치고 공동선을 부르짖어도 환경의 본질적인 회복은 인간적인 노력만으로는 불가능하다.

그러나 여전히 희망은 있다. 그것도 복음 속에 있다. 골로새서는 예수님께서 십자가의 피로 인간뿐만 아니라 만물을 회복시키셨노라고 선언한다. "그의 십자가의 피로 화평을 이루사 만물 곧 땅에 있는 것들이나 하늘에 있는 것들이 그로 말미암아 자기와 화목하게 되기를 기뻐하심이라"(골 1:20). 그렇다. 오직 길은 예수 그리스도와 그의 십자가에 있다. 그리고 예수님은 이러한 문제들을 교회를 사용해서 해결하기를 원하신다. 그런 점에서 볼 때, 오늘날 '환경신학'이니 '생태신학'이니 하는 움직임들이 활발해지고 있는 것은 바람직하다. 21세기 교회에 주어진 최우선의 과제는 이제 '환경'이다. 교회가 동물을 비롯한 환경 문제에 관심을 가지고 환경 문제를 선도해 나가는가, 실제로 환경 회복을 위해 얼마나 기도하는가, 하나님의 청지기이자 그리스도의 회복의 도구로 실제로 얼마나 환경을 위해 애쓰는가에 따라 향후 교회를 바라보는 시각과 평가에 대전환이 일어나게 될 것이다.

이미 '녹색 교회'를 자처하며 활발하게 환경 운동에 앞장서고 있는 교회들이 많이 있다. 지역의 특수성을 고려하여 친환경농법을 개발해서 농민들에게 무료로 보급하여 마을 자체를 생태 마을로 변모시켜 외국에서까지 견학하러 오게 만든 교회도 있다(송악교회). 한강변의 생태 습지 공원에서 생태 지킴이를 자처하며, 그곳에서 서식하는 고라니, 맹꽁이, 황조롱이, 다양한 야생화 등을 직간접적으로 보호하는 역할을 자임하는 교회도 있다(혜현교회). 아예 환경 선교를 지향하는 교회도 존재하는데(청파교회), 간이 생협과 초록 가게 등을 운영하면서 여기서 나오는 수익을 가지고 몽골의 은총의 숲 조성 사업을 감행하고, 기타 환경을 위한 녹색 헌금 제도도 실시하고 있다고 한다.

지금 이 순간에도 악화일로를 걷고 있는 환경 문제의 근원은 인간의 이기심과 욕심과 죄성이다. 그러므로 오직 예수 그리스도의 십자가만이 이 문제를 궁극적으로 해결할 수 있다. 동물을 비롯한 환경은 인류애와 공동선의 대상이다. 이들은 오직 그리스도의 정신만이 구현할 수 있는 가치다. 우리에게 희망이 되는 것은 언제나 공중에 나는 새와 들에 핀 꽃 한 송이까지 사랑하시는 예수님의 마음이었다. 그분을 닮아서 맡기신 청지기 사명을 제대로 감당할 때만 만물을 회복하는 십자가의 도구로 쓰임받을 수 있다. 21세기 교회에 이보다 더 긴급한 사명이 없다. 그러니 아침저녁으로 다니는 길에 지저귀는 새를 바라보라. 들에 핀 꽃들도 유심히 한번 쳐다보라. 하나님께서 지으시고 소중하게 여기시는 아름다운 피조물들이다. 우리에게 맡기셨다. 교회가 귀한 그 사명을 제대로 감당할 수 있기를!

일찍이 생태신학[58]이 있었다! – 이레니우스의 총괄 갱신

예수님께서 동물을 위시한 자연을 어떻게 바라보셨는지 그리고 그에 관해 남기신 귀한 말씀을 살펴보았으니, 이제 그리스도인은 어떻게 동물을 비롯한 자연을 바라봐야 하는지를 알아볼 차례다. 이와 관련하여 주목할 만한 첫 번째 인물은 바로 튀르키예의 서머나(Smirna)에서 태어나 2세기에 활약했던 리용의 주교 이레니우스(Irenaeus)다. 그는 그리스도의 출현을 인간뿐만 아니라 전 우주의 신기원을 이룬 사건으로 평가했고, 이를 "총괄 갱신"[아나케팔레오시스(헬), *recapitulatio*(라)]이라고 명명했다. 이를 위해 그는 여러 성경 구절들을 인용하면서 그러한 말씀들이 우리가 살고 있는 이 모든 자연계를 향한 하나님의 배려와 회복을 강조하며, 특히 '녹색 은총'을 포괄하는 '만물 회복설' 사상과 연결되어 있음을 논리적으로 설명했다.[59] 특히 이레니우스가 주목했던 구절은 다음과 같다.

그때에 이리가 어린양과 함께 살며 표범이 어린 염소와 함께 누우며 송아지와 어린 사자와 살진 짐승이 함께 있어 어린아이에게 끌리며 암소와 곰이 함께

---

58 "현대인은 생태학적 위기 속에 살고 있다. 누구도 부인할 수 없는 현실이다. 기독교도 이에 대처해야 함은 불문가지다. 이 문제에 관해 성경에 근거한 기독교적 대안으로 나온 개념이 바로 '생태신학'(eco-theology) 또는 '환경신학'(enviromental theology)이다. 특히 '생태신학'을 학문적으로 도입한 장본인은 위르겐 몰트만인데, 1985년 그는 *Gott in der Schöpfung* [『창조 안에 계신 하느님』, 김균진 옮김 (서울: 한국신학연구소, 1987)]을 출간하여 이러한 개념을 개진하였다." 송준인, 『개혁주의 생태신학』 (서울: 선학사, 2010), 123, 126.

59 한국교회환경연구소·한국교회사학회, 『창조신앙 생태영성』 (서울: 대한기독교서회, 2010), 40.

먹으며 그것들의 새끼가 함께 엎드리며 사자가 소처럼 풀을 뜯을 것이며 (사 11:6-7)

마르쿠스 아우렐리우스 황제가 19년 동안 로마를 통치할 무렵(161-180), 이레니우스는 극심한 핍박 속에서도 순교적 경건으로 교회를 사수하면서 신학 사상을 가다듬고 발전시켜 "최초의 교부요 위대한 조직신학자"라는 칭송을 받았다. 하지만 더 나아가 프랑스의 아름다운 자연환경 속에서 신학의 전통적인 주제뿐만 아니라 전술한 대로 자연에 관한 주제들까지 심도 있게 다루었기 때문에, 지금에 와서는 환경신학의 선구자로 불려도 조금도 손색이 없는 인물이다. 게다가 그가 관심을 가진 성경 구절에는 특히 동물이 많이 등장하기에 동물신학의 선구자라고 불러도 무방하지 않을까 싶다. 그러나 무엇보다도 이레니우스는 동물을 포함한 자연계의 회복을 철저하게 그리스도의 출현과 연계하기에, '개혁주의 생태신학[60]의 선구자'로 불리기에 충분하다고 생각한다.

이레니우스는 그리스도의 출현과 자연계를 어떻게 연결시키고 있는가? 무엇보다 창세기에 등장하는 창조의 협력자인 아담을 첫째 아담이라 명하고 예수

---

60 "개혁주의 전통의 가장 근본적이고 포괄적인 진술은 바로 '하나님중심주의'(theocentrism)라는 사실이다. 헤셀링크(I. J. Hesselink)는 칼뱅주의의 특징이 하나님중심주의 신학이라고 말했다." 송준인, 『개혁주의 생태신학』, 148. 이러한 정의에 따르면 개혁주의 생태신학이란 하나님 중심, 그리스도 중심으로 생태에 대한 관심과 회복을 추구하는 신학이라고 볼 수 있다.

그리스도를 새로운 아담으로 보면서 첫째 아담의 실패를 조직적으로 원상태로 돌려놓는 분으로 이해한다. 첫째 아담의 타락으로 인해 자연계가 동시에 타락되어 땅이 엉겅퀴를 내며 인간이 노동력을 지불해야만 옥토가 되고 수확을 거두는 그런 관계로 전락했는데 '새 아담'의 순종으로 인해 자연계가 회복되어 밀레니움(Millenium)의 축복으로 화한다고 보고 있다. 그는 자신의 책 속에서 그리스도를 천 개의 가지를 지닌 포도나무 혹은 만 개의 곡식을 잉태하는 보리알로 묘사했다. 다시 말해서 그의 기독론은 자연계마저 하나님의 거대한 풍요로움에 동참하는 기본이 된다고 보았다.[61]

이번에는 만물 회복이다! – 기인(奇人)이 나타나다

기독교 역사에서 알렉산드리아 출신의 오리게네스(오리겐)만큼 논란이 많은 인물도 드물 것이다. 교리학교 책임자로서 누구보다 왕성한 저술 활동을 펼쳤는데, 그중에는 당대의 이단을 논박하는 저서도 존재하지만(Against Celsus) 정작 자신이 훗날 이단으로 정죄를 당하기도 해서 '정통과 이단의 아버지'라고 불리기도 한다. 최초로 신학의 체계를 세웠다고 평가받는 『원리에 대하여』(De Principiis)를 저술할 정도로 탁월한 교리신학자였으나, 당시 유행하던 신플라톤주의 철학에 심취하여 신비주의적인 성향을 보유하고 있기도 했다.[62] 자신의 모든 입장을 오직

---

61 Saint Irenaeus of Lyons, *Against Heresies*, 5, 33. 한국교회환경연구소 · 한국교회사학회, 『창조신앙 생태영성』, 39 참고.
62 루이스 벌코프, 『기독교교리사』, 신복윤 옮김 (서울: 성광문화사, 1985), 79.

성경에 두고 성경에 반하거나 성경의 합리적 연역에 모순되는 일체를 거부했지만, 다소 우의적인 해석을 시도함으로써 훗날 모든 사색적이고 임의적인 해석법을 가능하게 만드는 단초를 제공하기도 했다.

동물을 비롯한 자연을 바라보는 관점 역시 독특하다. 초대 교부 가운데에서도 인간 중심의 사상 체계를 세워서 자연을 무시하고 소홀히 취급하는 입장의 초석을 놓은 인물이라는 평가가 있는 반면, 모든 피조물이 종말론적으로 하나님께 복귀하는 상태라는 의미의 '만물의 회복'(아포카타스타시스)이라는 개념을 만들어서 강력하게 주장했던 인물이기도 하기 때문이다.[63]

우리는 창조 사역에서 하나님의 솜씨가 하늘과 해, 달, 별들에 나타났을 때뿐만 아니라 지상에 있는 평범한 존재들에게서도 같은 방식으로 작용한다는 것을 안다. 그러므로 창조주는 가장 하찮은 동물들의 몸도 결코 소홀히 하지 않으셨다. 나아가서 그 동물들 안에 있는 영혼들을 소홀히 하지 않으시는 것도 사실이다. 각 영혼은 어떤 특별한 속성, 즉 사물 안에서 구원의 요소를 지니고 있다. 이것은 흙에서 나는 식물들에게도 마찬가지이다. 각 식물에게는 디자인의 요소가 있어서 뿌리와 잎과 열매를 내게 하고 그 속성의 특징을 나타내게 한다.[64]

---

63   『창조신앙 생태영성』, 54, 65.
64   Select., in Psalm: philocalia, 2; D. S. Wallace-Hadrill, The Greek Patristic View of Nature (Menchester: Manchester University Press, 1968), 121. 『창조신앙 생태영성』, 64에서 재재인용.

오리게네스는 동물을 포함해서 모든 피조물이 처음 창조된 복된 상태로 하나님께 회귀한다고 보았다. 그는 최종적으로 우주 만물이 창조주에 대하여 순종하는 상태를 그렸다. 하나님께서 마지막에 인간을 포함한 모든 피조물을 회복시켜 주시리라 믿었기 때문이다.[65] 그러면서 그 이유로 각 사물 안에 구원을 위한 어떤 특별한 속성이 있다고 보았는데, 이런 부분이 정통 신학과 어울리지 않아 끊임없이 이단 시비를 불러일으켰던 요소들이기도 했다. 이러한 사고를 견지할 경우, 결국 그 끝은 보편구원론에 닿을 수밖에 없다. 그가 제5차 콘스탄티노플 회의(553)에서 정죄받은 이유 가운데 하나가 바로 악마도 구원받는다는 보편적 구원을 가르친 혐의였다.[66]

인간은 이성적 동물이다 - 아우구스티누스(어거스틴)

교회사에서 가장 위대한 인물 중 하나라고 일컬어지는 아우구스티누스(354-430)의 신학은 단순한 하나의 질문과 대답으로 시작되었다. "무엇을 알고 싶은가? 나는 하나님과 영혼을 알고 싶다." 그는 인간을 하나님께서 무에서 창조하신 피조물로, 특히 "이성적이고 사멸하는 동물"(*homo, animal rationale, mortale*)이라는 고전적 정의에 철학적 색채를 가미하여 "영혼과 육체로 구성된 이성적 실체"(*homo est substantia rationalis constans*

---

65 Origenes, *De Principiis*, 1. 6. 2.
66 위의 책, 1. 6. 1.

ex anima et corpore)[67]라고 보았다.[68]

아우구스티누스는 인간이 동물과 결정적으로 구별되는 요소는 영혼과 이성(로고스)과 자유 의지라고 생각했다. 하나님께서 선물로 부여하신 그 이성과 의지로 인간은 모든 동물들을 다스리고 돌아보아야 한다. 인간도 동물이지만 내재하는 동물적 욕구를 절제와 겸손을 통해 다스리게 하셨다. 동시에 생육하고 번성하며 충만하여 땅을 정복하게 하셨고, 그 결과 동물들이 사람들과 조화를 이루며 살게 하셨다.[69] 이와 같은 맥락에서 아우구스티누스에게 있어서 생태계의 교란과 파괴는 하나님이 원하신 바가 아니라 인간의 죄의 결과이다. 인간이 타락하지 않았다면 생태계 파괴라는 참사는 일어나지 않았을 것이며, 인간은 언제나 하나님의 통치 아래 영원히 에덴동산에서 창조 질서에 따라 동물을 비롯한 모든 만물과 조화를 이루어 하나님을 영화롭게 하면서 살아갈 수 있었을 것이다.[70] 따라서 무너진 생태계를 회복하려면 인간의 회복이 전제되어야 한다.

1966년 성탄절을 맞아 중세 연구가 린 화이트(Lynn White, Jr.)는 훗날 환경사학자 요아힘 라트카우가 "환경 역사의 초석이 된 텍스트"[71]라고 불렀던 "우리 생태 위기의 역사적 근원"이라는 역사적 강연을 했다. 여

---

67 Augustinus Hipponensis, *De Trinitate*, 15. 11.

68 한국교회환경연구소 · 한국교회사학회, 『창조신앙 생태영성』, 90–91.

69 위의 책, 97.

70 위의 책, 98.

71 요아힘 라트카우, 『생태의 시대』, 196.

기서 화이트는 오늘날 인류가 심각하고 진지하게 생태학적 위기에 직면해 있고, 그 원인은 본질상 인간 중심이고 게다가 더욱 인간 중심의 종교로 전락해 버린 서구 기독교에 있다고 선언했다.

> 우리의 생태학적 위기는 최근에 생겨나고 있는 완전히 새롭고 민주주의 문화의 산물이다. 그리고 그 원인은 서구형의 그리스도교가 인간 중심의 종교로서 사람과 자연을 나누고 자연이 지배받는 사상을 전개했기 때문이다. 오늘의 자연과학과 기술이 이상이 되고 있는 상황에서 "자연은 존재를 위하여 이성을 갖지 않았다"라는 그리스도교의 원리를 거부하고 "우리들이 우리들의 자연을 새롭게 생각하고 새롭게 느껴야만 한다"라고 주장하고 있다.[72]

이와 같이 기독교를 생태학적 파산자로 본다면 생태계의 회복을 위해서는 전통적인 신학을 부정해야 한다는 결론에 도달할 수 있다. 그러나 이는 아우구스티누스로부터 이어온 우리 전통적인 신학의 입장이 아니다. 아우구스티누스의 입장에서라면 생태계 파괴의 원인을 기독교 자체에서 찾기보다는 인간의 타락한 모습에서 찾고자 해야 옳다. 그리고 해답 또한 인간의 근본적인 죄성이라는 문제를 어떻게 해야 합당하게 다룰 수 있을지에 관한 바른 신학의 전통에서 찾아야 할 것이다.[73]

---

72 Lynn White, Jr., "The Historical Roots of our ecologic crisis," in *Science*, vol. 155, numb. 3767, 1967, 1204-1207). 한국교회환경연구소 · 한국교회사학회, 『창조신앙 생태영성』, 79에서 재인용.

73 위의 책, 98.

돼지는 돼지일 뿐 - 우리는 동물을 어떻게 바라보고 있는가?

이 부분을 '돼지' 이야기로 시작하는 이유가 있다. 『돼지다운 돼지』(*The Marvelous Pigness of Pigs*, 2020)라는 흥미로운 책을 쓴 저자의 항변을 소개하고 싶어서이다. 조엘 샐러틴(Joel Salatin)이라고 하는 이 미국인은 스스로를 "미치광이 농부"라고 부르는데, 버지니아 주의 한 골짜기에서 항생제나 호르몬제와 화학 비료를 일절 사용하지 않는 혁신적인 방식으로 농사를 지으며 발간한 책들과 각종 저술 활동을 통해 유명해진 스타 농부다. 그는 이 책의 서문에서 나름대로의 고충을 다음과 같이 진솔하게 밝히고 있다. 그런데 이는 현대를 살아가며 생태학적 위기에 대해 진지하게 고민하는 기독교인이라면 한 번쯤은 고민하기 마련인 주제라고 생각한다.

지금까지 나는 창조물 숭배자와 창조주 숭배자 사이에서 가교 역할을 해 올 수 있었다. 이 책을 집필한 계기도 두 진영 사이에 존재하는 긴장 때문이다. 나는 양측 모두와 깊고 두터운 우정을 맺고 있다. 진보주의자이자 창조물 숭배자이면서 환경주의자인 내 친구들은 종종 묻는다. "자네가 하는 일을 믿으면서 어떻게 기독교인일 수 있지?" 마찬가지로 내 기독교인 친구들도 진보적 환경주의 개념에 어떻게 그토록 공감할 수 있느냐며 의아해한다. 이 책은 복음주의자이자 종교적 우파, 기독교인, 혹은 신앙 공동체의 일원이라고 자칭하는 34퍼센트의 미국인을 위한 책이다. 내가 가장 염려하는 점은 정작 그 사람들은 이 책을 읽지 않을 것이라는 데 있다. 원래 '내가 속한 곳의 사람들'(주, 교회 혹은 기독교계)은 내 글의 독자층이 아니었다. 하지만 그들도 생각이 바뀌고 있고, 그런 변화를 지켜보는 일은 즐겁다.[74]

동물신학의 기념비적인 작품이라고 할 수 있는 앤드류 린지(Andrew Linzey)의 책은 이런 작은 제목으로 출발한다. "맙소사, 그것은 단지 동물일 뿐이야!"[75] 무슨 의미일까? 아직도 많은 사람들의 뇌리에는 "동물은 기계다"라는 데카르트 식의 사고방식이 자리 잡고 있다는 뜻이다. 혹은 성경의 "정복하라"를 인간 중심적으로 해석하는 그릇된 경향이 우리 신앙에 아직도 단단히 똬리를 틀고 앉아 있다는 뜻이다. 전자의 사고방식은 이제 깨뜨려서 버릴 때가 되었다. 아니, 지나도 훨씬 지났다. 앞서 살펴보았던 것처럼, 최근의 현대 철학마저 이런 측면에서 과거의 패러다임에서 완전히 벗어났다고 해도 무방하다. 그러나 전자보다 후자, 즉 기독교적 사고방식이 더 큰 문제를 야기할 수 있다고 본다. 여전히 교회에서 환경을 강조하면 좌파나 진보가 아니냐는 오해를 하시는 분들이 있다. 『돼지다운 돼지』를 썼을 뿐인 작가가 미국에서 겪었던 체험도 그러했다.

우리는 동물을 어떻게 바라보고 있는가? 동물은 기계가 아니다. 동물은 인간이 마음대로 착취하고 학대해도 좋은 그런 대상도 아니다.

---

74   조엘 샐러틴, 『돼지다운 돼지』, CR번역연구소 옮김 (서울: 홍성사, 2020), 12.
75   앤드류 린지, 『동물 신학의 탐구』, 장윤재 옮김 (대전: 대장간, 2014), 29.

"인간들이여, 당신들이 동물보다 우월하다고 뽐내지 마십시오. 동물들은 죄를 짓지 않지만, 인간들은 자신의 위대함을 가지고 땅을 더럽히기 때문입니다." 러시아의 대문호 도스토예프스키의 말이다.[76] 동물을 비롯한 모든 피조물은 하나님께서 지으시고 보시기에 좋았더라고 찬탄하신 존재다. 또한 율법에서부터 관심을 가지고 배려하고 돌보라고 당부하신 대상이다. 그리고 무엇보다 예수께서 바라보라고 하신 아름답고 영화로운 하나님의 작품이다. 따라서 우리는 동물을 비롯한 자연을 바라볼 때마다 그 배후에 있는 창조주를 찬양하며 애정과 경의를 품어야 옳다. 또한 성경을 통해 인간에게 부여하신 당부는 바로 청지기적 사명이라는 사실을 바르게 인식하여 그 사명을 감당하기에 최선을 다해야 한다.

동물을 바라보는 철학의 관점도 변하여 이제는 동물을 기계라고 하는 생각들을 하지 않는다. 게다가 날로 심각해지는 환경 위기 가운데 동물을 비롯한 각종 생물체들을 보호하고 지켜 가야 한다는 당위성에 이의를 제기하는 사람들도 거의 없다. 게다가 성경은 처음부터 동물을 향한 배려와 관심과 보호를 강조했다. 그러니 그리스도인이라면 더욱 더 동물을 배려하고 보호해야 하는 이유가 충분하다. 무엇보다도 그들 또한 하나님께서 보시기에 좋아하시도록 지으신 피조물이라는 사실을 너무나 잘 알고 있기 때문이다.

---

76   위의 책, 11.

| 동물을 바라보는 법적 관점 |

동물을 해방하라 – 종차별주의, 낯선 그리고 불편한 개념의 등장

무엇이 문제인가? 동물을 둘러싼 논란에 대해 이렇게 묻는다면, 간단하지만 핵심적인 두 개의 단어를 답으로 제시할 수 있을 것이다. '멸종'과 '고통'이다. 국제자연보호연맹(IUCN) 혹은 세계보존연맹(World Conservation Union)이 작성한 "멸종 위기 생물 목록"(Red List)을 보면 2006년 현재 조류 12%, 포유류 23%, 양서류 31%, 어류 40%, 파충류 51% 정도가 위험에 처했고, 무척추동물은 53%, 식물은 70% 상회하는 비율이며, 종합하면 전체(40,168종)의 40%(16,118종) 넘는 종이 위험에 처해 있었다(지금은 상당한 수가 이미 멸종했을 것이다). 그 이유로는 서식지의 개조와 분할과 파괴, 고기나 가죽이나 뿔을 얻기 위해, 혹은 의학적이고 오락적인 가치 때문에 이루어지는 남획, 합성 화학 물질과 각종 독극물에 의한 환경 오염 등이 거론된다. 모두가 인간의 짓이다. 그래서 혹자는 인간의 이러한 행위를 "생물학적 홀로코스트"라고 부른다.[77] 베트남 전쟁 때 무분별하게 고엽제를 살포해서 환경은 물론이고 인간의 삶까지 초토화시켰던 파괴 행위를 두고서 생명윤리학자 아서 갤스턴(Arthur W. Galston)은 "에코사이드"(ecocide)라는 새로운 용어

---

77 스티븐 보우머 프레디거, 『주님 주신 아름다운 세상』, 83-85.

를 만들어 내기도 했다.[78]

멸종보다야 낫겠지만, 동물들이 겪는 고통의 문제 또한 외면할 수 없다. 동물은 의식을 가지고 있지 아니하고, 따라서 고통을 느끼지도 못한다는 생각이 한때 팽배했다고 말한 바 있다. 그러나 이후 수많은 연구와 실험을 통해서 동물도 고통과 공포를 느낀다는 사실이 속속 밝혀지고 있다.[79] 예를 들면, 부리 끝을 갓 제거한 닭은 무언가를 쪼는 횟수가 눈에 띄게 줄어든다고 한다. 고통스럽기 때문이다. 또 말이 한쪽 다리에 힘을 덜 싣는다면 고통을 느끼고 있다는 증거다. 물고기도 고통을 느끼면 엔도르핀이 분비된다고 한다.[80] 그럼에도 불구하고 우생학이나 의학적인 이유로 가해지는 동물 실험, 오로지 고기와 가죽과 기타 인간이 필요로 하는 무언가를 위해 혹독한 환경 속에서 고통 속에 길러지는 동물 사육, 비인도적이고 잔인하기 짝이 없는 방식으로 자행되는 동물 도축 등을 생각해 보라. 심지어는 동물에게도 어느 정

---

78 조효제, 『침묵의 범죄 에코사이드』(파주: 창비, 2022), 101.

79 "인간 아닌 동물들이 고통을 느끼는가? 이를 어떻게 알 수 있는가? 인간이건, 인간이 아니건 어떤 존재가 고통을 느낀다는 것을 어떻게 알 수 있을까? 우리는 자기 자신이 고통을 느낄 수 있다는 것을 안다. 이는 직접적인 고통에 대한 경험을 통해, 예컨대 누군가가 담뱃불을 손등에 지지는 경우 파악이 가능하다. 하지만 타인의 고통은 어떻게 아는가? 우리는 가장 친한 친구이건, 길 잃은 개이건 타인이 느끼는 고통을 직접적으로 경험할 수 없다. 고통이란 의식 상태를 지칭하는 것으로, 이는 '정신적인 사건'(mental event)이다. 고통은 그 자체를 관찰할 수가 없다. … 일상인들 중에서는 그 누구도 가까운 친구가 자신처럼 고통을 느끼고 있다는 것에 대해 의문을 갖지 않는다. 다른 사람이 고통을 느낀다는 것은 추정에 불과하다. 하지만 이러한 추정은 완벽하게 합리적인 것으로, 우리가 고통을 느끼는 상황에서 다른 사람들이 어떻게 행위하는가를 관찰함으로써 이루어지게 되는 추정이다. 또한 이는 친구들이 우리와 같은 존재, 즉 우리와 동일한 기능을 갖는, 유사한 경우에 유사한 느낌을 산출할 수 있는 신경계를 갖춘 존재라고 생각할 수 있는 충분한 이유가 있다는 사실에 근거한 추정이다." 피터 싱어, 『동물해방』, 김성한 옮김 (고양: 연암서가, 2012), 41.

80 잔 카제즈, 『동물에 대한 예의』, 105-106.

도는 의식이나 생각하는 능력이 있다는 사실도 밝혀졌다. 심리학자 볼프강 쾰러(Wolfgang Köhler)는 침팬지에게도 통찰력이 있음을 실험을 통해 알아냈고, 생물학자 베른트 하인리히(Bernd Heinrich)는 까마귀를 상대로 유사한 실험을 해서 비슷한 결과를 얻었다.[81]

작금의 이런 상황 속에서 새롭게 각성한 인류는 무슨 조치라도 취해야 옳지 않겠는가? 두 방향에서 새로운 흐름 내지 운동이 일어났다. 하나는 벤담의 공리주의적인 관점에서[82] 동물의 고통을 줄이거나 없애기 위한 목적으로 일어난 동물해방 선언 내지 동물해방 운동이다. 1975년 『동물해방』(*Animal Liberation*)을 발표한 피터 싱어(Peter Singer)가 이 분야의 대표 주자라 할 수 있다. 다른 하나는 칸트의 윤리주의적인 관점에서 '동물권'을 상정하고 옹호하자는 목소리인데, 1976년 『동물권: 기독교적 평가』(*Animal Rights : A Christian Assessment*)를 펴낸 앤드류 린지(Andrew Linzey)가 이 분야의 대표 주자라 할 수 있다. 이 둘 중에서 먼저 "동물해방"에 관해 알아보자.

프린스턴 대학에서 생명윤리학을 가르치던 피터 싱어는 그동안 동물 보호 운동에 지대한 영향력을 행사했고 지금도 행사하고 있는 『동물해방』을 출간했는데, 이 책에서 그는 공장형 농장과 동물 실험실을 사실적으로 묘사했을 뿐만 아니라 영국의 심리학자 리처드 라이더(Richard Ryder)의 용어(Speziesismus)를 차용하여 발표한 "종차별주

---

81 위의 책, 122–123.
82 피터 싱어, 『동물해방』, 33; 앤드류 린지, 『동물 신학의 탐구』, 16–17.

의"(Speciesism)라는 개념으로 독자를 넘어 세상에 거대한 충격파를 선사했다.[83] 지금은 공개적으로 인종차별을 자행하는 개인이나 국가가 거의 사라졌다. 그러나 우리가 알게 모르게 동물을 인간과 구별하여 차별한다는 사실을 그 누가 인식하고 살았겠는가? 피터 싱어는 "대부분의 인간은 종차별주의자이다"[84]라고 도발하며, 다른 종에 대한 편견은 인종차별주의나 성차별주의와 그 본질이 다르지 않다고 보았다.

> 종차별은 수많은 동물을 격하시키는 견인차 역할을 하는 개념이다. 동물은 의식이 부족하다거나 이성이 부족하다는 개념, 동물이 자신의 죽음을 인간에게 허락했다거나 신이 동물을 인간의 음식으로 주었다는 개념 등은 모두 "종차별 이데올로기"의 위장일 뿐이다. 동물에 대해 간파한 척하는 이런 허식 뒤에는, 다른 종들을 좋아하거나 싫어하는 우리의 감정적 편견이 숨어 있다.[85]

그러나 "종차별주의"라는 말 자체에 대해 거부감을 느끼거나 불편한 감정을 느끼는 경우도 있다. 인종차별이나 성차별 같은 인간 사회 내부의 차별 문제도 해결하지 못한 상황에서 종차별주의 운운은 무리가 아닌가 하는 생각하는 사람들도 있다. 종차별주의의 배후로 기독교적 인간중심주의가 지목되는 자체를 불편해하는 그리스도인들도 있을 것이다. 종차별주의의 본질적 한계도 있다. 『동물해방』이 나온 지 50년

---

83 잔 카제즈, 『동물에 대한 예의』, 141.
84 앤드류 린지, 『동물 신학의 탐구』, 196.
85 위의 책, 142.

세월이 흘렀지만, 그때나 지금이나 동물의 처지는 혁신적으로 바뀌지는 않았다.[86] 선한 창조주의 피조물이건만 합당하지도 않는 고통 가운데 몸부림치는 동물을 적어도 불의하고 불합리한 고통으로부터는 해방시켜 주어야 한다는 당위성마저 부정하는 사람은 거의 없을 것이다. 그러나 종차별주의라는 이념만 가지고는 무언가 부족하다. 동물해방을 구체화하고 현실화할 수 있는 다른 어떤 것이 필요하다. 이어지는 논의는 이러한 생각과도 밀접한 관계가 있다.

동물에게도 권리를 인정할 수 있을까? - 동물권 운동

전술한 이념적 접근은 수범자들로 하여금 추상적 의무만을 생각하게 만든다는 약점이 있다. 실질적인 동물해방을 위해서는 보다 더 강력한 의무감이 필요하다. 의무감이 강해질수록 실천에 이어지기가 쉽기 때문이다. 그래서 착안한 것이 바로 "동물권"의 개념이다. 미국의 철학자 톰 리건(Tom Regan)은 동물 윤리와 관련해서 칸트의 의무론에서 벗어나 "내재적 가치" 이론을 내세우며 동물권 개념을 주창했다. 한 생명체의 내재적 가치는 마음대로 획득할 수도 상실할 수도 없는 것으로서, 인간과 동물 사이를 잇는 존재론적 연결 기능을 수행한다. 리건에 따르면 동물도 내재적 가치를 지니며, 여기서부터 두 가지 원칙, 즉 존중의 원칙(respect principle)과 해악의 원칙(harm principle)이 도출되고 동물

---

86 코린 펠리송, 『동물주의 선언』, 배지선 옮김 (서울: 책공장더불어, 2019), 33.

에게도 이러한 원칙들을 준수해 달라는 청구권을 인정할 수 있다고 보았다.[87]

앤드류 린지의 동물권 이론은 피터 싱어와 전제 자체를 달리 한다. 피터 싱어의 『동물해방』의 제1장 첫 번째 소제목이 "모든 동물은 평등하다"라면,[88] 앤드류 린지의 동물권 운동은 "모든 동물은 평등하지 않다"로 출발하려고 하기 때문이다. 린지의 동물권 개념은 약자와 상처입기 쉬운 자들이 요구하는 특별한 권리를 가리킨다. 이런 존재들에게 더 큰 도덕적 우선순위가 주어져야 한다는 입장으로, 이와 관련된 자기의 동물권 사상의 핵심을 린지는 "관대함의 윤리"(ethics of generosity)라고 불렀다. 그런데 린지의 이 관대함은 동정심이나 온정주의에서 비롯된 것이 아니라, '신의 권리'와 '신의 정의'라고 하는 확고한 신학적 개념에서 나온 것이었다. 즉, 린지에게 동물권은 "신적 권리"(theos-rights)에 해당했다.[89]

그럼에도 불구하고 동물권이 구체적으로 어떤 모습을 하고 있는지를 제대로 표현하기란 쉽지 않다. 무엇보다도 동물권이라는 개념이 기존의 권리 개념에 부합하는지에 관한 논의부터 있어야 한다. '권리'의 정의에 관하여 대립하는 견해들이 있는데, 법에 의해 주어지는 이익을 추구하는 의사라는 의사설, 법에 의해 보호되는 이익 그 자체라는 이

---

87 한스 베르너 인겐시프 · 하이케 바란츠케, 『동물철학』, 181-186. Tom Legan, *The Case for Animal Rights* (University of California Press, 1983) 참고.
88 피터 싱어는 제레미 벤담의 공리주의 자체가 도덕적 평등을 전제로 한다고 보았다. 피터 싱어, 『동물해방』, 33.
89 앤드류 린지, 『동물 신학의 탐구』, 18-19.

익설, 구체적 이익(법익)을 누릴 수 있도록 법에 의해서 권리 주체에게 주어진 힘이라는 법력설 등이 있으나 현재 우리나라에서는 대체로 법력설만 주장되고 있다.[90] 여기서 '힘'이란 무엇을 의미할까? 자신의 권리를 침해당할 우려가 있을 경우 저항하거나 방지를 요청할 수 있는지, 권리를 침해당했을 경우 피해를 구제받을 수 있는지, 그 구제를 위한 방법과 절차를 활용할 수 있는지에 관한 능력을 뜻한다. 물론 동물에게도 청구권이나 절차적 기본권을 허락할 수는 있다. 하지만 동물은 스스로 그 권리를 행사할 수 없고, 법적인 이익을 인정하더라도 그 유익을 누리기 위해서는 누군가(인간)의 조력을 필요로 한다는 점에서 동물권을 전통적인 권리의 범주에 넣기는 힘들 것이다.

하지만 실제로 동물에게 여러 가지 권리를 인정하고 보장하는 분야가 늘어가고 있다. 특히 상속의 경우가 그러하다. 예컨대 미국의 부동산업자 리오나 헴슬리(Leona Helmsley)는 반려견에게 1,200만 달러를 유산으로 남겼고(2007), 샤넬을 대표하는 디자이너 칼 라거펠트(Karl Lagerfeld)는 반려묘 슈페터에게 2억 달러를 남겼으며(2019), 성공한 사업가 빌 도리스(Bill Dorris)는 테네시주의 보더콜리 종인 반려견 루루에게 500만 달러의 유산을 물려주었다(2021). 어떻게 이런 일들이 가능했을까? 일반적인 상속이나 유증이나 증여가 아니라 '신탁' 제도를 이용했기 때문이다. 미국은 이미 거의 모든 주에서 애완동물 상속 신탁이 법

---

90 "2. 성경은 동물을 어떻게 바라보고 있는가" 중에서 "동물의 안식" 부분 참고. 지원림, 『민법강의』 (서울: 홍문사, 2003), 35.

제화되었다고 한다. 한국은 아직 갈 길이 멀지만, 반려동물 인구가 어느새 천 만이 훌쩍 넘은 현실을 감안한다면 외국의 사례를 참고하여 새로운 모색을 해야 하지 않을까?

동물권의 상대성 이론 - 동물을 위한 정의와 함께

동물권의 개념이라든지 구체화의 방식에 있어서 전술한 바와 같은 어려움이 있기 때문에 현실적인 대안을 제시하는 사람들이 있다. "동물정치공동체"(Zoopolos)의 수 도널드슨(Sue Donaldson)과 윌 킴리카(Will Kymlicka)가 그런 대안 운동을 주도하고 있다. 이들은 동물을 세 가지 범주, 곧 '반려동물'과 '야생동물'과 '근접 야생동물'로 나누고 이들 모두에게 적용되는 보편적인 권리와 개별적으로만 허용할 수 있는 구체적인 권리를 구분한다.[91] 예를 들면, 반려동물은 물론 근접 야생동물의 경우 마을이나 가정집에 접근하는 것을 허용해야 하지만, 야생동물의 경우에는 그럴 필요가 없다는 식이다. 이런 구분은 동물 보호 활동가들을 향해 빈대나 벼룩도 보호할 거냐고 빈정거리는 사람들에게 내놓을 수 있는 훌륭한 대답이 된다.

그러나 이러한 이론 역시 구체적으로 어떤 종류의 권리를 각각의 동물들에게 부여할 것인가 하는 난제를 만나기 마련이고, 설령 어느 정도 권리를 구체화하는데 성공한다 하더라도 그 권리를 동물이 직접 주

---

91 코린 펠뤼송, 「동물주의 선언」, 72.

장하거나 행사하는 방법이 없으므로 인간을 통한 청구나 구제가 여전히 필요하다는 점에서는 동물권 운동에 일반적으로 가해지는 비판에서 자유로울 수가 없다. 그래서 이들이 제시하는 것이 바로 '동물 정치'다. 법적으로 해결할 수 없는 문제라면 정치적 해결책을 모색해야 한다는 주장으로, 이들이 내세우는 정치적 전략으로는 동물을 보호하는 범사회적인 계약이나 합의를 도출하거나 동물 복지 전문가의 의회 유입과 더 나아가 동물 정당의 창당 등을 들 수 있다.[92]

앞서 동물권의 상대성 이론을 제기한 사람들이 "동물 정치 공동체"라고 했는데, 따라서 동물권의 새로운 대안은 "동물을 위한 정의"라는 원칙과 함께하고 있다는 사실을 알 수 있다. 이 개념의 대가는 법학자인 마사 누스바움(Martha Nussbaum)인데, 그녀가 2022년 발표한 책의 제목도 『동물을 위한 정의』(*Justice for Animals*)였다. 법학자로서 누구보다 동물권의 이론적 난점을 잘 알고 있기 때문에, 저자는 동물권의 개념과 함께 동물을 위한 정의의 개념을 동시에 부각시킨다. 양자는 무슨 차이가 있을까? 이 책에서 설명하고 있는 다음 대목을 주의하여 보자.

> 밀렵, 사냥, 포경과 같이 명백한 피해, 그보다는 조금 덜 드러나는, 하지만 인간이 근원인 것이 분명한 피해(대양의 플라스틱, 수중 음파 탐지기의 방해, 선박 운행, 원유 유출)에 대해서만 인간에게 책임이 있다고 생각하기 쉽다. 가뭄, 기근, 전형적으로 먹이를 찾는 공간의 상실(북극곰이 생계를 위해 바다를 이동할 때 사용해야 하는

---

92   위의 책, 71.

부빙 같은)과 같이 '자연'에서 비롯된 것으로 보이는 다른 피해에 대해서는 책임을 느끼지 않는 것이다. 그러나 조금만 생각해 보면 이 선을 명확하게 그릴 수 없다는 것을, 어쩌면 선 자체를 그릴 수 없다는 것을 알 수 있다. 인간의 활동은 기후변화, 가뭄, 기근, 홍수, 화재를 유발해 많은 생물 종의 서식지를 파괴하는 기후변화의 주원인이다. 인간의 활동은 대기를 오염시킨다.[93]

동물을 향한 무분별한 남획이나 학대 등은 인간의 직접적인 행위에 의해 발생하는 동물권 침해 사례이다. 그러나 가뭄이나 홍수와 같은 천재지변으로 인해 서식지가 파괴되거나 생존을 위협당하는 상황이 오더라도, 보통은 인간의 책임과 무관하다고 생각하기 쉽다. 넓은 의미에서 보면 이러한 환경 오염이나 기후 변화 역시 인간의 방만하고 무책임한 활동과 전혀 무관하다고 볼 수 없는 인자(因子)들임에도 불구하고 말이다. 이런 경우에도 동물은 돌봄을 받아야 마땅하고, 그들의 삶의 터전도 보호되어야 마땅하다. 이처럼 누군가에게 직접적으로 책임지울 수 없는 상황에서도 이미 동물에게 발생한 손해나 억울함을 해소하고 불의를 시정하며 형평과 선을 회복하기 위해 요구되는 것이 바로 "동물을 위한 정의"의 개념이다.

동물을 위한 정의는 어떻게 구현될까? 무엇보다도 동물 착취의 완전한 종말이 이루어져야 동물을 위한 정의로운 세상이 도래했다고 말할 수 있다. 뿐만 아니라 동물의 이익이 침해되거나 생존의 위협을 받

93   마사 누스바움, 『동물을 위한 정의』, 이영래 옮김 (알레, 2023), 342.

을 때 충분히 구제와 보상이 이루어지면, 동물을 위한 정의가 구현되었다고 말할 수 있다. 나아가 동물을 동일한 하나의 종(種) 공동체 일원으로 받아들여 존중하고 배려하는 마음과 태도를 교육하고 훈련하는 과정이 구비되어야, 동물을 위한 정의로운 사회가 이루어졌노라고 말할 수 있다. 그런데 마사 누스바움은 여기서 한 걸음 더 나아가, 동물도 능동적 시민으로서 충분히 시민적 권리를 행사할 수 있다고 생각하는 새로운 패러다임이 필요하며, 이 권리를 대행해 줄 대리인이 존재한다면 충분히 그런 패러다임의 실현도 가능하다는 생각을 피력했다.

동물권의 든든한 후원자가 생기다 - 지구법의 출현

최근 법학 분야에서 새롭게 등장한 "지구법"이라는 개념이 있다. 이는 인간중심주의에서 지구중심주의로 관점을 전환하고, 인간의 자연에 대한 권리가 아니라 자연 자체의 권리를 인정하자는 목소리에 해당한다. 낯설지만 의미심장한 이 단어는 2001년 생태신학자라 할 수 있는 토마스 베리(Thomas Berry)가 처음 주창했다. 그에 따르면 이러한 지구법의 원리에 의해 각 개체에게는 존재할 권리, 어딘가에 살 권리, 재생할 권리의 3대 권리가 인정된다.

기존 윤리학이 인간의 자유에 기반한다면, 새로운 윤리학의 토대는 미래 세대에게도 삶의 정초가 되는 '자연'이다. 새로운 윤리학은 자연과 인간을 포괄하

는, 즉 인간 대 인간에서부터 현세의 인간 대 미래의 인간, 인간 대 동식물 등

을 모두 포괄하는 총체적 관계망으로서의 유기체에 관심을 두어야 한다.[94]

지구에 존재하는 모든 것에 권리, 곧 법적 권리를 부여한다는 것이
지구법의 핵심이다. 예를 들면 동물이나 나무에 법적 지위가 주어지면
정당하게 보호받을 자격을 갖게 되고, 불의한 학대나 불법적 벌채는
물론이고 무분별한 남획이나 무절제한 남용이 있을 경우 법적 책임을
물을 수 있게 된다. 지난 2008년 남미의 에콰도르는 헌법을 개정하면
서 자연을 '자원'이 아니라 '어머니 지구'로 대접해야 한다는 원칙을 포
함시켰는데, 관련되는 조항은 다음과 같다.[95]

생명이 재생산되고 발생하는 곳인 자연, 곧 파차마마는 그 존재를 온전히 존
중받고 그 생명 주기와 구조, 기능, 진화 과정이 유지되고 재생산되도록 할 권
리가 있다. 모든 개인, 지역 사회, 부족, 민족은 공공당국에 자연의 권리의 집
행을 요구할 수 있다.[96]

남미의 볼리비아 역시 2009년 헌법 개정을 통해 개인과 현재—미래
세대 전체, 그리고 다른 생명체에도 '건강하고 보호되고 균형 잡힌 환
경에서 살아갈 권리'를 보장해야 한다고 규정했다. 볼리비아는 그 후

---

94 지구법학회, 김왕배 편, 『지구법학』 (문학과 지성, 2023), 39.

95 조효제, 『침묵의 범죄, 에코사이드』, 194.

96 에콰도르 헌법 제71조.

"어머니 지구의 권리에 관한 법"도 제정했다. 2022년 현재 에콰도르와 볼리비아 두 나라뿐만 아니라 뉴질랜드, 방글라데시, 콜롬비아, 멕시코, 브라질, 파나마 등 8개 나라가 자연의 권리를 헌법이나 법률로 보장하거나 재판에서 인정하고 있다고 한다.[97]

> 뉴질랜드 황거누이 강 유역에 사는 마오리족은 우주의 모든 생물-무생물이 연결되어 있고, 친족 관계에서 우러나오고 세대를 초월하는 상호 존중 의무가 모두에게 있다고 믿는다. 뉴질랜드 정부는 마오리족의 이러한 세계관을 수용해서 황거누이 강에 법인격체의 권리를 부여했다. 그리고 시민 단체가 강을 대변해 법률 행위를 할 수 있게끔 했다.[98]

동물권 운동을 하는 사람들에게 이것이 얼마나 희소식일지를 생각해 보라. 강의 권리를 인정한다는데, 침팬지나 강아지의 권리를 인정하는 것이 뭐 그리 어려운 일이겠는가? 동물권이든 지구법학이든 핵심은 동일하다. 우리가 심정적으로는 충분히 이해할 수 있지만 과연 동물이나 자연물에 법적 권리를 부여할 수 있겠는가? 앞서도 언급한 바 있지만, 현재의 법학 이론 하에서는 불가능하다. 하지만 방법을 찾고자 한다면 절대적으로 불가능한 것만도 아니다.

---

97 조효제, 『침묵의 범죄, 에코사이드』, 195.
98 위의 책, 194.

아르헨티나의 멘도사 동물원에 세실리아라는 스무 살짜리 침팬지가 몇 년째 혼자 살고 있어, 동물권 보호 운동 변호사들이 브라질의 보호 구역으로 보내 달라는 소송을 제기했다. 동물원 측 변호인은 아르헨티나 법에 따르면 세실리아는 '물건'에 불과하므로, 법인격이나 권리를 부여받을 수 없다고 항변했다. 그러나 사건을 담당한 판사는 '세계 동물권 선언'과 아르헨티나 헌법 일부를 인용해서 다음과 같이 브라질 인도를 허용했다. "동물에게 인간과 동일한 권리를 부여하느냐의 문제가 아니라, 그들이 살아 있고 지각하는 존재로서 법인격을 가진다는 사실, 그리고 그들이 각자의 종에 적합한 환경에서 나서 살고 자라고 죽을 기본적인 권리를 가진다는 사실을 확정적으로 수용하고 이해하느냐의 문제이다."[99]

아르헨티나도 동물을 물건으로 볼 수밖에 없는 법제하에 있다. 하지만 아르헨티나 법원은 세계 동물권 선언과 자국 헌법의 일부를 원용하여 침팬지에게 일정 부분의 권리를 인정하는 판결을 내렸다. 기존의 법 체제하에서도 방법을 찾으려면 얼마든지 찾을 수 있다는 사실을 보여 주는 사례다. 동물을 비롯한 자연을 향해 따뜻하게 열린 마음과 그들을 돌볼 책임이 있는 인간으로서 보호하고자 하는 마음과 이러한 정신을 구체적으로 실현하고자 하는 적극적인 의지가 있느냐의 문제다. 물론 여기서 한 걸음 더 나아가 물건의 개념 자체를 바꾸거나 권리의 범주 자체를 변화시키거나 기존의 법학 이론에 수정을

---

99   위의 책, 193.

가할 수도 있다. 기존의 법적 관념과 법학 체계의 근본적인 변화가 수반되어야 하므로 쉽지 않은 일이겠지만, 만일 그럴 수만 있다면 인류는 인류만이 아니라 다수의 종이 함께 참여하는 새로운 공동체를 경험하게 될 것이다.[100]

지구법학의 실천적 요점은 그러한 자연물이 가지는 비−법적 권리를 한발 더 나아가 법 규범에 의해 인정되는 법적 권리로 전환하는 것이다. 이 지점에는 도덕적 권리와 법적 권리 사이의 간격이 존재한다. 하나의 도덕적 권리는 어떤 근거에 의하여 실정법적으로 제도화된 권리로 승인될 수 있는가? 이 질문에 답하기 위해 우리는 앞서 언급한 의사 이론과 이익 이론에 다시 호소할 수밖에 없을 것으로 보인다. 하지만 자연의 권리는 두 이론으로는 설명되기 어렵다. 이것이 바로 자연의 권리 개념이 부딪히게 되는 권리 이론상의 난점이다.[101]

이것이 시급하다

권리나 법제의 난점을 이야기하고 있기에는 너무나 시급한 과제들이 있다. 첫째, 야생동물을 감금하는 일의 종결이다.[102] 동물원이든 서커스든 막론하고 감금된 동물은 죽을 만큼의 깊은 지루함을 견디지 못한 나머지 정신적으로 문제가 생기고, 그 결과로 이상 행동(정형 행동이

---

100 위의 책, 194.
101 지구법학회, 『지구법학』, 161.
102 코린 펠뤼숑, 『동물주의 선언』, 94 이하.

라고 부름)을 하기도 한다. 동물권 운동을 주도하는 이들은 동물의 서커스 공연, 동물원, 동물 체험관, 수족관을 하루라도 빨리 폐쇄해야 한다고 주장한다. 물론 아직도 동물원을 사랑하는 아이들이 존재한다. 동물원 사업이 지역 경제에서 차지하는 비중도 무시할 수 없다. 관광 사업을 목적으로 하는 경우에도 마찬가지일 것이다. 그러나 어떤 명목으로든 인간의 유희와 쾌락을 위해 동물의 자유와 복지를 크게 제한하는 형태의 동물원 등은 지양해야 할 인류의 과제라 할 수 있다.

둘째, 투우나 투견, 투계 등의 각종 동물 싸움을 금지하는 것이다. 투우의 잔혹성에 대해서는 예전부터 많은 말들이 오갔다. 그러나 이를 금지하는 것이 어려운 이유는, 전통이나 이를 둘러싼 여러 가지 이해관계 때문이다. 이와 관련된 프랑스 형사 법규는 이러한 행위를 그만두게 하는 자체가 왜 어려운지를 단적으로 증명한다. 즉 동법 제521-1의 제1항은 "가축, 길들인 동물 혹은 감금 상태의 동물을 향해 공개적으로든 아니든 가혹 행위, 성적 행위, 잔인한 행위를 저지른 자는 2년 이하의 징역과 30,000 유로의 벌금형에 처한다"라고 규정한다. 그러나 하나의 예외를 두었는데, "이 법규의 조항은 확고히 계승되는 지역 전통일 경우, 투우 경기에는 적용되지 않는다"라는 규정이 그러하다. 금지하거나 제재를 가할 수 없는 이유는 간단하다. '전통'이다! 때로는 경제가, 때로는 관행이 발목을 잡는다. 여전히 이 개념(가치)들이 생명보다 우세하다는 사실은 동물 운동가들뿐만 아니라 많은 사람들을 헛웃음 짓게 만든다. 동시에, 말을 타고 하는 사냥이 이루어지는 경우가 여전히 있는데, 특별한 목적을 제외하고는 일반적인 쾌락이나 스포츠라는 미명하에 저질러지는 이러한 행위는 동물권을 주장하는 이들의 입장에서는 속히 근절되어야 하는 인간의 그릇된 행동 습관이다.

셋째, 모피와 푸아그라 금지와 같이 의식주와 관련해서 동물이 불필요하고 지나치게 희생당하는 행위는 금지되어야 한다. 예를 들면, 푸아그라는 집오리나 거위에게 3주 동안 상상할 수 없을 정도로 많은 양의 먹이를 억지로 먹인 결과로 만들어진 병든 간이다. 강제로 먹이를 먹이기 위해 사람들은 철로 만든 20-30cm 길이의 관을 오리와 거위의 목구멍으로 넣어 모이주머니에 닿게 하는 식으로 강제 급식을 시킨다고 한다. 그밖에도 여전히 환경적으로 열악한 사육장이나 도살장의 근본적인 변화를 주장하기도 한다.

앞서 우리는 동물과 관련된 철학적 · 법적 변화를 살펴보았다. 그러나 현실이 가야 할 길은 아직도 멀다는 느낌이 든다. 힘이 되어 주어야 할 교회와 신학 또한 뒤를 좇아가는 일조차 힘들어 하는 것 같다. 무엇보다도 환경신학이니 생태신앙이니 하는 말 자체를 낯설어하거나 꺼리는 경향이 여전히 존재한다. 그래도 변화의 필요성이 기독교계에서도 점차 저변을 넓혀 가고 있고, 환경 선교나 환경 목회를 부르짖거나 실천하는 사람들이나 교회들이 늘고 있다.[103] 법학 분야에서도 괄목할

---

103 지구 돌봄 목회를 주장하는 최병성 목사의 경우, "우리가 세상을 바라보는 눈 자체를 바꿀 필요가 있다", "복의 개념도 전환하여 아름다운 지구를 잘 가꾸고 돌보는 자체가 그리스도인의 사명이고 복이다", "하나님 보시기에 좋았더라고 하던 세상이 고통을 받고 있는데, 교회는 왜 침묵하

만한 변화가 일어난다고 했다. 가장 보수적이라고 하는 법학 분야에서도 환경에 관하여, 특히 동물의 권리에 관하여 새로운 바람이 불고 있다. 생각과 사고의 변화 및 새로운 목표를 향한 운동은 '법제화'라는 열매를 낳게 되는 법이다. 국가마다 사정은 조금씩 다르지만 동물의 돌봄과 보호에 관해서는 폭넓은 공감대가 형성되고 있고, 그 결과 어느 정도 법제화가 진행 중에 있다. 이러한 법제화는 어떻게 이루어져 왔을까? 어떤 실정법들이 현존하는가? 한국에서도 시행 중인 동물보호법은 어떤 내용들을 규정하고 있을까?

위기는 운동을, 운동은 법을 낳고

1962년 레이첼 카슨이 DDT 위험성을 강조하며 펴낸 『침묵의 봄』은 대단한 반향을 일으켰다. 1966년 린 화이트는 성탄절을 맞아 환경 역사의 근본을 닦은 기록으로 평가받는 "우리 생태 위기의 역사적 뿌리"를 발표했다.[104] 새로운 위기는 새로운 사고와 새로운 변화를 초래했다. 마침내 1969년 미국에서 "국가환경정책법"(National Environmental Policy Act, NEPA)이 만들어졌고, 곧 이어 "국가환경보호청"(National Environmental Protection Agency)이 설립되었는데, 1988년 미국 의회는 대통

고 있는가?"라고 하는 본질적인 질문들을 던지면서, "뭣이 중한디"라는 영화 대사 한 도막을 소개하고는 "기후 위기로 인류가 멸망하고 난 뒤에 복음 전도가 무슨 의미가 있는가?" 하고 묻는다.

[104] Lynn White jr., "The Historical Roots of Our Ecological Crisis", *Science*, vol. 155 (1967), 1203–1207; 요아힘 라트카우, 『생태의 시대』, 김희상 옮김 (파주: 열린책들, 2022), 234.

력 직속의 이 기관에 경찰 수사권을 부여하기도 했다. 그리고 이듬해 "절멸위기 종 보호법"(Endangered Species Act)이 마련되었다.

미국만 그런 것이 아니었다. 1970년 일본에서는 "환경 보호 문제를 다루는 사회학 국제 심포지엄"이 열려서 "인간은 누구나 자신의 건강이나 행복을 해치지 않고 아름다운 자연을 망가뜨리지 않는 환경을 누릴 권리를 갖는다"라는 내용의 「도쿄 결의안」이 나왔다. 같은 해 7월 도쿄에서 어린아이들이 광화학 스모그 탓에 사망하는 일이 있었기 때문이다. 이 사건으로 여론이 비등했고, 이에 일본 정부는 환경 오염을 막을 14개의 법안을 제출했는데, 이 법안은 모두 의회에서 승인받았을 뿐만 아니라 이듬해인 1971년 일본 환경청이 발족하는 결과를 낳았다.[105]

제3세계권에도 변화의 바람이 일었다. 비슷한 시기인 1970년 히말라야 산맥의 남쪽 가장자리에 홍수가 일어나 막대한 피해가 발생했고, 마을의 전통 권리를 무시하는 무분별한 벌목에 저항하는 "칩코 운동"이 일어났다. '나무 끌어안기'라는 뜻의 이 운동은 간디도 관여했지만 무엇보다도 여성들이 주도했는데, 1973년 3월 27일 산림당국이 지역의 물푸레나무를 어떤 스포츠용품의 제조사에 경매를 거쳐 매각하려고 하자, 가르왈 지역의 만달 주민은 북을 치며 서둘러 달려가 나무를 끌어안고서 벌목하지 못하게 막았고, 이 소문이 급속하게 퍼져나가 비슷한 위기에 처한 마을에서도 앞 다투어 나무 끌어안기 운동

---

105 위의 책, 202.

이 펼쳐졌다고 한다. 인도의 환경사학자 라마찬드라 구하(Ramachandra Guha)는 이를 "지역 생태 역사의 전환점"이라 부르며 자랑스러워하기도 했다.[106]

　　1971년 『인간도 동물이다』(*So Human an Animal*)를 출간했던 미생물학자 르네 뒤보(René Jules Dubos)는 바바라 워드와 함께 『오직 하나뿐인 지구: 작은 별의 돌봄과 유지』(*Only One Earth : The Care and Maintenance of a Small Planet*)를 펴냈는데, 이는 1972년 열린 스톡홀름 환경회의의 근본 토대가 되었다. 환경과 관련해서 UN이 주도하여 많은 나라들이 참가했을 뿐만 아니라, 400개가 넘는 NGO(비정부기구)가 참여한 것으로도 유명한 이 회의는 무엇보다 아마존 원시림의 벌목을 "생태계의 히로시마"로 표현하기도 했다. 게다가 앞서 언급했던 인도에서 벌어진 벌목 반대 운동이나 하나뿐인 지구 등을 생각해 보면, 이러한 새로운 사고와 새로운 운동들이 국제 회의라든지 국가의 법제에 얼마나 지속적이고 의미심장한 영향을 끼치는가를 잘 알 수 있다.

　　1985년 미국의 생물학자 월터 로젠(Walter Rosen)은 "생물 다양성"(biodiversity)이라는 개념을 고안했고, 대중적 인지도가 높은 하버드 대학의 생물학자 에드워드 윌슨(Edward Wilson)이 이를 널리 알리기 시작했다. 북극곰이나 태평양의 고래와 같은 개별적인 동물 보호 운동이 일색이던 이전과 비교해서 생물의 다양성을 보호해야 한다는 이 의식은 야생동물 보호와 관련해서 진일보한 운동의 방향성을 제시했으

106　위의 책, 203, 594-595.

며, 그 결과 1986년 "국제보호협회"(Conservation International)가 발족하면서 기존의 단체들(WWF, TNC)[107]과 함께 국제적으로 야생 보호 운동을 활발하게 일으키기 시작했다. 그리고 이러한 일련의 움직임들이 결국 1985년 브라질의 리우데자네이루에서 개최된 유엔 환경개발회의에서 "지속 가능한 개발"과 함께 "생물 다양성"이라는 개념이 양대 산맥으로 자리매김하도록 했고, 리우 회의를 통해 이 개념은 한층 더 세계적으로 주목 받는 또 다른 결과를 양산했다.

도대체 "생물 다양성"이라는 목표로 무슨 실질적인 변화를 끌어낼 수 있을까? 이 물음에 분명한 답을 제시한 이가 바로 앞서 언급한 에드워드 윌슨이다. "지난 20년 동안 자연 보호의 혁명이 이루어졌다. 환경 보호와 관련한 새로운 입법은 처음으로 야생동물의 실질적인 가치를 알아내게 해 주었다."[108] 그 결과 유전자 산업 분야에 눈을 뜬 다국적기업의 횡포가 발생하기도 했다. 예를 들어 인도에서는 한 바이오테크 기업이 농부에게 종자를 공급하면서 수확한 곡물에서 종자를 얻어내지 못하게 하고 매년 새로운 종자를 기업으로부터 구매하도록 강제했고, 도처에서 이런 유사한 일들이 벌어지자 '생물 다양성이 고작 이런 것이냐?', '다국적 제약과 농축산업 기업의 기만적인 허위 포장이

---

107 WWF(World Wild Fund for Nature)는 1961년 설립된 야생 자연 보호를 위한 기금을 일컫는다. TNC(The Nature Conservancy · TNC)는 "자연보존협회"라고 하며, 1951년 설립된 미국 최대 환경 단체로서 현재 약 35개국에서 환경 관련 활동을 하고 있다.

108 Edward O. Wilson, *Der Wert der Vielfalt: Die Bedrohung des Artenreichtums und das Überleben des Menschen* (1995), 343 이하, 요아힘 라트카우, 『생태의 시대』, 1007에서 재인용.

아닌가?' 하는 탄식과 경멸을 조장하기도 했다.[109]

그러나 국경을 초월하는 자연의 환경 정책을 위대한 새로운 기회로 포착한 브뤼셀의 유럽 연합은 리우의 생명 다양성 개념을 매우 구체적으로 실천하기 시작했다. 1992년 유럽 연합 회원국들은 만장일치로 "야생 동물과 식물의 서식지 표준"(FFH)을 결의했는데, 이는 국제 자연 보호 운동의 새로운 국면의 상징이라 일컬어진다. 물론 여러 가지 한계와 비판에도 직면했다. 하지만 이들이 주도한 '서식 구역 네트워크'라는 발상은 곧이어 새롭게 막을 연 인터넷 시대와도 잘 조응하여, 유럽 연합의 새로운 비전인 "나투라(Natura) 2000"의 핵심으로 자리매김하게 되었다. FFH 내지 나투라 비전이 오늘날 훌륭한 기적의 무기인지 아니면 오히려 자연 보호의 패배를 부르는 결과를 초래할지의 여부에 대해 의견이 분분하다.[110] 하지만 위기는 운동을, 운동은 새로운 변화를 낳는다는 원리를 이처럼 분명하게 보여 준 사례도 흔치 않을 것이다. 야생동물의 멸종 위기는 곧 생물 다양성이라는 새로운 개념의 발상을 일으켰고, 이는 또한 환경 회의를 통해 각국의 정책과 법제에 영향을 끼쳤다. 이러한 흐름이 앞으로도 지속되기를 기대해 본다.

---

109 요아힘 라트카우, 『생태의 시대』, 790.
110 위의 책, 791-794.

| 한국의 '동물보호법'과 관련된 몇 가지 질문과 답변 |

반려동물은 공식 용어인가요?

언제부터인가 '반려동물'이라는 개념이 회자되고 있다. 1983년 10월 27일부터 이틀간 오스트리아 빈에서 열린 국제 심포지엄에서 오스트리아 태생의 미생물학자로서 노벨상 수상자이자 환경 운동 분야에서도 주목할 만한 이름인 콘라트 로렌츠[111]의 업적을 기리기 위한 모임이 열렸는데, 그는 동물을 "본능적 존재"라고 본 대표적인 동물행동학자였다.[112] 여기서 종전의 "애완동물"(Pet)이라는 말 대신 "반려동물"(Companion Animal)이라는 개념을 쓰자는 선언이 채택되었다고 한다. 그렇다면 한국에서는 어떠한가? 동물보호법 제2조의 제7항은 "반려동물이란, 반려(伴侶)의 목적으로 기르는 개, 고양이 등 농림축산식품부령으로 정하는 동물을 말한다"라고 규정한다. 즉 '반려동물'은 한국에서 공식적으로 사용하는 법적 용어라는 뜻이다.

법이 반려동물을 양산하지 못하는가? 그 반대다. 한국의 경우에도

---

111 1971년 콘라트 로렌츠는 『현대 문명이 범한 여덟 가지 최악의 죄악』을 발표했는데, 이는 독일어 문화권의 환경 의식의 기초를 닦은 책으로 평가된다. 그가 밝힌 여덟 가지 죄악은 다음과 같다. 첫째는 인구 과잉, 둘째는 자연이 부여한 생활 공간을 황폐화시킨 것, 셋째는 인간들 사이의 지나친 경쟁, 넷째는 인간을 허약하게 만든 것, 다섯째는 젊은이들을 자립하게 하지 못하고 기생하게 만든 유전적 쇠퇴, 여섯째는 전통의 파괴, 일곱째는 하나의 문화 집단에 통합되어 세뇌 가능성과 대중 지배력이 높아진 점, 여덟째는 핵무장이다. Konrad Lorenz, *Die Acht Todsünden der zivilisierten Menschheit* (München, 1973), 20.

112 한스 베르너 인겐시프, 하이케 바란츠케, 『동물철학』, 43.

이미 반려동물을 가진 인구가 엄청나게 증대했고, 이러한 현상을 규율해야 할 필요성을 느꼈기 때문에 법이 제정되었다. 한국 농림축산식품부의 통계에 따르면, 2018년 반려견 507만과 반려묘 128만이었던 수치가 2022년에 547만과 254만으로, 전년 대비해서도 각각 5.2%와 12.7%가 증가한 것으로 나타났다. 이제는 반려동물을 가진 인구 1,500만 시대라고 곧잘 말하는데, 농림축산식품부의 추정에 의하면 약 1,300만 명이 실제로 반려동물과 함께 생활하고 있다고 한다. 이런 상황에서 동물보호법은 먼저 '동물'을 정의하는데, "동물이란, 고통을 느낄 수 있는 신경 체계가 발달한 척추동물로서 다음 각 목의 어느 하나에 해당하는 동물을 말한다"(제2조 제1항)라고 하여 '고통'을 핵심적인 특징으로 삼았다는 사실을 알 수 있다. 한국의 동물보호법이 여전히 공리주의적 관점을 벗어나지 못하고 있다는 뜻이기도 하다.[113]

반려동물을 어떻게 길러야 할까요?

동물보호법은 동물 보호의 기본 원칙을 다음과 같이 정하고 있다. 즉, "동물이 본래의 습성과 몸의 원형을 유지하면서 정상적으로 살 수 있도록 할 것, 갈증 및 굶주림을 겪거나 영양이 결핍되지 않도록 할 것, 정상적인 행동을 표현할 수 있고 불편함을 겪지 않도록 할 것, 고

---

113 위의 책, 187-188. "벤담이 보여 준 해방의 수사학을 다시 사용하면서 싱어는 평등한 이익 고려의 원칙을 '우리 종을 넘어서' 심지어 '고통을 느끼고 기쁨을 느낄 수 있는 능력'에 근거하여 일반적으로 이익에 대한 관심을 가질 수 있는 모든 존재로 확장시킬 것을 요구한다."

통·상해 및 질병으로부터 자유롭도록 할 것, 공포와 스트레스를 받지 않도록 할 것"(제3조 1-5항) 등이 그러하다. 이는 반려동물에게만 적용되는 원칙이 아니다. 반려동물을 포함한 일반적인 동물에게 포괄적으로 적용된다. 하지만 다소 부족한 점이 있다. 앞서 "동물권의 상대성 이론"을 다루었는데,[114] 그만큼 진일보한 입장은 아니더라도 동물의 특성에 맞는 더욱 구체적인 보호 규정을 두었으면 하는 바람이 있다.

특히 반려동물의 경우 유기 문제가 날로 심화되고 있는데, 이러한 상황을 배려한 규정을 두었으면 좋았을 것이다. 예를 들면, "반려동물을 방치하거나 유기해서 특별한 고통을 주는 행위는 금지된다"라는 식으로 구체적인 조항을 두었으면 어땠을까? 게다가 동물 보호 원칙 규정은 추상적인 선언으로 되어 있어서 '학대'의 경우 등을 제외하고는 동물보호법의 벌칙이나 과태료 조항이 직접 적용되지 않는다. 몸의 원형을 심각하게 손상시키거나, 물이나 음식을 고의로 제공하지 않거나 혹은 불필요한 공포와 스트레스를 주는 행위 등은 이른바 동물권을 주장하는 측에서 보면 심각한 권리 훼손 행위에 해당한다. 그런 권리까지 인정하지는 못한다 하더라도, 반려동물 보호 의무를 강력하게 환기하는 측면에서 '학대'를 폭넓게 해석하여 처벌 조항과 연계하는 방안도 고려해 볼 수 있다.

우리나라는 반려동물의 유기를 미연에 방지하고, 만일 잃어버렸을 경우에도 쉽게 찾게 할 목적으로 2014년부터 애완동물 의무 등록제를 시행하고 있는데, 2016년부터 반려동물 식별을 위한 내장형 칩 등록

---

114 코린 펠뤼숑, 「동물주의 선언」, 72.

의무제 시행을 예고한 바 있었다. 하지만 아직 제대로 안정성이 검증되지 않은 내장형을 무조건 장착하도록 의무화한다는 것은 있을 수 없는 일이라는 강력한 반발이 일어났다. 결국 정부는 한 발 물러서서 이후 공청회 등 여론 수렴을 거친다고 했으나 차후에도 논란이 계속될 것으로 보인다. 이처럼 전면화는 백지화가 됐지만, 대신 유기 동물을 입양할 때는 의무적으로 마이크로 칩을 삽입해야 한다. 비록 동물이지만 이러한 강제가 과연 정당한가에 대한 철학적 · 법학적 검토도 이루어져야 할 것이다. 물론 신학적으로도 충분히 생각하고 살펴보아야 할 주제라고 할 수 있다.

반려동물이 죽었습니다. 어떻게 해야 할까요?

최근 한국소비자원의 조사에 따르면, 반려동물이 죽었을 경우 "주거지나 야산에 매장했다"라는 답이 가장 많은 비율을 차지했다(41.3%). 그러나 이러한 행위가 불법이라는 사실 자체를 몰랐다는 응답이 전체의 절반에 육박하기도 했다(45.2%). 그렇다면 어떻게 해야 할까? 현형법제도하에서는 반려동물이 어디까지나 "물건"이고, 반려동물의 사체는 "생활 폐기물"에 해당한다. 따라서 쓰레기 종량제 봉투에 넣어서 버리거나 아니면 동물 병원이나 동물 장묘시설에서 처리하도록 해야 한다. 또한 동물보호법 제15조 제2항에 의하면 반려동물로 등록한 동물을 잃어버렸을 경우에는 10일 이내, 그리고 죽음 등 대통령령이 정하는 사항이 발생했을 경우 30일 이내 신고하도록 되어 있으니, 등록할 때와 마찬가지로 해당 자치단체장에게 신고해야 할 의무가 있다. 이러한 의무를 위반할 경우 동물보호법 제101조에 의하여 500만 원 이하의 과태료를 부과받을 수도 있다는 사실도 아울러 알고 있어야 한다.

동물보호법에 따르면 지방자치단체장은 동물을 위한 장묘시설을 설치 · 운영할 수 있는데, 이를 "공설 동물 장묘시설"이라 한다(법 제71조 이하). 이러한 시설의 영업자가 지켜야 할 특별한 사항들이 있다(법 제78조 제5항). 첫째, 살아 있는 동물을 처리(마취 등을 통하여 동물의 고통을 최소화하는 인도적인 방법으로 처리하는 것을 포함한다)하지 아니할 것. 둘째, 등록 대상 동물의 사체를 처리한 경우 농림축산식품부령으로 정하는 바에 따라 특별자치시장 · 특별자치도지사 · 시장 · 군수 · 구청장에게 신고할 것. 셋째, 자신의 영업장에 있는 동물 장묘시설을 다른 자에게 대여하지 아니할 것 등이다. 동물보호법은 동물에게도 안락사를 인정하지 않는다. 이 점을 눈여겨볼 필요가 있다. 또한 장묘시설업자라고 해서 동물의 사체를 마음대로 처리할 수 있는 것이 아니라, 반드시 그 구체적인 방법과 결과를 신고하도록 해서 동물의 사체라도 생명의 경외감을 잃지 않도록 했다.

반려동물을 키우기가 힘이 들어요. 어떻게 하면 좋을까요?

최근 반려동물을 키우는 사람들이 늘어가면서, 반려동물을 키우면서 생기는 스트레스도 늘어가고 있는 추세이다. TV 프로그램에서 반려동물 전문가들이 부쩍 많이 나타나는 이유도 여기 있다.[115] 동물보호법에서도 이러한 점을 고려해서 반려동물 전문가에 관한 규정을 설치했다. 동물보호법이 인정하는 전문가는 "반려동물 행동지도사"라고 부른다(법 제30조). 반려동물 행동지도사는 반려동물의 행동 분석과 훈련 그리고 반려동물 소유자에 대한 교육을 주 업무로 한다. 반려동물 행동지도사가 되려고 하는 자는 동물보호법과 농림축산식품부의 시행령이 정하는 자격 시험에 합격해야 하며, 자격 없이 이러한 행위를 해서도 안 되지만 자신의 명의를 다른 사람에게 대여해서 해당 행위를 하게 할 수도 없다.

자신의 반려동물이 이상한 행위를 반복하거나 이해할 수 없는 증상을 보이는 경우, 반려동물 행동지도사에게 행동 분석을 의뢰할 수 있다. 그리고 스스로 반려동물의 훈련이 힘들 경우에는 지도사에게 훈련을 의뢰할 수도 있다. 무엇보다 지도사를 초청하거나 그가 운영하는 시설에서 '반려동물의 소유자로서 가져야 할 태도나 주의해야 할 사항' 내지는 '반려동물의 양육에 있어서 꼭 필요한 사항'과 '반려동물을 잃어버렸거나 반려동물이 죽었을 경우 어떻게 대처해야 하는지'에 대한 교육을 받을 수 있다.

---

115 「세상에 나쁜 개는 없다」(EBS), 「TV 동물농장」(SBS), 「마이펫 상담소」, 「스타 펫 트러블」(스카이펫파크), 「개는 훌륭하다」(KBS), 「개밥 주는 남자」(채널A) 등. 이처럼 공중파와 케이블을 막론하고 반려동물 붐이라고 할 만큼의 다양한 프로그램들이 존재했고 지금도 존속하고 있다.

반려동물이 죽었어요. 천국에서 다시 만날 수 있을까요?

물론 이것은 법적인 질문이 아니다. 하지만 반려동물이 죽었을 경우 애착하던 사람이라면 누구나 한번쯤은 가져봄 직한 질문이기에 여기서 잠깐 언급하고자 한다. 동물보호법은 전술한 바와 같이 동물에게도 안락사를 인정하지 않는다. 동물이라도 그 생명에 대한 존중과 배려가 마땅하다는 뜻이 아니겠는가? 또한 동법은 공설 동물 장묘시설을 인정한다. 일차적으로는 반려동물을 잃어버린 사람들에 대한 위로와 안정을 위해서겠지만, 부차적으로는 동물이라도 그 죽음이 가지는 의미를 존중한다는 의미라고도 할 수 있다.

하지만 동물의 영혼이나 구원에 관해서는 부정적인 견해가 지배적이다. 아폴로니아의 디오게네스는 동물에게는 하늘을 향하는 시선이 결여되어 있기 때문에 인간이야말로 유일하게 철학적 동물이며 신을 믿는 동물이라는 결론을 내린 바 있다. 이러한 그리스 철학의 주류을 이어받은 기독교 신학 역시 이에 관하여 내린 결론은 다음과 같다. 동물에게는 신적인 것을 위한 감각이 결여되어 있다. 그렇다면 신도 개별적인 동물을 배려할 필요가 없다. 따라서 동물에게는 이 땅에서의 희망만이 있다.[116] 그렇다면 반려동물은 아무리 보고 싶어도 천국에서는 다시 볼 수 있는 희망도 없는 것일까?

한 신학교 교수에게 이런 질문을 했을 때, "천국에서 만약 절실하

---

116 한스 베르너 인겐시프, 하이케 바란츠케, 『동물철학』, 204.

게 원한다면, 신께서 하늘의 태엽 장치나 다른 어떤 식이라도 우리가 알지 못하는 작동 방식으로 움직이는 자신의 반려동물과 닮은 무언가를 붙여 주시지 않겠는가"라고 하는 대답을 들은 적이 있다. 아주 아니라고 말할 수 있을까? 하나님은 전능하신 존재시고, 모든 육체의 하나님으로서 내게 능히 하지 못할 일이 있겠는지 생각해 보라고 친히 말씀하지 않으셨는가(렘 32:27). 또한 사람으로서는 할 수 없으나 하나님으로서는 다 하실 수 있다고도 말씀하셨다(마 19:26). 사도 요한은 하늘문이 살짝 열렸을 때 하늘에 있는 존재들 가운데 동물 닮은 형상들을 함께 보았다. 반려동물이 죽었을 때 깊이 상심하고 오랫동안 슬픔에 잠겨 있는 경우가 간혹 있다. 그럴 때 위로의 차원에서 천국의 이런 소망을 살짝 이야기해 준다고 해서 큰 문제가 될 것 같지는 않다.

우리가 그들을 위해서 무엇을 해 줄 수 있을 것인가?

인간이 동물을 위해 무엇을 해야 할 것인가? 동물보호법은 이러한 질문에 대한 답을 이미 몇 가지 갖고 있다. 동물 보호(제2장), 동물 구조(제3장), 동물 실험 관리(제4장), 동물 복지(제5장), 반려동물 관리(제6장) 등의 조항들이 그러하다. 우리는 앞서 "동물은 기계다"를 넘어 "동물은 타자다"에서 "우리도 동물이다"라는 명제들을 살펴본 바 있다. 동물을 자동 기계로 간주하는 경향은 더 이상 찾아보기 어렵다. 그러나 그 후속 입장들이라고 해서 문제가 없는 것은 아니다. 단적으로 이러한 입장들을 견지하면(다 같이 동물이라면) 누가 협의의 동물을 돌보고 보호할 것인가 하는 윤리적 주체에 관한 질문에 궁색한 답을 내놓을 수밖에 없다는 또 다른 문제점에 봉착하게 된다. 동물은 여전히 인간에게 그리고 인간을 통해서 희망을 가질 수밖에 없다. 동물의 희망은 동시에 인간이 동물을 위해 무엇을 어떻게 해 줄 수 있느냐의 여부와 같다. 따라서 인간의 지위를 긍정하면서도 인간만이 아니라 동물도 진지하게 법적 체계에 포함시키는 '확장하는 인도주의'(expendierender Humanismus) 야말로 이 땅에서 실현되어야 할 현대판 정치적 유토피아라는 견해가 있다.[117]

우리나라뿐만 아니라 세계에서 이러한 유토피아를 달성한 국가는 없다. 그러한 목표를 지향하며 달려가는 경우도 쉽게 찾기는 어려울 듯하다. 그러나 이전보다 동물에 관한 관심과 배려와 존중의 인식이 높아졌다는 사실만은 분명하다. '반려동물'이라는 개념이 우리나라에서까지 보편적으로 사용되고 있다는 점만 보아도 그러하다. 더군다나 반려동물의 개념까지 포섭하여 제정된 한국의 동물보호법은 한층 진일보한 법제화 수준을 보여 주는 하나의 증거다. 동법은 동물을 보호하는 원론적인 소재만 아니라 동물의 복지까지 다루고 있기 때문이다. 누가 뭐래도 이런 점만큼은 고무적인 사실이라 하겠다. 앞으로도 동물과 관련된 의제는 이와 같이 철학적, 신학적, 법학적 관점이 동시에 다루어져야 한다고 본다. 이런 차원에서 필요한 것이 바로 "생태 소통"이

---

117 위의 책, 206.

아닐까 한다.

물론 이 개념은 니클라스 루만(Niklas Luhmann, 1927-1998)이 처음 주장했던 "생태 소통"(Ökologische Kommunikation)과는 조금 다른 의미이다. "전 세계적으로 볼 때 '사회'를 겨누며 비난을 가득 담은 '환경 성명'은 허공을 울리기만 한다. 현대 사회는 다양한 하부 체계로 계속 분화해 왔으며, 오로지 이 하부 체계로만 작동하는 사회에는 그 성명을 귀담 아들을 수신자가 없기 때문이다." 루만의 이 말은 당시 소통 자체에 큰 의미를 부여하는 위르겐 하버마스와 그의 추종자들을 은근히 꼬집는 의미였다.[118] 루만은 하천이 썩어서 물고기가 죽었을 때 사회학자들은 여전히 소통의 문제만을 이야기한다고 비판했다. 그러면서 생태의 소통은 이와는 다른 의미로 이루어져야 함을 역설했다.[119]

환경사학자 라트카우는 이러한 루만의 생태 소통 개념을 자기 식으로 해석하여 다음과 같은 명제들을 제시한다.[120] 첫째, "고정 관념을 철폐하라!" 세계화 반대라는 표어보다는 항공유에 세금을 부과하는 운동이 더 효과가 있고(항공료가 비싸지니까), 세계 대양(大洋)의 착취라는 슬로건보다는 고래잡이 포경 반대라는 운동이 훨씬 큰 영향력을 끼칠 수 있다는 것이다. 둘째, "카리스마와 관료화를 조심하라!" 환경 운동 또한 베버가 말한 카리스마 리더십의 폐단과 관료제의 철칙에서 면제될

---

118 요아힘 라트카우, 『생태의 시대』, 9.

119 위의 책, 447.

120 위의 책, 831-848.

수 없으니 항상 주의해야 한다는 것이다. 셋째, "인간을 위한 자연 보호인가, 인간에 반하는 자연 보호인가?" 이와 같은 근본적인 질문을 늘 제기하는 가운데 자연 보호이든 동물권 운동이든 그것이 인간 자체를 위한 것이 되지 않도록 해야 한다는 의미이다. 넷째, "글로벌하게 생각하고, 로컬하게 행동하라!" 비록 동물을 비롯해 환경까지 보호하라는 글로벌한 명제를 염두에 두더라도, 그 실천만은 구체적으로 지역적 특성에 맞게 이루어져야 한다는 의미이리라.

우리는 또 다른 관점에서 생태 소통을 말해 보고자 한다. 첫째로, 철학적 관점과 소통하는 신학적 관점이 중요하다. 앞서 동물을 둘러싼 철학의 관점 변화에 대해 언급한 바 있다. 동물을 기계로 보거나 인간 이외의 대상으로 보는 시각에 혁명적인 변화가 일어났다. 그렇다면 동물을 바라보는 신학적 관점은 어떠한가? 린 화이트가 현대의 생태학적 위기에는 기독교가 가진 잘못된 관점과 태도가 한몫을 했다는 뼈아픈 지적으로부터 지금은 멀리 있는가?[121] 성숙한 환경 의식을 가지고 있는 교회들이 늘어가지만, 아직도 환경을 이야기하면 이데올로기에 기반을 둔 비판을 가하는 경향이 존재한다고 했다.[122] 교회의 환경에 대한 보다 성숙한 의식의 제고가 필요하다. 동물과 관련된 보다 더 정치(精緻)한 신학적 검토도 요구되는 상황이다.

둘째로, 법학적 관점과 소통하는 신학적 관점이 중요하다. 법학적

---

121 Lynn White jr., "The Historical Roots of Our Ecological Crisis", *Science*, 제155호 (1967), 1203–1207.

122 조엘 샐러틴, 『돼지다운 돼지』, 12.

관점에서 동물권 운동뿐만 아니라 '지구법'이라는 새로운 개념의 등장과 함께 강이나 자연물에 권리를 부여하는 실제적인 사례를 언급한 바 있다. 가장 보수적이라고 해도 좋을 법학 분야에서조차 동물을 비롯해 자연과 관련하여 이러한 변화가 일어나고 있는데, 신학적으로는 어떻게 대처해야 하는지 또한 발맞추어 가야 할 부분은 없는지 생각해 볼 일이다. 예를 들면 동물보호법은 세계적인 조류에 맞추어 법을 개정하여 "동물 보호의 날" 조항을 신설했다(법 제4조의 2). 교회는 앞으로 이러한 변화에 어떻게 반응할는지 궁금하다. 아직도 대다수의 교회가 '환경의 날'을 잘 모르는 것이 현실이고, 대다수 교단에서 변화된 세상에서 강조하는 환경의 중요성을 의식하며 스스로 제정한 '환경 주일'조차 제대로 지키지 않는 실정을 두고 하는 말이다.

셋째로, 글로벌과 로컬의 소통이다. 전 세계적으로 환경을 중시하고 환경을 보호하자는 패러다임이 새롭게 일어섰다. 충분히 그 대의를 수긍하면서도 구체적인 실천 전략을 위해서는 철저하게 로컬화하는 것이 중요하다. 즉, 동물 보호를 주장하고 동물 보호를 위해 우리가 구체적으로 실천해야 할 일이 무엇인지 모색하는 과정에서 스페인어권이라면 투우 금지부터 토론의 장으로 끌어들여야 하지 않겠는가? 한국의 경우라면 하나의 전통적인 행사가 되어 버린 '소싸움'을 폐지할 수 있을지 진지하게 고민해 봐야 한다는 뜻이다.

이러한 생태적 소통을 통해, 우리가 그들을 위해 무엇을 할 수 있을까 혹은 해 줄 수 있을까를 고민해야 한다. 동시에 그들을 포함하여 하나의 새로운 종(種) 공동체를 형성하는 대안을 생각해 봐야 한다는 사실을 진지하게 받아들여야 한다. 앞서 새로운 정치적 유토피아를 모색하는 이들이 있다고 했는데, 그리스도인으로서 우리는 새로울 것이 없는 유토피아, 곧 성경에서 말하는 이상향에 대해 다시 한번 생각해 보지 않을 수 없다. 특히 이사야 선지자에 따르면, 이상적인 하나님 나라에서는 동물과 사람이 한데 어울리며 지내는 공동체가 존재한다니, 이런 예언에 관해 더 깊이 성찰하고 연구하는 일이 선행되어야 하지 않을까? 그런 나라가 임하는 날까지, 그런 공동체가 이루어질 때까지, 우리는 내리내리 서로 사랑하고 존중하는 일만을 남겨 두어야 할 것이다.

PART 3
목회적 관점에서
동물 이해하기

| 가정호 |

추세가 대세를 이룬다

동물을 가족이라 생각하며 지내는 이들이 급속도로 늘어가는 추세다. 그 추세를 이루는 동력이 무엇인지는 다양한 해석들이 있어서 분명하게 하나의 관점으로 정의하기는 어렵다. 문제는 언제부터인가 개나 고양이를 '반려동물'[1]이라 표현하는 것이 자연스러워졌다. 남들이 그렇게 말하니까 기독교인들도 아무런 고민 없이 반려동물이라고 말하는 분위기다. 국어사전에 표현된 '아내나 남편을 표현할 때 사용하는 호칭'이라는 정의가 삶의 현장에서는 동물 쪽으로 넘어갔다. 가족학

---

1 반려(伴侶): 짝 '반'과 짝 '려'를 써서 '반려'라고 하며, 뜻 자체는 '인생을 함께 하는 자신의 반쪽 짝'으로 결혼 상대방을 지칭하는 단어였다. 하지만 동물단체가 애완동물을 대체하는 이름으로 반려동물을 주창하면서 의미가 변질되었다. 1983년 10월 27~28일 오스트리아 빈에서 인간과 애완동물의 관계(the human–pet relationship)를 주제로 하는 국제 심포지엄이 동물 행동학자로 노벨상 수상자인 K.로렌츠의 80세 탄생일을 기념하기 위해 오스트리아 과학 아카데미가 주최한 자리에서 개 · 고양이 · 새 등의 애완동물을 종래의 가치성을 재인식하여 반려동물로 부르도록 제안하였고, 승마용 말도 여기에 포함하도록 했다.

이나 가정 문제를 살피는 이들에게서 용어의 변질에 대한 반론도 찾아보기 어렵다. 어떤 부담도 느끼지 않고 사용하고 있는 것 같다. 반려라는 용어가 본래 개나 고양이와 함께 지내는 사람들이 사용해 왔던 언어처럼 생각하는 이들이 늘어가고 있다. 어떤 시대든지 다수가 무엇인가를 하면 큰 흐름의 추세가 생기면서 그것이 옳고 바른 것처럼 받아들여지고 대세를 이룬다. 이를테면 대개의 여성이 자기 남편을 보고 "오빠! 오빠!" 하면, 다른 나라에서 한국 남자와 결혼하여 이주해 온 여성은 남편을 오빠라고 부르는 것을 당연하게 생각하게 되고, 자기보다 나이가 어린 남편에게조차 오빠라고 부르는 웃지 못할 광경을 보게 되는 것이 그 예이다.

바른 언어와 용어가 어그러지고 있다. 잘못된 용어를 다수의 사람이 사용하게 되면 그것이 대세를 이루어 가는 시대를 살다 보니, 이런 것들에 대해서 문제의식을 가지고 접근하면 함께 의문하면서 변질된 것을 바로잡고자 하는 마음이 일어나기보다 오히려 이상한 사람으로 취급받기 일쑤다. 상황이 이렇다 보니, 사람들이 모두 그렇게 하고 있는데 왜 유독 당신은 그걸 고치려 드는가? 별난 사람이라는 취급을 받을까 염려까지 해야 한다. 옳은 것이 길을 잃은 시대이다. 성경은 이 세대의 옳지 못한 것, 하나님께서 주신 계시의 말씀과 이에 따르는 진리를 거스르는 것, 육신의 욕망에 충실한 것들을 본받지 말라[2]고 하는데,

---

2 롬 12:2 너희는 이 세대를 본받지 말고 오직 마음을 새롭게 함으로 변화를 받아 하나님의 선하시고 기뻐하시고 온전하신 뜻이 무엇인지 분별하도록 하라

문화적 대세와 흐름이 생기면 거슬러 살아야 할 그리스도인들조차 이 세대를 더 적극적으로 추종하는 슬픈 현상을 본다.

"아니요"라고 말할 수 있어야!

대중이 환호하고 그것이 대세를 이루어 주류 문화를 형성해 갈지라도, 성도는 그 가치가 비기독교적이거나 반기독교적일 때 그것에 대해 적극적으로는 "아니요"라고 말할 수 있어야 하고, 소극적으로는 따라 하지 않아야 한다. 그리고 더 적극적으로는 그렇게 하지 않으면서 바르게 나아갈 수 있는 대안과 방안을 제시해야 하며, "아니요"라고 하는 정당한 이유를 온유하고 부드럽게, 그러나 단호하게 구체적으로 설명하고 말할 수 있어야 한다.

최소한 자신과 자기 가족, 그리고 교우들에게 왜 그것이 올바르지 않은 것인지 해석하며 설명하고 설득하면서 거슬러 살아가는 삶을 살아가야 한다. 이번에 필자가 '그리스도인, 교회, 기독교가 소위 반려동물이라는 용어가 대중화되어 가는 것에 대해 어떻게 할 것인가?'에 관한 의견을 글로 쓰게 된 동기가 그러하다.

동물이나 식물에게 반려라는 용어를 덧붙이는 것이 가져오는 문제가 무엇인지 계속해서 다루겠지만, 일단 여기서 필자는 반려라는 표현보다는 '애견' 또는 '애묘', '애완의 것들' 정도의 수준에서 사용하고자 한다. 일상 사용하는 호칭은 그냥 '우리 집 고양이', 또는 '함께 사는 우리 집 강아지', '집에서 함께 살아가는 동물'이라고 표현하면 좋겠다.

바른 호칭도 사용하지 않으면

집에서 함께 살아가는 동물들에 대해 가족들이 어떤 방식으로 부르는 것이 적절할까를 생각해 보자. 예를 들어, 부모가 자기 자녀를 누구에게 소개할 때, "이 아이는 남자 1호", "이 아이는 여자 3호"라고 하면서 소개하는 것을 보았다. 경험해 보지 못했던 상황이라 상당히 당황스러웠다. 부모가 이런 방식으로 자기를 소개하는 방식에 대해서 자녀들의 입장은 어떨까? 이런 표현들이 과연 적절하고 아름다운 소개방식일까? 자녀들도 이런 표현에 대해 긍정적일까? 내 생각에는 이런 방식의 자기소개를 당사자로서는 유쾌하게 느끼기 어려울 것 같다. 소개받는 지인들도 친구의 자녀 이름을 마음에 담아 놓기 어려울 것이다. 이름이든 호칭이든 올바로 사용하지 않으면, 시간이 지나면서 잊어버리게 된다. '반려'라는 용어도 부부간의 관계에서 사용되지 않으면, 다른 용도로 넘어가거나 폐기될 것이다.

자신의 아내나 남편을 소개할 때, 오랫동안 사용해 왔던 표현 중에 '반려자'라는 좋은 표현이 있다. "저의 반려자, ○○입니다." 이렇게 귀한 표현도 언제부턴가 사용하지 않으니 잊혀진 용어가 된 것이다. 가정마다 아내의 그 귀한 이름도 불러 주지 않으니 잊힌 채로 살아간다. 자녀를 소개할 때 "이 사람은 내 아들 몇째이고, 이름은 ○○○며…"

거기다가 은혜로운 특징까지 덧붙여 소개하면 얼마나 좋겠는가? 하나님의 형상으로 빚어진 귀한 존재인 사람을 부를 때는 기호화하여 '1호', '2호'라고 부르고, 비인격체인 개나 고양이를 부를 때는 '엄마', '아빠', '오빠', '언니'라는 사람 호칭을 사용하는 것은 얼마나 이율배반적이고 어색하고 터무니없는 일인가? 조금만 진지하게 생각해 보면, 성도가 집 안에서 동물과 함께 지내면서 그 동물들을 자기의 가족이라느니 엄마나 아빠라느니, 오빠, 언니, 동생이라 부르는 것에 대해 분명한 문제의식을 느낄 수 있을 것이다.

아직 결혼조차 하지 않은 청년들이 강아지에게 "아빠(엄마)가 ○○해 줄게"라는 표현을 들을 때는 정말 어색하게, 그리고 이상하게 들리는 것은 나만의 느낌일까? 텔레비전에 「나 ○○ 산다」와 같은 예능 프로그램에서 홀로 살아가는 미혼 출연자들에게서 이런 방식의 표현을 어렵지 않게 접하게 된다. 매스컴의 영향은 정말 무서울 정도로 파급력이 크다. 이 시대 크리스천 청년들이 이런 흐름에 대해 아무런 문제의식이 없다면 문제의식을 느끼도록 말해 주어야 하고, 고쳐 나가도록 말해 주어야 한다.

유사 친밀감

동물을 부를 때, 물격을 넘어 인격성을 부여하는 순간 하나님의 형상을 부여받은 인간의 지위는 흐려지거나 자리를 잃게 된다. 이게 별게 아닌 것처럼 보여도 시간이 지나면서 혼돈을 초래하기 마련이다.

유럽으로부터 심심찮게 들리는 소식이 있는데, 개와 결혼식을 했다는 둥, 개에게 자기 남은 유산을 전부 남겨 주고 떠났다는 둥 하는 소식이다. 이런 희한한 소식은 나비 효과를 가져온다. 미국이나 유럽 중심의 세계화 흐름은 좋은 점도 있을지 모르겠지만, 분명한 것은 옳지 못한 역기능도 함께 가져온다. 그렇다면 자기 집 강아지나 고양이를 부를 때는 어떻게 부르는 것이 좋을까? 애초에 그들에게 붙여 준 이름, 그들이 우리 집에 들어오게 되었을 때 붙여 준 이름을 부르면 된다. 우리 집의 강아지는 입양 당시 이미 "봉자"라는 이름을 가지고 있었다. 그래서 우리는 "봉자야, 이리 와. 밥 먹자"라고 말한다. 굳이 "봉자야, 아빠(엄마)가 밥 줄께. 이리 와. 밥 먹자"라고 말하지 않는다. 가족 중에 누군가가 이런 비슷한 생각을 가지지 않도록 계속 말한다. 봉자는 사람이 아니다. 봉자에게 "엄마", "아빠", "언니", "오빠"라는 표현은 하지 않도록 하자. 사람인 자녀들에게조차 그저 "밥 먹자"라고만 하지 "아빠(엄마)가 밥 줄께"라는 표현을 하진 않는다.

이 세대가 동물들에게 "엄마", "아빠", "언니", "오빠"라는 인성 깃든 호칭을 사용하여 애써 친밀감을 표현하려는 이유는 인간관계에서 오는 소외와 외로움, 더 친밀해지고 싶은 애틋한 감정을 갈망하는 심리적인 투사가 스며들었기 때문이 아닐까 생각한다. 짐승들에게서 사람의 정서를 찾으려는 모습이 각자도생에 내몰린 현대 사회에서 빼앗긴 친밀감을 어떤 방식으로든 잊어버리지 않기 위한 호모사피엔스의 처절한 몸부림 같다는 생각은 나만의 생각일까. 현대인들이 갈급해하는 친밀감은 마치 물을 마시지 못하고 오랫동안 버텨 온 이들이 느끼는 기갈, 즉 거기에서 비롯되는 갈급함 같은 것으로 보인다.

어떤 이가 개와 고양이에게 친밀감을 느끼는 이유에 관해 대답하는 인터뷰를 주의 깊게 들어 보았다. 그는 말하기를 "사람에게 친밀감을 표시할 때는 감정이 오가면서 이해득실 문제들이 발생하여 마음이 힘들다"라는 것이었다. 그래서 사람처럼 이해득실에 매여 고민할 필요가 없는 동물과 친밀감을 나누면서 자유롭게 살고 싶다는 것이었다. 이는 비단 그만의 생각이 아니다. 우리 시대에 도도히 흐르는 세상 풍조이다. 우리 시대에 만연한 극단적 개인주의, 지나친 이기주의의 모습이다. 이는 '진정한 개인'의 탄생[3]을 맛보지 못한 미숙한 사회의 안쓰러운 모습이다. 이 세상 풍조에 휘말린 그리스도인들조차 그리스도의 몸 공동체인 교회에서 성도 간에 교제하며 인격적인 마찰이나 감정적인 미세한 스크래치를 감내하고 싶어 하지 않는 세상 풍조에 휘말린 모습이다. 철이 철을 날카롭게 한다.[4] 서로서로 깎아 세우는 헌신을 통해 진리가 몸에 밸 때까지 훈련하는 성화의 여정을 벗어나고 싶은 충동이다.

---

3 '진정한 개인'이란? 성숙한 인간관계를 통해 자신의 인간성을 더욱 성숙시켜 나감으로써, 스스로도 자유를 누리고 동시에 관계 속에서도 자유를 누리는 사람을 말한다. 진정한 개인만이 희생. 수고, 섬김, 상처를 자신이 성숙해 나가는 자양분으로 삼는다.

4 잠언 27:17 철이 철을 날카롭게 하는 것 같이 사람이 그의 친구의 얼굴을 빛나게 하느니라

올바른 관계 형성

성도 간의 교제를 통해 하나님 나라의 건강한 관계 세우기에 매력을 느끼지 못하고 있다면, 그는 그리스도의 살과 피를 나누는 유기체적 공동체성을 잃어버린 것이다. 이 고귀하고 거룩한 만남을 무의미한 것으로 간주하고, 오히려 일방적으로 충성하는 동물에게 위로를 받거나 도움을 받으려는 현상을 보이는 우리 시대의 교회는 큰 위기에 처해 있다. 성경은 그리스도의 몸 공동체로서 교회를 말하고 있다. 상호 교호하며 그리스도의 건강한 몸으로 이루어져 가려면 관계는 필연이요, 이 필연의 관계 속에서 '희, 노, 애, 락'이 오가는 것은 마땅한 일이다. 그런데 이것이 싫다는 것은 실상 그리스도의 몸이기를 포기하는 것과 다름없다.

동물과 친밀한 관계를 만들어 가는 것이 회개해야 할 죄라거나 거짓된 친밀감이라는 말이 아니다. 성경은 동물과의 친밀감이 나쁘다고 말하지 않는다. 이미 임한 이 땅의 하나님 나라를 묘사하는 데 있어서 성경의 몇몇 구절은 동물과의 아름다운 관계 또는 함께 이루는 공동체적 사귐을 거론하고 있다. 죄로 인해 탄식하는 이 땅의 피조물들이 하나님의 아들이 나타나기를 고대한다는 말씀, 어린아이들과 사자와 독사가 함께 평화로운 관계를 갖는다는 말씀이 바로 인간과 피조물 간의 확장된 친밀감의 가능성을 보여 주고 있기 때문이다. 다만 이러한 친밀감이 성도 간의 교제나 사람들과의 관계를 약화시키거나 잘못 사용되고 있는 것에 대해 우려를 표하는 것이다.

지나친 친밀감 때문에 발생할 수 있는 문제

동물과 친밀하게 지내는 것을 아름답게 그려 낸 이야기와 영화들이 얼마나 많은가? 서유기가 그렇고, 타잔이 그러하다. 어린 시절 「타잔」이라는 영화를 보면서, 동물들과 친하게 지내면서 숲을 지켜 나가는 멋진 남자, 타잔을 정말 좋아했다. 어린 시절 보았던 타잔을 떠올려 보면, 다시 그때를 동경하며 그리워하게 된다. 에드거 라이스 버로스(Edgar Rice Burroughs)의 작품(1914년)에 등장하는 주인공 '타잔'은 고릴라와 함께 자란 정글 소년이다. 이 정글 소년 타잔을 주인공 삼아 어린이들의 동심을 자극하는 멋진 영화가 제작되었다. 주인공 타잔은 동물들에게 특별한 뭔가를 해 주는 것 같지 않은데, 숲을 없애기 위해 침범해 들어오는 인간들의 위협이 있을 때마다 동물들은 타잔과 함께 이들을 물리치고 숲을 보존하고자 애쓴다.

동물을 좋아하지 않는 사람이 좋아하는 동물과 친하게 지내는 이들을 혐오하거나 비난하는 것도 건강한 일이 아니다. 나 역시, 내가 좋아하는 동물과 함께 지내는 것에 대해 누군가 혐오하거나 빈정거리는 말을 들을 때면 마음이 그리 편치 않았다. 내가 동물 애호가라서 그런지는 잘 모르겠으나, 동물과 친밀하게 지내는 사람들을 보면 마음이 따뜻하고 유연해 보여서 좋다. 성경은 동물과 친밀하게 지내는 것에 대해 무엇이라 말하고 있을까? 성경은 동물을 비롯한 모든 피조물이 하나님의 아들들이 나타나서 허무한 데 굴복하며 살아가는 자신들을 보살펴 주기를 바란다는 의미를 내포하고 있다. 물론 이 말씀을 가지고 사람들을 위해 동물원을 만들라든지, 놀이공원에 동물들을 들여놓고 아이들을 위해 쇼를 하게 하는 것을 뒷받침하는 말씀으로 해석해서는 안 된다.

로마서에서 다루고 있는 피조물들의 탄식에 대한 말씀을 어떻게 설명하고 적용하는 것이 좋을까? "허무한 데 굴복하며 썩어짐의 종노릇하는 피조물들이 고대하는바, 그들의 탄식을 멈추게 하는 일에 하나님의 아들들이 나타나기를 소망하고 있다는 말씀"[5]을 우리는 어떻게 바라보아야 할까? 칼뱅은 모든 피조물이 고통받고 있으며, 그럼에도 하나님의 아들들이 나타나길 바라는 소망으로 말미암아 자신들의 생명을 지탱하고 있다고 말한다.[6] 피조물들이 큰 근심에 억눌려 있고, 탄식을 벗어날 그날을 간절히 고대하는 나머지 안절부절하고 있다는 것이다. 바울은 안절부절 못하는 피조물들이 "하나님의 아들들이 나타나기를 바라고 소망한다"라고 했다. "피조물들은 그들의 현재의 상태에 불

5　롬 8:19-27 피조물의 고대하는 바는 하나님의 아들들이 나타나는 것이니, 피조물이 허무한 데 굴복하는 것은 자기 뜻이 아니요 오직 굴복게 하시는 이로 말미암음이라. 그 바라는 것은 피조물도 썩어짐의 종노릇 한데서 해방되어 하나님 자녀들의 영광 자유에 이르는 것이니라. 피조물이 다 이제까지 함께 탄식하며 함께 고통받는 것을 우리가 아나니, 이뿐 아니라 또한 우리 곧 성령의 처음 익은 열매를 받은 우리까지도 속으로 탄식하여 양자 될 것, 곧 우리 몸의 구속을 기다리느니라.

6　칼뱅, 『칼뱅주석-로마서』. 255.

만족해하고 있으나, 그것들이 고통을 겪되 회복할 수 없게 쇠잔해질 정도로 하는 것은 아니고, 하나님의 아들들이 더 나은 상태로 회복해 갈 것을 기다리고 있다는 것이다." 그것들이 인류와 같은, 또는 공통된 근심을 하고 있다는 것은 아니지만, 바울은 본문에서 그것들을 우리의 동반자들로서 우리와 연결해 놓은 것이다.

애착을 보이는 친화적인 존재

수많은 피조물 중에서도 어떤 동물은 사람에게 더 큰 애착을 보이는 인간 친화적인 것들이 있다. 동물을 가까이해 보면, 사람을 따르고 사람을 좋아하는 성향의 것들과 사람에게 공격적이고 위협적인 행동을 하는 것들로 구별된다. 물론 사람에게 무관심한 것들과 사람을 무서워하여 피하는 것들도 있다. 친화적인 개나 고양이를 만나면 사람들은 그들을 아껴 주고 싶고, 세심한 관심을 가지고서 사랑해 주고 싶은 마음이 일어난다. 거칠고 사나운 동물들을 만나면 본능적으로 피하고 방어적인 상태가 된다. 아마 동물에게 반려라는 이름을 붙여 주고 집 안에 들여놓고 마치 가족인 것처럼 대하는 분위기는 이런 친화성에 기반하여 생긴 것이 아닐까 싶다.

문제는 어디까지 얼마만큼 친밀감을 표시하고 친화성을 지속할 것인가 하는 점이다. 애완동물들이 아무리 좋다고 해도 그것을 사람과 동등하게 대할 수는 없고, 또 그래서는 곤란하다. 어떤 이들은 모두 동일한 피조물인데, 어째서 동등하게 대하는 것이 문제가 되느냐고 질문한다. 사람도 하나님께서 만드셨고, 동물도 하나님께서 만들지 않으셨냐고 묻는다. 그러나 이는 피상적인 성경 이해이다. 성경을 자세히 살펴보면 사람은 하나님으로부터 세상의 것들을 다스리고 관리하는 청지기의 직을 위임받았고, 다른 피조물들은 사람의 다스림을 받는 존재로서 지음받았음을 명시하고 있다. 게다가 동물들의 이름을 하나님이 아닌 아담[7]이 지었음을 생각한다면, 이를 이해하는 데 더 도움이 될 것이다. 애완동물들에 대한 친밀감은 나쁘지 않다. 그러나 이 친밀감은 하나님께서 하나님의 아들들에게 위임한 청지기적 관점에서 표현되어야 한다. 아담이 이름을 지었다는 것은 그가 창조주의 동역자로서, 또는 위임받은 관리자로서 동물들이 하나님의 통치 아래 거하도록 관리하고 이끄는 자로 있었음을 알 수 있다. 하나님의 아들들은 동물들을 잘 관리하고 이끄는 데 필요한 지도력을 위임받은 것으로 알아야 한다.[8]

현재 이루어지고 있는 동물에 대한 사람들의 태도는 하나님의 말씀과는 어긋나는 쪽으로 진행되고 있다. 대중들과 소통을 원하는 한 매체에서 조사 보고서를 발표한 적이 있다. 이를 보도한 기관은 "인구보건복지협회"였다. 이 협회가 조사한 내용을 살펴보면, 저출산 인식을

---

7 창 2:20 아담이 모든 가축과 공중의 새와 들의 모든 짐승에게 이름을 주니라
8 창 1:26-28 하나님이 이르시되, 우리의 형상을 따라 우리의 모양대로 우리가 사람을 만들고 그들로 바다의 물고기와 하늘의 새와 가축과 온 땅과 땅에 기는 모든 것을 다스리게 하자 하시고 … 바다의 물고기와 하늘의 새와 땅에 움직이는 모든 생물을 다스리라 하시니라

파악하는 의도를 가진 조사(20대 청년 1,000명; 남녀 각 500명 참여)를 하면서 그 조사 대상자들에게 집에서 키우는 개나 고양이와 연관된 항목을 포함하여 질문을 했는데, 이 조사에서 동물을 키우고 있는 응답자의 96.4%가 동물을 "자신의 가족 구성원"이라고 응답했으며, 전체 응답자의 31.3%가 만약 결혼할 상대방이 지금 키우는 동물을 결혼 이후 계속 키우는 것에 반대하면 결혼을 포기할 의사가 있다고 응답했다.

이러한 보고서의 내용이 뜻하는 바가 무엇일까? 동물을 가족 구성원이라고 생각하는 의식이 20대 청년들에게는 이제 일반화된 추세를 보인다는 점이다. 그만큼 다양한 매체를 통한 세속 문화의 큰 파급력을 알 수 있다. 교회가 이런 문제를 대수롭지 않게 생각하고 지내는 동안 사람들의 의식을 지배하게 된 것이다. "지금 사귀고 있는 친구가 자기가 아끼고 좋아하는 동물과 함께 지내기를 즐거워하지 않는다면 굳이 그와는 결혼은 하지 않겠다는 31.3%의 사람들이 있다는 것과 그 흐름이 어떻게 확장되어 갈지에 대해서 걱정하지 않을 수 없는 것이다."[9]

과거 세대가 결혼을 통해 가정을 이루어 가는 것에 난맥을 표현했던 문제점과는 완전히 다른 이유로 결혼이 고려되고 있음을 발견할 수 있다. 이는 지금 세대들의 가족에 대한 가치관이나 세계관에 동물이 얼마나 깊숙이 자리하고 있는지를 보여 준다. 가정 이루는 것을, 남과 여가 만나 한 몸을 이루고 언약의 자녀를 낳아 하나님 나라를 이

---

9 곽대경, "'청년세대의 결혼과 자녀, 행복에 대한 생각' 조사 결과 발표," 『복지타임즈』, 2019년 12월 11일, https://www.bokjitimes.com/news/articleView.html?idxno=22203.

루는 관점에서 바라보지 않고, 부수적인 것들을 보다 중요하게 여기는 모습이다.

서울대 심리학과의 곽○○ 교수는 "아기를 잉태하고 해산하여 기르기 어려운 상황 때문에 형성된 젊은이들의 심리가 애완동물을 기르고 키우는 것으로 대치되었다"라고 분석하고 있다. 과연 이 분석이 출산을 기피하고 있는 20, 30세대의 마음 이치를 정확하게 파악하고 설명하고 있는 것일까? 그는 또 "사람은 가정을 이루면 자신이 뭔가 돌봐 줘야 한다는 욕구나 애정을 쏟고 싶은 욕구가 생긴다"라고 하면서, 지금 우리 시대에는 "그 욕구를 충족시키기 위해 자녀를 낳기에는 경제적으로도 힘들고, 거기에 양육을 잘할 수 있을지에 대한 부담감과 책임감이 지나치게 크게 작용하고 있다"라고 말한다. 이어 그는 "반려동물은 부담감이나 책임감이 적고, 비용이 들기는 하지만 자녀를 키우는 것보다는 훨씬 적은 비용이 든다"라고 말하면서, 그리하기 때문에 사랑하고 싶고 애정을 주고 싶은 대상이 잉태하고 해산하여 양육해야 할 자녀이기보다는 조금 더 수월한 반려동물로 대치되는 현상을 보인다고 설명한다.

그러나 단순히 결혼하기가 어렵고 출산이 두려우며 아이를 양육하기에 버거운 현실적인 이유만으로 젊은이들이 반려동물을 선택하는 것은 아닐 것이다. 심각한 저출산(生)의 원인을 단순히 반려동물 가구의 증가에서 찾으려는 것은 바람직하지 않아 보인다. 지속되고 있는 취업난과 고용 불안, 결혼과 자녀 양육에 대한 비용 부담까지, 정부는 물론이고 사회 각계각층, 그리고 교회들이 이들의 사회적 고충을 더 깊이 헤아리고, 저출산 문제의 근본적인 해결 방안을 마련해야 한다. 그리고 혹여 반려동물 키우는 것을 수월하게 생각하는 2030 세대가 있다면, 반려동물과 함께하는 삶에도 결혼과 출산에 못지않은 큰 책임이 따른다는 사실을 잊지 말아야 한다고 당부해 주고 싶다.

│ 친밀감을 넘어서는 유혹에 대하여 │

성적 대상으로 봐 온 역사

수간(獸姦)은 사람이 사람 이외의 짐승들에게 성적인 욕망을 품고 관계하는 성행위를 말한다. 동물에게 성적 욕망을 표출하려는 것을 "동물성애"(Zoophilia)라고 부른다. 동물과 함께 지내는 중에 성적인 유혹, 또는 성적 끌림이 있는 경우는 기록물들을 보면 꽤 오래된 이야기이다. 그러나 의문이다. 젊은 남녀 간에 서로의 매력에 반하여 눈길이 가는 것은 인지상정이지만, 동물에게 시선이 가고 그것들과 쾌락을 나누고자 하는 풍조는 어떻게 해서 생기는 것일까? 이런 유혹 역시 하나님으로부터 소외된 인간, 즉 아담 이후 진행되어 온 또 하나의 쾌락의 세속적 풍조에 속한 것이 아닐까.

성경과 신화에도 등장

하나님께서 주신 부부간에서의 성(性)이라는 선물을 즐거워하며 누리는 것을 벗어나, 세속의 것들을 탐하는 문화가 다양해지고 화려해질수록, 비정상적인 성생활뿐만 아니라 탈선의 종류와 범위도 넓어지는 것 같다. 성경의 기록에도 동물과 음란을 일삼았던 이야기들이 등장한다.[10] 이에 대해서 필연 하나님의 심판이 있을 것임을 경고하는 말씀들이 빈번하게 나온다. 수간(獸姦)은 그리스 신화에서도 나온다. 백조로 변신한 제우스와 레다 사이에서 훗날 트로이 전쟁의 불씨가 되는 헬레네가 탄생한 이야기를 비롯해, 크레타의 왕 미노스의 왕비 파시파에가 포세이돈이 준 황소와 성행위를 한 뒤 미노타우로스를 낳은 이야기 등도 유명하다. 일본에서는 농가에서 기르는 말과 그 집의 딸이 관계해 부부가 되었다는 도오노(遠野) 지방의 오시라님 전설, 사쿠라 성(佐倉城)의 공주가 기르던 백조와 관계해 새의 모습을 한 반짐승 반사람이 태어났다는 전설도 유명하다.

작품과 영화에 등장

우리나라 영화에서도 일찍이 수간과 연관한 작품들이 등장했었다. 「장미의 성」은 1969년에 개봉한 영화이다. 차범석 감독의 영화로, 독신

---

10 출 22:19; 레 18:23; 20:15-16; 신 27:21

여성이 기르던 애완견과 수간을 하며 절정을 느끼는 듯한 장면이 연출되어 문제가 되었다. 「수취인불명」은 2001년에 개봉한 김기덕 감독의 영화로, 은옥이 강아지와 노는 장면에 수간이 은유되어 있다. 「올드보이」는 2003년에 개봉된 박찬욱 감독의 영화인데, 한 남자가 강아지를 안고 등장해 오대수와 대화를 나누며 "아무리 짐승만도 못한 놈이라도 살 권리는 있는 거 아닌가요"라는 대사를 남기고 투신자살하는 이가 나오는데, 실은 자신이 기르던 강아지와 수간을 한 뒤에 일어난 사건을 배경으로 한 설정이었다고 알려졌다.

성적 자기 결정권?

수간(獸姦)이 성적 자기 결정권에 속한다고 하는 나라들이 있다. 매스컴이 소개하는 세계 소식들을 보면, 개와 결혼식을 올리는 이가 있는가 하면, 개에게 자기 전 재산을 유산으로 남기고 죽는 이들도 있다. 최근 국내에서도 이런 일이 있었다. 연예계에서 예능 활동을 하는 개그맨 이○규 씨가 자신의 재산 절반을 개들에게 유산으로 남기겠다고 공언한 바 있다.[11] 이런 소식들이 뉴스로 등장한다는 것은 이미 세계적인 유행이고, 국내에서도 상당한 속도로 확장되고 있음을 알 수 있다. 수간은 동물의 의사가 반영되지 않은 채 인간의 일방적인 성욕을 표현

---

11 전형주, "최소 100억대 자산가 이경규 '유산 절반을 개에게…' 펫신탁이란", 『머니투데이』, 2022년 7월 14일, https://news.mt.co.kr/mtview.php?no=2022071318142047359.

하거나 행동하는 것이기에 동물 학대에 속하며, 이를 위법이라고 주장하는 나라들도 있다. 동물이 의사 표시를 하고 하지 못하고를 떠나서, 이는 또 하나의 인간 중심의 생각에 치우친 것으로 보인다. 만일 동물이 의사 표시를 정확하게 해 온다면 괜찮다는 말인가? 사람들의 마음 이치가 어느 방향으로 흐르는지를 유심히 살펴보면 참으로 간교하다.

성경의 시선

구약 성경 레위기에서는 수간을 했을 때 사람과 짐승 모두 죽음에 처한다고 기록되어 있다. 레위기 20장 15-16절에는 남자가 짐승과 교접하면 반드시 죽임을 당하고 그 짐승도 죽여야 한다고 기록하고 있다. 구약 시대에는 "하라"와 "하지 말라"라는 명령의 기준이 굉장히 선명하고 엄격했다. 신약 시대로 넘어오면서 그리스도의 구속 경륜에서 비롯되는 은혜의 복음에서도 이러한 기준이 없어지지 않았다. 오히려 구원의 은총을 선물로 받은 백성이라면, 율법적 순종을 넘어서 하나님께서 기뻐하시는 뜻에 은혜롭고도 자발적인 복종을 선택하도록 기회가 제공되고 있다.[12] 출애굽기는 이스라엘의 광야 생활의 내용을 기록한 성경이다. 광야는 거칠고 외로운 지역이다. 가족들과 멀리 떨어져서 양 떼를 비롯한 목장의 짐승들과 함께 지내는 시간이 많은 삶

---

12 빌 2:12-13 그러므로 나의 사랑하는 자들아 너희가 나 있을 때뿐 아니라 더욱 지금 나 없을 때에도 항상 복종하여 두렵고 떨림으로 너희 구원을 이루라 너희 안에서 행하시는 이는 하나님이시니 자기의 기쁘신 뜻을 위하여 너희에게 소원을 두고 행하게 하시나니

이다. 성 스트레스를 해소하기 어려운 고립된 그들의 삶은 엉뚱하게도 수간의 유혹에 끌릴 수 있는 환경이었다. 그런데 그러한 환경에서 이런 일들이 일어났을 때조차도 죽음의 형벌로부터 예외가 아님을 기록하고 있다는 것은 어떤 의미일까?

출애굽기 22장 19-20절 "짐승과 음행하는 자는 반드시 죽일지니라 여호와 외에 다른 신에게 제사를 드리는 자는 멸할지니라." 신명기 27장 21-22절 "짐승과 교합하는 모든 자는 저주를 받을 것이라 할 것이요 모든 백성은 아멘 할지니라." 신약 교회인 고린도 교회에 붙여진 편지에 의하면, 사람과 짐승과 새와 물고기의 육체가 다 같은 육체가 아니라고 기록되어 있다.[13] 하늘에 속한 것과 땅에 속한 것이 있고, 각각의 영광이 다르다고 기록되어 있다. 덧붙여서 해와 달과 별의 영광이 다르다고 말씀한다. 다름은 다르게 다루어야지 같이 다루는 것은 옳지 못함을 말하고 있는 것이다.

고린도전서 15장에서는 죽은 자의 부활에 대해 말하면서 사람, 짐승, 물고기 각각의 육체의 종류가 다 다르다고 말한다. 성적인 관계에서도 이처럼 다른 살과의 교합에 구별이 있어야 할 것을 암시한다고 봐야 하겠다. 따라서 동물과 지나치게 친밀한 나머지 성적 유혹을 받지 않도록 조심해야 한다. 유혹의 감정에 현혹되어 자신을 통제

---

13 고전 15:39-41 육체는 다 같은 육체가 아니니 하나는 사람의 육체요 하나는 짐승의 육체요 하나는 새의 육체요 하나는 물고기의 육체라 하늘에 속한 형체도 있고 땅에 속한 형체도 있으나 하늘에 속한 것의 영광이 따로 있고 땅에 속한 것의 영광이 따로 있으니 해의 영광이 다르고 달의 영광이 다르며 별의 영광도 다른데 별과 별의 영광이 다르도다

하지 않는 것은 건강한 감정 사용이 아니다. 우리 시대에 무책임하게 통용되는 말이 있다. "네 마음 가는 대로 하라"라는 조언은 이 시대에 가장 걱정스러운 권면이며 자기 숭배에 속한다. 옳지 않은 것에 애써 감정의 조우를 시도하는 것은 어리석은 일이다. 성도는 느낌과 감정, 사색과 생각의 흐름을 방임하는 것을 선택해서는 안 된다. 이는 로마서에 나타난 대로 이 세대를 거슬러서 살아가야 할 성도의 태도가 아니다.[14]

| 동물들의 종교성과 동물 격에 대하여 |

종교성이 있을까?

"우우 워워 우우" 까치발을 들고 피아노 소리에 맞추어 노래하는 것처럼 보이는 강아지들이 가끔 TV에 소개되곤 한다. 강아지를 키우면서 이런 경험을 해 본 크리스천들은 강아지가 찬양하는 것처럼 느껴질 때가 있다고 말한다. 어떻게 된 일일까? 동물들도 보고 듣고 하면서, 자신이 좋아하는 사람의 일정한 행동과 태도를 따라 하거나 흉내

---

14 롬 12:1-2 그러므로 형제들아 내가 하나님의 모든 자비하심으로 너희를 권하노니 너희 몸을 하나님이 기뻐하시는 거룩한 산 제물로 드리라 이는 너희가 드릴 영적 예배니라 너희는 이 세대를 본받지 말고 오직 마음을 새롭게 함으로 변화를 받아 하나님의 선하시고 기뻐하시고 온전하신 뜻이 무엇인지 분별하도록 하라

를 내곤 한다. 동물의 세계 또는 생태계를 추적하여 방영하는 다큐물들을 보면 얼핏 동물이나 생물들에게도 사람과 비슷한 종교성이 존재하는 게 아닌가 하는 생각이 들기도 한다. 필자의 집에서 함께 사는 강아지 봉자를 보면, 자신의 욕구가 충족되었을 때 좋아하고, 맛있는 것을 먹고서 만족을 느낄 때 분명 그 표정에서 웃고 있음을 느낀다. 슬플 때, 화났을 때, 지루할 때, 어떤 기대를 하고 있을 때 몸의 태도와 안면의 형상이 분명하게 달라진다. 그러한 행동을 접하면 간식을 주기도 하고, 필요를 채워 주기 위해 적절한 반응을 한다. 그래서 개와 고양이를 돌보는 이들을 '집사'[15]라고 하는지도 모르겠다.

존재의 격

함께 살아가면서 동물에게도 일련의 격, 이를테면 동물 격이 존재하고 있음을 느낀다. 자신에게 잘 대해 주면 그렇게 해 주지 않는 사람과 현저하게 다른 태도를 보인다. 동물 애호가들은 이런 경험을 일상에서 자주 접하기 때문에 동물권이나 동물의 격에 대해 신중한 접근을 하는 것이다. 찬송가 가사나 성경 말씀에 "만물이 주를 찬양하고 경배한다"라는 표현은 피조물들이 자신을 조물하신 창조주께 영광을 돌려드려야 하고, 또 그렇게 되길 바라는 열망에 대한 인간의 시적, 문학적

---

15 '집사'라는 표현은 '나눠 주는 자'라는 의미로 기독교의 직분과 관련한 대단히 중요한 호칭인데, 개와 고양이를 섬기는 주인을 인간 스스로 비하하여 칭하는 언어로 통용되고 있다. 이 또한 개나 고양이에게 붙여서는 곤란한 호칭 중 하나이다.

표현으로 볼 수 있다.[16] 만물을 다스리고, 관리하고, 이끄는 인간의 관점에서 동물을 바라보는 시인이 그렇게 노래하는 것은 자연스러운 일이다. 만물이 하나님의 손으로 빚어졌기에 그 만물들이 자신을 존재케 하신 창조의 주를 높이는 것은 마땅한 일인 것이다. 게다가 피조물의 입장에서는 하나님의 아들들이 나타나 허무한 데 굴복하며 탄식으로 살아가는 자신들에게 참된 자유를 선물해 주기를 고대하고 있다고 말씀하지 않는가?

하나님의 아들들

여기서 하나님의 아들들이란, 그리스도 안에서 구속과 회복의 경륜에 이끌리는 성도를 말한다(롬 8:18-25). 그리고 피조물은 아담과 하와의 죄로 말미암아 어그러진 고통스러운 상태에서 그리스도와 그리스도의 몸에 편제된 성도들을 통해 구원을 여망하며 탄식 가운데 허덕이는 존재이다. 그러므로 피조물들의 입장에서 하나님의 아들들은 자신들의 탄식을 줄여 주거나 끝나게 해 주는 하나님의 놀라운 선물인 셈이다. 그렇다면 피조물의 탄식을 종식시킬 그리스도인들의 사명은 어떤 방식으로 전개되어야 마땅할까? 피조물 각각의 개체에게 주어진 기

---

16 찬송가 69장 「온천하 만물 우러러」, 시 148:1-6 할렐루야 하늘에서 여호와를 찬양하며 높은 데서 그를 찬양할지어다 그의 모든 천사여 찬양하며 모든 군대여 그를 찬양할지어다 해와 달아 그를 찬양하며 밝은 별들아 다 그를 찬양할지어다 하늘의 하늘도 그를 찬양하며 하늘 위에 있는 물들도 그를 찬양할지어다 그것들이 여호와의 이름을 찬양함은 그가 명령하시므로 지음을 받았음이로다 그가 또 그것들을 영원히 세우시고 폐하지 못할 명령을 정하셨도다

능과 역할을 생물학적으로 또는 인간의 섭생학적으로 분별해야 하는 복잡한 절차들이 남아 있을 것이다. 모기나 바퀴벌레, 독충, 나방과 같은 해충들은 어떻게 할 것인가? 보호 구역을 탈출하여 인간을 위협하는 맹수들을 어떻게 대할 것인가? 인간을 죽음으로 내모는 페스트 균이나 코로나 균은 어떻게 할 것인가? 단순하게 다룰 문제들이 아니다. 그렇다고 되는 대로 생각할 영역도 아니다. 박멸하고 제거해야 할 해로운 균들이 있다. 구제해야 할 해충들도 있다. 보호해야 할 동물들도 있다. 식재료로 사용해야 할 어류나 동물, 조류나 가금류들이 있다. 이러한 분별력은 통섭적 연구 활동을 통해 모든 인류가 공유해야 할 지식이며 정보들이다. 식생활을 위해 허락된 생명체들을 위한 사육 윤리를 지키는 일들은 중요한 윤리 영역에 속한다. 청지기로서의 사명 중에는 무조건 보호해야 하는 사명만 주어지는 것이 아니라 관리, 제거, 박멸, 식용을 위한 동물윤리들을 구별해야 하는 지혜도 주어진다.

따라서 이러한 분별력들이 결핍되거나 부재하여 하나님께 올려 드리는 공적 예배 시간에 동물들을 예배 공간에 데리고 들어와 막무가내 축복과 세례를 주장하는 일들에 대해서도 깊은 고민과 의논이 필요하다.

꼭 그렇게 해야 할까?

동물 축복과 세례가 현재 세계 교회 상황에서 큰 갈등을 불러일으킬 만한 일임은 자명한 일이다. 우선은 인간과 동물의 차이점과 같은 점에 대해서 신학적으로 첨예한 논쟁이 일어날 것이 분명하다. 학문적 논쟁은 차치하고서라도 성도 중에 동물을 무서워하고 싫어하는 이들의 처지에서는 하나님을 예배하는 일보다 동물들에게 느끼는 두려움이나 공포 때문에 집중해서 예배를 제대로 드리지 못할 것이다. 또 동물들이 예배 시간에 울거나 짖거나 할 때 그 소리로 인해 예민함으로 인해 예배에 집중하지 못하는 일들이 발생할 것이다. 동물의 성격이나 기질에 따라 다양한 행동과 태도들이 나타날 것인데, 이런 상황 때문에 신경이 쓰여서 예배를 제대로 드리기 힘들 것이다. 필자의 경험상 동물과 산책을 하다 보면, 동물의 종류나 크기 등에 관계없이 동물 자체를 싫어하고 무서워하는 이들을 자주 만난다. 그래서 사람들이 앞에서 오면 사람과 동물 사이에 필자가 서고 동물과 사람이 직접 마주치지 않도록 매우 신경을 쓴다. 그게 동물과 함께 지내는 사람들의 기본적인 예의다. 동물을 좋아하는 사람은 배설물에 대해서도 주저하지 않고서 처리도 하고 정리도 하지만, 동물을 무서워하거나 싫어하는 이들은 산책로에서 대소변을 볼 때 굉장히 신경질적으로 반응하곤 한다. 그럼에도 어떤 견주는 아직도 동물 산책 문화에 대해 전혀 신경을 쓰지 않고서 자기 개를 풀어 놓아 마음대로 뛰어다니게 허용하는데, 이는 대단히 무례하고 무분별한 행동이다. 하물며 예배 공간에서, 이런 다양한 일들이 발생하는 상황에서 넉넉한 마음으로 하나님께 예배를 드린다는 것이 가능할까?

이런 난맥상이 어렵지 않게 예상됨에도 불구하고, 큰 흐름을 보면 동물과 함께 예배 공간에 함께 참여하려는 실험적 시도들이 점점 늘어날 것이다. 사람에 대한 배려와 환대보다는 자기중심적인 애착이 더 중요한 시대로 접어들었기 때문이다. 현재 동물과 함께 예배를 드리려는 이들이 속속 발생하고 있고, 함께 예배를 드리진 않을지라도 애완동물을 맡기면 보호해 주는 특별 클래스에 동물을 맡기고서 예배를 드리는 사람들이 발생하고 있다는 소식은 계속해서 들리고 있다.

| 복을 비는 기도와 세례는 합당한가? |

동물을 좋아하는 사람이라면, 집에서 함께 지내는 동물이 병들지 않고 오랫동안 동행하기를 원하는 마음은 동일할 것이다. 대개의 사람이 농사를 짓고 살던 사회에서도 가축인 소가 병들거나 출산 중 송아지가 문제가 생겼을 때, 교회에 급하게 기도를 부탁하거나 목사가 방문하여 어미 소와 송아지를 살피면서 아픈 부위에 손을 얹고 기도하는 일들이 실제로 있었다. 당시에는 그만큼 가축이 중요하고 귀했기 때문이었을 것이다. 그게 뭐 큰 문제였겠는가? 이는 번영신학적 관점에서의 축복이라기보다는, 급하고 절실한 가정의 일이요 생계가 달린 문제였기에 기도해 주는 당연한 일이었을 것이다.

농경 시대를 지나, 이제는 애완의 것들이 집 안으로 들어왔다. 이는 절실한 생계 문제를 위한 것과는 결이 다르다. 20세기가 지나면서 풍요의 한 흐름이라 해도 크게 반발할 여지가 없는 동물들이 집 안으로 들어온 것이다. 어찌 되었든, 좋아서 집 안으로 데리고 들어와 지내는 동물의 몸이 혹 아프거나 병이 들면 주인의 입장에서는 안타까워 기도하게 되는 것도 인지상정이다. 강아지나 고양이에게 복을 비는 기도, 치병을 위해 기도하는 일들은 과거나 지금이나 우리 민족의 구복 신앙이 깊이 밴 문화적 형태에서는 희귀한 일이 아니다.

서구화와 세계화가 가속화되면서 개나 고양이를 집 안에서 키우는 인구가 급증했다. 어떤 이들은 동물과 관련되어 긴급하게 발생한 문제 때문에 예배에 빠지는가 하면, 이전에는 가열차게 봉사와 은사로 주와 주의 백성들을 섬겼던 일들을 이제는 등한시하고 있다. 이러한 가치를 가지고 있는 이들은 이미 동물도 가족이라고 생각하는 데까지 거침없이 나간 것이다. 가족이 아픈데, 가족을 돌보는 것이 우선 아니냐는 것이다.

이제는 동물과 함께 예배를 드린다든지, 동물과 함께 교회에 가서 동물을 돌봐주는 팀에게 몇시간 맡기고 예배를 드리는 일들이 자연스럽게 시작되고 있다. 그러다 보니 함께 예배당에 온 동물에게 축복식을 해 달라거나 기왕에 세례도 받았으면 하는 기대를 이야기하는 현실이 되었다. 이는 계시 의존적 신앙생활이 아닌 자연인의 본성에 충실한 흐름이다. 감정과 느낌의 자연스러운 요구에 맞설 용기를 잃어버린 현대인들의 모습에 아연하지 않을 수 없다. 이러한 기독 시민들의 열망이 교단이나 지역 교회에 어떻게 흘러가고 있는지를 살펴보면 흥미로운 현실을 관찰할 수 있을 것이다.

서구 교회는 어디로?

뉴욕에 있는 한 성공회 교회에서는 교회당 근처 동물원에 있는 코끼리와 낙타가 예배에 참석했다고 한다. 개나 고양이가 신도와 함께 미사에 오는 것은 자연스러운 일이고, 외국인 미사에는 앵무새, 햄스터, 고슴도치도 함께 온다는 것이다. 축복식에 반려동물을 데려오지 못한 사람 중에서는 자신이 키우는 동물의 사진을 가져와서 사진을 보여 주며 기도를 부탁하기도 하고, 어떤 이들은 그들이 먹는 간식, 사는 집, 가지고 노는 인형에 축복해 달라고 하는 이들도 있다고 한다. 이들이 이렇게 담대하게 동물들을 축복하고 예배당 안으로 끌어들이는 행동의 배경에는 창세기 6장 이후에 나오는 노아의 방주 사건에서 그 근거를 찾는다는 것이다. 노아의 방주 사건에서 있었던 각종 동물이 승선했던 일, 아담과 하와에게 명했던 "다스리라"라는 위임의 말씀, 그리고 창조의 순서에서 동물들이 먼저 창조되었다는 말씀을 가지고서 축복의 근거를 제시하고 있다는 것이다. 이들의 성경 해석에는 부분적으로 공감이 가는 부분이 없는 것은 아니지만, 역사적 성경 해석과는 결이 크게 다른 논리적 비약이 있다. 그리고 그들은, 자신들이 집례한 예전은 축복식이며 동물들에게 그리스도의 속죄 사역이 적용되기를 바라는 의도에서 세례를 준 것이 아니라고 변론한다. 동물을 긍휼히 여기고 사랑하는 자연인들의 측면에서 보면 설득력이 있어 보이는 대목들이 있다. 그러나 개혁 교회의 해석학적 관점에서 정말 그러한지는 더 면밀히 살펴볼 필요가 있다. 영국 성공회는 "동물 세례를 고려하겠다"라고 밝혔다. 주교 회의는 "하나님의 창조의 모든 것"(All of God's Creation)이라는 제목의 보고서를 검토하여 동물 세례에 관한 결정을 할 예정이라고 한다.

영국 성공회 '일부 주교'들은 동물의 감성과 의식에 대한 인식의 증가를 고려하여, 애완동물을 위한 전례를 소개하는 것에 대한 의미를 고려할 예정이라고 밝혔다. 위원장을 맡은 제임스 그래함(James Graham) 목사는 "하나님 나라는 창조 질서를 포함한 모든 피조물의 회복에 관한 것이며, 그렇기 때문에 애완동물들에게 물을 뿌려 주는 의식은 강아지와 고양이를 비롯한 다른 애완동물들도 만물의 부활에 온전히 포함됨을 상징하는 전례가 될 수 있다"라고 말했는데, 한국 성공회도 이와 같은 맥락을 견지하는 것으로 보인다. 성공회는 개신교에 속한 교파인데 급진적인 성향이 있다. 한국 성공회는 다른 교파나 교단들과 이 문제를 신학적 관점에서 논의하면서 향방을 살펴야 한다.

세례: 그리스도의 속죄 사역의 결과

세례는 하나님을 떠나 자기중심성에 사로잡혀 생명을 떠난 인간에게 독생자를 내어 주신 하나님의 절대 사랑의 방편이며 예전이다. 따라서 세례는 하나님의 그 크신 사랑과 은혜에 감동하여 신앙을 고백하는 고백자에게 베푸는 것이다. 교회에 들어오는 이들이 신앙고백을 하게 되면 보통 '학습'에 이어 '세례'를 시행하는데, 공회는 삼위일체 하나님의 권위 아래에서 세례와 성찬을 통해 자신의 죄를 씻고 새 삶을 찾아 나서는 이의 거룩한 여정이 시작되는 시점에서 행한다. 하나님 앞에서 자신의 죄인 됨과 그리스도 없이는 이 땅에서 그 어떤 소망도 없음을 고백하는 이에게 행하는 거룩한 예전인 것이다. 그러므로 하나님을 떠난 인간이 하나님에게로 돌아오는 이 놀라운 고백에 근거하여 베푸는 이 세례를 뜬금없이 동물들에게 베푼다는 것은 당황스럽지 않을 수 없는 일이다.

회개하지 않은 죄

하나님 앞에 회개하지 않는 죄, 입술로 고백하고 애통해하며 주 앞에 내어놓아 처리되지 않은 죄, 용서되지 않은 죄들은 누적된다. 하나님의 형상을 가진 사람에 대한 무례도 제대로 처리하지 못해 신음하는 인류가 동물에게까지 거룩한 예전을 적용하려는 자기중심적 만용을 어떻게 이야기해야 할지 참 막막한 일이다. 노아의 방주에 탔던 모든 생물은 하나님의 형상을 가진 인간과 동등해서 방주에 탔던 것이 아니다. 피조물 중에 사람이 제일 늦게 조물되었기에 인간이 여타 피조물보다 그 격이 후순위에 속한다는 표현도 옳지 않다. 오히려 하나님께서 모든 피조물을 다 조물하신 뒤에 피조물 중 영장에 속한 인간을 주인공으로서 마지막에 등장시키시고 피조물들을 관리하고 다스리도록 권위를 부여하신 것으로 보는 것이 옳다.

충실한 계시 해석을 따라야!

우리가 그리스도의 속죄에 대한 은총으로 세례를 받고 이신칭의(以信稱義, justified by faith only)의 사랑을 누리고 있다 할지라도, 우리에게는 성화의 여정이 남아 있다. 성도는 감정(느낌)에 충실할 자유가 없다. 욕망이나 본성에 충실한 권리가 없다. 성도는 계시 의존적 사색을 통해 하나님의 기쁘신 뜻을 따라 살아 내야 할 진리 안에서의 자유가 있다. 이것이 참된 자유이다. 성도는 두렵고 떨림으로 하나님의 뜻을 살펴야 한다. 그리고 그 뜻에 따라 하나님의 기쁘신 뜻을 이루어 내야 하는 청지기로서 주어진 참된 자유를 합당하게 사용하고 성령의 이끄심에 순복해야 한다. 그러므로 성도는 동물을 비롯한 다른 피조물들을 잘 관리하여 하나님을 기쁘시게 하는 청지기적 사명을 감당해야 한다. 단순히 유희의 목적으로 동물들을 이용한다든지, 자신의 화를 푸는 방편으로 동물에게 고통을 가해서는 안 된다. 이러한 문제들은 기독교 윤리에서도 꽤 큰 비중을 두고서 다루어야 할 부분이다. 동물들을 길러서 식용으로 사용할 때도 도축 윤리나 사육 윤리를 준수해야 한다. 이러한 연구나 논의, 구체적인 대화는 그리스도의 제자들에게뿐만 아니라 자연인들에게도 크게 도전이 되는 사안들이다.

상황에 충실하여 본질을 흐릴 수 없다

"성도들이 개업했을 때, 차를 샀을 때는 목회자에게 부탁하여 예배도 드리고 축복도 하면서, 왜 개와 고양이의 경우에는 그렇게 하면 안 됩니까?"라는 질문은 건강한 질문이 아니다. 교회에 파고든 샤먼 성에 지배당하는 번영 신학을 막아야 미래가 열린다. 성경 신학적으로 정확하게 제시되지도 않았고, 또 목회 윤리적으로도 적절하지 않은 것들은 정미하게 검토하여 개혁해 나가야 할 문제이다. 자기가 경험했거나 보았던 현상에 근거하여 '이런 것 저런 것도 하는데, 왜 그것은 제한하느냐?' 하는 생각과 주장은 매우 위험하다. 욕망에 충실하여 자기 숭배에 빠진 타락한 영혼이 복음을 제대로 전파되어야 할 땅의 끝에 있는 것과 같다.

교회 대부분의 현장은 서구 교회의 주요 흐름을 비판 없이 무분별하게 수용해 왔음을 부인하기가 어렵다. 물론 계시에 의존하여 교회를 이루어 가야 하는 본질적인 태도를 떠나지 않고 성경적 교회를 이루어

온 목회자들도 있다. 그러나 한국 교회와 신학자들은 여러 신학에 대한 치열한 비평 작업을 제대로 하지 못한 채 무분별한 도입과 혼용이 있었다. 이는 서구 교회가 우리에게 그렇게 하려고 했다기보다는, 60년대 전후로부터 근래까지 오롯이 성장 지상주의에 편승하여 맥락 없이 서구 신학을 도입해 성장을 이루려는 지도자들의 욕망에서 비롯되었음을 부인하기 어렵다.

질병과 노화, 그리고 죽음의 과정과 아름다운 마무리

노화와 임종을 고려해야!

애완동물의 노화와 임종의 과정을 지켜본 경험이 있는 사람이라면, 동물과 집에서 다시 함께 지내는 일에 망설여지지 않을 수 없을 것이다. 질병과 노화와 죽음의 때를 깊이 생각하고서 동물들을 집으로 데리고 오는 경우는 흔하지 않다. 대개는 이쁘고 귀엽고 아름다워 보여서 충동에 이끌려 데리고 온다. 애완의 것들을 집 안으로 들일 때는 이 문제를 꼭 가족들과 의논한 후 나름의 각오를 하고서 데려와야 한다. 필자도 그런 생각을 하지 못한 채, 오직 건강에 도움을 받기 위한 개인적인 목적에 급급하여 봉자를 입양했고 집으로 그녀를 들였다. 들이는 과정에서 가족 간에 갈등도 적지 않았다. 그 갈등 안에 노화와 임종은 아예 포함되어 있지도 않았다. 집에 들어온 지 얼마 지나지 않아 갈등이 잘 해결되어 모두가 유익을 얻고 좋아하고 있기는 하다. 문제는 5-6년이 지나 봉자의 나이가 여덟 살이 되자, 콧등에 종양도 생기고 걸음걸이도 이전처럼 씩씩하지도 못하는 등의 노화 현상이 조금씩 보인다. 가족들도 나도 그런 봉자를 보면서 가끔 당황스러워하고 있다. 이런 경험들로 인해 동물의 일생을 배워 나가는 것이기도 하겠지만, 가능한 한 상세한 사전 학습은 필요하리라 생각된다.

질병과 죽음에 드는 비용을 고려해야!

애완동물을 위한 보험 제도, 병원 진료, 병원비에 대한 사전 점검을 통해 지식을 갖추는 것도 매우 중요하다. 애완동물이 삶의 여정에서 앓게 되는 병들의 종류는 무엇들이 있는지, 그 병들은 어떻게 치료되어야 하는지에 대한 상식을 갖추는 것도 중요한 일이다. 우리 집 봉자의 콧등에 종양이 생겨 병원에 방문한 적이 있다. 간단한 투약 정도로 끝이 나서 약간의 재정만 들었다. 병원에서 치료를 기다리는 동안 다른 견주의 이야기를 잠깐 들어 보니, 자기가 데리고 온 바로 그 강아지의 질병 때문에 2천만 원의 큰 금액을 사용했다고 말했다. 무슨 질병이길래 2천만 원이나 들여서 치료했고, 또 왜 병원에 왔는지 궁금했지만, 짧은 만남이라 마음만 아파하며 뒤로 했다. 이전에 부산 영도의 아미르 공원에서 봉자와 산책할 때도 어떤 견주에게서 강아지에게 암이 발병하고 심장 질환이 생겨서 자신의 결혼 준비 자금 3천여만 원을 사용했다는 말을 들었다. 어떻게 이런 일들이 일어날 수 있을까? 이것이 과연 정상적으로 마음 편하게 받아들여야 할 일인지, 나는 지금도 의문이다. 어떤 이들은 강아지도 한집에서 거주하는 가족이고, 가족이니 당연히 그렇게 해야 한다고 말할 수도 있을 것이다. 그런데 과연 그럴까? 그것이 우리가 선택할 수 있는 유일한 방도일까? 다른 무엇은 없을까?

사람과 관련하여 생각해야!

"개는 그냥 개이고 또 동물일 뿐이니 어떻게 죽어가든 과도한 치료비를 절대로 드릴 필요가 없다"라고 단정하며 말하려는 것은 아니다. 다만 '이것이 상식적으로 맞는가?' 하는 의문이 드는 것이다. 개의 질병 때문에 수천만 원을, 그것도 혼인 자금으로 준비한 재정을 그렇게 사용하는 이들에게 묻지 않을 수 없는 부분이 분명히 있다.

자크 엘륄(Jacques Ellul)의 글 중에 "생각은 세계적으로, 활동은 지역적으로"라는 말이 있다.[17] 조금만 더 폭넓게 생각해 보면 어떨까? 지구촌에 거주하는 절반의 인구가 세 끼를 먹지 못하고 하루에 한두 끼는 굶는다.

---

17   자끄 엘륄 (Jacques Ellul, 1912-1994)은 프랑스의 법률학자이자, 역사학자이며, 사회학자이자, 개신교 신학자이다.

오늘날 우리나라 사람 중에도 열악한 분야에서 노동하거나 종사하는 이들은 여전히 최저 생계비조차 구하지 못해서 허덕이며 살고 있다. 열악한 일터에서 얻는 수입으로는 버티기 힘들지만, 누구에게 도와달라고 말하는 것이 너무 버거워서 굶어 죽어 발견되는 이들조차 뉴스로 보도되는 형국이다.

이런 이들을 생각하며 살아간다면 우리의 태도도 조금은 달라지지 않을까? 양극화가 극단을 향해 치닫는 시대에 교회와 성도들이 소외된 이들을 위해서 마음과 뜻을 모아가다 보면 애완의 것들에 대한 지나친 재정 소비에 대해서도 보다 깊이 있는 토론이 가능하지 않을까?

갈등하는 이들도 고려해야!

과거에는 도시 변두리 어딘가에 자리를 잡은 영양탕 집 호사가들이 보양식으로 즐기는 식자재였던 개를, 어쩌다 이제는 자신의 가족이라고 하기도 하고, 또 온 가족들이 형, 동생, 엄마, 아빠라 호칭하면서 수천만 원의 치료비를 내어놓는 일에 큰 고민이 없는 세태가 되었을까? 우리가 바쁘게 산다고 모르는 사이에 분명 무슨 일이 있었던 게 분명하다. 우리 주변에 이러한 현상을 단지 세계적인 추세라느니, 동물권을 중하게 여기는 원리를 따라 살아가야 하는 것이 선진적 태도라느니 하는 급진적 계몽인들에게 무조건 순응해야 하는지, 하지 않아도 되는지 고민에 빠진 이들이 얼마나 많을까? 그들은 지금도 여전히 지나가는 개를 보면 몇 그릇이 나올는지 은밀히 셈하는 습관에서 빠져나오지 못하고 있는 것이 현실이다.

주검 처리의 방식을 의논

개가 죽거나 죽어가는 방식은 몇 가지나 될까? 개가 자기 자신을 죽이는 자유 죽음(자살)을 선택하는 경우는 드물 것이다. 대개의 개는 노화로 인한 자연사, 또는 질병으로 인한 병사를 당한다. 가끔은 도로에서 차로 치어 사고사를 당하기도 한다. 드물게는 주인의 학대와 폭력으로 인해 죽음을 맞이하는 경우도 있고, 병원에서 실험용으로 사용되다가 죽음을 맞이하는 개들도 있다. 여전히 어디선가 은밀하게 식용으로 도살되는 개들 또한 있을 것이다.

개는 본래 야생의 동물이었다. 사냥하기 위해 뛰고 거닐며 돌아다니던 짐승이었다. 그러니 이들이 집에만 조용히 있어서 병이 나는 것은 자연스러운 일이다. 이들의 노화를 늦추기 위해 정기적인 산책을 해 줘야 한다. 하루에 정기적으로 세 번씩 산책을 시킬 수 있는 사람은 드물다. 그래서 동물을 키우는 이들에게 잔디가 있는 집은 최적의 환경이다. 최소한 집 주변 공원이나 한적한 길을 산책하면서 하루에 한 번 정도는 함께 걷고 뛰고 놀아 주는 것이 좋다. 개들에게도 사회성이 있다. 다른 개들과 친하게 어울려 놀 수 있는 사회성이 필요하다. 나는 이를 '개의 행복권'이라고 하고 싶다. 개와 함께 산책을 하면서, 개가 다른 개의 배설물에 코를 대고 킁킁거리는 것을 이해하기 어려웠다. 사람이라면 절대로 하지 않는 행위이다. 그런데 개는 산책할 때 주로 그런 행동에 집중한다. 혹 더러운 냄새와 함께 균이 침입하지 않을까 하는 생각이 들어서 그렇게 하지 않으면 좋겠다 싶은 생각도 들었다. 그러나 다른 개 주인들에게 물었더니, 개가 산책을 그렇게 기다리고 좋아하는 이유가 바로 배설물에 대한 그리움 때문이라는 것이 아닌가! 개가 동류들과 함께 있기를 원하는 원초적인 행위라고나 할까. 앞으로도 개의 야생성과 사회성을 연관 지어 그들의 노화와 죽음을 더 생각해 볼 계획이다.

필자는 개의 노화와 함께 죽음의 순간, 그리고 죽음을 다루는 마지막 방식까지 사람과 똑같은 과정이 있어야 한다고 생각하는 사람들과는 조금 다른 관점에 대해서 의견을 나누고 싶다. 큰 흐름은 형성되는 것이다. 사회적 흐름이라면, 바르고 좋은 흐름이 형성되도록 애써야 한다. 잘못된 흐름이 주류가 되면 대중이 고통을 겪게 되고 사회적으로도 문제가 되는 것이다. 기독교인들은 문화의 흐름에 예민해야 한다. 하나님 나라의 통치기반에 근거한 올바른 문화가 주류가 되도록 애써야 한다. 그렇지 않으면 교회와 하나님의 세계에도 피해를 준다. 이는 곤란한 일이다. 사회에서 어떤 흐름이 발생하기 시작하면 굉장히 빠른 속도로 흐름이 형성된다. 이에 대비하여 교회와 교회의 리더들은 예민한 감각을 가지고서 그 주제에 대한 질문과 비평의 시간을 가져야 한다.

동물에게 과다한 비용을 지출하는 것은 옳은가? 상대적으로 소외된 계층 사람들의 복지를 위해서 세금이나 재정이 지출되는 것에 비판적인 사람들도 적지 않다. 그런데 동물에 이렇게 큰 비용을 지출하는 것에 자연스러운 시장 형성에 대해서는 별로 안타깝게 생각하는 이들이 없어 보인다. 어떤 사람들은 심중에 포기하지 않고 묻는다. "개와 고양이가 왕궁을 떠나 거리에서 헤매던 거지 왕자인가? 왜 개와 고양이를 마당에서 집으로 들여왔고, 그들이 그 집의 주인이 되었는가? 왜 개와 고양이를 키우는 주인들이 그들을 섬기는 집사로 불리는 시대가 되었는가?"라고 묻고 있다. 동물권도 중요하고, 동물 복지가 의미 있음도 알겠는데, 이것이 지나쳐서 사람보다 귀한 대접을 받는 것에 대해서는 동의하지 못하는 사람들이 많다. 병원비가 과하고, 장례 비용이 과하고, 슬픔과 애도의 정도가 모두 지나치며 과하다고 보는 것이다.

| 사체 처리와 사별 후 찾아드는 펫 우울에 대하여 |

출석 교회 알리기 부담스러워

집에서 함께 지내던 동물이 죽었을 때 발생하는 우울 증세를 "펫-로스 증후군"이라 부른다. 이 증세에 시달릴 때는 어떻게 극복할 수 있을까? 이런 질문들이 목회 현장에서 지속해서 발생하고 있다. 어느 날

출근 준비를 하고 있는데 핸드폰이 울렸다. 우리 교회의 성도는 아니지만, 필자가 일하는 기관에 정기적으로 소액을 후원하는 분이었다. 70대 후반으로 연세도 꽤 드셨는데, 평생 미혼으로 사셨다. 의사로서 환자를 돌보는 일에 매진하다 보니 혼인도 미루다가 놓쳤다. "목사님, 우리 집 강아지가 병원에서 치료 중에 죽었습니다. 장례식장으로 옮겨서 어떻게 처리를 좀 해 주십시오." 한 번도 동물의 죽음과 관련한 과정의 업무를 수행해 본 경험이 없는 나는 그분의 부탁에 당황했다. 잘 모르기에 회피할 생각부터 했다. "출석하시는 교회의 담당 목회자에게 도움을 구하시지 않고요?"라고 했다. 그녀는 "거기 알리기는 좀 부담스러워서요"라고 하며 출석하는 곳에 알리기 꺼려 했다. 그녀의 대답을 듣고서 한참을 생각했다. 그녀는 출석하는 교회에 이것을 알리는 일이 왜 부담스러웠을까? 교회가 성도들의 일상에서 벌어지고 있는 이러한 문제를 어떻게 대처할 것인지 문을 열어 놓고 함께 의논하지 못한 탓이 아닐까? 아니, '그녀의 집에서 죽은 개를 왜 교회가 걱정해야 한단 말인가?' 하는 생각 때문일까? 그녀가 어항에서 죽은 금붕어나, 조그만 케이지에서 놀고 있는 기니피그의 죽음 때문에 이런 전화를 하지는 않았을 것이다. 그러나 크기가 어느 정도 있는 애완동물의 죽음을 혼자 감당하기에는 쉽지 않았을 것이다. 게다가 법적으로도 함부로 처리할 수 없도록 해 놓았으니 더욱 그랬을 것이다.

동물의 죽음과 관련된 부탁은 처음

자기 애견의 시신을 처리해 주면 좋겠다는 부탁의 전화를 끊고서, '어떻게 하면 좋을까?' 하고 한참을 망설였다. 성도의 죽음에 대하여 장례를 치르고 애도를 살핀 경험들은 익숙해져 있었다. 그러나 애완동물의 죽음과 이를 처리해 달라는 부탁은 처음이라 생소하고 낯설었다. 이를 예상해 보지도, 준비되어 있지도 않았다. 찾아볼 안내서나 편람도 없었다. 우선 그녀에게 나의 현실을 이야기했다. 그리고 동물 병원의 직원들에게 물어보고 도움을 받아서 처리하라고 말한 다음 전화를 마무리했다. 나는 20여 년을 훌쩍 넘긴 목회 중에 한 번도 이런 부탁을 받아 보지도 않았고, 또 이런 일을 처리해 본 경험도 없었다. '목회자 중에 나만 이런 부탁을 받았을까?' 하는 생각을 했다. 1,000만 애견인을 넘어선 시대에 목회자들은 이런 일을 대비하여 뭔가를 준비하지 않으면 안 될 상황이다. 노회나 총회 차원에서 이런 문제에 대한 목회적 지침을 마련해서 내어놓아야 하지 않을까 싶다.

슬픈 것은 인지상정

가령 한 집에서 10년, 15년 어간 다정하게 지내면서 의사소통을 하며 지낸 동물이 노화로 죽었거나 병으로 죽었다면, 어떻게 죽었든지 간에 죽음으로 인한 슬픔이 있을 것이다. 생명체가 아닌 자가용이나 사랑하는 물건이 수명을 다 해도 짠한 마음을 담아 SNS에 사진과 글로 조사를 써서 표현하는 이들을 본다. 하물며 한집에서 오랫동안 함께 지내면서 출근 때는 아쉬워해 주고 퇴근 때는 반가워해 주고, 더러울 때는 목욕도 시키고, 산책도 같이 하고, 함께 여행도 하고, 아플 때는 치료를 위해 병원도 오가고, 가족들이 식사할 때는 식탁을 왔다 갔다 하면서 간절한 마음으로 처다보던 애완동물의 마지막을 정리하는 일은 어떨까? 그 눈망울을 보며 지내는 동안에 들었던 애완동물과의 정을 간단없이 정리하기란 결코 쉬운 일이 아닐 것이다. 그래서 나름 다양한 방식으로 정감을 주고받던 동물과 사별했을 때는 슬픔을 넘어서는 가벼운 우울에서부터 심하면 무거운 우울까지 경험하게 되는 것이다. 이런 상황을 맞닥뜨리는 성도들을 교회는 어떻게 지원하고 돌볼 것인가?

펫 로스 증후군의 현실

구글에 "펫 우울"(Pet Loss Syndrome)을 한글로 검색해 보니 관련 자료가 2024년 7월 7일 오후 1시 현재 33만7천 건이 나온다. 마이크로 소프트 빙에는 99,700건이 나온다. 사람의 우울증 검색에서 1,700만 건이 나오는 것과 비슷하다. "펫로스 증후군" 영어판 Pet Loss Syndrome 검색까지 합하면 2천만 건에 육박한다. 앞으로 동물 격이 강조되고 높아질수록 펫로스 증후군은 급등할 것으로 예상된다. 펫로스 증후군에 시달리는 이들을 지원하기 위해서 세상은 어떤 일들을 진행해 나가고 있을까?

사례 1) 경기도 수원시에 사는 한 주부는 12년간 기른 반려견 '해피'가 세상을 떠나고서 상심하던 중에 '펫로스(pet loss) 모임'에 관한 온라인 게시글을 발견했다. 세상을 떠난 반려견의 사진이나 옷, 장난감 등을 가져와서 슬픔을 털어놓는 모임이라고 했다. 최근 첫 모임에 참여한 한○○ 씨는 "비슷한 아픔을 겪은 사람들끼리 모여 이야기를 나누며 실컷 울고 나니 마음이 편안해졌다"라고 했다.

사례 2) 2012년 부산에서는 이런 증상을 극복하지 못한 40대 여성이 자살하는 일도 있었다. SNS를 이용해 펫로스 모임 "무지개다리 너머"를 운영하는 양○○ 씨는 "이 모임은 특별한 프로그램 없이, 단지 각자 자기 이야기를 나누고 공감하는 방식으로 진행되는데, 이것만으로도 크게 위로가 된다는 사람이 많다"라고 했다.

사례 3) 경기도 성남시의 심리상담 센터 "살다"라는 센터에서는 2016년부터 펫로스 증후군과 관련한 프로그램을 운영 중이다. 이곳 최○○ 대표는 "반려동물은 가족처럼 일상을 함께하는 존재인 만큼 그들의 죽음은 충격적일 수밖에 없다"라며 "3개월 이상 우울한 증상이 지속되거나 일상생활에 지장을 받으면 전문 기관을 찾는 것이 좋다"라고 말한다. 반려동물 장례식장에서는 추모 공연이나 강연을 열기도 한다. 경기도 광주시 반려동물 장례식장 '펫 포레스트'에서는 반려동물을 안치한 보호자 30명을 초대해 바이올리니스트와 성악가 등이 공연하는 추모 음악회를 열었다. 반려동물 인구가 늘면서 "펫로스 증후군"을 극복하려는 모임도 늘고 있다. 펫로스 증후군을 호소하는 사람들은 짧게는 2~3개월, 길게는 1년 이상 극심한 우울증과 스트레스를 겪는다.

한편 무엇이 좀 그럴싸하다 싶으면 이를 이용한 상술도 판을 친다. "죽은 동물과 교감시켜 주겠다"라는 "애니멀 커뮤니케이터"가 최근 몇 년 새 부쩍 늘었다는 것이다. 이들은 동물 사진을 보면 생전에 행복했는지, 또는 하늘나라에서 잘 지내는지 판별할 수 있다고 주장한다. 어이없는 일이 아닐 수 없다.

교회는 어떤 도움을

지역 교회의 한 목회자는 자신이 목회하는 교회의 장로 가정에서 당한 사례를 이야기해 주었다. 오랫동안 집 안에서 앵무새와 함께 지냈는데, 녀석이 급성 폐렴으로 갑자기 죽었다는 것이다. 병원의 적극적인 도움을 받았으나 결국 회복되지 않고 죽었는데, 자녀들을 비롯한 가족 전체가 심한 우울로 상당 기간 괴로워하다가 목회자의 적극적인 도움으로 상황을 잘 극복했다는 것이다. 어떤 식으로 어떻게 도왔는지에 대해서 자세한 설명을 듣지는 못했으나, 이를 잘 극복하도록 돌본 목회자의 이야기가 궁금해졌다. 사람을 따라서 말하는 앵무새의 경우는 가족들과 언어 교감을 하면서 지냈기 때문에 그 상실의 슬픔이 독특하게 컸었다는 말을 들었다. 펫로스 증후군이 일반화되는 시점에 도달했다. 당사자들이 그렇게 슬퍼하면 관계된 사람도 마땅히 공감해야 하는 것 아닌가 하는 동반 정서에 대하여 고려해야 한다.[18] 집에서 가족과 함께 친밀하게 지내던 애완의 것이 죽어 슬프고 우울한데, "뭐 그런 것을 가지고 그렇게 슬퍼하며 우울해하는가?" 하고 가볍게 말하면 곤란하다.

현실은 현실이다. 사랑하는 성도가 "펫로스 증후군"으로 힘들어하거나 시달리고 있다면, 목회자는 마땅히 도와야 한다. 함께 지내는 동물이 죽었을 때 그 슬픔을 어떻게 표현하고 어떻게 애도해야 하는지에 대한 슬기로운 공부가 필요하다. 죽음학(Thanatology)[19]에서도 펫로스 증후군이나 동물의 죽음을 어떻게 애도할 것인지에 관한 연구가 진행 중이다.

한 번 더 생각해 보자. 현대를 살아가는 그리스도인의 감정 사용, 그것이 하나님께서 기뻐하시는 방식으로 절절하게 사용되고 있을까? 현대 사회는 이웃집에 사는 사람과 마주치게 되면 눈 인사 정도 주고받는 경우가 대다수이다. 엘리베이터에서 마주하던 그가 어느 날부터인

---

18 롬 12:15에서는 "우는 자들과 함께 울라"라고 권한다.
19 최근 펫로스 증후군에 관한 분야도 죽음학(Thanatology)의 다양한 연구 분야 중의 하나로 자리매김하고 있다.

가 보이지 않기 시작해서 계속 보이지 않는다고 그렇게 우울해하지는 않는다. 친인척이 죽어서 장례를 치르는 현장에 방문해서도, 짧게는 30분, 길게는 두세 시간 앉아 있다가 홀연히 돌아와 큰 우울감 없이 일상에 복귀하여 잘들 살아간다. 어쩌면 이게 당연한 세상이 되었다. "모두 그렇게 살아가는 거 아니에요?"라고 하는 반문을 듣는 게 자연스러운 세상이 된 것이다. 우리 중에 친인척이나 가족의 죽음 때문에 우울감에 빠져 일손을 놓고 슬픔 속에 지낸다든지, 어떤 이의 죽음으로 인해 몇 년을 일상의 일로 돌아오지 못하는 이를 위해 빈번히 시간을 내어 그의 생각과 말에 귀 기울이고 함께 슬퍼하는 경우를 보기가 쉽지 않는 것이 현실이다. 오래전부터 70~80년대까지는 그래도 결혼식은 이틀, 장례식은 사흘 정도 온 마을이 정을 나누면서 만남과 이별을 기뻐하고 슬퍼했다. 인간성이 많이 흐려진 시대를 살고 있는 것이다.

반면 놀랍게도 집에서 함께 지내던 동물이 죽은 것에 대해서 오랫동안 우울감에 사로잡혀 헤어나오기 어렵다는 말은 또 얼마나 놀라운 일인가? 이런 이들은 아마 다른 가족이나 친인척들에게도 그렇게 다감한 태도로 슬퍼하며 기뻐하며 지내는 이들일 것이다. 가끔 이렇게 놀라운 현상을 본다. 이를 동물을 통한 감정 치유라 부를 수 있을지 모르겠다.

무정하고 냉담하던 사람이 동물과 함께 지내면서 따뜻한 사람으로 변화되어 가는 모습을 보는 일이다. '아니, 저 사람이 저렇게 따뜻하고 다정한 사람이 아니었는데 어떻게 저렇게 놀라울 정도로 친절하고 따뜻한 사람이 되었을까?' 하는 의문을 갖게 된다. 아마도 그런 게 아닐까? 인간관계에서는 냉담하고 무정하고 차가웠던 자신이 동물에 대하여 친절하고 따뜻하고 부드럽고 사려가 깊고 애틋해하는 모습을 드러낸다. 동물과 함께 지내면서 자아상이 새롭게 바뀌고, 또 바뀐 자아상으로 인해 대인 관계도 새롭게 변모되어 간다면 이는 참으로 놀라운 일이 아닐 수 없다. 동행하는 동물 때문에 슬퍼하고 우울해하는 자신의 모습에 화들짝 놀라 다른 사람들에게도 그런 다정다감이 새롭게 시작될 수 있다면 얼마나 좋을까?

| 분리의 시간을 어떻게 |

제일 큰 고민

주일 아침 주님께 예배를 드리기 위해서 집을 나설 때, 또는 이런 저런 만남을 위해서 집을 비울 때, 특별한 목적을 위해서 며칠 동안 집을 비워야 할 때, 자신이 좋아하는 동물을 어떻게 하는 것이 좋을까? 최근 한 목회자로부터 다음과 같은 말을 들었다. "교회 식구 중에 20 · 30 세대인 한 사람이 집에 데리고 온 강아지 때문에 교회를 나오지 못하고 있습니다." 이제 막 입양하여 집에 데리고 왔는데 강아지의 몸이 자주 아프고, 이전 주인과의 정 때문에 본인과는 쉽게 가까워지지 않고 친밀감이 아직 부족하여, 잠시라도 떨어지려고 하면 분리 불안이 심해져서 예배에 나오지 못하고 있다는 것이다. 이 목회자는 청년의 사정을 듣고서 딱히 뭐라 조언이나 권면을 하지 못하고 마음 앓이만 하고 있었다. 최근 이런 고민을 하는 목회자를 만나기란 그리 어렵지 않다. 청년 중심의 교회들은 이런저런 이유로 예배 시간에 동물들을 돌봐주는 프로그램을 가동해야 하는 것 아니냐는 고민을 하고 있는 것 같다.

동물 애호가들의 가장 큰 고민은 동물과 장시간, 또는 장기간 떨어져 지내야 하는 경우다. 동물과 집에서 함께 지내지 않을 때는 원하는 곳에 자유롭게 이동할 수 있었고, 또 며칠씩 집을 비워도 아무런 상관이 없었다. 그러나 동물들이 집에 들어오게 되면서 상황이 완전히 달라진 것이다. 이제 저들이 홀로 집에서 지낼 수 있는 여건이 아니기 때문이다. 동물들이 집에서 며칠씩 홀로 보내는 것은 거의 불가능에 가깝다.

최근 조사에 의하면, 동물 유기는 조금씩 감소하는 추세라고 한다.[20] 다행스러운 일이다. 동물과 떨어져 지내야 할 경우 대처법으로 가장 효과적인 것은 스스로 생활을 해낼 수 있도록 훈련을 시키는 것이다. 훈련이 잘되는 아이들은 별문제가 없겠으나, 대개는 하루를 넘기기가 어렵다. 개를 대신 맡아서 돌봐주는 동물 호텔 같은 곳에 맡기면 하루

---

[20] 2022년 반려동물 보호 · 복지 실태조사에 따르면, 2022년 연간 유기동물 발생 수는 총 113,440마리였다고 한다(유실동물 포함). 전국 239개 지자체 동물보호센터에 1년간 입소된 개체를 파악한 수치다. 전년 대비 4.1% 감소했다. 국내 유기동물 발생 수는 2019년 역대 최대치(135,791마리)를 기록한 뒤 2020년 약 3.9%(5,309마리) 감소한 130,401마리를 기록했고, 2021년에는 118,273마리로 전년 대비 9.3%(12,128마리) 감소했으며, 2022년에는 113,440마리로 전년 대비 4.1% 줄었다. 5년 연속 증가했던 유기동물 수가 3년 연속 감소세로 전환된 것이다.

에 10만 원 이상하는 경우가 대부분이다. 그러다 보니 어느 순간 애틋했던 감정을 팽개쳐 버리고 키우던 동물들을 외딴곳에 몰래 가져다 버리거나, 시선을 피할 만한 곳에 무책임하게 유기하는 사례도 빈번하게 나타나고 있는 것이다.

다행히 최근에는 이전보다 저렴한 가격대에 동물을 맡길 수 있는 시설들과 함께 머물 수 있는 숙박 시설, 또는 놀이 시설이 시군구 단위의 지역마다 준비되어 가고 있다는 소식이 들린다.

교회의 흐름

주일 예배 시간에 동물을 관리해 주는 교회들이 속속 등장하고 있다. 문화 수용에 발 빠른 교회들이다. 주변에 목회자들과 이 문제에 관해서 이야기를 나누어 보면 결국 그쪽으로 가지 않겠느냐는 대답이다. 과거에는 자녀를 책임지고 맡아서 교육해 주고 신앙적으로 양육해 주는 프로그램과 교육관 시설이 있는 교회, 노인들이 수명을 다하고 임종 후 안장될 묘지가 있는 교회, 예배 시간에 편리하게 출입이 가능한 주차장이 있는 교회를 찾아 나서는 이들이 많았다. 그러나 이제는 예배 시간에 강아지를 돌봐주는 교회들을 찾아 나서는 이들이 생길 것이고, 이를 충족해 주는 교회를 찾아 나서는 날이 곧 도래할 추세이다.

임시방편에 불과

우선은 현재 교회의 복음 이해와 이에 따른 실천적 정서가 개선되어야 한다. 전체의 교세가 급격하게 줄어드는 상황에서 발 빠른 교회들이 아무리 대중의 다양한 필요를 신속하게 제공한다고 할지라도, 그것은 근본 해결책이 되지는 못한다. 복음의 본질인 용서와 사랑, 소외된 이들과 약자들을 책임져 주는 돌봄, 자기와 다른 이들도 품고 함께 하나님 나라에 참여하는 품 넓은 리더십의 부재 문제를 해결해야 한다. 본질적인 문제를 회복해 나가기 위한 구체적인 방안을 폭넓게 준비해 나가지 않은 채, 소위 종교 소비자들이 갈급해하는 급한 문제들에 집중한다고 해서 문제가 해결되기는 어려울 것이다. 욕망은 채워지면 채워질수록 더 갈증을 느끼게 된다. 갈증이 해갈되면 또 다른 차원의 갈증을 느낀다. 교회가 욕망을 채워 주고 공급해 주는 센터 역할에만 충실하려고 한다면, 참된 진리의 길과는 점점 거리가 멀어지고 참된 부흥 역시 요원할 것이다.

시세의 영향을 피하기란 참으로 어려운 일이다. 내가 좋아하는 것은 누구라도 좋아해야 한다는 극단의 개인주의나 이기주의가 확산하는 사회 분위기를 거스르기가 어렵다. 개혁자들은 세상 풍조를 따르기 위해 교회가 존재하는 것이 아님을 잘 알고 있다. 그들은 성도의 정체성에 혼란을 주거나 세속화를 재촉하는 세상 풍조를 거슬러 올라가며 역설의 메시지, 진리를 끝까지 지켜 내는 것에 목표를 두고 사람들을 설득해 나간다.

더 적극적인 동물 애호가들은 예배 시간에 강아지가 자기 곁에서 한 자리 차지하도록 해 주고, 개와 함께 하나님께 예배를 드리려는 시도까지 하곤 한다. 그러나 동물들은 하나님을 예배하도록 부름받은 존재가 아니다. 동물들이 극단의 탄식을 하지 않도록 동물권을 어느 정도 찾아주는 일들은 교회의 일이라 할 수 있겠으나, 동물들을 예배에 동원하여 공간을 혼돈에 빠트리는 일은 지양해야 할 것이다. 이런 극단의 상황이 벌어지지 않도록 교회는 성도들에게 부지런히 하나님 나라의 미덕과 윤리를 설득해야 한다. 모든 사람이 개를 좋아하는 것은 아니다. 개를 혐오하는 사람에서부터 부담스러워하는 사람, 무서워하는 사람까지 있으니 그들을 배려하는 일을 게을리하면 안 되겠다.

| 재정 지출을 어떻게 |

직접 재정과 간접 재정

사람이 동물과 함께 지내려면, 신경을 써서 관리해야 할 일이 한둘이 아니다. 가장 기본적인 것들은 운동, 섭생, 위생, 질병, 출산 등등인데 이 모든 것들이 재정과 무관하지 않다. 직접 돈이 들어가는 것이 아닐지라도 곰곰이 생각해 보면 가치를 창출하기 위해 간접 재정이 지속해서 들어가는 것들이다. 산책 후에는 청결에 신경을 써야 한다. 사람이나 다른 동물들을 보고서 짖는 문제를 어떻게 해결한 것인지도 고려해야 한다. 교배를 통해 새끼를 낳게 할 것인지 아닌지도 생각해야 한다. 강아지의 경우 '상상 임신'이라는 것을 하게 되는데, 이를 막기 위해 난소 및 자궁 적출 수술을 하도록 권함받는다. 만일 그렇게 하지 않는다면 상상임신을 하는 동안 위생 관리와 건강 관리를 해 주어야 한다. 구충제, 모기와 관련된 질병을 위한 투약도 정기적으로 해야 한다. 털갈이 계절이 되면 실내에 떨어지는 털 관리를 위해 에너지가 많이 든다. 실내 배설을 할 경우, 위생상 배설물 관리도 적지 않게 신경을 써야 한다. 계절의 변화와 함께 따라오는 추위와 더위에 맞추어 제공해야 할 것들이 있다. 어떤 견종의 경우 아이 한 명을 양육하고 돌보는 것과 비슷한 시간, 재정이 들어갈 수도 있다.

재정과 연관하여 동행 여부도 고려

동물의 일생, 생애 주기에 따라 반드시 해야 할 일들이 있으므로, 이를 고려하고서 동물을 집 안에 들이는 것을 결정해야 한다. 정보를 자세히 알아보지도 않고 대강의 셈이나 예측만 하고서 진행하기 때문에, 개 주인들이 어느 날 함께 지내던 강아지나 고양이를 길에 버려 버리거나 키워 줄 사람을 찾아 양도하는 것이다. 내다 버리는 것은 그야말로 야만적인 행위이고, 타인에게 양도하여 입양케 하는 것도 동물의 처지에서는 굉장한 스트레스와 충격이 된다. 사람이 자신들이 살아가는 데 편리를 도모하기 위해서 물건을 생산하고, 시장을 개척하고, 확장하며 그 품질을 계속 높여 가듯이 동물을 위한 소비 시장도 그 추세가 이와 흡사하다. 먹거리 시장, 의료 시장, 거주하는 공간을 위한 상품, 이·미용 시장, 심지어 죽음의 과정과 죽음의 처리 방식에 이르기까지 계속 질을 높여 가면서 확대 재생산하고 있다. 질 좋은 것, 눈에 보기 좋은 것, 고가 브랜드를 추구하는 욕망까지 확장되어 펫 시장은 그 열기가 점점 더 확산되는 추세이다. 유별나게 눈에 띄는 것은, 젊은 연예인들의 동물 애호 방송이 빈번하게 방영되면서 그 열기가 더해 가고 있다는 점이다.

재정 지출 어떻게

그리스도인들은 이러한 시장 확대, 상품 출시, 동물권, 동물 복지의 확산에 어떠한 대처를 하는 것이 좋을까? 동물 비애호가들의 따가운 시선, 심지어 펫 시장과 동물 복지를 위한 지나친 확대를 혐오하는 이들도 만만치 않다. 필자의 경우를 나누어 보겠다. 함께 지내는 개는 "아프간하운드"(afghan hound)라는 품종이다. 펫 시장에서 대단히 고가의 견종으로 소문이 나 있다. 산책하러 나가 보면 사람들이 지나가면서 모델견이니, 황실 강아지라느니, 기천만 원은 쉽게 호가하겠다느니, 개 값이 수천만 원이라느니, 이 미용비로 한 달에 70만 원이 들어간다느니, 새끼를 낳게 해서 분양을 하면 돈을 엄청나게 번다느니. 나름대로 추측성 이야기를 주고받으며 지나가는 것을 경험한다. 그런 소리를 들으면 심중으로 웃고 만다. 이런 풍문과는 전혀 달리, 필자는 개를 위한 직접 재정은 최대한 줄이고 있다.

당뇨 초기에 혼자 걷는 습관이 몸에 배어 있지 않아서 개의 도움을 받고 싶었다. 어떤 견종이 좋을까 하고 찾아보다가 '아프간하운드'가 좋겠다는 생각이 들었다. 이후 딸의 도움으로 SNS를 통해 개를 입양할 수 있었다. 이름이 '봉자'인데, 봉자와 함께 주택에서 지내던 분이 아파트로 이사하면서 같이 거주하는 것이 힘들어지자 양도할 사람을 찾는 중에 마침 연결되었다. 친절한 분들이었다. 입양 환경도 굉장히 꼼꼼히 챙기고 입양 후에도 양육 상황을 알아보고자 애썼다. 먼 거리를 직접 데리고 와서 양육 위임을 받았다. 23~24kg이 나가는 중 대형 견에 속한 봉자를 위해 사용하는 재정은 그가 먹는 양식 값으로 매달 23,000원 정도, 그리고 심장 사상충 약과 구충제 값이 지출된다. 이외에 지출되는 재정은 아주 미미하다. 미용을 위한 재정은 전혀 지출하지 않는다. 털을 정리하는 일이나 씻는 일은 운동을 마치고 잠시 수고하면 된다. 대형견들은 대체로 질병에 강하다.

아프간하운드와 연관하여 해외에서는 착용하는 옷과 장식물, 수제로 제공되는 음식, 도그 페스티벌에 나가기 위한 이·미용 시장, 결혼식 모델, 전자기기 모델 출연, 기타 등등 그 시장이 뜨겁다. 그러나 사람이나 동물이나 자기 하기 나름이다. 필자는 운동을 하기 위해서 동물을 입양한 사례이기 때문에, 집에 동물을 들인 목적이 단순했다. 물론 이 단순한 동기 때문에 재정을 사용하지 않는 것은 아니다. 가능한 한 절약하면서 필수 재정만 사용하려고 하기 때문에 그렇다.

주인에 따라 천차만별

동물과 함께하는 이유나 목적에 따라 사용되는 비용도 천차만별일 것이다. 그리스도인은 다양한 측면에서 생각해야 한다. 덕을 위해서도 고려해야 할 것들이 있다. 사람들의 눈치를 보자는 말이 아니다. 무엇을 어떻게 하는 것이 하나님 보시기에 선하고 좋을지 고려하자는 말이다. 다행히 최근 동물을 위한 보험 제도가 도입되고 있다. 적절한 재정으로도 다양한 질병이나 주검을 처리할 수 있는 길들이 열리고 있다. 펫 시장이 저만치 앞서가더라도, 동물과 함께 지내는 그리스도인들은 세상의 약자들을 고려하여 미덕을 지키면서 살자는 이야기이다. 세간에 "내돈내산"이라는 말이 유행이다. 이는 '내 돈으로 내가 원하는 것을 구매했다'라는 말을 간단하게 줄여서 쓰는 말이다. 그리스도인에게 내 돈의 개념은 청지기적 관점에서 해석되어야 한다. 내 돈이 아니라 하나님께서 다양한 목적을 가지고 나에게 맡기신 재정으로 받아들여야 한다는 것이다.

성경은 내 이웃을 위해 재정을 사용해야 하는 것에 대한 다양한 안내가 있다. 소비와 지출의 우선순위를 내 필요에 맞추는 것이 아니라 공동체, 가족, 내게 다가온 약자를 고려해서 생각해야 한다. 동물들에 대한 나의 재정 사용을 바라보며 누군가가 "개 팔자가 상팔자"라는 말이 떠오르지 않도록 적정선을 유지하는 지혜를 모아 볼 일들이다.

확산되는 시장에 대한 절제

공원에서 유아(모)차에 개를 태우고 다니는 견주들이 허다하고, 노견을 고급 수레에 태우고 다니는 경우를 어렵지 않게 볼 수 있다. 동물의 사회성을 길러 주어야 한다는 생각에 동호회를 만들어 동 시간대에 정기적으로 공원에 모이는 이들도 있다. 개나 고양이에게 입힐 옷과 액세서리, 때마다 제공할 수제 사료, 간식 시장이 급격하게 확장되고 있으며, 사람과 관련되어 확대 재생산되는 모양과 강아지 시장도 동일하게 확대되고 있다. 어디까지 공감하고 동참할 것인가? 이는 분명 동물을 키우는 그리스도인들이 자신의 기준을 분명하게 가지고 접근해야 할 일이다. 시장은 욕망을 부추기는 일에 능수능란하다. 한눈 팔다 보면 엉뚱한 일에 빠져들게 된다.

| 동물과 함께 지내는 성도에 관하여 |

목회자의 고민

한 목회자가 물었다. "개를 키우는 집에 심방을 가야 하나요? 저는 무척 개를 싫어하고 또 무서워합니다. 어린 시절 개의 공격으로 인해 트라우마가 심합니다. 큰 개가 제게 오면 저는 얼어붙어 버립니다. 작은 개가 짖으면 저는 무의식적으로 방어를 위한 공격적 성향이 발동합니다. 그래서 저는 개를 키우는 성도의 집에는 심방을 하지 못합니다." 심각하게 자신의 형편과 상황을 말하는 이분의 말을 듣고 상황을 좀 부드럽게 하려고 우스갯소리를 했다. "요즘 개를 많이 키우는 이유가 목회자가 집에 심방 오는 것을 막기 위해서인지도 모르겠군요?" 이 말을 하고서 함께 웃었다. 내게 이런 고민을 이야기한 목회자는 개에 대한 트라우마를 어떻게 해소해 나갈지에 관해 큰 고민이 되지 않을 수 없다. 그러한 문제를 몇 마디 말이나 사례로 금방 어떻게 해결해 드리기도 어렵다. 개를 좋아하거나 편하게 생각하는 이들에게 위와 같은 고민은 자신들과는 멀리 떨어져 있는 이야기로 들릴 것이다.

긍정적인 역사

먼저 동물친화적인 이야기를 해 보자. 인류 역사에서 개는 다른 어떤 동물들보다도 먼저 친밀하게 동거해 온 것임에 분명하다. 게다가 다양한 영역에서 개로 인해 발생하는 유익이 적지 않다. 전통적으로 개는 도둑을 막거나 예방하는 데 사람에게 큰 도움을 주었다. 개는 군대에서 큰 역할을 감당하기도 한다. 군견은 사람의 능력으로 감당하기 어려운 전투나 비전투 업무를 감당한다. 마약이나 특정 밀수품을 냄새로 분별해 내는 경찰 탐지견도 있다. 개는 후각을 사용하여 사람이 감당하기 어려운 업무를 수행한다. 인간이 오감 중에서 시각을 70% 정도 사용하는 것과는 대조적으로, 개는 오감 중에서 후각을 40% 이상 사용한다. 개는 사물을 구성하고 있는 요소들의 냄새를 구별할 수 있는 후각 기능이 놀라울 정도로 섬세하다. 이렇게 탁월한 후각 때문에 매우 낮은 밀도와 농도에서도 물질을 감지할 수 있다. 개의 후각을 활용하는 업무 수행은 군경의 수색 및 구조 활동이다. 개에게 개인의 소지품, 또는 그와 관련된 생활 공간에서 냄새를 맡게 한 다음, 그 냄새를 기반으로 하여 실종자를 찾는 업무를 수행케 한다. 폭풍우가 난무하는 재해 현장에서든 드넓은 광야에서의 수색이든, 개의 후각을 통한 구조 활동은 어느 나라에서든 활용되고 있다.

개는 사람의 건강 상황을 조사하기도 하는데, 질병과 관련된 냄새를 구분해 냄으로써 의료 행위에 활용되고 있다. 의료 활동에 참여하는 어떤 개는 혈당 수치의 변화를 감지하여 당뇨병 환자를 진단 처방하기도 한다. 어떤 개는 암의 종류를 구분하는데, 냄새를 통해 특정 암의 존재를 식별하기도 한다. 일례로 방광암 환자와 일반인의 오줌 표본을

실험하는 임상을 해 본 결과, 41%의 확률로 암 환자의 오줌 표본을 식
별할 수 있었다고 한다. 경찰과 군대는 범죄자를 추적하고 체포하기
위해 개의 후각의 힘을 활용하고 있다. 개는 다양한 지형지물과 관련
하여 냄새의 흔적을 따라가며 용의자나 실종자를 찾는 법 집행 기관을
돕는다. 또한 마약이나 폭발물과 같은 불법 물질을 탐지하도록 훈련되
어 공공 안전을 유지하는 데 귀중한 자산이 되고 있다.

또 시각 장애인을 곁에서 돕는 안내견이 있다. 시각 장애인이 홀로
이동하거나 보행에 어려움이 있을 때, 안내견은 자신이 안내해야 할
사람을 충직하게 안내한다. 다양한 보고서들에 의하면 노인이 동물과
함께 지낼 때 그렇지 않은 노인들보다 건강하고 수명에도 좋은 영향을
끼친다고 한다. 애완견을 키우는 노인들은 외로움의 수준이 감소하고
정신 기능이 향상되었다는 보고서들이 자주 올라온다. 또한 애완견은
배우자를 잃은 후 찾아드는 우울 증상을 줄여 주고 치매 환자의 사회
적 기능을 증진하는 것으로 나타났다. 동물에 대한 이런 실상과 실험
적인 결과물들, 그리고 이러한 내용이 매스컴에 소개되면서 사람들은
동물에 대해서 새롭게 인식하게 되었다. 이런 연유들로 인해 지난 시
대의 사람들이 가지고 있었던 가치관에 변화가 일어나고 있다.

백구 에피소드

필자가 자라던 어린 시절에 마당가 자기 집에서 따로 사는 '백구'나

'황구'는 먹고 남은 음식물 찌꺼기를 처리하는 일을 했다. 또 삼복더위가 찾아들면, 어느 날 어른들의 손에 의해 쥐도 새도 모르게 보신탕이 되어 버리곤 했다. 막역하게 정이 들었던 아이들은 가마솥 안에 들어 있는 백구가 그 백구인 줄 알면서도, 워낙 가난 속에 찌들어 사느라 고기 구경을 못 하며 살다 보니, 자기가 좋아하던 그 백구를 울면서 먹곤 했다. 여기서 사랑과 배신의 아이러니가 몸에 배어들었는지 모를 일이다. 이렇게 정 깊게 사귀었던 백구에 대한 추억은 어디론가 사라지고, 나도 도시에 나와 살면서 이런저런 분위기에 동화되어 개고기를 제법 선호하는 사람으로 살아왔었다. 노회나 수련회 때, 개고기를 먹자는 이들의 청을 거절하지 않고 따라 즐겼었다. 지금은 교회 문화나 노회 문화에서 이런 일들이 사라졌다. 그때는 몸에 좋다는 말들이 귀에 솔깃했었고, 맛도 좋았다. 그러나 언제부터인지 입에 대지도 않고 있는 나를 본다.

지금도 여전히 삼복더위에 보양식으로 개고기를 먹는 사람들이 있는 것 같다. 중국 동북 지방 옌볜에 머무는 동안 중국인들에게 개고기가 얼마나 인기가 있던지, 그 인기가 대단했다. 무더운 여름에 상의를 다 벗어 던지고 두 손으로 등뼈며 다리며 뼈 채로 들고 게걸스럽게 뜯어먹는 모습이 마치 나의 옛 모습을 보는 것 같았다. 이러한 개 식용을 극단적으로 혐오하는 사람들도 있다. 몬도가네(기이한 행위)를 즐기는 사람들은 이를 도무지 받아들이기 어려울 것이다. 그만큼 개에 대한 세계인들의 견해와 감정은 천차만별이다. 개고기 식용의 옳고 그름조차 그것을 정의 내리기가 결코 간단치 않은 문제다.

아프간하운드 봉자

대사질환(당뇨병)이 있는 필자는 봉자와 자주 산책을 한다. 혼자서 걷고 운동하는 습관이 없었던 필자는 봉자 덕분에 거의 매일 걷는다. 털을 정리하고 목욕을 시키기 위해 가끔은 가벼운 노동도 한다. 몸무게가 24kg 정도 나가는 대형 견이다 보니 쉬운 일이 아니다. 나에게 나쁜 손버릇이 남아 있었다는 것도 이 녀석 때문에 알게 되었다. 사람에게는 그런 나쁜 정서가 드러나지 않았었다. 가족이나 다른 이에게 그렇게 하면 반대 급부가 상당하므로 말도 조심, 행동거지도 조심하는 것은 자연스러운 일이었다. 그러나 봉자와의 관계가 익숙해지고 편해지면서 녀석을 씻기고 정리해 주다가, 봉자가 예민해하고 심지어 컹컹거리며 노려보는 듯한 기분 나쁜 반응을 하면, 나도 갑자기 예민해지는 것을 느꼈다. "짜식이 말이야, 먹여 주고 씻겨 주고 치워 주고 해 주지 않는 것이 없는 주인에게 이게 뭐 하는 짓이야"라고 하면서 쌍동밤을 때리거나 미움의 감정을 드러내는 내 모습을 보았다. 이 모습이 종종 발동하다가 어느 순간에는 대놓고 미움의 감정을 표하곤 했다. 어느 날 마당에서 함께 놀다가 잠깐 미움의 감정이 표현되었는데, 녀석이 열려 있는 대문 밖으로 뛰어나가더니 그림자처럼 사라져 버렸다. '금방 돌아오겠지' 하고 기다렸는데, 녀석은 한참이 지나도 돌아오지 않았다.

나는 적지 않게 당황하여 딸에게 이야기해 주었다. 딸은 기민하게 119에 소식을 알렸고, 얼마 뒤에 연락이 왔다. 그리고 딸의 도움을 받아 봉자가 집으로 돌아왔다. 봉자의 눈을 쳐다보기가 미안했다. 나는 그날 결심했다. 다시는 봉자에게 미움의 감정을 드러내지 않겠다고….

이후에는 사람은 물론이고 개에게조차 안 좋은 감정을 표현하는 방식에 큰 변화가 왔다. 특히 사람에게는 말할 필요조차 없을 만큼 환대와 배려의 방식에 변화가 왔다. 개는 대단히 충성스럽다. 주인이 미움을 표현하고 때로는 손찌검을 해도 대들지 않고 눈만 껌뻑거리며 알 수 없다는 듯이 고개만 숙이고 있음을 본다. 개는 자신을 키우고 돌봐주는 주인에게 어떤 상황에서도 순종하는 특징을 보인다. 볼 때마다 느끼는 것이 있다. 개는 주인에게 정말 충성스러운 동물이다. 평생을 교목으로 수고하고 계신 선배 목사님이 수십 년 전 "목견 클럽"이라는 조직을 만들어 후배들에게 선한 영향력을 끼친 것으로 기억하고 있다. 목사라는 직을 "참목자되신 우리 주님의 뜻을 충성스럽게 수행하는 목양견"에 비유한 것이었으리라. 목사는 참목자이신 예수님의 시선에 따라 움직이는 목양견이라고 의미를 부여한 것은 아마도 개의 충성스러움에서 지혜를 얻었을 것이라고 생각된다.

| 다시 입양할 것인가? 말 것인가? |

사별 후 겪게 되는 마음의 문제

동물과 십수 년을 동행하면서 경험하는 것들이 사람에 따라 각양각색일 테고, 정서적 교감을 통해서도 다양한 감정들을 누리고 경험했을 것이다. 강아지와 함께 지내면서 여행을 한 사람, 낚시하러 다닌 사람, 등산을 한 사람, 바다 수영을 한 사람, 산책을 한 사람, 사냥을 한 사람…. 무엇을 함께 했는가에 따라 그 추억과 경험들도 색다를 것이다. 또 노환으로 자연사를 했든, 병으로 삶을 마무리했든, 사고사를 당했든지 간에, 함께했던 동물이 힘을 잃고 쇠약해 가는 죽음의 여정에서 경험했던 정서에 따라 계속해서 동물들과 동행할 것인지 말 것인지 고려하게 될 것이다.

어떤 사람들의 경우

동물들과 동행의 경험이 있었던 사람들과 대화를 나누어 보았다. 어떤 사람은 그 동물이 소위 무지개다리를 건너는 모습을 보고서 너무 힘겨워, 다시는 동물들을 키우지 않겠노라 결심했다고 말했다. 어떤 사람은 동행했던 강아지가 너무 보고 싶은 나머지, 키웠던 강아지와 똑같은 모양의 피규어를 제작해 쉽게 볼 수 있는 곳에 놔두고 수시로 바라보면서 추억하는 것으로 정리했다고 했고, 이후 동물과 다시 동행하는 것은 생각하지 않고 있다고 했다. 어떤 사람은 죽음을 맞이한 강아지를 보석으로 가공하여 집에 놔두기도 하고, 목걸이로 만들어 착용하고 다니면서 추억하기도 한다고 했다. 좋은 추억이 있는 분들이다. 그러나 이와 같은 좋은 추억을 간직하고 있는 이들과는 전혀 다른 사람들도 적지 않았다. 그들은 이전에 키웠던 종을 다시는 키우지 않겠다고 했다. 죽음의 과정이 너무 험하여 떠올리기조차 버겁다는 것이다. 그래서 이제 좀 가벼운 종들인 조류나 곤충, 파충류에 관심이 간다고 하는 이들도 있었다.

솔로몬의 경우

성경을 읽다가 어느 지점에 눈길이 머물렀다. 열왕기상 4장이다.[21] 통일 왕국 120년 동안의 세 번째 왕이었던 솔로몬은 가장 풍요로운 세월을 보냈다. 동서양을 막론하고 신자에게나 불신자에게나 솔로몬은 지혜의 왕으로 정평이 나 있다. 그는 이스라엘 서안 기혼강이 흐르는 쉐펠라 지역, 이스르엘 골짜기에 사파리를 만들어 놓고 산지사방에서

---

21 왕상 4:29-34 하나님이 솔로몬에게 지혜와 총명을 심히 많이 주시고 또 넓은 마음을 주시되 바닷가의 모래 같이 하시니 솔로몬의 지혜가 동쪽 모든 사람의 지혜와 애굽의 모든 지혜보다 뛰어난지라 그는 모든 사람보다 지혜로워서 예스라 사람 에단과 마홀의 아들 헤만과 갈골과 다르다보다 나으므로 그의 이름이 사방 모든 나라에 들렸더라 그가 잠언 삼천 가지를 말하였고 그의 노래는 천다섯 편이며 그가 또 초목에 대하여 말하되 레바논의 백향목으로부터 담에 나는 우슬초까지 하고 그가 또 짐승과 새와 기어다니는 것과 물고기에 대하여 말한지라 사람들이 솔로몬의 지혜를 들으러 왔으니 이는 그의 지혜의 소문을 들은 천하 모든 왕들이 보낸 자들이더라

희귀한 동식물을 모아다가 돌보고 관찰하면서 연구했다고 전해진다. 솔로몬은 정말 해 보지 않은 것이 없을 정도로 하나님의 피조 세계에 관심이 많았던 사람이다. 하나님의 피조 세계를 통찰해 나가면서 지혜를 얻어 통치력을 확장해 갔다.

하나님의 사람은 하나님을 아는 즐거움으로 살아간다. 물론 은사와 재능을 따라서 그렇게 할 일이다. 만물박사가 되기는 버거울지라도, 평생 학습자로 사는 일은 참된 자유자로 살아가는 기쁨을 누리게 한다. 하나님을 안다는 것은 하나님의 계시의 말씀을 통해서 하나님을 오감으로 경험하는 일이고, 또 하나님께서 말씀으로 지으신 피조물들을 통찰하여 배우고 경험적 앎으로 확장해 가는 일이다. 모든 것을 다 아는 체하기 위해서 그렇게 하는 것이 아니다. 하나님의 지혜와 아름다우심이 깃든 피조물들을 하나씩 하나씩 배워 나가는 일에 즐거움을 누리는 사람으로 살아가기 위해서 지혜를 구하는 것이다. 솔로몬이 말년에 여자 문제와 자식 문제로 실패하는 삶을 살게 되어 아쉬움이 있지만, 그의 삶의 여정 전반을 통해 배울 점이 많다.

기회가 주어진다면

필자는 어린 시절 산과 바다가 접한 시골 마을에 살 때도 화단을 만들어 나무와 꽃을 키우는 일을 좋아했었다. 누가 시키는 것도 아니었다. 들꽃과 들풀들이 우거진 담장 밑을 정리하여 안개꽃을 심었다. 예배당 화단에 있는 꽃들을 분양해다가 심었다. 작약, 목단, 달리아, 접시꽃, 베고니아, 칸나 등등의 꽃들과 이웃에서 얻어 온 과수나무 묘목을 심었다. 죽기도 하고 잘 살아남기도 했다. 그래서 그런지 지금도 고향에 가면 옛날에 살던 집터에 가서 그때 심었던 무화과나무, 복숭아나무를 보면서 미소 짓는다. 어린 시절 가지고 놀았던 곤충들이 지금도 기억에 생생하다. 말잠자리, 고추잠자리, 도마뱀, 사마귀, 기와 제비, 물방개, 가재, 방아깨비, 사슴벌레…. 수도 없이 많은 것들과 교감하면서 자랐다. 바닷가에 가서는 갯벌을 살피며 배운 것이 많았다. 낙지는 왜 땅속 깊은 곳으로 들어가 사는지, 바카지나 사스랭이는 왜 무거운 돌 밑에 숨어서 사는지, 장어나 망둥어, 골 망둥어가 살아가는 지혜를 살펴보았다. 능쟁이나 황발이 꽃게는 어떻게 밥을 먹고 배설하는지를 살폈었다. 도시 생활에 지치거나 목회에 어려움이 있을 때마다 후퇴할 곳이 있었으니, 어린 시절 농어촌 마을에서 흥겨웠던 경험들, 추억을 소환하여 그때의 정서에 빠져들어 보는 일이었다.

동물을 사랑하는 사람의 정서

완전하고 순전한 진리는 아닐 것이다. 그러나 경험상 느끼는 것이 있다. 나이를 먹고 오래 묵은 만큼 세련된 죄가 깊이 파고들어 자리하고 있고, 오감으로 지각하는 죄들이 크다. 게다가 세속에 물든 정도도 심하다. 도시 생활에 황폐해진 내면의 모습을 여러 상황에서 감지한

다. 가족들을 보면 나보다 정서가 훨씬 부드럽고 따뜻하다. 함께 살아
가는 동물 대하는 걸 보면, 가족에게 배울 것들이 너무도 많다. 정보나
기술은 내가 더 많이 알고 있어 보이지만, 동물 대하는 태도를 보면 나
는 훨씬 뒤처진다. 가족들이 동물 대하는 모습을 보면 저들이 어떻게
저렇게 친절하고 따뜻할 수 있을까 하고 의아해한다. 강화도에서 동물
병원을 오랫동안 운영해 온 이규식 원장은 이렇게 말한다. "애완동물
을 키우는 집에서 자란 아이들이 자립심과 책임감과 협동심이 강합니
다. 그리고 동물을 사랑하는 마음은 사람을 사랑하는 감정과 연결되어
있습니다."

다른 동물들에게도 관심을

최근에 만난 목사님이 있다. 함양 상내백교회에서 목회하는 노상규
목사님이다. 목사님은 김해 무척산기도원 원장을 지냈다. 이미 그때부
터 목사님의 생활 태도가 독특하다는 것을 이런저런 경로를 통해서 알
고 있었다. 노새를 키워서 산을 오르내릴 때, 함께 오르내리는 모습을
보고서 놀랐다. 이번에 국제 선교적 교회 세미나에서 농촌 지역 선교
적 교회의 사례를 발표했다. 교회 주변에 동물들이 거주하기 좋은 집
을 지어 놓고 신기한 동물들을 기르고 있다. 비둘기, 공작, 희귀한 닭,
토끼, 나귀, 양 등등 많은 종류의 동물과 함께 지낸다. 동네에는 해외
에서 결혼 이주를 통해 정착한 가족들의 아이들을 비롯해서, 동네 아

이들이 교회로 와서 동물들을 보고 즐거워하는 모습을 보여 주었다. 목사님이 태워 주는 나귀를 타고 동네를 한 바퀴 돌면서 이런 이야기 저런 이야기를 주고받고 하며 친구처럼 사귀고 나면 주일날 아이들이 교회로 온다고 기뻐한다. 그뿐 아니라 그는 큰 그림을 가지고 목회를 하고 있는데, 이는 하나님께서 조물하신 사람들을 사랑하고, 그 사람들과 연관하여 생태계는 물론이고, 동물들까지 연구하고 양육하고 다스리면서 온갖 희귀한 지혜를 하나님께서 주신다는 것이다. 동물이 선교적 교회에 동력을 불어넣어 주고 있다니, 이 얼마나 감사한 일인가!

| 나가며 |

동물에 관한 다양한 생각들을 떠올리고 자료를 살피면서 글을 쓰는 동안 틈틈이 SNS를 살피는 기회를 가졌다. 근래에 동물신학, 동물에 관한 그리스도인들의 고민, 목회적으로 동물 문제를 어떻게 볼 것인가에 관한 논의들이 조금씩 일어나는 것을 본다. 목회 현장에서 부지런히 사고하며 사회적 관심사들과 주제들을 놓고 고민하는 한 젊은 목회자가 아래의 내용이 담긴 글을 올려놓은 것을 보았다. 이를 자세히 살펴보면서 옮겨보고 또 내 관점에서 정리해 보았다. 좋은 제안이고 좋은 연구 태도라 느낀다.

"동물들의 권익이나 동물신학 등의 화두를 접할 때마다, '왜 동일한 관점에서 식물들의 권익과 식물신학의 관점은 병행되지 않는가?'라는 의문을 품는다. 인간과 동물이 모두 하나님의 피조물이라면, 마찬가지로 식물 역시 하나님의 피조물인데 동물의 권익과 식물의 생존권이 동등하게 취급되지 않는다면, 이는 피조물들 사이에 불가피한 차등이 존재한다고 결론을 내릴 수밖에 없다. 우리 인간이라는 피조물, 호모사피엔스라는 종이 생존을 영위하는 데 있어 피조 세계 전체를 탐식할 수밖에 없는 존재들이라 생각한다. 그래서 다른 피조물들을 이웃으로 받아들이고 그것들을 배려하며 가꾸는 '청지기'의 시선으로 돌아설 때, 필연적으로 '자기기만'에 빠질 수밖에 없다고 본다. 이러한 자기기만의 딜레마를 정직하게 받아들이면서도, 여타 피조물들을 조금 더 사랑과 헤세드의 관점으로 마주할 수 있는 건강한 논의의 장이 될 수 있기를 기대한다."

분명 이런 고민이나 사색은 유의미한 출발점이다. 고민이나 질문이 없으면 아름다운 사상의 무늬들을 연출해 낼 수 없다. 동물이 중하다면 식물도 중하지 않겠는가? 그러니 자연 반려라는 말이 동물에서 식물로 옮겨 가고, 이제는 동물을 먹지 않겠다는 선언에서 식물도 먹지 않겠다는 합리적인 이유와 사상을 만들어 내야 할 처지로 내몰린다. 궁색하게 피를 가진 것들이나 심장을 가진 것들에 한한다고 하지만, 알고 보면 식물도 녹색의 피를 가지고 있고 신경망 조직에는 생명체들의 이동과 움직임을 감지하는 일이 어렵지 않게 되었다. 그래서 동물에 관한 목회적 살핌이 단지 이데올로기적 편파성을 옹호하는 일로 끝나 버린다면 무의미할 것이다.

목회자나 교회는 계시 의존적 사색과 성령의 감동으로 된 계시의 말씀이 느낌과 생각, 생각들의 조합인 사상과 그 사상이 실천되는 세계 속에서 기준이 있어야 한다. 성경을 정경 또는 '캐논'(Cannon)이라고 표현하는 이유가 이 때문이다.

우리는 계속해서 세상에 떠돌며 사상과 문화, 세계관을 형성해 가는 이야기들을 분별하는 작업을 해야 한다. 그래야 말씀에 의지하여 신앙을 생활화하고 적용해 가는 성도들에게 올바른 길을 제시할 수 있을 뿐 아니라, 공부하는 본인에게도 큰 유익이 있을 것이다. 이다음에 목회적 입장에서 동물을 연구하는 이들에게 제안하고 싶은 것이 있다. 앞으로도 더 많은 경험과 대화를 통해서 보다 폭넓은 실천적 지혜를 제시해 주길 바란다.

Bibliography

참고문헌

국내 단행본

강병훈. 『순교자 귀도 드 브레의 생애』. 서울: 세움북스, 2024.

개혁주의학술원. 『종교개혁과 인간』. 부산: 고신대학교 개혁주의학술원, 2021.

길성남. 『골로새서 · 빌레몬서』. 서울: 이레서원, 2019.

김영수 · 윤종웅. 『이기적인 방역, 살처분 · 백신 딜레마』. 서울: 무블, 2021.

문병호. 『30주제로 풀어 쓴 기독교강요』. 서울: 생명의 말씀사, 2018.

박시룡. 『박시룡 교수의 재미있는 동물 이야기』. 서울: 도서출판 지구촌, 1995.

서동욱. 『타자철학』. 서울: 반비, 2010.

송영목. 『요한계시록 주석』. 서울: SFC출판부, 2023.

송준인. 『개혁주의 생태신학』. 서울: 선학사, 2010.

신득일. 『101가지 구약 Q&A 2』. 서울: CLC, 2018.

오성호. 『55-66장을 중심으로 본 이사야서의 종말론 신학』. 서울: 솔로몬, 2012.

이석호. 『마가복음 산책』. 서울: 이레서원, 2006.

이신열. "동물." 『개혁신앙으로 시대 읽기』. 황원하 편. 서울: 담북, 2024.

이재상. 『형법각론』. 서울: 박영사, 2002.

이태복. 『성찬 전 묵상』. 서울: 세움북스, 2024.

임은제. 『데리다의 동물 타자』. 서울: 그린비, 2022.

장윤재. 『동물 소수자의 신학』. 서울: 한국문화신학회, 2017.

정항균. 『동물 되기』. 서울: 세장, 2020.

조효제. 『침묵의 범죄 에코사이드』. 파주: 창비, 2022.

지구법학회. 김왕배 편. 『지구법학』. 문학과 지성, 2023.

지원림. 『민법강의』. 서울: 홍문사, 2003.

과학세대 편. 『동물행동의 신세계』. 서울: 도서출판 벽호, 1993.

최재천. 『최재천의 인간과 동물』. 서울: 궁리, 2007.

한국교회환경연구소 · 한국교회사학회. 『창조신앙 생태영성』. 서울: 대한기독교서회, 2010.

국내 번역서

나셀리, 앤드루. 『ESV 성경 해설 주석 고린도전서』. 홍병룡 옮김. 서울: 국제제자훈련원, 2022.

누스바움, 마사. 『동물을 위한 정의』. 이영래 옮김. 알레, 2023.

다이아몬드, 제러드. 『총, 균, 쇠』. 김진준 옮김. 서울: 문학사상, 1997.

드 발, 프란스. 『동물의 생각에 관한 생각』. 이충호 옮김. 서울: 세종서적, 2017.

들뢰즈, 질 & 가타리, 펠릭스. 『안티오이디푸스』. 김재인 옮김. 서울: 민음사, 2014.

_____. 『천개의 고원』. 김재인 옮김. 서울: 새물결, 2003.

라이트, 톰. 『마침내 드러난 하나님 나라』. 양혜원 옮김. 서울: IVP, 2009.

라이트, 크리스토퍼. 『하나님 백성의 선교』. 한화룡 옮김. 서울: IVP, 2012.

라트카우, 요아힘. 『생태의 시대』. 김희상 옮김. 파주: 열린책들, 2022.

레비나스, 엠마누엘. 『존재와 다르게』. 김연숙 · 박한표 옮김. 서울: 인간사랑, 2010.

로버츠, 앨리스. 『세상을 바꾼 길들임의 역사』. 김명주 옮김. 파주: 푸른숲, 2019.

로렌츠, 콘라드. 『동물이 인간으로 보인다』. 김대웅 옮김. 서울: 자작나무, 1995.

루이스, C. S. 『고통의 문제』. 이종태 옮김. 서울: 홍성사, 2002.

린지, 앤드류. 『동물 신학의 탐구』. 장윤재 옮김. 대전: 대장간. 2014.

몰트만, 위르겐. 『창조 안에 계신 하느님』. 김균진 옮김. 서울: 한국신학연구소, 1987.

백스터, 리처드 & 패커, 제임스 & 런디, 마이클. 『우울하고 불안한 그리스도인들에게』. 최원일 · 김안식 옮김. 서울: 세움북스, 2024.

벌코프, 루이스. 『기독교교리사』. 신복윤 옮김. 서울: 성광문화사, 1985.

보우머 프레디거, 스티븐. 『주님 주신 아름다운 세상』. 김기철 옮김. 서울: 복있는사람, 2011.

부버, 마틴. 『나와 너』. 김천배 옮김. 서울: 대한기독교서회, 2020.

빌, 그레고리. 『신약성경신학』. 김귀탁 옮김. 서울: 부흥과 개혁사, 2013.

샐러틴, 조엘. 『돼지다운 돼지』. CR번역연구소 옮김. 서울: 홍성사, 2020.

싱어, 피터. 『동물해방』. 김성한 옮김. 고양: 인간사랑, 1999.

_____. 『동물해방』. 김성한 옮김. 고양: 연암서가, 2012.

야브루, 로버트. 『ESV 성경 해설 주석 로마서』. 홍병룡 옮김. 서울: 국제제자훈련원, 2022.

윌슨, 에드워드. 『사회생물학 I: 사회적 진화와 메커니즘』. 이병훈 · 박시룡 옮김. 서울: 민음사, 1992.

인겐시프, 한스 베르너. & 바란츠케, 하이케. 『동물철학』. 김재철 옮김. 서울: 파라아카데미, 2021.

작서, 노르베르트. 『동물 안의 인간』. 장윤경 옮김. 파주: 문학사상, 2019.

조지, 티모시. 『CSC 갈라디아서』. 노승환 옮김. 부산: 깃드는숲, 2023.

카이저, 월터 외 3인. 『IVP 성경난제주석』. 김재영 외 옮김. 서울: IVP, 2017.

카제즈, 잔. 『동물에 대한 예의』. 윤은진 옮김. 서울: 책읽는수요일, 2011.

칼뱅, 장. 『기독교강요』

칼빈, 존. 『창세기 1』. 성서교재간행사 옮김. 서울: 성서교재간행사, 1993.

_____. 『로마서, 빌립보서 주석』. 성서교재간행사 옮김. 서울: 성서교재간행사, 1993.

퀴젱, 미셸. 『동물행동학』. 이병훈 옮김. 서울: 아카데미서적, 1994.

클라인, 메리데스. 『하나님 나라의 서막』. 김구원 옮김. 서울: 개혁주의신학사, 2007.

패커, 제임스 외 3인 (ed). 『새 성경 사전』. 나용화 · 김의원 옮김. 서울: CLC, 1996.

펠리숑, 코린. 『동물주의 선언』. 배지선 옮김. 서울: 책공장더불어, 2019.

프란스, R.. 『NIGTC 마가복음』. 이종만 외 옮김. 서울: 새물결플러스, 2017.

피츠마이어, 조셉. 『앵커바이블 로마서』. 김병모 옮김. 서울: CLC, 2015.

하이데커, 마르틴. 『존재와 시간』. 전양범 옮김. 서울: 동서문화사, 2018.

국내 학술지

강정구. (2016). "펫팸족의 출현과 반려동물의 재인식: 2000년대 이후 한국문학과 영화 작품을 중심으로." 『세계문학비교학회』 54: 23.

강성열. (2008). "성서의 음식 규례와 오늘의 먹을거리." 『캐논 앤 컬처』 2/2: 23-24.

강수경. (2018). "동물윤리의 토대에서 동물을 위한 정당방위와 긴급피난의 적용 가능성: 독일에서의 논의를 중심으로." 『고려법학』 91: 279-80.

강호숙. (2023). "복음주의 내 생태적 설교에 관한 실천신학적 연구: 생태적 설교의 필요성과 실천신학적 과제를 중심으로." 『신학과 사회』 37/2: 143, 156, 162

곽진숙. (2023). "부산지역 애완동물 시장 전망에 대한 연구 방안." 『인문사회21』 14/3: 1671-1673.

국은숙. (2022). "반려동물 장묘서비스 이용 실태조사." 『한국소비자원 조사보고서』: 1.

김광연. (2019). "동물 생명의 가치와 인간과의 공존: 반려동물을 대하는 인간의 이중적 태도." 『순천향 인문과학논총』 38/3: 104.

김기석. (2011). "동물 사육과 살육에 관한 신학적 성찰.," 『기독교사상』 2월호. 169.

김기중. (2023). "앤드류 린지(Andrew Linzey)의 동물신학." 『좋은나무』.

김남준. (2011). "식물윤리학의 원리: 식물윤리학의 근거 정립을 위한 시론적 연구." 『환경철학』 12: 23-27.

김동규. (2018). "후기 하이데거 철학의 동물론: 아감벤, 데리다 비판의 맹점." 『철학탐구』 52: 179.

김명식. (2013). "동물윤리와 환경윤리: 동물해방론과 생태중심주의 비교." 『환경철학』 15: 2, 8-9.

김서영. (2021). "동물학대죄의 헌법적 정당성에 관한 논의: 동물의 지위에 관한 동물윤리학적 고찰과 헌법상 동물보호의무를 중심으로." 『강원법학』 63: 415-17

김선종. (2019). "하나님과 사람과 땅의 교향악: 성결법전의 신학과 설교." 『Canon & Culture』 13/2: 190-93.

김성호. (2022). "사회복지실천 속 동물매개활동의 윤리적 이슈." 『기독교사회윤리』 53: 197-99.

김승호. (2010). "기독교와 이슬람의 내세론 비교 연구." 『성경과 신학』 54: 255-58.

김영진. (2024). "반려동물의 항공 여행에 관한 연구." 『한국과 세계』 6/1: 150, 154-56.

김은혜. (2021). "인간과 동물과의 관계에 대한 신학적 성찰과 동물에 대한 기독교 윤리적 책임." 『장신논단』 53/5: 158, 172.

김형민. (2007). "인간학에 도전하는 동물학: '대 유인원 프로젝트'에 대한 비판적 고찰." 『기독교사회윤리』 13: 91-93.

김형민. (2000). "동물의 미래와 기독교 신앙." 『기독교사회윤리』 3: 145, 163.

김혜윤. (2007). "단 7:1-8에 등장하는 '짐승 상징화' 연구: 묵시문학적 특성 규명과 신화적 재구성." 『가톨릭신학』 11: 49-98.

김혜진. (2017). "동물과 폴리스: 아테네 국립고고학박물관에 소장된 고전기 아티카 봉헌 부조와 비석의 사례를 중심으로." 『서양미술사학회논문집』 46: 14, 23.

김희석. (2011). "서평: All Creatures Great and Small: Living Things in the Bible (Edward R. Hope, New York: United Bible Societies, 2005)." 『성경원문연구』 29: 210.

노영상. (2001). "동물보호에 대한 기독교윤리적 반성."『장신논단』17: 235-40, 255-57.

모효정. (2013). "부분-인간화 동물(Part-Human Animals)의 개념과 윤리적 쟁점들."『한국의료윤리학회지』16/1: 36-37.

문성학. (2018). "동물해방과 인간에 대한 존중 (Ⅲ): 피터 싱어의 윤리적 채식주의 비판."『철학논총』92/2: 29-31, 44.

박두환. (2002). "요한계시록 상징에 대한 연구: 동물과 색깔을 중심으로."『신약논단』9/3: 755, 776.

박미혜. (2023). "윤리적 채식주의 소비자의 채식 소비 경험에 관한 질적 연구: 근거이론 방법의 적용."『소비자학연구』34/5: 158.

박성진. (2019). "영장류의 사회적 행위를 통한 '정의'(justice)의 기원에 관한 연구."『철학논총』95: 88, 112.

박유미. (2021). "레위기 음식법에 대한 생태학적 접근."『성경과 신학』99: 13.

박진경. (2022). "펫로스 증후군과 상호작용적 독서치료: 비블리오드라마 모형."『신학과 실천』81: 439, 447.

박찬운. (2010). "동물보호와 동물 복지론: 유럽 상황을 중심으로."『법조』640: 327.

백상훈. (2021). "반려동물과의 관계를 통한 영성 형성에 관한 연구."『장신논단』53/2: 203-204.

소병철. (2013). "인간중심주의는 동물의 이익을 보호할 수 없는가?."『인문학연구』92: 258.

손원영. (2021). "뒷간신학의 조감도."『종교교육학연구』67: 23-41.

송충기. (2022). "동물보호운동과 반려동물 열풍의 역사적 기원."『철학과 현실』9월호: 68.

신성자. (2002). "동물에 대한 인간의 책임에 관한 성경적 사고."『신학지남』69/4: 197.

신응철. (2023). "동물 철학이란 무엇인가?: 슈바이처의 '생명에 대한 외경'을 중심으로."『기독교와 문화』19: 137, 140-41.

신현우. (2014). "예수의 광야 시험: 마가복음 1:12-13에 담긴 모형론 중첩."『신약논단』21/1: 41-42.

슈바이처, 알베르트. (2017). "동물을 위한 기도."『가톨릭 평론』10.

양혜림. (2022). "피터 싱어의 동물 살생에 대한 선호공리주의의 비판적 고찰."『인문학연구』129: 224.

우택주. (2011). "이사야서 11장 1–9절에 나타난 메시아사상과 생태계의 회복."『복음과 실천』48/1: 21, 24.

유가명 · 김덕환. (2023). "한중 반려동물 문화 비교 분석."『유라시아연구』20/3: 152.

유경동. (2019). "식물 신경생물학과 기독교 녹색 윤리."『한국기독교신학논총』111: 203–205.

윤덕병. (2022). "반려동물 서비스산업에 관한 연구."『혁신기업연구』7/3: 166–67.

오민수. (2017). "초사법적 화해의 장: 동물보호규례– 출애굽기 23장 4–5절과 그 맥락."『구약논단』23/2: 62–63.

오민수. (2022). "동물, 사회 생태계의 급진적 정황 변화의 주역(출 23:4–5)."『구약논단』28/1: 179–80.

이국현. (2021). "기독교 채식주의의 역사와 사회윤리적 담론 이해."『한국교회사학회지』60: 103, 111.

이기훈. (2019). "윤리적 육식주의의 가능성 연구."『윤리연구』124: 153.

이동찬. (2014). "어휘 의미론적으로 본 구약성경의 '생명' 개념."『생명과 말씀』9: 41, 44, 46.

이성호. (2023). "동물 연구(Animal Studies) 시대에서 기독교 신학의 길 찾기."『한국조직신학논총』71: 154, 166.

이상목. (2023). "그들은 기생충, 개이다: 바울의 혐오 수사학 돌아보기."『신약논단』30/2: 325.

이승갑. (2014). "과정 사상의 관점에서 본 동물권(動物權): 린지의 동물신학과의 대화를 중심으로."『기독교사회윤리』28: 7–44.

이유봉. (2009). "인간의 법을 통해 바라본 동물의 죽음에 관한 소고."『서울대학교 법학』50/1: 208.

이원옥. (2011). "선교를 위한 장례예식 절차에 대한 성경적인 고찰."『복음과 선교』16: 157–90.

이은애. (2016). "히브리 성서에서의 죽음과 장례: 존재와 관계에 대한 기억."『구약논단』22/2: 152–53.

이종록. (2016). "니느웨 상상력: (비인간) 동물신학 정립을 위한 구약성서 연구."『신학사상』175: 24, 34, 38.

이종화 · 손영은. (2022). "반려동물이 독거노인의 삶의 만족과 스트레스에 미치는 영향: 반려동물과 사회적 지지망의 상호작용 효과를 중심으로."『보건사회연구』42/4: 167–68.

이창호. (2023). "린지의 동물신학 탐구와 비평적 대화 모색 몰트만, 마우, 스택하우스를 중심으로."『기독교사회윤리』 55: 59-69.

이희성. (2018). "구속사의 맥락에서 본 노아 언약: 성경신학적 접근."『신학지남』 85/4: 11, 18.

임미영. (2019). "신약 시대 구약의 정결법 실천에 관한 고고학적 고찰."『Canon & Culture』 13/2: 252, 255.

임진수. (2003). "요한복음의 세상(κόσμος) 이해."『신학과 세계』 47: 194.

장동익. (2023). "피터 싱어의 동물해방론을 비판함: 종 차별주의 옹호."『윤리학』 12/1: 79.

정결. (2021). "동물 윤리의 도덕적 접근법."『철학논총』 104/2: 318.

정대영. (2012). "생태학적 관점에서의 동물해방론 비판."『순천향 인문과학논총』 31/2: 157.

조대호. (2009). "동물의 자발적 행동과 숙고: 아리스토텔레스의 동물행동학에 대한 예비적 성찰."『철학연구』 86: 89.

조희정. (2017). "인간과 동물,「찬미받으소서」관점에서 본 연대의식."『가톨릭 평론』 10: 62-64.

차정식. (2007). "복음서의 동물들과 신학적 상상력: 예수 신학의 탈신화적 특징에 관하여,"『신약논단』 14/4: 924.

최선미. (2018). "로마서의 약한 자와 강한 자: 로마서 14장 1-6절을 중심으로."『대학과 선교』 36: 112.

최시영 외. (2023). "반려동물 장례 및 펫로스 증후군 관련 산업 현황 연구."『인문사회 21』 14/2: 485, 490.

최원호. (2010). "동물/인간의 경계와 욕망, 그리고 변신: 한국과 북미 원주민 구전설화에서의 동물신부를 중심으로."『비교민속학』 53: 275, 282.

최재천. (2004). "동물의 인지능력과 인간 두뇌의 진화."『인지과학』 15/4: 67, 74.

최훈. (2017). "사자가 소처럼 여물을 먹는 세상: 포식(predation)의 윤리적 문제."『환경철학』 23: 156.

하경택. (2008). "창조와 종말 주제를 위한 동물의 신학적 의의(意義)."『구약논단』 14/4: 131, 141.

한유선. (2024). "코로나 엔데믹 시대의 생태적 영성 지향성."『신학논단』 116: 260-61.

국내 학위 논문

금명진. (2023). "동물에 대한 선교적 돌봄과 신학적 고찰." 석사학위, 장로회신학대학교.

김영숙. (2017). "성경의 식물 명칭에 대한 연구: 성경 번역과 주석을 위한 성서신학적 가치와 전망." 박사학위. 대구가톨릭대학교.

김항철. (2023). "피터 싱어의 동물해방을 위한 공리주의적 · 윤리적 채식주의 실천윤리 연구: 전통적인 종 차별주의 비판." 철학박사학위, 충남대학교.

임종현. (2016). "피터 싱어의 동물윤리에 대한 기독교 윤리적 고찰." 석사학위, 장로회신학대학교.

정영근. (2021). "반려동물 장묘행정에 관한 연구: 장묘업을 중심으로." 박사학위, 배재대학교.

해외 단행본

Atkinson, D. J. (ed). *New Dictionary of Christian Ethics and Pastoral Theology*. Leicester: IVP, 1995.

Augustinus Hipponensis. *De Trinitate*.

Balz, H. & Schneider, G. (ed). *Exegetical Dictionary of the New Testament*, vol. 2. Grand Rapids: Eerdmans, 1991.

Bauckham, R. *The Bible and Ecology: Rediscovering the Community of Creation*. Waco: Baylor University Press, 2010.

Beeke, J. R. (ed). *The Reformation Heritage KJV Study Bible*. Grand Rapids: RHB, 2014.

Brown C. (ed). *New International Dictionary of New Testament Theology*, vol. 1. Grand Rapids: Zondervan, 1986.

Bruckner, J. *Jonah, Nahum, Habakkuk, Zephaniah*. Grand Rapids: Zondervan, 2004.

Bruner, F. D. *The Churchbook: Matthew 13-28*. Grand Rapids: Eerdmans, 2007.

Carson, D. A. (ed). *NIV Biblical Theology Study Bible*. Grand Rapids: Zondervan, 2018.

Carson, Rachel. *Silent Spring*. Boston: Houghton Mifflin, 1962.

Clough, D. "The Anxiety of Human Animal: Martin Luther on Non-Human Animals and Human Animality." in *Creaturely Theology*, ed. Deane-Drummond, C. & Clough, D. London: SCM Press, 2009.

_____. "The Bible and Animal Theology." in *The Oxford Handbook of the Bible and Ecology*. ed. H. Marlow and M. Harris. Oxford: Oxford University Press, 2022.

Chrysostom, John. *Homilies on the Gospel of St. Matthew*.

_____. *Ancient Faith Study Bible*. Nashville: Holman Press, 2019.

Cyril of Alexandria. *Commentary on Luke*.

Elwell, W. A. (ed). *Baker Encyclopedia of the Bible*, vol. 1 A-I. Grand Rapids: Baker, 1988.

Firmage, E. "Zoology (Fauna)." in *Anchor Bible Dictionary*, vol. 6, ed. Freedman, D. L. New York: Doubleday, 1992.

Gentry Jr., K. L. *The Divorce of Israel: A Redemptive-Historical Interpretation of Revelation*, vol. I. Dallas: Tolle Lege, 2024.

_____. *The Divorce of Israel: A Redemptive-Historical Interpretation of Revelation*, vol. II. Dallas: Tolle Lege, 2024.

Goodall, J. "Do Chimpanzees have Souls?: Possible Precursors of Religious Behavior in Animals." in *Spiritual Information: 100 Perspectives on Science and Religion*. hiladelphia: Templeton Foundation Press, 2005.

Green, G. L. *Jude & 2 Peter*. Grand Rapids: Baker, 2008.

Grosheide, F. W. *Het Heilig Evangelie volgens Mattheus*. Kampen: Kok, 1954.

Hagner, D. A. *Matthew 14-28*. Waco: Word, 1995.

Hartung, T. "Research and Testing without Animals: Where are We Now and Where are We heading?" in *Animal Experimentation: Working towards a Paradigm Change*. ed. Herrmann, K. & Jayne, K. Leiden: Brill, 2019.

Hays, E. R. "Justice, Righteousness." in *Dictionary of the Old Testament Prophets*. ed. Boda, M. J. & McConville, J. G. Downers Grove: IVP, 2012.

Horrell, D. G. et als. *Greening Paul: Rereading the Apostle in a Time of Ecological Crisis*. Waco: Baylor University Press, 2010.

Jeremias, Joachim. *Parables of Jesus*. New York: Scribner, 1963.

Keener, C. S. *Acts*, Vol. 2. Grand Rapids: Baker, 2013.

Kiel, M. D. *Apocalyptic Ecology: The Book of Revelation, the Earth, and the Future*.

Collegeville: Liturgical Press, 2017.

Kittel, G. (ed). *TDNT*, vol. III. Grand Rapids: Eerdmans, 1974.

_____. (ed). *TDNT*, vol. IX. Grand Rapids; Eerdmans, 1974.

Legan, Tom. *The Case for Animal Rights*. University of California Press, 1983.

Lorenz, Konrad. *Die Acht Todsünden der zivilisierten Menschheit*. München, 1973.

Louw, J. P. & Nida, E. A. *Greek-English Lexicon on the New Testament based on Semantic Domains*, Vol. 1. Cape Town: BSSA, 1993.

Moltmann, J. *The Coming of God: Christian Eschatology*. Minneapolis: Fortress, 1996.

Mounce, W. D. (ed). *Mounce's Complete Expository Dictionary of Old & New Testament Words*. Grand Rapids: Zondervan, 2006.

Murphy, R. *Ecclesiastes*. Dallas: Word Books, 1992.

Nussbaum, Martha. *Justice for Animals*. New York: Simon & Schuster, 2023.

Origenes. *De Principiis*.

Pao, D. W. *Colossians & Philemon*. Grand Rapids: Zondervan, 2012.

Provan, I. *Ecclesiastes/Song of Songs*. Grand Rapids: Zondervan, 2001.

RSPCA. *A Service for Animal Welfare*. Horsham: RSPCA, Nd.

Rushdoony, Rousas John. *The Institues of Bible Law*. The Craig Press, 1978.

Saint Irenaeus of Lyons. *Against Heresies*.

Schaaf I. (ed). *Animal Kingdom of Heaven: Anthropozoological Aspects in the Late Antique World*. Berlin: De Gruyter, 2019.

Schnabel, E. J. *Acts*. Grand Rapids: Zondervan, 2012.

Singer, Peter. *Animal Liberation*. Jonathan Cape, 1975.

Smick, E. B. "Job." in *1 Chronicles-Job, The Expositor's Bible Commentary*. Grand Rapids: Zondervan, 2010.

Smith, G. V. *Hosea/Amos/Micah*. Grand Rapids: Zondervan, 2001.

Spittler, J. E. "Animal Resurrection in the Apocryphal Acts of the Apostles." in *Gelitten-Gestorben-Auferstanden: Passions und Ostertraditionen im Antiken Christentum*, ed. Tobias, N. et als. Tübingen: Mohr Siebeck, 2010.

Sproul, R. C. (ed). *New Geneva Study Bible*. Nashville: Thomas Nelson Publishers, 1995.

Taylor, C. "Respect for the (Animal) dead." in *Animal Death*. ed. Johnston, J. & Probyn-Rapsey, F. Sydney: Sydney University Press, 2013.

_____. "Vegan Madness: Han Kang's The Vegetarian." in *Disability and Animality*. ed.
Jenkins, S. & Montford, K. S. & Taylor, C. New York: Routledge, 2020.

Turner, D. L. *Matthew*. Grand Rapids: Baker, 2008.

VanGemeren, W. A. *Psalms*. Grand Rapids: Zondervan, 2008.

VanGemeren, W. A. (ed). *New International Dictionary of Old Testament Theology*, vol.
1. Grand Rapids: Zondervan, 1997.

_____. *New International Dictionary of Old Testament Theology*, vol. 2. Grand Rapids:
Zondervan, 1997.

_____. *New International Dictionary of Old Testament Theology*, vol. 3. Grand Rapids:
Zondervan, 1997.

Wallace–Hadrill, D. S. *The Greek Patristic View of Nature*. Menchester: Menchester
University Press, 1968.

Webb, S. H. *On God and Dogs: A Christian Theology of Compassion for Animals*. New
York: Oxford University Press, 1998.

Wenham, G. J. *Genesis 1-15*. Waco: Word, 1987.

Williams, D. L. "Rights, Animal." in *New Dictionary of Theology*. ed. Ferguson, S. B.
et als. Leicester: IVP, 1988.

Wilson, Edward O. *Der Wert der Vielfalt: Die Bedrohung des Artenreichtums und das
Überleben des Menschen*. Piper, 1995.

해외 학술지

Adam, M. B. (2014). "The Particularity of Animals and of Jesus Christ." *Zygon* 49/3:
747–51.

_____. (2021). "The Purpose of Creatures: A Christian Account of Human and
Farmed Animal Flourishing." *Sewanee Theological Review* 62/4: 736–37, 749.

Adamah, J. N. S. (2020). "Food Insecurity, Eucharist, and Community: Reading
Jean–Marc Éla's 'Shade–Tree' Theology in Light of Balthasar's Ecclesiology."
Review & Expositor 117/4 (2020), 537–39.

Ahiamadu, A. (2010). "A Postcolonial Critical Assessment of the Imago Dei in Gen
1:26–28 in Nigerian Perspective." *Scriptura* 103: 98, 101–103.

Archer, G. (2016). "The Hellhound of the Qur'an: A Dog at the Gate of the

Underworld." *Journal of Qur'anic Studies* 18/3: 3.

Aseneta, A. A. R. (2017). "Laudato Sion Non—Human Animals." *Journal of Moral Theology* 6/2: 233, 236—38.

Atkins, P. J. (2020). "Praise by Animals in the Hebrew Bible." *Journal for the Study of the Old Testament* 44/3: 507—508.

Banman, J. K. (1995). "Animal—Assisted Therapy with adolescents in a Psychiatric Facility." *Journal of Pastoral Care* 49/3: 274—78.

Barton, M. (2013). "Go to the Ant, You Lazybones (NRSV, Prov. 6:6): The Church and Nonhuman Animals in the World." *International Journal of Public Theology* 7/1: 34, 39.

Bechtel, T. G. H. (2015). "Sound is the Blood between Me and You: Toward a Theology of Animal Musics." *Conrad Grebel Review* 33/2: 268.

Bekoff, M. (2007). "Reflections on Animal Emotions and Beastly Virtues: Appreciating, Honoring and Respecting the Public Passions of Animals," *Journal for the Study of Religion, Nature and Culture* 1/1: 7072.

Berkman, J. (2014). "From Theological Speciesism to a Theological Ethology: Where Catholic Moral Theology needs to go." *Journal of Moral Theology* 3/2: 30.

Bird, P. A. (2015). "Of Whores and Hounds: A New Interpretation of the Subject of Deuteronomy." *Vetus Testamentum* 65/3: 362.

Bøsterud, M. (2019). "Animal Welfare: A Human Right?" *In die Skriflig* 53/1: 3.

Brink, G. van den. (2012). "Evolutionary Theory, Human Uniqueness and the Image of God." *In die Skriflig* 46/1: 4, 6.

Brown, K. (2006). "Pastoral Concern in Relation to the psychological Stress caused by the Death of an Animal Companion." *Mental Health, Religion & Culture* 9/5: 416—18.

Bryant, D. J. (2014). "The Human Animal and Christian Ecotheology: Reflections on Taking Biology Seriously." *Journal for the Study of Religion, Nature and Culture* 8/1: 107.

Callan, T. (2009). "Comparison of Humans to Animals in 2 Peter 2,10b—22." *Biblica* 90/1: 103.

Camosy, C. C. & Kopp, S. (2014). "The Use of Non—Human Animals in Biomedical Research: Can Moral Theology fill the Gap?" *Journal of Moral Theology* 3/2:

64.

Clough, D. (2023). "Christianity and Farmed Animal Welfare." *Modern Believing* 64/3: 241–43.

Coetzee, J. (2007). "Diere-Vriendelike Lees van Jona." *Old Testament Essays* 20/3: 567–85.

Colson, C. W. & Morse, A. (2008). "Keeping Pets in Their Place: Why We can't afford to treat Animals like Humans." *Christianity Today* 52/4: 80.

Conradie, E. M. (2008). "The Earth in God's Economy: Reflections on the Narrative of God's Work." *Scriptura* 97: 23–24.

_____. (2021). "Human Uniqueness: An Unfinished Agenda." *Verbum et Ecclesia* 42/2: 4, 7.

Cox, P. (1982). "Origen and the Bestial Soul: A Poetics of Nature." *Vigiliae Christianae* 36/2: 115.

Crawford, J. S. (2004). "Caleb the Dog: How a Biblical Good Guy got a Bad Name." *BR* 20/2: 29.

Creegan, N. H. (2007). "Being an Animal and Being made in the Image of God." *Colloquium* 39/2: 187, 193.

Cunningham, P. F. (2022). "The Case for Animal Spirituality 1 Conceptual Challenges, Methodological Considerations, and the Question of Animal Consciousness." *Journal for the Study of Religion, Nature and Culture* 16/2: 187–91.

Curry, E. A. (2019). "The Final (Missions) Frontier: Extraterrestrials, Evangelism, and the Wide Circle of Human Empathy." *Zygon* 54/3: 598–99.

Dahlen, R. W. (1997). "The Savior and the Dog: An Exercise in Hearing." *Word & World* 17/3: 272.

Davidson, R. M. (2017). "The Salvation of Animals?" *Perspective Digest* 22/2: Np.

Deane-Drummond, C. E. (2009). "Are Animals Moral?: A Theological Appraisal of the Evolution of Vice and Virtue." *Zygon* 44/4: 933.

DeRouchie, J. S. & Grudem, W. (2023). "How Old is the Earth?" *Midwestern Journal of Theology* 22/1: 8, 28.

Deventer, H. J. M. van. (2005). "The Bold, the Beautiful and the Beasts in the Book of Daniel." *Scriptura* 90: 728.

Donaldson, B. (2016). "From Ancient Vegetarianism to Contemporary advocacy: When Religious Folks decide that Animals are No Longer Edible." *Religious Studies and Theology* 35/2: 146–49.

Doyle, B. (2004). "Howling like Dogs: Metaphorical Language in Psalm lix." *Vetus Testamentum* 54/1: 77–78.

Du Toit, Cornel W. (2015). "Pursuing an Understanding of Animal Consciousness: Implications for Animal Morality and a Creaturely Theology." *Verbum et Ecclesia* 36/3: 7.

Eason, F. O. (2021). "'Forever in Our Hearts' Online: Virtual Deathscapes maintain Companion Animal Presence." *Journal of Death & Dying* 84/1: 214, 221.

Ee, J. J. van. (2018). "Wolf and Lamb as Hyperbolic Blessing: Reassessing Creational Connections in Isaiah 11:6–8." *JBL* 137/2: 334–45.

Erbele-Küster, D. (2009). "Geboorte als Schepping: Bijbelstheologische Kanttekeningen bij Gentechnologie." *NTT* 63/2: 151–52.

Fergusson, D. (2014). "God, Christ, and Animals." *Zygon* 49/3: 744.

Ferreira, H. & Sutton, L. (2024). "Ecological Hermeneutics as a Current Trend in Old Testament Research in the Book of Psalms." *Acta Theologica* 44/1: 316–18.

Field, R. (2001). "Comforters and Friends," *The Way* 41/3: 237–39.

Folarin, G. O. (2011). "From Primordial Curse to Eschatological Restoration: Ecological Challenges from Genesis 3:14–20 and Romans 8:18–25." *Verbum et Ecclesia* 32/1: 4.

Frey, J. (2024). "The God who is Love and the Life of Humans: Johannine Perspectives." *Stellenbosch Theological Journal* 10/3: 7.

Freyhauf, M. S. (2015). "Who let the Dogs out?: An Examination of Outside Cultural Influences in the Book of Tobit." *Conversations with the Biblical World* 35: 62–64.

Gacia, T. (2022). "Anima, Spiritus, Mens in Sepulchral Inscriptions from the Carmina Latina Epigraphica: Philological Approximations." *Verbum Vitae* 40/3: 685–87.

Gault, B. P. (2017). "Avenging Husband and Redeeming Lover?: Opposing Portraits of God in Hosea." *JETS* 60/3: 494.

Glanz, O. (2017). "Vegangelical: How Caring for Animals can shape Your Faith [review]/ King, Sarah Withrow." *AUSS* 55/1: 134−36.

Goswell, G. (2017). "Messianic Expectation in Isaiah 11." *Westminster Theological Journal* 79/1: 134−35.

Graham, D. & Wensel, L. (2023). "Caring for God's Animals is Caring for God's People." *Evangelical Missions Quarterly* 59/4: 52−57.

Greenfield, T. (2004). "Humans, Animals and a Theology of Relationship." *Modern Believing* 45/1: 35−36.

Grypeou, E. (2016). "Talking Skulls: On Some Personal Accounts of Hell and Their Place in Apocalyptic Literature." *ZAC* 20/1: 110−15.

Harper, B. W. (1999). "On God and Dogs: A Christian Theology of Compassion for Animals [review]." *AUSS* 37: 157.

Harrod, J. B. (2014). "The Case for Chimpanzee Religion." *Journal for the Study of Religion, Nature and Culture* 8/1: 8−25.

Haycock, M. (2019). "This Earth and the Inhabitants Thereof: (Non−)Humans in the Divine Household." *Dialogue* 52/4: 40.

Heerden, M. van. (2002). "Godsdienstige Perspektiewe op Mens−Dier Interaksie." *HTS Teologiese Studies* 58/3: 1085−1086.

Heim, K. M. (2008). "A Closer Look at the Pig in Proverbs xi 22." *Vetus Testamentum* 58/1: 18.

Helmer, J. E. (2014). "Speaking Theologically of Animal Rights." *Journal of Moral Theology* 3/2: 126.

Henriksen, J−O. (2024). "God, Justice, Climate Change." *Stellenbosch Theological Journal* 10/3: 2−9.

Hill, T. (1881). "The Souls of Plants and Animals." *Science* 2/33: 67−68.

Hoffman, T. (2004). "Exomissiology: The Launching of Exotheology." *Dialog* 43: 324−37.

Holt, S. S. (2005). "A Review of Andrew Linzey's Animal Theology from a Theological Perspective." *Review & Expositor* 102/1: 104−105.

Howell, N. R. (2015). "Locating Nature and Culture: Pan−Homo Culture and Theological Primatology." *Verbum et Ecclesia* 36/3: 8.

Hughes, B. (2012). "The Antonian Zoo: Use of Animal and Human Traits in Medieval Sermons." *Homiletic* (Online) 37/1: 4.

Irwin, B. (2012). "Amos 4:1 and the Cows of Bashan on Mount Samaria: A Reappraisal." *CBQ* 74/2: 241, 246.

Jenson, R. W. (1983). "The Praying Animal." *Zygon* 18/3. 322.

Johnson, E. A. (2019). "Animals' Praise of God." *Interpretation* 73/3: 264.

Jones, D. W. & Spencer, A. J. (2018). "The Fate of Creation in the Eschaton." *Southeastern Theological Review* 9/1: 78–87, 91.

Kao, G. Y. (2014). "Creaturely Solidarity: Rethinking Human–Nonhuman Relations." *Journal of Religious Ethics* 42/4: 764.

Kaunda, C. J. (2016). "Reconstituting Ndembu Traditional Eco–Masculinities: An African Theodecolonial Perspective." *Verbum et Ecclesia* 37/1: 2–3, 6.

_____. (2016). "Towards an African Ecogender Theology: A Decolonial Theological Perspective." *Stellenbosch Theological Journal* 2/1: 178.

Kavusa, K. J. (2022). "The Bride as a 'Locked Garden': An Eco–Sustainability Retrieval of Nature Metaphor in Song of Songs 4:12–15." *Verbum et Ecclesia* 43/1: 4.

Kärkkäinen, P. A. (2004). "On the Semantics of 'Human Being' and 'Animal' in Early 16th Century Erfurt." *Vivarium* 42/2: 230, 256.

Kenney, E. (2004). "Pet Funerals and Animal Graves in Japan." *Mortality* 9/1: 44, 51, 58.

Kim, G. J–S. (2012). "Colonialism, Han & Eco–Theology." *Scriptura* 111: 378–82.

_____. (2022). "Climate Change and the Personal Presence of God." *Quaker Religious Thought* 138: 8–9.

Kinman, B. (2005). "Jesus' Royal Entry into Jerusalem." *Bulletin for Biblical Research* 15/2: 256–57.

Kirkpatrick, H. (2016). "Christ's Atonement, Industrial Agriculture, and Concentrated Animal Feeding Operations: Redeeming Broken Systems, Repairing Broken Relationships." *Cultural Encounters* 11/2: 83–84, 94–96.

Kiser, L. J. (2009). "Margery Kempe and the Animalization of Christ: Animal Cruelty in Late Medieval England." *Studies in Philology* 106/3: 309, 314.

Klein, R. A. (2009). "Die Inhumanität des Animal Sociale: Vier Thesen zum Interdisziplinären Beitrag der Theologischen Anthropologie." *Neue Zeitschrift für Systematische Theologie und Religionsphilosophie* 51/4: 444.

Klerk, B. J. de. (2014). "The Power of Praise Psalms to encourage Awareness of Ecological Issues amongst Worshipers." *In die Skriflig* 48/2: 5–8.

Kleven, T. J. (1996). "The Cows of Bashan: A Single Metaphor at Amos 4:1–3." *CBQ* 58/2: 220.

Kraus, T. J. (2013). "Von Hund und Schwein: Das Doppelsprichwort 2Petr 2:22 und Seine Hapax Legomena aus Linguistischer, Textkritischer und Motivgeschichtlicher Sicht." *Annali di Storia dell'Esegesi* 30/1: 51, 54, 64.

Largen, K. J. (2017). "Neighbors, Neighbor–Love, and Our Animal Neighbors." *Word & World* 37/1: 45.

Lavorgna, B. & Hutton, V. E. (2019). "Grief Severity: A Comparison between Human and Companion Animal Death." *Death Studies* 43/8: 526.

Lawrie, D. (2011). "The Environment as Promise and Problem in the Old Testament." *Scriptura* 107: 179, 181.

Leonhardt–Parr, E. & Rumble, B. (2024). "Coping with Animal Companion Loss: A Thematic Analysis of Pet Bereavement Counselling." *Journal of Death & Dying* 89/1: 365, 371.

Linzey, A. (1996). "A Christian Shield for Animals." *Spectator* 6 (April): 19.

Linzey, A. & Linzey, C. (2023). "The Basis for an Amicus Brief for 'Happy' the Captive Elephant: Theology that drives One to Animal Rights." *Modern Believing* 64/3: 244–45, 252.

Linzey, A. W. (1993). "Liberation Theology and the Oppression of Animals." *Scottish Journal of Theology* 40/4: 507–526.

_____. (1998). "C. S. Lewis's Theology of Animals." *Anglican Theological Review* 80/1: 60–81.

_____. (2006). "Animals as Grace: On Being an Animal Liturgist." *The Way* 45/4: 147–49.

Liu, R. (2010). "A Dog under the Table at the Messianic Banquet: A Study of Mark 7:24–30." *AUSS* 48/2: 253–54.

Long, R. E. (2011). "Reclaiming the Heritage of Saints Serge and Bacchus: Towards a Quixotic Gay–Affirmative, Pro–Animal, Vegetarian Christianity." *Theology & Sexuality* 17/1: 104.

Lyons–Pardue, K. J. (2019). "A Syrophoenician becomes a Canaanite: Jesus exegetes the Canaanite Woman in Matthew." *Journal of Theological Interpretation* 13/2: 244.

Maddox, R. L. (2007). "Anticipating the New Creation: Wesleyan Foundations for Holistic Mission." *Asbury Journal* 62/1: 59–60.

Magezi, C. (2024). "Ecological Crisis and the Church: A Proposal for Biblical Stewardship as a Nexus for Environmental Protection." *Verbum et Ecclesia* 45/1: 8–9.

Masoga, M. A. (2023). "The Interface between Ecotheology and Practical Theology: An African Indigenous Knowledge Systems Perspective." *Stellenbosch Theological Journal* 9/2: 7–16.

Mauser, U. W. (1982). "Isaiah 65:17–25." *Interpretation* 36/2: 185.

May, D. M. (2005). "A Review of Andrew Linzey's Animal Theology from a New Testament Perspective." *Review & Expositor* 102/1: 87, 89–90.

_____. (2017). "Will there be Dogs under the Messianic Table?" *Review & Expositor* 114/4: 527–28.

McDaniel, J. B. (2006). "All Animals matter: Marc Bekoff's Contribution to Constructive Christian Theology." *Zygon* 41/1: 50.

McEntire, M. (2005). "A Review of Andrew Linzey's Animal Theology from an Old Testament Perspective." *Review & Expositor* 102/1: 96.

McFarlane, K. (2015). "Living Relationally with Creation: Animals and Christian Faith." *Perspectives on Science and Christian Faith* 67/4: 236, 243.

McLaughlin, R. P. (2011). "Evidencing the Eschaton: Progressive–Transformative Animal Welfare in the Church Fathers." *Modern Theology* 27/1: 123.

McNamara, M. (2001). "Symbolic Animals." *The Way* 41/3: 215, 221.

Meyer, E. D. (2017). "The Political Ecology of Dignity: Human Dignity and the Inevitable Returns of Animality." *Modem Theology* 33/4: 550–51, 569.

Meyer, R. E. (2021). "Habakkuk's Call to Faith in God's Eschatological Deliverance." *Detroit Baptist Seminary Journal* 26: 67–80.

Michael, M. (2020). "Yahweh, the Animal Tamer: Jungles, Wild Animals and Yahweh's Sovereignty in the Apocalyptic Space of Daniel 7:1–28." *Scriptura* 119: 2.

Michon, L. (2019). "L'Animal, Symbole et Instrument de la Révélation." *Bulletin de*

Littérature Ecclésiastique 120/4: 26−27.

Miller, N. F. (2001). "Down the Garden Path: How Plant and Animal Husbandry can Together in the Ancient Near East." *Near Eastern Archaeology* 64/1−2: 6.

Mills, R. J. W. (2019). "Defining Man as Animal Religiosum in English Religious Writing ca. 1650−ca. 1700." *Church History* 88/4: 926, 929−30, 943.

Moltmann, J. (2023). "The Great Ecological Transformation." *Theology Today* 80/1: 16−17.

Moritz, J. M. (2014). "Animal Suffering, Evolution, and the Origins of Evil: Toward a 'Free Creatures' Defense." *Zygon* 49/2: 348, 352.

Nam, R. S. (2013). "Intertextuality and the Relationship of Humankind among Fish, Birds and Creeping Things." *Quaker Religious Thought* 121: 27−28.

Nanos, M. D. (2009). "Paul's Reversal of Jews calling Gentiles 'dogs' (Philippians 3:2): 1600 Years of an Ideological Tale wagging an Exegetical Dog?" *Biblical Interpretation* 17/4: 463−74.

Neijenhuis, J. (2022). "Liturgie für Ein Tierbegräbnis: Ein Vorschlag." *Jahrbuch für Liturgik und Hymnologie* 61: 10, 22−26.

Nel, M. (2006). "Vyandigheid in Apokaliptiese Literatuur: Die Daniëlboek." *In die Skriflig* 40/2: 313−14.

Nellist, C. (2016). "Eastern Orthodox Christianity and Animal Suffering." *Greek Orthodox Theological Review* 61/3−4: 129−32.

Nortjé−Meyer, L. (2019). "The Logos as 'Flesh' in John 1:14 and 6:51−57: Formulating a Christology for the Liberation of Animals from Humanarchy." *Neotestamentica* 53/3: 535−56.

_____. (2022). "Descriptions of Nature as Images of Moral Decline in the Letter of Jude." *Pharos Journal of Theology* 103/2: 3.

Nussbaum, M. C. (2006). "The Moral Status of Animals." *Chronicle of Higher Education* 52/22: 6−8.

Nwaoru, E. O. (2009). "A Fresh Look at Amos 4:1−3 and Its Imagery." *Vetus Testamentum* 59: 465.

Olley, J. W. (2001). "Animals in Heaven and Earth: Attitudes in Ezekiel." *Colloquium* 33/1: 56−57.

Ottenberg, L. R. (2005). "The Beast within: Unwrapping Egyptian Animal

Mummies." *Journal of Theta Alpha Kappa* 29/2: 13–14, 18.

Otto, E. (2020). "Sentience, Suffering, and Salvation: A Critique of Key Concepts in Animal Theology." *WTJ* 82/1: 157.

Palmer, C. (2003). "Animals in Christian Ethics: Developing a Relational Approach." *Ecotheology* 7/2: 181–82.

Pannenberg, W. (1995). "The Emergence of Creatures and Their Succession in a Developing Universe." *Asbury Journal* 50/1: 17–22.

Park M. & Singer, P. (2012). "The Globalization of Animal Welfare: More Food does not require More Suffering." *Foreign Affairs* 91/2: 122.

Pasaribu, A. G. R. & Sipahutar, C. H. P. & Hutabarat, E. H. (2022). "Imago Dei and Ecology: Rereading Genesis 1:26–28 from the Perspective of Toba Batak in the Ecological Struggle in Tapanuli, Indonesia." *Verbum et Ecclesia* 43/1: 2–3.

Patton, K. C. (2000). "He who sits in the Heavens laughs: Recovering Animal Theology in the Abrahamic Traditions." *Harvard Theological Review* 93/4: 406–407.

Preez, J. du. (2011). "Net maar Diere?: 'N Tematiese Oorsig van die Plek van die Diereryk in die Skepping volgens Geselekteerde Skrifgedeeltes." *NGTT* 52/1–2: 88.

Raabe, P. B. (2014). "Daddy, will Animals be in Heaven?: The Future New Earth." *Concordia Journal* 40/2: 150.

Ramantswana, H. (2015). "Not Free while Nature remains Colonised: A Decolonial Reading of Isaiah 11:6–9." *Old Testament Essays* 28/3: 820–22.

Richter, S. (2007). "A Biblical Theology of Creation Care." *Asbury Journal* 62/1: 69.

Rizzo, D. (2024). "Animal Glossolalia: A Pneumatological Framework for Animal Theology." *Pneuma* 46/1: 62–63, 71.

Robinson, L. (2014). "Cheeseburger in Paradise?: New Creation, the Spirit, and Animal Rights." *Churchman* 128/4: 348, 355–56.

Rosell, T. D. (2005). "Grieving the Loss of a Companion Animal: Pastoral Perspective and Personal Narrative regarding One Sort of Disenfranchised Grief." *Review and Expositor* 102: 51–52, 55, 61.

Rossing, B. R. & Buitendag, J. (2020). "Life in Its Fullness: Ecology, Eschatology and

Ecodomy in a Time of Climate Change." *HTS Teologiese Studies* 76/1: 6–7.

Rubio, J. H. (2014). "Animals, Evil, and Family Meals." *Journal of Moral Theology* 3/2: 40, 49–53.

Sande, N. (2024). "Ecology and Theology together within African Pentecostals Worship Liturgy." *Acta Theologica* 44/1: 235–40.

Schneider, J. R. (2023). "How can a Good God allow Animals to suffer?" *Christianity Today* (April): 44–45.

Schuele, A. (2012). "The Notion of Life: רוח and נפש in the Anthropological Discourse of the Primeval History." *Hebrew Bible and Ancient Israel* 1/4: 484–501.

Schweitzer, Albert (2001). "Reverence for Life," in A. Barsam, "The Fellowship of Life: Albert Schweitzer and the Moral Status of Animals." *The Way* 41/3: 232.

Shemesh, A. O. (2018). "Ostrich is a Fowl for Any Matter: The Ostrich as a 'Strange' Fowl in Jewish Literature." *HTS Teologiese Studies* 74/1: 5–6.

_____. (2020). "He passed away because of Cutting down a Fig Tree: The Similarity between People and Trees in Jewish Symbolism, Mysticism and Halakhic Practice." *HTS Teologiese Studies* 76/4: 2–5.

Shinn, R. L. (1990). "Jonah and the Animals of Nineveh." *Prism* 5/2: 21.

Short, W. J. (1992). "Restoring Eden: Medieval Legends of Saints and Animals." *Continuum* 2/1: 44–45, 46–51.

Siemieniec, T. (2021). "Kim są ,,psy" w Ap 22,15?: Lektura Terminu oi ku,nej w Greckim Antycznym Kontekście Kulturowym." *Verbum Vitae* 39/3: 895–912.

Simons, P. (2014). "A Green Economy?" *Koers* 79/1: 2–7.

Skeen, J. (2022). "Animal Lessons: Understanding the Gift of Creatureliness in the Company of All Creatures." *Review & Expositor* 119/3–4: 262–63, 268.

Sleeth, M. (2018). "The Arbor of God: Trees are Everywhere in Scripture—Why have They gone Missing from Christian Theology?" *Christianity Today* 62/8: 48–57.

Smith, W. J. Prior, K. S. and DeVries, B. (2012). "Animals and the Afterlife: Do Pets go to Heaven?" *Christianity Today* 56/4: 67.

Snyder, H. A. (2007). "Salvation means Creation Healed: Creation, Cross, Kingdom, and Mission." *Asbury Journal* 62/1: 13.

Staubli, T. (2022). "Gott und Mensch im Bild der Tiere: Tiertheologie im 'Bildarchiv' Jerusalems." *Internationale Katholische Zeitschrift Communio* 51/5: 522−23.

Steussy, M. J. (1998). "The Ethics of Pet−Keeping: Meditation on a Little Green Bird." *Encounter* 59/1−2: 180−82.

Stone, K. (2016). "Animal Difference, Sexual Difference, and the Daughter of Jephthah." *Biblical Interpretation* 24/2: 5.

Swanson, P. C. et als. (2023). "Restorative Recreation: A Medical Humanities Course Relating Nature Prescription, Avocation, and Creation Care to Human and Ecosystem Health." *Jesuit Higher Education* 12/2: 245, 250.

Tlili, S. (2014). "All Animals are Equal, or are They?: he Ikhwān al−Ṣal−Ṣafāʾs Animal Epistle and is Unhappy End." *Journal of Qur'anic Studies* 16/2: 49−51, 79.

Toorn, K. van der. (1998). "In the Lions' Den: The Babylonian Background of a Biblical Motif." *CBQ* 60/4: 628−29.

Urk−Coster, E. van. (2020). "Public Theology and the Anthropocene: Exploring Human−Animal Relations." *IJPT* 14/2: 215.

Urk−Coster, E. van. (2021). "Created in the Image of God: Both Human and Non−Human Animals?" *Theology and Science* 19/4: 343−62.

Vivian, T. (2003). "The Peaceable Kingdom: Animals as Parables in the Virtues of Saint Macarius." *Anglican Theological Review* 85/3: 479, 486−89.

Viviers, H. (2014). "The Psychology of Animal Companionship: Some Ancient and Modern Views." *HTS Teologiese Studies* 70/1: 3.

Viviers, H. (2017). "Is Psalm 104 an Expression (also) of Dark Green Religion?" *HTS Teologiese Studies* 73/3: 5−7.

Viviers, H. (2019). "The 'Wonderful' Donkey: Of Real and Fabled Donkeys." *HTS Teologiese Studies* 75/3: 3−4.

Vorster, J. M. (2014). "A Reformed Perspective on the Concept of the 'Common Good' and Its Relevance for Social Action in South Africa Today." *In die Skriflig* 50/2: 4.

Vorster, N. (2010). "The Relationship between Human and Non−Human Dignity." *Scriptura* 104: 415.

Welling, B. H. (2011). "The Blood of Every Beast: Mormonism and the Question of the Animal." *Dialogue* 44/2: 88−91, 95−97, 102.

Wenz, P. S. (2007). "Review: Against Cruelty to Animals." *Social Theory & Practice* 33/1: 130.

White, Jr., Lynn. (1967). "The Historical Roots of our ecologic crisis." *in Science*, vol. 155(3767): 1204−1207.

Wiertel, D. J. (2017). "Classical Theism and the Problem of Animal Suffering." *Theological Studies* 78/3: 667.

Williams, M. (2008). "Man and Beast." *Presbyterion* 34/1: 13, 16.

Williams, M. F. (2007). "Roman Funeral Rites (Polyb. 6.53F.), Lucius Aemilius Paulius' Lauditio Funebris, and the Procession of Romans in Virgil, Aeneid 6." *Scholia* 16/1: 69−92.

Willows, A. M. & Baynes−Rock, M. 2018. "Two Perspectives on Animal Morality." *Zygon* 53/4: 962−69.

Wilmer, A. A. (2019). "In the Sanctuary of Animals: Honoring God's Creatures through Ritual and Relationship." *Interpretation* 73/3: 272−73, 283.

Wilson, J. A. P. (2009). "The Life of the Saint and the Animal: Asian Religious Influence in the Medieval Christian West." *Journal for the Study of Religion, Nature and Culture* 3/2: 189−90.

Wilson, M. (2019). "The Water of Life: Three Explorations into Water Imagery in Revelation and the Fourth Gospel." *Scriptura* 118: 2, 5, 13.

Winslow, L. D. (2023). "An Ecospirituality of Nature's Beauty: A Hopeful Conversation in the Current Climate Crisis." *HTS Teologiese Studies* 79/2: 4−5.

Wittenberg, G. H. (2008). "Plant and Animal Rights− An Absurd Idea or Ecological Necessity: Perspectives from the Hebrew Torah." *Journal of Theology for Southern Africa* 131: 83.

Wyss, B. (2018). "Philon aus Alexandreia und der Fünfte Tag der Schöpfung." *Early Christianity* 9/4: 379, 400−402.

Zandman, H. J. G. (2011). "Chimeras: An Ethical Consideration." *In die Skriflig* 45/4: 910−11.

Zwan, P. van der. (2021). "The Possible Impact of Animals on Job's Body Image: A Psychoanalytic Perspective." *HTS Teologiese Studies* 77/4: 8.

해외 학위 논문

Graf, G. R. (2010). *Moral Dimensions of Animal Life in the Old Testament* [Ph.D. Thesis, Dallas Theological Seminary].

Hartog II, J. (1978). *Sin, Redemption, and the Animal Kingdom* [Th.D. Thesis, Grace Theological Seminary].

Schafer, A. R. (2015). *You, YHWH, save Humans and Animals: God's Response to the Vocalized Needs of Non-human Animals as Portrayed in the Old Testament* [Ph.D. Thesis, Wheaton College].

Short, W. J. (1983). *Saints in the World of Nature: The Animal Story as Spiritual Parable in Medieval Hagiography (900-1200)* [S.T.D. Thesis, Pontificia Universitas Gregoriana].

Young, J. H. (2021). *Between Human and Animal Souls: The Resurrection of the Rational Soul and Origen's Transformation of Metensomatosis* [Paper read at the Eighteenth International Conference on Patristic Studies held in Oxford 2019, Leuven: Peeters].

인터넷 기사

곽대경. (2019년 12월 11일). "'청년세대의 결혼과 자녀, 행복에 대한 생각' 조사 결과 발표." 『복지타임즈』. https://www.bokjitimes.com/news/articleView.html?idxno=22203.

권민. (2023년 6월 23일). "다시 소환된 광우병." 『축산경제신문』. https://www.chukkyung.co.kr/news/articleView.html?idxno=67773.

노도현. (2023년 1월 19일). "로봇강아지와 잘 살고 있습니다." 『경향신문』. https://www.khan.co.kr/article/20230119190004.

서유근. (2024년 6월 17일). "개판 5분 후 비행기서 개 수십 마리가 동시에 짖었다: 제주 가는 반려견 전용기 타 보니." 『조선일보』. https://www.chosun.com/economy/industry-company/2024/06/17/HEACOEM2MRAYJFRNGEFZ6DC47M/.

전형주. (2022년 7월 14일). "최소 100억대 자산가 이경규 '유산 절반을 개에게…' 펫신탁이란." 『머니투데이』. https://news.mt.co.kr/mtview.

php?no=2022071318142047359.

Schafer, A. R. (2016). "Co—Creaturely Associates or Peers?: The Nature of Animals as Portrayed in Isaiah." Faculty Publications. https://digitalcommons.andrews. edu/pubs/306.

Tobey, M. (2023년 3월 18일 접속). "Will There be Animals and Pets in Heaven?". THE HAEVENGUY.ORG. https://theheavenguy.org/will—there—be— animals—and—pets—in—heaven/?msclkid=13f29a853aa619ecaa30fe90bdd56f8.